融合型·新形态教材
复旦学前云平台 fudanxueqian.com

职业教育国家在线精品课程

U0730749

"十四五"职业教育江苏省规划教材
普通高等学校小学教育专业系列教材

小学数学教学设计

孙国春　主编

复旦大學 出版社

图书在版编目(CIP)数据

小学数学教学设计/孙国春主编. —上海:复旦大学出版社,2019.3(2025.7重印)
普通高等学校小学教育专业系列教材
ISBN 978-7-309-14160-3

Ⅰ.①小… Ⅱ.①孙… Ⅲ.①小学数学课-教学设计-高等学校-教材 Ⅳ.①G623.502

中国版本图书馆 CIP 数据核字(2019)第 022180 号

小学数学教学设计
孙国春 主编
责任编辑/赵连光

复旦大学出版社有限公司出版发行
上海市国权路 579 号 邮编:200433
网址:fupnet@ fudanpress.com http://www.fudanpress.com
门市零售:86-21-65102580 团体订购:86-21-65104505
出版部电话:86-21-65642845
常熟市华顺印刷有限公司

开本 787 毫米×1092 毫米 1/16 印张 18.25 字数 421 千字
2025 年 7 月第 1 版第 8 次印刷

ISBN 978-7-309-14160-3/G·1950
定价:49.00 元

前言

　　小学数学教学设计是教育部颁布《教师教育课程标准(试行)》(教师[2011]6号)之后,依据国家标准新设置的高校小学教育专业必修课程。由于该课程开设时间较短,所以适合使用的教材十分匮乏。为此,我们邀请高校小学数学教育专家、小学名特优教师共同开发了本教材,以满足小学教师职前培养的教学需要。

　　本教材以《教师教育课程标准(试行)》为指导,以《义务教育数学课程标准(2011年版)》为依据,参照国内主要版本小学数学教科书,坚持育人为本、实践取向、终身发展的理念,致力培养师范生的小学数学教材解读与教学设计能力,为形成小学数学教学实践能力奠定坚实基础。

　　根据高校教学安排特点和学时条件,本教材在体系架构上,依据内容属性和知识容量,将小学数学课程内容整体划分成相对独立、容量适中的若干模块,整体统筹"数与代数""图形与几何""统计与概率""综合与实践"四个学习领域,构建以小学数学课程内容为主线的模块化教材体系,克服教学设计案例汇编类图书选题随意、体系缺失,和同步分册教学设计案例类图书篇幅过长、耗时过多的弊端,让师范生能够在较短时间内接触和熟悉小学数学课程中各种类型、各种属性内容的教学设计思路和样式。

　　根据小学职前教师教学能力形成规律,本教材在编写思路上,按"内容透析""案例研讨""要点提炼""实践操作"组织模块内容,构建"由理性认识到直观感知""由特殊案例到一般要领""由课堂学习到实践操作"的小学数学教学设计能力训练路径,改变按教学环节(要素)分项设计类图书、教学设计理论类图书与课程内容研究割裂、与教学实践过程脱节的倾向,让师范生在对模块课程内容深度理解的基础上,获得对同质内容教学设计要领的概括把握和教学设计实践的初步经验。

根据基础教育课程改革的最新要求,本教材在内容选择上,注意吸收小学数学研究的最新成果,精心筛选反映小学数学课改前沿的优秀案例,并从数学科学和儿童学习的角度对所选案例进行二次加工,通过设计说明、教学解析、问题讨论等多种方式,对所选案例展开多维研讨,着力提高师范生的学科认知和教育理解水平,促使他们在较高的起点上形成和发展小学数学教学设计能力。

本教材由孙国春任主编,负责全书的策划与构思、审阅与统稿,施永新负责后期的加工。具体的编写人员及分工如下:顾娟(第一章第一节)、仲爱云(第一章第二节、第二章第二节)、曹军(第一章第三节)、于国海(第二章第一节、第三节)、许卫兵(第三章)、储冬生(第四章)、王海峰(第五章)、朱艳峰(第六章第一节)、沈红霞(第六章第二节)、曹建全(第七章第一节、第三节)、施永新(第七章第二节)、顾新辉(第八章)、杨新建(第九章)、柳小梅(第十章)。

全体编写人员以高度负责的精神参与本教材的编写工作,从立意到构思反复研讨,从选材到表达仔细推敲,力求达到教材的既定目标。尽管我们非常用心,并数易其稿,但书中难免存在疏漏、偏误,敬请广大读者批评指正。

目录

第一章　数 的 认 识

第一节　整数的认识

"整数"是小学数学研究的基本对象之一。"认识整数"是小学生数学学习的重要内容,也是学习整数的四则运算、认识分数与小数等其他内容的重要基础。

人类最早认识的整数是自然数。自然数是一切等价有限集合共同特征的标记,可用以计量事物数量或表示事物次序。数列 $0, 1, 2, 3, 4, 5, 6, \cdots, n$,称为自然数列。在定义自然数的同时也定义了加法,在加法的基础上又产生了减法、乘法和除法,统称为四则运算[①]。然而自然数集合只对加法运算和乘法运算是封闭的,为保证减法运算的封闭性,引入了负整数,把自然数集合扩充到整数集合。

不为 0 的自然数称为正整数,正整数对应的相反数称为负整数。负整数、0 和正整数统称为整数。整数集合可以表示为:$Z = \{\cdots, -3, -2, -1, 0, 1, 2, 3, \cdots\}$

内容透析

◆ 学科维度

在小学数学的内容体系中,整数知识可以概括为 4 个基本方面:数的意义、计数方法、数的表示法和基本性质。从学科维度透析整数这 4 个方面的知识,有利于我们从内容本质和建构特点上对其进行归纳比较,梳理其纵向发展与横向联系的脉络,有助于我们对学科知识的理解更深刻,对教学内容的思考更深入,对教学方法的探讨更透彻。

1. 整数的意义

数起源于"数"(shǔ),来自"量"(liàng)。远古时代,人类在与自然接触的过程中,逐渐产生了"有与无""多与少"的数量朦胧意识。这种原始数觉对人类萌生数概念起到了奠基作用。

随着生产的发展和生活方式的变化,人类逐渐产生了比较多与少的需要。如在狩猎前,想知道狩猎工具是否够用,就需要比较工具个数与狩猎人数的多少;在狩猎后,想知道食物是否够分,就需要比较食物数量与人口数量的多少。在经历了很多数与量不断变化的具体

[①] 史宁中. 基本概念与运算法则[M]. 北京:高等教育出版社,2013:20.

情境后,人类借助原始数觉,创造了分辨数量(注:数量是有实际背景的、关于量的多少的表达)①多与少的办法。

对于相同的物品,人们很容易分辨其数量的多与少。如比较 4 头牛与 3 头牛的多与少,可从 4 头牛中去掉一头牛得到 3 头牛,没有去掉牛的数量当然比去掉一头牛的数量多,即 4 头牛比 3 头牛多。

对于不同的物品,要分辨其数量的多少对古代人类来说就颇费周折了,如比较 4 头牛和 3 颗石子的数量。人类最初是借助对应关系来比较数量多少的。

古希腊著名的《荷马史诗》讲述了独眼巨人波吕裴摩斯放羊的故事。早晨从山洞里每出来一只羊,他就捡起一颗石子。晚上每返回一只羊,他就扔掉一颗石子。当早晨捡起的石子都扔光时,他就能确信所有的羊都返回了山洞。波吕裴摩斯使用的方法,是把羊和石子相对应。

借助对应方法,可以比较 4 头牛和 3 颗石子数量的多少。过程大致如此:把牛看作一个集合,把石子也看作一个集合。从牛的集合中拿出一个,同时也从石子的集合中拿出一个。重复这样的过程,最后牛的集合中还有剩余,说明牛的数量比石子多。

比较数量多少实现了对具体事物有关量的一种抽象。而当农业成为主要生产方式的时候,人类的活动不再限于能通过一一对应比较多少、分配物品,还需要获知物品的具体数目、记录日期等。于是,记数成为一种现实需要。

在记数的初期,人们用代表集合记录物体数目。人类在比较数量多少的过程中认识到,能够建立一一对应关系的不同集合的元素个数相同。于是,产生了把同样多的元素集合归为一类(等价集合类)的思想,并从中选用熟悉的、方便的、元素固定的集合作为代表集合,表示等价集合类的共同特征,交流"物体有多少个"。例如,用"一个人的耳朵"作为代表集合来表示元素个数是 2 的一类集合;用"一只手的手指"作为代表集合来表示元素个数是 5 的一类集合。

随着越来越大的数目不断出现,耳、手、足等有限的代表集合已难以满足记数需要。伴随着语言的发展,人类开始用代表集合的简称命名数。例如,将代表集合"一个人的耳朵"简称为"耳",表示两个。继而,随着文字的产生和使用,创造了用符号表达数的便捷方式。例如,埃及人用"∣""∣∣""∏"等象形数字符号分别表示"一""二""十"等数;古希腊人开始用"α""β""γ"等字母符号表示"一""二""三"等数,最终发展为用阿拉伯数字"1""2""3"等记录数。具体的代表集合最终以数字的抽象形式出现,至此,抽象的数概念已经形成。

对数量抽象的最初结果是自然数。这个标记一方面可以表示集合中元素的个数,通常称为基数;另一方面,由于自然数在自然数列中是有序的,所以自然数还可以用来给集合中的元素编号,表示某个有序集合中每个元素所占的位置,通常称为序数。因此,自然数具有表达数量和次序的双重意义:基数意义和序数意义②。基数意义是自然数的本质属性,序数意义是自然数的序数属性,二者彼此相通,共同反映了离散事物的记数特征。

负数的创造也是日常生活和生产实践的需要,它的形成源于对生活中完全相反的事物数量的刻画,因而也有着明确的现实背景,本质上也是对数量的抽象。比如,用 1 500 表示

---

① 史宁中. 基本概念与运算法则［M］. 北京:高等教育出版社,2013:4.
② 人民教育出版社小学数学室. 基础数学［M］. 北京:人民教育出版社,2013:3.

"收入 1 500 元",那么,就用－1 500 表示"支出 1 500 元"。数学上约定:在自然数的前面加上符号"－"表示负数。负数与对应的自然数在数量上相等(绝对值相等),表示的意义相反。负数的出现使得"零"不仅可以表示"没有"[①],还可以作为正数和负数的界限。

引入负数,既是实际的需要,用以刻画现实世界中具有相反意义的量,也是数学自身发展的需要,用以解决数集与运算封闭性的矛盾。

从数的起源和发展来看,正如史宁中教授所说,数量是对现实生活中事物量的抽象,数是对数量的抽象。数量关系的本质是多与少,数之间最基本的关系是大与小。

2. 整数的表示

随着认识数的范围不断扩大,人类不可能总以"逐个点数"为基础,给每个新数都起一个新名称,而是创造了"按群点数",逐次引进更高级计数单位的计数方法,并以此为基础建立计数规则,完全解决自然数的表示问题。

例如,一开始人类以自然单位"一"为基本计数单位,逐个点数;当点数比 10 更多的物体时,每点满 10 就扎一捆,然后一捆一捆地按群点数,在事实上选择了比"一"更高级的计数单位"十"(即 10 个一);当点满 10 捆再扎一大捆,然后一大捆一大捆地点数……这样,以自然单位"一"为基本计数单位,再按十进制(满十进一)规则逐次生成更高级的辅助计数单位:十个一叫做十,十个十叫做百,十个百叫做千,十个千叫做万,十个万叫做十万,十个十万叫做百万,十个百万叫做千万,十个千万叫做亿……一(个)、十、百、千、万、十万、百万、千万、亿……都是计数单位,相邻两个计数单位之间的进率是十。当然,也可以"一"为基本计数单位,按二进制(满二进一)、六进制(满六进一)等规则生成更高级的其他辅助计数单位。不同进制的计数单位不同,一般地,$X(X > 1)$ 进制的计数单位就是 X^0,X^1,X^2,X^3,……例如,二进制的计数单位是 2^0,2^1,2^2,2^3,……六进制的计数单位是 6^0,6^1,6^2,6^3,……

以"按群点数"得到的一系列计数单位为基础,通过如下计数规则,就可以用有限个数字符号表示任意一个自然数。

以十进制为例。将计数单位一(个)、十、百、千、万、十万、百万、千万、亿……按从右到左顺序依次排列,它们所占的位置分别称为个位、十位、百位、千位、万位、十万位、百万位、千万位、亿位……,统称为数位;规定每个数位上数字表示的数值,由数字本身表示的数值和数字所处数位的计数单位共同确定。如数字 5 本身表示的数值是 5 个一,在个位上仍然表示数值 5 个一,但在十位上则表示 5 个十、在万位上则表示 5 个万。这样的计数规则称为位值原则。

根据位值原则,任意一个自然数都可以按十进制规则,用 10 个数字 0,1,2,3,4,5,6,7,8,9 以及一(个)、十、百、千、万、十万、百万、千万、亿……等计数单位表示成按权 10^k(k 为整数) 展开的多项式:$\overline{a_n a_{n-1} \cdots a_{1(10)}} = a_n 10^{n-1} + a_{n-1} 10^{n-2} + \cdots + a_2 10^1 + a_1 (a_n \neq 0)$,其中 a_n,a_{n-1},$\cdots$,a_2,$a_1 \in \{0,1,2,3,4,5,6,7,8,9\}$。一般地,根据位值原则,任意一个自然数都可以按 X 进制规则,用 X 个数字以及相应的计数单位表示成按权 X^n(n 为整数) 展开的多项式,其中 X 称为基数。为了区分不同进制,写数时通常在数的右下角标注进位制的基数。例如,10_2 表示二进制数 10,271_8 表示八进制数 271,十进制数一般不标记基

---

① 1993 年颁布的《中华人民共和国国家标准》(GB 3100～3102 - 93)《量和单位》(11 - 2.9)第 311 页,规定自然数包括 0。具体表述为:用 0 表示"一个物体也没有"所对应的计数。

数。

读数和写数时,通常采用四位分级法,即每 4 个计数单位组成一级,个、十、百、千称为个级,万、十万、百万、千万称为万级,亿、十亿、百亿、千亿称为亿级,等等。同样是十进制,西方很多国家采用三位分级法:个、十、百是个级,千、十千、百千是千级,密、十密、百密是密级,等等。不同的分级法,虽然称呼不同,但表示数的符号是相同的。如,一万和十千,符号表示都是 10 000。

读自然数的法则是:数字符号+计数单位。读万以内的数,从最高位起,顺次读出数名和计数单位名。比如,36 表示 3 个十和 6 个一,读作三十六。读更大的数时,先从右往左四位分级,再从最高位起,顺次读出各级里的数和级名。除个级不读级名外,其他每一级的级名在这一级的末尾读出。每一级末尾的 0 不读,其他数位上有一个 0 或连续几个 0,都只读一个零。

由此看来,数的符号反映着进制、计数单位以及一个量中分别包含几个不同的计数单位等信息[①]。表示数的基本原理就是一个量中含有几个计数单位。

3. 整数的性质

下面对整数性质的讨论,仅在自然数范围内进行。

(1)自然数列及其性质。

现代数学中,普遍采用皮亚诺算术公理体系来定义自然数。这一体系利用"直接后继"的概念,在已经定义的自然数后面再加 1,得到后继自然数,从而清晰地揭示:数是一个一个大起来。

像 0,1,2,3……这样,全体自然数依次排列的一列数叫做自然数列。

自然数列有如下性质:

有始:自然数列最前面的一个是零。

有序:在自然数列里,每一个自然数后面都有且只有一个后继数;除零以外,每一个自然数都有且只有一个先行数。在自然数列里,排在后面的数,比前面任何一个数都大;排在前面的数,比后面任何一个数都小。

无限:自然数通过加 1,不断生成更大的自然数。自然数列里没有最后一个自然数,因此,它是一个无限的数列。

(2)整除、倍数和因数。

对于整数 a 和正整数 b,如果存在一个整数 k,使得 $a = b \times k$,那么就说 a 能被 b 整除,也可以说成 b 整除 a。

如果整数 a 能被正整数 b 整除,商为 k,那么称 a 是 b 的倍数(a 是 b 的 k 倍);b 是 a 的因数(约数)。

(3)自然数的分类。

小学数学教学内容中对自然数的分类主要有两种:一种是奇数与偶数;一种是质数(素数)与合数。

偶数与奇数:能被 2 整除的数是偶数,记作 $2n$(n 为整数)。不能被 2 整除的数是奇数,记作 $2n+1$(n 为整数)。自然数中最小的偶数是 0,最小的奇数是 1。偶数和奇数都有无限多个。

质数与合数：在大于1的自然数中，只有1和它本身两个因数的自然数叫做质数，也称素数。在大于1的自然数中，除了1和它本身，还有其他因数的自然数叫做合数。1只有一个因数，它既不是质数，也不是合数。0有无限多个因数，不便于讨论。所以，自然数按其因数有1个、2个、有限多个和无限多个，分成0、1、质数和合数4类。最小的质数是2，最小的合数是4。质数和合数都有无限多个。

在所有的质数里只有2是偶数，其余都是奇数，但奇数不都是质数。在所有的偶数里，只有2是质数，其他的都是合数，但合数不都是偶数。

◆ **课标维度**

《义务教育数学课程标准(2011年版)》(以下简称为《课标(2011年版)》)将"整数的认识"分散安排在两个学段，主要内容在第一学段完成，第二学段重点梳理十进制计数法。两个学段的课程内容如下：

第一学段(1～3年级)：

1. 在现实情境中理解万以内数的意义，能认、读、写万以内的数，能用数表示物体的个数或事物的顺序和位置。

2. 能说出各数位的名称，理解各数位上的数字表示的意义；知道用算盘可以表示多位数。

3. 理解符号<、=、>的含义，能用符号和词语描述万以内数的大小。

4. 在生活情境中感受大数的意义，并能进行估计。

5. 能运用数表示日常生活中的一些事物，并能进行交流。

第二学段：

1. 在具体情境中，认识万以上的数，了解十进制计数法，会用万、亿为单位表示大数。

2. 结合现实情境感受大数的意义，并能进行估计。

3. 会运用数描述事物的某些特征，进一步体会数在日常生活中的作用。

4. 知道2，3，5的倍数的特征，了解公倍数和最小公倍数；在1～100的自然数中，能找出10以内自然数的所有倍数，能找出10以内两个自然数的公倍数和最小公倍数。

5. 了解公因数和最大公因数；在1～100的自然数中，能找出一个自然数的所有因数，能找出两个自然数的公因数和最大公因数。

6. 了解自然数、整数、奇数、偶数、质(素)数和合数。

7. 在熟悉的生活情境中，了解负数的意义，会用负数表示日常生活中的一些量。[①]

从课标维度透析"整数的认识"的课程内容，需要关注"认数情境""目标要求"两个问题。

1. 认数情境

《课标(2011年版)》两个学段都要求在情境中认数，但认数的范围、要求、学段不同，对应的情境要求也不同。

第一学段"理解万以内数的意义……"，要求现实情境。一般认为，现实是与理想相对的概念，因此，"现实世界中客观存在"是现实情境最本质的特征。一方面，"万以内的数"属于认数知识模块的起始内容，它是客观存在的物体数量的直接抽象，因此与现实世界的关系十

---

① 中华人民共和国教育部. 义务教育数学课程标准(2011版)[S]. 北京：北京师范大学出版社，2012：16—20.

分密切,在现实情境中认识万以内的数客观上存在可能性。另一方面,第一学段学生的思维水平较低,总体上以具体形象思维为主,因此,认数学习只有联系学生身边具体的现实事物,才能让学生在现实背景中理解数的意义。

第二学段"认识万以上的数……",要求具体情境。具体是与抽象相对的概念,具体情境的最大特点就是形象、易感。与第一学段相比,第二学段学生思维水平有了较大发展,抽象思维能力逐渐增强。但是,万以上的数对小学生来说属于大数,因为在日常生活中很少用到,因而不易找到与之匹配的直观原型,在认识这些大数时小学生仍感到抽象。在教学中,创设"用方块表示数""用计算器或算盘表示数"等具体情境,有利于学生直观理解相应的计数单位、十进制计数法的数位顺序和位值原则,让抽象的学习对象看得见、摸得着。

"感受大数意义,并能进行估计"比较特殊,它不仅被安排在两个学段,而且两个学段对认数情境的要求也不同。第一学段要求在生活情境中感受和估计,如《课标(2011 年版)》附录 2 中的例 3:"1 200 张纸大约有多厚? 你的 1 200 步大约有多长? 1 200 名学生站成做广播操的队形需要多大的场地?"[①]第二学段要求在现实情境中感受和估计,如《课标(2011 年版)》附录 2 中的例 23:"如果一个人的寿命是 76 岁,这个人一生的心跳大约有多少次? 光速大约是 30 万千米/秒,光从太阳到达地球大约需要多长时间? 如果把 100 万张纸叠加起来,会有珠穆朗玛峰那么高吗?"[②]这样的安排,具有一定的合理性和科学性。第一学段的大数,指的是万以内的相对大数;第二学段的大数,则是指万以上的绝对大数。因为两个学段给出的大数标准不同,所以学习难度和认数情境也存在差异性。认识 1 200 这个万以内的相对大数,只要通过 1 200 张纸的厚度、1 200 步的长度、1 200 个人排成广播操队形占地的面积等学生熟悉的生活情境,就可以获得对这个大数的直观感受。但对于认识 32 亿这个绝对大数,因为小学生生活中几乎没有用到,无法通过创设生活情境,让学生感受其意义。因此,必须扩大认数的情境范围,即把 32 亿这个绝对大数的认数情境,拓展到人一生的心跳次数这个现实情境。它虽然不是小学生熟悉的生活情境,但基于第二学段小学生的思维发展水平,借助计算、推理、想象完全能够成为可理解、可感受的现实情境。

2. 目标要求

数学课程内容"不仅包括数学的结果,也包括数学结果的形成过程和蕴含的数学思想方法。"[③]因此,《课标(2011 年版)》在表述"整数的认识"课程内容时,既使用了表示结果目标的行为动词,又使用了表示过程目标的行为动词。正确解读内含其中的目标动词,是准确理解课程内容的必然要求。

虽然《课标(2011 年版)》附录 1 对表示目标的所用行为动词的基本含义做了逐个介绍,并列出了与相关行为动词同等程度的常用词语,但要准确把握课程内容相关表述中目标动词的确切含义,需要根据表述的具体语境和相应的数学知识内容进行综合分析。

如对表述"在 1～100 的自然数中,能找出一个自然数的所有因数",其中包含与"掌握"同等水平的目标行为动词"能",附录 1 对"掌握"的释义是:"在理解的基础上,把对象

---

① 中华人民共和国教育部. 义务教育数学课程标准(2011 年版)[S].北京:北京师范大学出版社,2012:75.
② 中华人民共和国教育部. 义务教育数学课程标准(2011 年版)[S].北京:北京师范大学出版社,2012:86.
③ 义务教育数学课程标准修订组. 义务教育数学课程标准(2011 年版)解读[M].北京:北京师范大学出版社,2012:2.

用于新的情境";结合表述的数学内容,此处的对象显然是指"因数",因此,本表述的字面意思就是"在理解因数的基础上,把因数用于新的情境"。深入到语句内部分析,根据附录1中"理解"即为"描述对象的特征和由来,阐述此对象与相关对象之间的区别和联系"的基本释义,理解"因数"至少包括3个要点:一是能说出因数的基本含义,知道因数是研究数的整除关系时引出的概念;二是明白因数与倍数具有相互依存的关系,会判断两个自然数是否具有因倍关系;三是清楚0的因数有无限个(非0自然数都是它的因数),非0自然数的因数有有限个(它的最小因数是1,最大因数是它本身)。进一步综合分析可以发现,认识因数概念以及判断因倍关系只要在两个自然数之间借助一次除法运算即可完成;而要找出一个自然数的所有因数,理论上需要用小于该自然数的一切自然数去逐个试除才能完成。两者相比,后者显然是比前者更为开放、更为复杂的新情境,特别当给定的自然数足够大时,不仅耗时长,而且计算本身对小学生来说就非常困难。考虑到小学生的实际能力,《课标(2011年版)》将研究范围限定在1~100的自然数中,以实现对小学生学习难度的合理控制。

◆ **教材维度**

现行的主流小学数学教材关于"整数的认识"大多安排7个单元,第一学段安排"认识10以内的数""认识11~20各数""认识100以内的数""认识万以内的数"4个单元;第二学段安排"万以上数的认识"(又称"认识多位数"或"大数的认识")、"负数的初步认识"、"因数和倍数"3个单元。其中前5个单元是教材为小学生认识自然数设计的5个学习阶段,它属于"整数的认识"知识模块的主体内容。

第一阶段"认识10以内的数"。虽然小学生在入学前已学会点数(shǔ)并能数(shǔ)出很多数,但尚未在头脑中建立起真正的数概念,即未能完成从物体数量到数的抽象过程。因此,教材通过点数(shǔ)集合圈中物体、用珠子代表点数(shǔ)物体、用数字表示珠子个数等循序渐进的过程,引导小学生在完成从数量到数的抽象过程中形成数的概念;创设用数表示周围物体数量以及排队等生活情境,让小学生理解自然数的基数和序数意义;运用在两排物体之间对应连线的操作活动,让小学生在直观感受"同样多""比谁多""比谁少"的过程中理解符号<、=、>的含义;借助直尺上的整数刻度,帮助小学生逐渐构建自然数的顺序结构。

第二阶段"认识11~20各数"。教材首先将10根小棒捆成一捆,得到"10个一是1个十";接着,启发小学生在摆十几根小棒时先摆一捆、再摆几根;然后,通过用计数器左边一个珠子表示1个十、右边几个珠子表示几个一的计数方法,让小学生直观理解可以用两个数字表示11~20各数,明白写在左边的数字表示几个十、写在右边的数字表示几个一,进而理解11~20各数的组成和写法;最后,借助计数器的拨珠,让小学生理解1个十和10个一合起来是2个十、2个十是20。该学习阶段不可或缺,新计数单位"十"的引入,使自然数的认识进入了新境界:其一,计数单位从一个增加到两个,使得我们可以用两个计数单位分别计数,得到的两个数字左右排列表示同一个数,为学习数位概念进行了必要铺垫;其二,在记数时,数字1、2在不同位置表示不同的数值,为理解位值原则做了先期孕伏。

第三阶段"认识100以内的数"。教材在摆出几捆几根小棒基础上,通过9根小棒添1根又可捆一捆的学具操作,让小学生直观体会"满十进一";通过一个一个地数(shǔ)得到99添上1是一百、10根10根地数(shǔ)得到10个10是一百的数(shǔ)数过程,让小学生亲身感受"逐个点数(shǔ)"与"按群点数(shǔ)"相结合的认数方法;通过计数器这个直观模型,给出"个位""十位""百位"等数位名称以及各数位上数字表示的不同位值。这一阶段对认识自然数是极其关键的,其一,小学生学会了"逐个点数"与"按群点数"相结合的认数方法后,可以比较容易地用它去认识更大的自然数;其二,借助计数器初步建立的数位概念和位值概念,直观揭示了十进制计数法的内在原理和自然数的结构组成。

第四阶段"认识万以内的数"。教材借助方块模型、计数器以及个位、十位、百位等数位上数字的位值,让小学生直观认识 1 000 以内数的组成和含义;仿照第三阶段"认识一百"的方法,让小学生初步理解体会一千、一万的基数和序数意义;通过计数器和算盘上拨珠表示数,让小学生学会万以内的数的写法和读法;在此基础上,完成个级数位顺序表。至此,小学生日常生活中用到或遇到的自然数已认识完毕。

第五阶段"认识万以上的数"。对小学生来说,万以上的自然数在生活中很少用到或遇到,属于大数。因此,教材采用了与前 4 个阶段完全不同的编写思路:在通过具体实例让小学生认识到大数在现实社会中客观存在后,依据"十进"规则,依次引进万以上的各计数单位;借助位值原则和计数工具(计数器、算盘),让小学生理解万以上数的组成和含义;运用数位分级构建包含个级、万级、亿级……的数位顺序表,让小学生借此正确读写万以上的自然数,理解十进制计数法的本质。

这样循序渐进的编排,既遵循了自然数发展的内在逻辑,又契合了小学生的认知发展阶段,有利于不断丰富和强化小学生的认数活动经验,有利于渐次拓展和深化小学生对整数的认识,有利于持续发展和提升小学生的数感。

案例研讨

◀◀ 案例 1 - 1:"数数和千以内数的认识"教学设计 ▶▶

教学内容

苏教版义务教育教科书《数学》(二年级下册)第 28～29 页。

教学目标

1. 通过观察、操作、比较等活动,认识计数单位"千",知道"10 个一百是一千",以及千以内的数位顺序;理解并掌握千以内数的组成,能按要求正确数数。

扫码查看
教学内容

2. 在认识计数单位"千"、千以内数的组成和顺序的过程中,进一步体验利用已有知识和经验获得新知的过程,培养初步的观察、比较、分析和类比等思维能力。

3. 初步体会千以内的数在日常生活中的广泛应用,感受千以内数的实际大小,发展数感,激发对数学学习的兴趣。

教学重点

掌握千以内数的顺序,准确理解计数单位"千"的实际意义;渗透自然数最本质的性质,即任意一个自然数加上 1 后都能得到它的后继数。

教学难点

引导学生利用已有知识和经验获得新知,发展数感。

教学过程

一、激活认数经验,初步感知比 100 大的数的特点

生活中,我们经常要用数来表达信息。你见过比 100 大的数吗?

(出示教材截图例 1 的情境图)请看这两幅图,你能知道什么?

134 和 300 都是比 100 大的数,这样的数究竟表示多少呢? 今天,我们就来认识比 100 大的数。

【设计说明:生活中接触过的数,可以激活学生已有的认数经验,同时自然引入新课的学习内容。】

二、丰富认数活动,初步认识千以内的数

1. 认识整百数、几百几十几和几百几十的组成,初步理解千以内数的意义。

(1) 认识整百数。

(出示例 1 的方块图)每板方块中有多少个小正方体? 数一数。

(课件演示:从 1 个小正方体起,10 个摆成一排,10 排摆成一板)10 个一是 1 个十,10 个十是 1 个百。

这是 1 个百,数一数图中一共有几个百? 3 个百是多少? 在计数器上拨一拨。为什么要在百位上拨 3 个珠?

小结:3 个百是三百。

【设计说明:由于学生是第一次接触用 10 乘 10 的方块表示一百,所以在出示方块图后,让学生亲自数一数一板方块里有多少个小正方体,并演示用小正方体摆出"一""十""百"的过程,既是整理已学过的计数单位,又帮助学生了解用 10 乘 10 的方块表示 1 个百。】

(2) 认识几百几十几。

(出示 324 的方块图)这里一共有多少个小正方体? 你是怎么数的?

在计数器上表示出三百二十四。

小结:百位上拨 3 个珠表示 3 个百,十位上拨 2 个珠表示 2 个十,个位上拨 4 个珠表示 4 个一;3 个百、2 个十和 4 个一合起来就是三百二十四。

【设计说明:认识整百数、几百几十几和几百几十的组成都是先用方块表示数,再用计数器表示数,但是活动的设计各有侧重。"认识整百数"的活动,重点在于突出千以内数的认识。"认识几百几十几"的活动,重点在于掌握数的组成,感悟十进制计数法的特点。"认识几百几十"的活动,重点在于强调计数器上某一位表示"0"的方法。】

2. 感受计数单位"千"的形成过程,加深对十进制计数法进位规则的认识。

(1) 在计数器上一十一十地数数。

(在计数器上拨出三百五十)如果再在十位上拨上 1 个珠(在计数器十位上拨上 1 个珠),现在计数器上表示的数是多少? 如果继续在十位上拨上 1 个珠呢?

你能边拨珠边一十一十地数,从三百五十数到四百六十吗?

三百九十,再添上 1 个十,十位上正好满 10,要向百位进 1。所以,一十一十地数,三百九十后面是四百。

(2) 在计数器上一个一个地数。

一边在计数器上拨珠,一边按要求数一数:一个一个地数,从九百八十九数到九百九十九。

九百八十九添上 1 是九百九十。

一个一个地数,数到了九百九十九,还能继续数下去吗?

【设计说明:再次安排学生借助计数器数数,结合数数过程中的难点"数到九百九十九后,还能继续数下去吗?"展开讨论,进而产生认识新的计数单位的心理需求。】

(3) 认识计数单位"千"。

九百九十九添上1是一千,"千"是比"百"大的计数单位;从右边起,第四位是千位。

(出示10板由100个小正方体组成的方块)现在一百一百地数,从一百数到一千(课件相应演示把10板方块拼成一个大正方体的过程)。

你有什么发现?(板书:10个一百是一千。)

【设计说明:借助计数器探索、演示的过程是学生亲历新知产生的过程,进一步感受十进制计数法的特点。之后,再借助小正方体组成的方块,一百一百地数,从一百数到一千,旨在让学生从不同角度感受计数单位"千"的形成过程,发现"千"与"百"之间的进率。】

三、丰富认数练习,加深对数的意义及十进制计数法的认识

1. 在计数器上一边拨珠一边数。

一十一十地数,从八百六十数到一千。

一个一个地数,从七百八十六数到八百零五。

小结:一十一十地数,八百九十后面是九百,九百九十后面是一千。一个一个地数,七百八十九后面是七百九十,七百九十九后面是八百,八百后面是八百零一。

2. 接着下面各数再数出5个数:五百零七,二百九十八,九百九十五。

3. 图中一共有多少个方块? 你是怎么数出来的?

右图里有( )个百、( )个十和( )个一。

小结:4个百、2个十和6个一合起来是四百二十六。

4. 观察左边计数器上7个粉色珠子和右边计数器上7个蓝色珠子,你有什么想法?

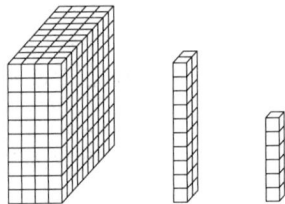

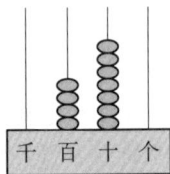

这个数是由4个( )和7个( )组成的。

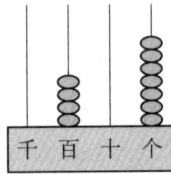

这个数是由4个( )和7个( )组成的。

小结:在计数器上,百位上有几个珠就表示几个百,十位上有几个珠就表示几个十,个位上有几个珠就表示几个一。

【设计说明:练习设计围绕千以内数的意义,通过具体、丰富的活动,进一步熟练数数的方法,掌握数的组成,理解数的基数意义和序数意义以及十进制计数法,培养数感,发展思维。】

【问题与讨论】数感是对数的感悟,它表现为对数与量的一种直观认知能力。请结合课例谈谈,在小学低年级数学教学中,如何帮助学生建立关于数的直觉、形的直观,发展数感。

案例 1 - 2："初步认识负数"教学设计

教学内容

苏教版义务教育教科书《数学》(五年级上册)第1~2页。

教学目标

1. 初步学会描述生活中一些简单的具有相反意义的量,体会数学与日常生活的联系。

2. 在熟悉的生活情境中初步了解正、负数,学会负数的读、写方法,知道0既不是正数,也不是负数,正数都大于0,负数都小于0。

3. 经历创造符号表示相反意义量的过程,发展符号感,享受创造性学习的乐趣;通过人类认识和使用负数的历史的介绍,体会中国古代文明对于数学发展的卓越贡献,激发民族自豪感。

教学重点

结合具体的实例初步了解正数和负数的含义;知道正数、负数与0的关系。

教学难点

通过提供直观形象的模型让学生初步了解正数和负数表示具有相反意义的量。

教学过程

一、自主创造,引出新数

1. 引入生活实例。

水果仓库正在运进和运出,运进苹果2吨,运出香梨2吨。

水果进出库情况记录单

2018 年 5 月 7 日

品 名	数 量
苹果	2 吨
香梨	2 吨

这样记清楚吗? 为什么? 那有办法把水果运进和运出的情况记清楚吗?

【设计说明:数学的产生与实际生活息息相关。物品的运进和运出是学生熟悉的普通生活情境,通过观察情景,让学生体会生活中存在着具有相反意义的量。通过"想办法把水果运进和运出的情况记清楚"的探索性问题,将学生的思维置于"愤悱"状态,激发创新表达的强烈欲望。】

2. 相反关系举例。

运进2吨和运出2吨意思正好相反。生活中还有像这样意思相反的事例吗?

它们叫做相反意义的量。怎样表示相反意义的量呢? 历史上的数学家们对这个问题进行过长期的探索和研究。

1700 多年前,我国古代数学家刘徽首创了两种方法,一种是用红、黑两种不同的颜色来区分,另一种是用摆放位置的正与斜来区分。之后又出现了划斜杠、加符号的方式。

400 多年前,法国数学家吉拉尔创造的"+2""-2"这种表示方法,被广泛认可,一直沿

用到现在。

【设计说明：把0以外的数分为正数和负数,源于表示两种相反意义量的需要。在引出"运进2吨"和"运出2吨"这两个生活中常见的相反数量之后,让学生举出"上升与下降""前进与后退"以及"收入与支出"等类似实例,旨在提取小学生日常生活中的相关储存,为理解相反意义的量提供经验支撑。适时引入数学史料,使学生初步感受用数学符号表示正、负数的发展历程,以获得思想的启迪与精神的熏陶。】

二、初识新数,学会读写

统一用"＋2"和"－2"的表示方法,把刚才举出的一些相反意义的量都这样表示出来。

这些数与我们以前学习和运用的数好像不一样。中国是最早认识和使用这些数的国家,据早在两千多年前的《九章算术》中记载,那时的人就有了"粮食入仓为正,出仓为负;收入的钱为正,付出的钱为负"的思想,后来数学家统一了它们的读法和写法。比如运进2吨记＋2吨,读正二吨;运出2吨记－2吨,读负二吨。＋2是正数,－2是负数。"＋"是正号,"－"是负号。

由于生产和生活的需要,人们创造了这样的新数:正数和负数。

【设计说明:在数的前面加上"＋"和"－"表示正数和负数,是数学中的约定。教学中没有简单直接地告诉学生这样的约定,而是让学生在自主探究用怎样的形式表示相反意义量的基础上,充分体验用数学符号表示正数和负数既简明易懂,又便于交流沟通,感受数学符号的便利。这时,"负数"概念的揭示就显得水到渠成了。在记录数据和数学史料的介绍中,让学生感悟正、负数的意义,学习正、负数的读写方法,体验由具体到抽象的符号化、数学化过程,同时也在亲历中感受到负数的价值。这一过程力求呈现数域扩展的清晰脉络,建构学生认知的发展线索。】

三、沟通联系,丰富认识

1. 联系气温读数,直观形象地了解负数。

温度计上0刻度上面和下面的两个刻度10表示的气温一样吗?

这样一组相反意义的量可以分别用什么数来表示?

【设计说明:教学用正数和负数表示气温,旨在帮助学生进一步感受相反意义的量,了解负数的意义。学生在科学课上已经认识了温度计,教师在此基础上充分把握学生已有的经验,提出两个问题:"0刻度上面和下面的两个刻度10表示的气温一样吗?""这样一组意义相反的量就可以分别用什么数来表示? 你们会吗?"可以使学生清楚地看到零上10℃与零下10℃不同的表示方法,帮助学生在新旧知识衔接处架起思维桥梁,有利于他们实现认知结构的自我完善、自我扩展。】

请你用今天学的方法表示3个城市的气温。

3个城市去年冬季某一天的最低气温

城市	温度
杭州	＋4℃
南京	0℃
洛阳	－4℃

显示杭州、洛阳气温的温度计上水银柱都指着刻度4,为什么一个是+4℃,另一个却是－4℃呢?

【设计说明:通过杭州、南京、洛阳3个城市某天的气温,使学生认识到:在温度中,0℃是区分零上温度和零下温度的分界点,比0℃高的温度用正数表示,比0℃低则用负数表示,既实现了对0的再认识(0的意义已经不仅是表示"没有"),又初步将正数、负数、0有机地整合到一个新的数系——有理数之中。】

2. 联系海拔高度,进一步丰富对负数的感知。

我国的新疆吐鲁番盆地是地球上海拔最低的盆地,大约比海平面低155米。它的海拔高度大约是多少米?(－155米)

地球表面海拔最高的珠穆朗玛峰,大约比海平面高8 844.43米。它的海拔高度大约是多少米呢?(＋8 844.43米)

3. 沟通新旧知识的内在联系。

正数前面的正号可以省略不写,比如海拔＋8 844.43米也可以记作8 844.43米,读作八千八百四十四点四三米。前面大家记录在黑板上的哪些数前面的符号可以省略?(正数前面的正号都可以省略。)

去掉正号,这些数你们熟悉吗?负数中的负号能省略吗?为什么?

【设计说明:"温度计上0℃这个分界点清晰可见",而海拔高度却以海平面为分界,稍微抽象一些。用正、负数来表示海拔高度,让学生对相反意义量再一次感知。介绍"海平面""比海平面高""比海平面低"等概念,突出以海平面为基准,有利于学生体会正数与负数分别表示具有相反意义的数量。这样,学生又一次联系"高于海平面为正、低于海平面为负"的情形体会正数与负数的实际意义,丰富他们对负数的感性认识。学生在小学认识负数是初步的,为了让学生对负数的内涵与外延有比较完整的认识,调用珠穆朗玛峰海拔高度米数8 844.43这一小数,让学生体会过去学过的数(整数、分数、小数)除0之外都是正数,沟通新旧知识的内在联系,实现认知顺应。】

4. 拓展练习。

海边一座灯塔高出海平面50米,一段堤岸高出海平面10米,海里一处暗礁在海平面以下18米,分别说出它们的海拔高度。

海平面以上的高度都是用什么数表示的?海平面以下的高度呢?海平面的高度又该用哪个数表示呢?

回看温度计,零上温度用什么数表示?零下温度呢?

0既不是正数也不是负数。在数学上我们把0叫做正数与负数的"分界点"。

正数比0大,负数比0小。

5. 小结。

实际生活中,大量存在着零上和零下的温度、海平面以上和海平面以下的高度、运进和运出货物的质量等一些具有相反意义的数量。为了表示这些具有相反意义的数量,就产生了正数、负数。今天我们一起认识了正数和负数,正数是我们以前就认识的,而负数就是我们今天这节课的学习成果。(板书:认识负数)

能很快地再说出几个负数吗?正数呢?(画集合圈)

【设计说明:用正数和负数分别表示灯塔、堤岸、暗礁的海拔高度,加深学生对正、负的认识。正数、负数与 0 进行的比较,帮助学生将负数和已经认识的数联系、相互比较,帮助学生更好地理解正数、负数与 0 三者之间的关系,实现数系知识的重组建构。】

四、适当扩展,深化认识

1. 神七与负数。

我国成功发射的神舟七号载人飞船在太空中向阳面的温度会高于( )℃,背阳面的温度会低于( )℃,太空舱内的温度能始终保持在( )℃。

① −100   ② 21   ③ 100

2. 羽毛球与负数。

比赛用的羽毛球规定了标准重量。右图 3 只羽毛球分别称重后和标准重量比较作了这样的记录,你知道了什么?

3. 赛场上的正、负数。

游泳赛场上运动员打破世界纪录,所用时间与世界纪录相比记作−4.22 秒;田径赛场上的风速是+1.25 米/秒。"−4.22 秒、+1.25 米/秒"分别是什么意思?

希望同学们能带着数学的眼光走进生活、观察生活,更好地认识生活中的数学问题。

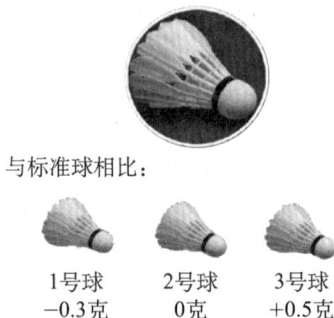

与标准球相比:

1号球
−0.3克

2号球
0克

3号球
+0.5克

【问题与讨论】本教学设计在引入负数概念时没有采用教材给出的气温情境,而是运用"水果进出仓问题"进行了重新设计,请分析新设计背后的教学思考。

◀◀ 案例 1−3:"倍数和因数"教学设计 ▶▶

教学内容

苏教版义务教育教科书《数学》(五年级下册)第 30～31 页。

教学目标

1. 使学生初步理解因数和倍数的含义,会有序列举出 100 以内非 0 自然数的所有因数和 10 以内非 0 自然数的倍数,了解一个数因数的特点及一个数倍数的特点。

2. 使学生经历用同样大的正方形拼长方形、寻找一个数因数、倍数的操作过程,进一步体验有序思考在解决实际问题中的作用,提升数学类比、归纳能力。

3. 在操作、思考、交流、辨析的过程中,进一步感受数学学习的方法,了解数学的应用价值,体验成功的乐趣,提高学好数学的信心。

扫码查看
教学内容

教学重点

理解因数和倍数的含义,会有序列举 100 以内一个数的所有因数、10 以内数的倍数;了解一个数因数的特点及一个数倍数的特点。

教学难点

有序列举一个数的因数和倍数。

教学过程

一、动手操作,借助直观理解抽象的数学概念:因数和倍数

1. 通过操作活动,初步感受两数的整除关系。

用这样的小正方形(出示一个正方形),你能玩出智慧,玩出数学的味道吗?

出示例1:用12个同样大的正方形拼成一个长方形。每排摆几个,摆了几排?用乘法算式表示自己的摆法,并与同学交流。

拿出作业纸,在方格纸上尝试画图表示拼成的长方形,并列算式表示。

2. 通过交流活动,为认识因数和倍数做准备。

交流一下,你们拼成了哪些长方形?

(如果学生反馈"3×4=12"和"4×3=12"是两种不同的长方形,引导学生讨论辨析,明确它们表示的是同一种长方形,只是摆放的位置不同。)

3. 揭示因数和倍数的意义。

通过刚才的操作、交流,用12个同样大的正方形拼一个长方形,一共有3种拼法(出示拼成的3种长方形),你们能说出对应的算式吗?(出示算式。)

今天要研究的数学问题就蕴含在这样的算式中。这里"4×3=12",我们就说"4是12的因数,12是4的倍数;3是12的因数,12是3的倍数。"

通过刚才的介绍,我们知道了4和3都是12的因数,12是4的倍数,也是3的倍数。

根据"1×12=12"和"2×6=12"两个式子,你也能说出谁是谁的因数、谁是谁的倍数吗?

今天我们要学习的内容就是"因数和倍数"(板书课题)。

4. 在辨析中进一步理解倍数和因数的含义。

(1) 明确讨论范围。

想一想,可以说8是12的因数,12是8的倍数吗? 为什么?

能再举个例子说说谁是谁的因数,谁是谁的倍数吗?

目前说的都是乘法算式,除法行吗? 谁来试试?

相机指出:研究因数和倍数时,所说的数一般指不是0的自然数。

学生举例,教师板书。

(2) 明晰相互依存关系。

可以说"4是因数,12是倍数"吗?

小结:因数和倍数是指两个数之间的一种关系,因此在表达时一定要说清楚"谁是谁的因数,谁是谁的倍数"。也就是说,因数和倍数相互依存,缺一不可。

二、探索"求一个数的因数"的方法,发现并归纳一个数的因数的基本特点

1. 合作寻找"求一个数的所有因数"的方法。

如果给你一个数,你能找出它的所有因数吗? 找出36的所有因数,说说你是怎样找到的。

小结:要找全一个数的所有因数,可以用乘法,也可以用除法,关键是列举要有序。我们一起再来有序地回顾一遍,好吗?(依次出示乘法算式或除法算式及相应结果。)

介绍用集合图表示一个数因数的方法。

2. 独立思考并解决"求一个数所有的因数"。

你能找出15的所有因数,16的所有因数吗?(独立完成,交流讨论。)

3. 归纳类比,发现一个数因数的基本特点。

在学习的过程中,适时地回顾,往往会让我们有更多的收获。

(用课件同时出示36,15,16的因数)你有什么发现吗?

"一个数的最小因数是1"(课件中依次圈出36,15,16的最小因数)。是不是所有数的最小因数都是 1?

"一个数的最大因数是它本身"(课件中依次圈出 36,15,16 的最大因数)。是不是所有数的最大因数都是它本身? 一个数因数的个数是有限的。

三、探索"求一个数的倍数"的方法,发现并归纳一个数的倍数的基本特点

通过刚才的学习,我们学会了如何有序地找一个数的所有因数,还在对比观察中发现了一个数因数的特点。那么,如何找一个数的倍数呢? 一个数的倍数又有什么特点呢?

1. 调动已有经验,自主研究。

(用课件呈现研究内容:你能用列举的方法找出 3 的倍数吗? 想一想,能找出多少个?)

再找出两个 10 以内的数,用列举的方法找出它的倍数。

2. 交流研究成果,形成共识。

(1)用列举的方法求一个数的倍数。

通过交流明确方法:可以通过用这个数依次和 1,2,3……自然数相乘,找这个数的倍数;一个数的倍数个数是无限的,在表示时可以按顺序写出前 5 个,再加上省略号。

(2)归纳一个数倍数的特点。

"一个数的最小倍数是它本身""没有最大的倍数""一个数倍数的个数是无限的"。

四、巧设练习,深化认识

1. 强基固本。

(1) 24 个同学表演团体操,每排人数都是 24 的因数吗? 排数呢? 先把下表填写完整,再说一说。

排数	1	2	3	4	6	8	12	24
每排人数	24							

(2) 旅游团乘坐小艇游玩,每人应付 4 元,该团应付元数都是 4 的倍数吗? 先把下表填写完整,再说一说。

乘坐人数	1	2	3	4	5			
应付元数	4	8						

现实生活中,我们经常会遇到像(1)(2)两题中的情况和问题,今后我们就可以用因数和倍数的相关知识来解决。

2. 提升能力。

(1)填空。

一个数的最大因数是 12,这个数是( );一个数的最小倍数是 9,这个数是( );非零自然数 a 的最小因数是( ),最大因数是( ),最小倍数是( )。

(2)在 6 的因数上画"△",在 6 的倍数上画"○"。

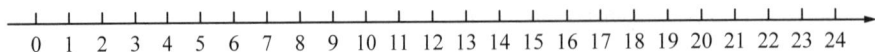

6的因数中最大的是6,6的倍数中最小的是6;6既是它本身的因数,也是它本身的倍数。

3. 拓展思维。

根据要求写数:(1)写出几个2的倍数;(2)写出几个5的倍数;(3)写出一个数,既是2的倍数,又是5的倍数。

五、回顾反思

知识收获与方法收获。

【问题与讨论】好的数学教学应当有引发知识"生长"的过程。谈谈本节课是如何帮助学生"长"知识的? 再选一课题,尝试设计一个让知识"长"起来的教学过程。

要点提炼

根据《课标(2011年版)》要求,基于儿童认数特点,结合教材具体编排,对"整数的认识"课程内容提出如下教学设计要点。

1. 依托现实情境,建立整数概念

虽然小学生在入学前认识很多数,但并未形成数的概念。要让小学生在头脑中真正建立起数的概念,必须回到抽象数的现实背景中去。因此,在教学设计中必须十分注重现实情境的创设,并依托认数情境让小学生经历从物体数量到数的抽象过程,逐步形成数的概念。如在认识数"2"时,可出示由2个人、2棵树、2只羊、2条鱼组成的若干个实物圈,先让小学生依次点数各个实物圈中的物体数量,再引导小学生用由2个算珠组成的实物圈统一表示上述各个实物圈的点数结果(聚焦于各个实物圈的数量特征,舍去一切与数量无关的特性),最后用符号"2"表示算珠实物圈所代表的实物圈的数量;在完成了从具体物体数量到数"2"的抽象过程后,引导小学生运用数"2"表示日常生活中的一些事物,体会数"2"所代表的实际含义,初步建立起"2"的概念。

2. 丰富操作活动,突出计数原理

十进制计数法是认识整数的核心和关键,它不仅可以帮助人们认识更大的自然数,而且可以只用有限个数字符号(10个数字)就能表示出所有的自然数。因此,在教学设计中,需要根据小学生的年龄特点和认知水平,设计丰富的操作活动,让小学生借助多种操作体会十进制计数法,理解其中的计数原理。

如在"认识11~20各数"的教学中,可以设计"捆一捆"的活动,将10根小棒棒捆成1捆,让小学生直观感知"10个一是1个十",理解计数单位"十"与"一"之间的十进关系;设计"圈一圈"的活动,让小学生根据前面"捆一捆"的经验,在数物品数量的过程中把10个物品圈在一起,加深对"十"这个计数单位的认识;通过"拨一拨"的活动,在计数器上拨出珠子表示数11~20之间的某一个自然数,如在十位拨一个珠子、个位拨两个珠子表示12,十位上的一个珠子表示"1个十"、个位上的两个珠子表示"2个一",让小学生直观体会位值原理。借助上述操作活动,小学生获得了数位(个位、十位)和位值(个、十)的直观认识,为后续学习中理解十进制计数法及其原理进行了必要准备。

3. 结合认数内容,逐步建立数感

数感主要是指关于数与数量、数量关系、运算结果估计等方面的感悟。[①]　建立数感,是"数与代数"学习领域的重要目标,也是整数认识中必须重点发展的数学素养。在"整数的认识"部分,数感主要是指关于数与数量方面的感悟,不同的认数阶段和学习内容有不同的含义和要求。因此,在教学设计中,应该结合课程内容,逐步建立小学生的数感。

其一,在不同认数阶段采用不同方式理解整数的意义。如"认识 10 以内的数"时,设计从数量到数的抽象过程以及用数表示各种物体数量的具象过程,让小学生直观体会整数表示的实际意义;在"认识万以内的数"时,借助小棒、方块图、计数器等学具以及十进制计数法原理,让小学生透过数的构成理解多位数的计数意义;在"认识万以上的数"时,以已有整数知识为基础,借助推理和想象让小学生理解大数的现实意义,如用一个人一生的心跳次数帮助小学生理解 32 亿这个绝对大数。

其二,对不同范围的整数创设不同情境感受相对大小。如对 10 以内的整数,可先画出各数表示的实物图,再通过实物图之间对应连线让小学生直观感受谁大谁小;对稍后认识的更大整数,通过数(shǔ)数的顺序让小学生理解其大小;对一般多位数,可通过先数位比较、后数值比较的方法,让学生理解几个整数的相对大小。

其三,通过描述与解释活动,理解整数意义,提高整数运用的意识和能力。如根据某小学一年级的新生人数,制定该年级的学号编制方案;通过某城市电话号码的位数,估计该城市的人口量级;选择适当的整数和度量单位描述与解释现实生活中的简单现象等。

实践操作

"认识多位数"是小学数学课程的重要内容之一。认识的意义不只在于掌握数的意义、读写方法、解决实际问题,还在于更深刻地感悟十进制计数法的本质。以下是苏教版义务教育教科书《数学》(四年级下册)"认识多位数"的内容,请完成一篇本课的教学设计。

---

① 中华人民共和国教育部. 义务教育数学课程标准(2011 年版)[S]. 北京:北京师范大学出版社,2012:5.

认 识 多 位 数

1 2011 年，我国芝麻、茶叶和油菜籽的总产量如下：

芝麻	茶叶	油菜籽
六十一万吨	一百六十二万吨	一千三百四十三万吨

> 六十一万、一百六十二万和一千三百四十三万各是多少？怎样写呢？

我们知道 10 个一千是一万，再接着数下去：

10 个一万是十万，

10 个十万是一百万，

10 个一百万是一千万。

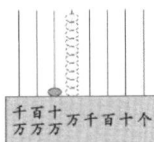

千万 百万 十万 万 千 百 十 个

> 先说说下面的数各有多少个万，再照样子填一填。

61 个万是 610000。	（　）个万是（　）。	（　）个万是（　）。

数 位 顺 序 表

……	万 级				个 级		
……	⌒位	⌒位	⌒位	万位	千位	百位	十位	个位

按照我国的计数习惯,从右边起,每四个数位是一级。

练一练

1. 在算盘上一边拨珠一边数。

    (1) 一万一万地数,从一百九十五万数到二百零六万。

    (2) 十万十万地数,从九百六十万数到一千零二十万。

2. 先说出各是多少个万,再写一写、读一读。

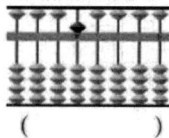 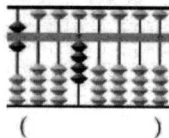 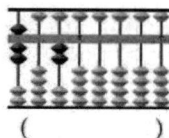

(   )   (   )   (   )

你知道吗

在报纸、杂志上,我们经常会见到一些多位数从个位起每三位就空开大约半个数字的位置。如:2011 年我国普通高等学校在校学生数是 23 085 000 人。这是一种国际通用的数的分节方法。它规定从个位起向左每 3 位一节,右起第一节表示有多少个一,第二节表示有多少个千,第三节表示有多少个百万……

我国习惯采用数的分级方法。它规定从个位起向左每 4 位一级,从右边起第一级是个级,表示有多少个一;第二级是万级,表示有多少个万……

数的分节和分级,虽然计数习惯不同,但都便于正确、迅速地读写多位数。

11

第二节 分数的认识

在小学"数的认识"中,"分数的认识"具有特殊地位。从整数到分数是小学数概念的第一次扩充,学习这部分内容对于小学生理解数学发展的根本原因、感受数学发展的巨大价值,具有得天独厚的作用。分数概念是小学数学中比较抽象的知识,也是思想内涵十分丰富的内容,学习这部分内容,对于发展小学生的符号意识、培养抽象思维能力,具有非常重要的价值。

内容透析

◆ **学科维度**

1. 分数的产生

分数是人类历史最悠久的知识领域之一,它的产生源自实际度量和数学运算的需要。

在度量和均分的实践活动中,人们经常会碰到不能正好"量完""分完"的情形,即被度量或均分的量并非正好等于先前选择单位量的整数倍,而是介于这个单位量的两个相邻倍数之间。发生这种情形时,人们就将原来的单位分成 n 等份,将其中的一份作为一个新的单位。如果被度量和均分的量恰好包含 m 个新单位,那么这个被度量、均分的量即为原来单位的 n 分之 m,这样就产生了分数。

从数系运算的需要看,在整数之间,加、减、乘 3 种运算可以无限制地进行,即任意两个整数的和、差、积仍然是整数。但是在整数之间,除法运算却不是总能顺利进行,即有时两个整数的商又可能超出了整数的范围,所以需要引进新的数扩充,这个新的数即为分数。

正如引进负数和 0 冲破了对于减法运算的限制一样,分数的引进为整数除法消除了类似算术上的障碍,当整数 m 除以整数 n 得到的商不能用整数表示时,我们就用分数 $\dfrac{m}{n}$ 表示。这样的规定和处理,解决了除法运算对于整数不封闭的问题,使得数系得以扩张成有理数系,从而创造了一个令人满意的算术系统。

2. 分数的意义

自然数的产生源自计数,每个自然数都能直接在现实世界中找到一个对应的数量;但是分数却不同,它是在平均分割整体的过程中产生的,不能直接在现实世界中找到一个对应的数量。因此,与自然数相比,分数的意义更丰富,理解也更困难。为此,许多研究者都通过对分数意义分类的办法来获得对分数概念的理解,以历史顺序进行分类是一种较为常见的做法。J. Park 等人根据分数意义的历史演变,将其分为部分/整体、测量、除法、集合论 4 种意义。[①]

(1) 部分/整体。公元前 1 700 年左右形成的阿梅兹草片文书中,记载着古埃及人使用符号将整体的一部分表示为分数,此时的分数尤其注重将整体等分为部分这一形成过程。这与当下小学分数入门教学时的含义一致:把一个月饼等分成 5 份,取其中 1 份是 $\dfrac{1}{5}$、2 份是 $\dfrac{2}{5}$。实质上,这里的分数表示部分与整体的关系,它是一个无量纲的数。最重要的分数应该是真分数,它代表一个事物或一个整体的一部分,其本质在于它的无量纲性。比如,盘子的 $\dfrac{1}{2}$ 与足球场的 $\dfrac{1}{2}$ 所代表的实际意义是不尽相同的,但是作为分数时它们又是相等的。即分数的大小只与部分与整体的关系(整体等分的份数与取的份数)有关,而与整体本身的大小无关。

---

① 王光明,李健,康玥媛. 小学数学教材分数意义的呈现:历史顺序与"超回归"倒序的统一[J]. 课程·教材·教法,2017
 (5):34—39.

分数无量纲性的意义在于能够把事物的许多不可比的状态变成可比的状态。因此，分数还可以表示两个事物之间的整数比，这里的比与数学上的比以及现实生活中的比这三者之间有区别。例如，虽然两个分数 $\frac{2}{3}$、$\frac{1}{2}$ 分别等于两个比 $2:3$、$1:2$，但二者的意义有所不同，不能混为一谈。比如，甲乙两个队踢足球，第一场 $2:3$，第二场 $1:2$，描述总的结果时，如果用分数加法计算，结果为 $\frac{2}{3}+\frac{1}{2}=\frac{7}{6}$，显然不合常理；如果用分子、分母分别相加，结果为 $\frac{2+1}{3+2}$ 即 $(2+1):(3+2)$ 倒比较合理。

（2）测量。测量与可公度性这一概念相关，公元前 3 000 年，欧几里得认为，可以被相同尺度测量的量即为可公度的。也就是说，对于实数 c 以及整数 m 和 n，若 $a=mc$，$b=nc$，则称 a 与 b 是可公度的。由于 c 被视为 a 或 b 的一部分，所以欧几里得并不将 c（若 c 不是整数）视为一个数，而是将其视为"数的一部分"。单位分数就被视为测量对应分数的基本单位。例如，用单位分数 $\frac{1}{5}$ 来测量 $\frac{3}{5}$ 量数为 3。此外，以不同尺度为测量单位得到的相同度量值，又可延伸出等值分数的概念。例如，分别用 $\frac{1}{8}$ 和 $\frac{1}{4}$ 测量 $\frac{1}{2}$ 得到 4 个 $\frac{1}{8}$ 和 2 个 $\frac{1}{4}$，从而可知 $\frac{4}{8}$ 与 $\frac{2}{4}$ 都等于 $\frac{1}{2}$，三者就是互为等值分数。

上述单位分数就是现在小学俗称的分数单位。如可用 $\frac{1}{4}$ 作为分数单位，测量分数 $\frac{2}{4}$，得到 $\frac{2}{4}$ 包含 2 个 $\frac{1}{4}$；如在数字线上标出 $\frac{2}{4}$ 的分数点，就表示该分数点到 0 点的距离有 2 个 $\frac{1}{4}$ 的长度。至此，分数不再只是表示某种关系，而且可以表示某一具体数量。根据分数的测量意义，如果两个分数的分母相同，意味着分数单位相同，可以直接比较大小和加减运算；如果两个分数的分母不同，意味着分数单位不同，需要先把原有两个分数单位各自进一步等分，直到分数单位相同时才能比较大小和加减运算。

（3）除法。方程 $ax=b（a，b\in\mathbf{Z}，a\neq0）$ 的代数解体现了分数的除法意义。从除法意义看，分数由乘法的逆运算得到。现行小学教材"分数与除法的关系"部分出现的 "$a\div b=\frac{a}{b}$" 就体现了分数的除法意义。这时，分数已经不再只是表示操作过程而是可以表示运算结果，从此拥有了同整数相当的地位，它被视为一个独立的数而存在。

（4）集合论。19 世纪末 20 世纪初，康托尔发明了集合论，并最终促成了有理数（分数）的产生。集合论下的有理数定义为：S 是由 $(m，n)$ 组成的集合（$m、n\in\mathbf{Z}，n\neq0$），对于 S 中的元素 $(a，b)$ 和 $(c，d)$，当且仅当 $ad=bc$ 时，将 $(a，b)$ 和 $(c，d)$ 归为同一子集，二者即为同一分数。随着时间的推移，这种定义淡化了其有序对的形式，用 $\left\{\frac{m}{n}\,\middle|\,m、n\in\mathbf{Z}，n\neq0\right\}$ 表示。这种集合论意义下的分数表现形式，已经被广泛接受。考虑到分数的这种意义直到中学阶段才会提及，故不再赘述。

3. 分数的直观模型

上面用较大篇幅介绍了分数的 4 种意义,目的是为了深化教育者对分数概念的理解。实际上,它们在小学数学中的地位和作用并不是等同的,其中"部分/整体"是分数意义生成的根本,在分数的概念发展中居首要地位[①]。为了减少小学生理解的难度,现行小学教材中提供了 3 种分数的直观模型[②]。

(1) 区域或面积模型。小学生最早是通过"部分-整体"来认识分数的,现行小学教材在初次引入分数概念时,大多是通过平均分某个正方形或圆,取其中的一份或几份(涂上阴影)认识分数的,这些即为分数的区域或面积直观模型(如图 1-1)。

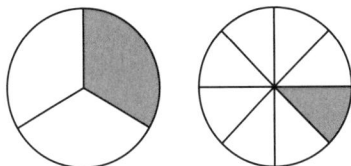

图 1-1　分数区域或面积模型

(2) 长度或测量模型。它是用长度或其他测度代替上述直观模型中区域或面积得到的分数直观模型(如图 1-2)。长度或测量模型中有一种特殊情形,称为数线模型(如图 1-2 中最后一幅图)。数线模型是用数线上的点来刻画分数的,而数线是数轴的雏形。

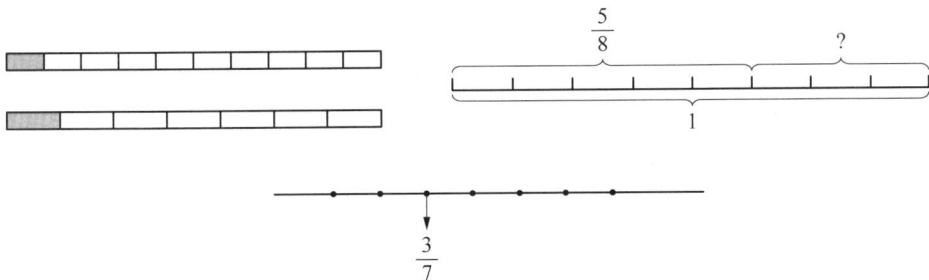

图 1-2　分数长度或测量模型

(3) 群组模型。它是把多个物体组成的群组看成整体,通过平均分割这个整体得到分数(如图 1-3)。群组模型的核心是把多个看作整体 1。

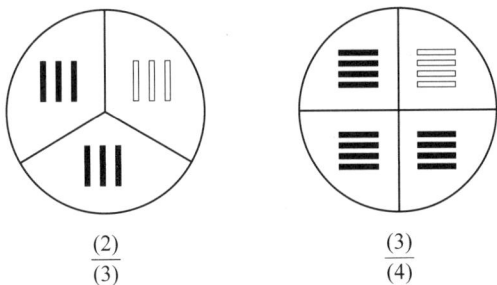

图 1-3　分数群组模型

[①] Kieren T E. The rational number construct：Itselements and mechanisms [J]. Recent Research on Number Learning, 1980：125-149.

[②] 马云鹏. 小学数学课程标准与教材研究[M].北京：高等教育出版社,2016：146—147.

◆ **课标维度**

《课标(2011年版)》关于"分数的认识"的课程内容共有4条①:

第一学段(1～3年级):

1. 能结合具体情境初步认识分数,能读、写分数。

2. 能结合具体情境比较两个同分母分数的大小。

第二学段(4～5年级):

1. 结合具体情境,理解分数的意义,理解百分数的意义;会进行小数、分数和百分数的转化(不包括将循环小数化为分数)。

2. 能比较分数的大小。

其中,第一学段所说的"具体情境"是指在平均分割一个物体、一个计量单位、一些物体的面积模型、长度模型、集合模型等具体情境中,直观认识分数。由于该学段分数的大小比较以及加减运算限制在同分母范围,本质上就是平均分之后所取份数的多少比较以及加减问题。因此,课标第一学段对分数学习的要求整体定位在"'部分-整体'关系"意义的水平。第二学段提到的"具体情境"与第一阶段含义不同,它是指在得到分数的单位"1"抽象意义后,再回到获得抽象意义的具体情境,寻找抽象概念所表示的实际含义,加深小学生对分数抽象意义的理解。

对小数、分数和百分数的转化以及分数大小的比较,没有出现"结合具体情境"的说法,暗含了分数学习应该实现从情境学习到概念学习的必然要求。

其一,经历从具体到抽象的学习过程,逐步深化对分数本质的认识。例如,首先可从平均分正方形、长方形、三角形等图形入手,去除图形的形状、大小等因素,提炼出"把一个图形平均分成4份,其中的1份用$\frac{1}{4}$表示";接着,将平均分的对象从一个图形拓展到若干个物体组成的一个整体,去除整体与部分包含的物体个数等因素,提炼出"把一个整体平均分成4份,其中的1份用$\frac{1}{4}$表示";最后,借助丰富的生活素材,在整体(单位"1")保持不变的条件下,通过改变分的份数与取的份数促使分数发生变化的变式练习,进一步揭示分数的本质。

其二,揭示知识之间的内在联系,力求在理解的基础上掌握相关概念与方法。该部分需要掌握的概念和方法较多,如分数与除法的关系、约分与通分、假分数化为带分数或整数、分数与小数的互化等。但只要让小学生明白了相关概念与方法之间的联系,就能够在理解的基础上较好地掌握它们。例如,分数与小数互化的基础是分数与除法的关系,约分与通分的本质是分数基本性质的应用。因此,教学时不应要求小学生死记硬背概念、机械模仿流程,要紧紧抓住知识之间的联系,在理解的基础上达到掌握。

◆ **教材维度**

我国现行的主流小学数学教材对分数认识的内容编排,采用了分层递进、螺旋上升的方式:第一学段安排"分数的初步认识",第二学段安排"分数的再认识"。

1. 分数的初步认识

关于"分数的初步认识"内容的具体安排,一般教材将其安排在同一学期一次学完,如人

---

① 中华人民共和国教育部. 义务教育数学课程标准(2011年版)[S]. 北京:北京师范大学出版社,2012:16.

教版教材集中安排在四年级下册;也有教材分散安排在两个学期,如苏教版教材分别安排在三年级上、下两个学期。

尽管内容的具体安排存在些微差异,但是各种版本教材都具有如下共同点:

第一,在分数认识的水平上,都是将平均分的对象限定为一个物体和一些物体;在分数大小比较的难度上,都将比较范围控制为同分母的分数。

第二,在分数认识的顺序上,都是先认识一个物体的几分之一、几分之几,再认识一些物体的几分之一、几分之几。

第三,在内容呈现方式上,都注重通过创设生活情境引入分数,让小学生体会学习分数的必要性,引发学习兴趣;都采用平面图形面积的"部分-整体"关系作为分数的直观模型。

2. 分数的再认识

关于"分数的再认识",现行的主流教材基本都安排在五、六两个年级。五年级的主要内容包括分数的意义(单位"1"、分数单位、分数与除法)、真分数与假分数、分数的基本性质、约分、通分、分数与小数的互化 6 个部分;六年级重点安排百分数。在具体内容的编排思路上,不同版本教材存在差异。如分数和小数的互化,人教版教材安排在约分与通分之后,而苏教版教材则安排在真分数与假分数、分数的基本性质之间;再如关于百分数,人教版教材在六年级上、下两个学期分别安排,苏教版教材则在六年级上学期一次安排。

"分数的再认识"是在"分数的初步认识"的基础上,进一步理解分数的意义,建立分数单位的概念。从现行小学教材可以看出,该部分的教学重点有两个方面:一是让学生理解并掌握一个整体(单位"1")平均分成若干份,表示其中一份或几份可以用分数表示,也就是对分数意义的理解;二是结合具体情境让学生在理解分数意义的基础上体会分数对应的整体不同,所表示的具体数量也不同,体会"整体"与"部分"的关系,感受分数的相对性(如图1-4)。

图1-4 分数的意义

为了帮助小学生更好地认识分数的内涵,现行小学教材都十分注重小学生的生活经验和动手操作。如苏教版教材在"分数的初步认识(一)"中,借助"秋游户外野餐"分享物品的经验引入分数,激发小学生的认知需求;通过在两张同样大的圆形纸片上"折一折,涂一涂"的操作活动,建立关于 $\frac{1}{2}$、$\frac{1}{4}$ 的正确表象,直观感受"在同样大的圆片中,平均分的份数越多,每份就越小",从而理解"分子为 1 的分数,分母大的分数反而较小"的道理。教材还充分利用多种直观模型和表征方式,从多个角度促进小学生理解分数概念。此外,各种教材中都呈现了丰富的实际情境,帮助小学生在生动的生活情境中理解和体验分数的相关知识。例如,人教版教材在"百分数(二)"中,就呈现了折扣、成数、税率、利率等众多实际问题情境,促进小学生对百分数的多重意义和使用价值的认识。

案例研讨

◀◀ 案例 1－4:"分数的初步认识(一)"教学设计 ▶▶

教学内容
苏教版义务教育教科书《数学》(三年级上册)第 87～89 页。

内容分析
"认识几分之一"是小学阶段认识分数的起始课。本节课前,小学生已经系统学习了整数的相关知识,从整数扩充到分数,是学生认识数概念的一次质的飞跃。无论在意义还是在读写以及计算方法上,分数与整数相比都具有更高的抽象性。三年级儿童正处在由具体形象思维向抽象逻辑思维转化的关键期,他们在理解分数这一较为抽象的概念时,在很大程度上需要依赖自身的直接生活经验。因此,教学时要借助小学生熟悉的具体情境和多媒体课件,通过动手操作和直观演示,让小学生在生动、有趣、变化的过程中,体会分数产生的必要性,初步认识最简单的分数——几分之一的直观意义。

扫码查看
教学内容

教学目标
1. 知道把一个物体或一个图形平均分成几份,每份都可以用几分之一表示;知道分数各部分的名称,能读、写分数;会比较几分之一的大小。
2. 经历探索、发现和认识用分数表示一个物体或一个图形几分之一的过程,进一步提高抽象思维能力。
3. 体会分数来自生活实际的需要,感受数学与生活的联系,进一步产生对数学的好奇心和兴趣。

教学重点
初步认识几分之一。

教学难点
理解几分之一的含义。

教学准备
多媒体课件、长方形纸片、正方形纸片、圆纸片、水彩笔。

教学过程

一、创设情境,提出问题

谈话:在这多彩的秋天,小朋友来到美丽的大自然中参加秋游活动。看图上的两位小朋友都准备了哪些吃的呢? 他们在说什么?

提问:把每种食品都平均分给两个小朋友,每人各分到多少?

二、自主探究,建构新知

1. 直观操作,初步感知。

谈话:从图上看,他们带了哪些食品?(4个苹果、2瓶矿泉水和一个蛋糕),怎么分才能公平?(平均分)什么是平均分呢?(每人分得的数量一样多)

游戏:要求大家用拍手的方法表示每人分得的数量。4个苹果平均分成2份,每人分得几个(2个)? 2瓶矿泉水平均分成2份,每人分得几瓶(1瓶)? 一个蛋糕平均分成2份,每人分得几个(半个)?

小结:把一个蛋糕平均分成2份,每份(半个)都是它的 $\frac{1}{2}$。揭题:这个 $\frac{1}{2}$ 就是分数。

这节课我们就一起来认识分数。(板书课题:认识分数)

2. 操作理解,深入认识。

操作:我们认识了 $\frac{1}{2}$,请你拿出一张长方形纸,先折一折,把它的 $\frac{1}{2}$ 涂上颜色。

(学生动手折纸)交流:学生边展示折出的各种形式的 $\frac{1}{2}$,边介绍折纸的方法。

小结:无论怎样折,只要把这张纸平均分成2份,每份都是它的 $\frac{1}{2}$。

【设计说明:通过让学生折的动手实践活动,使学生进一步理解 $\frac{1}{2}$ 的含义——只要平均分成2份,其中的每份就是它的 $\frac{1}{2}$,与一份的形状没有关系。】

3. 联系生活,丰富认识。

谈话:把一个蛋糕平均分成2份,每份可以用 $\frac{1}{2}$ 表示。那么请大家想一想、说一说,在日常生活中 $\frac{1}{2}$ 还可以表示什么呢?

让学生联系实际,举出用分数表示的实例。例如,一块黑板的一半可以用 $\frac{1}{2}$ 表示,一本数学书的一半可以用 $\frac{1}{2}$ 表示……

小结：把一个物体或一个图形平均分成 2 份，每份就是它的 $\frac{1}{2}$。

4. 认识几分之一。

(1) 判断 $\frac{1}{2}$，引出 $\frac{1}{4}$。

看谁反应快，下图图形中涂色部分中哪个能表示 $\frac{1}{2}$？

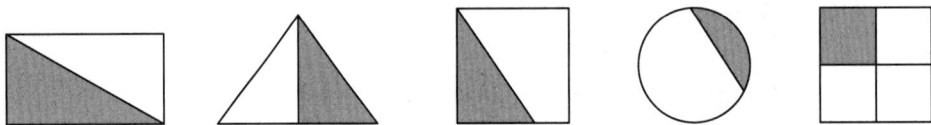

通过说明理由，强调平均分，同时引出 $\frac{1}{4}$。

【设计说明：认识到不同的图形只要平均分成 2 份，每一份都是 $\frac{1}{2}$。同时，进一步认识到对于同一个物体或者形状，平均分成几份，每一份就是它的几分之一。】

(2) 认识 $\frac{1}{4}$。

操作：请大家从圆形、长方形、正方形或三角形的纸片中，任意选取一张折一折，表示出它的 $\frac{1}{4}$，并涂上颜色。

展示不同折法：展示不同形状的纸片，涂色部分都表示 $\frac{1}{4}$ 的情况。

提问：为什么形状不同，涂色部分都是它的 $\frac{1}{4}$？

小结：虽然纸片的形状不同，但它们都是平均分成 4 份，所以每份都是它的 $\frac{1}{4}$。

【设计说明：使学生在理解 $\frac{1}{2}$ 的基础上掌握 $\frac{1}{4}$ 的含义，并通过观察、比较，从而明白：相同的图形，虽然折法不同，但只要把一个图形平均分成 4 份，每份都可以用 $\frac{1}{4}$ 表示，进一步明确分数的含义。】

(3) 各部分名称及写法。

① 介绍 $\frac{1}{2}$ 各部分的名称、写法和读法，要求学生跟着老师写一写、读一读 $\frac{1}{3}$、$\frac{1}{4}$。

小结：我们写分数时，应先写分数线，再写分母，最后写分子。

② 我们认识了 $\frac{1}{2}$、$\frac{1}{3}$、$\frac{1}{4}$，猜一猜还会有几分之一？ 你能折出来吗？

$\frac{1}{5}$、$\frac{1}{6}$、$\frac{1}{7}$……这些都是分数,是分数这个大家庭的一部分——几分之一,它们有无数多个。

【设计说明:通过交流,分享折出的新分数,进一步加深对分数含义的认识。分享能想出的新的分数,从而知道,分数同整数一样,都有无数个。】

学生独立完成下图中题目,然后请学生完整地表达思考的过程。(题后小结:强调"平均分"。)

想想做做

1. 用分数表示涂色部分。

( )   ( )   ( )   ( )

2. 哪个图里的涂色部分是 $\frac{1}{4}$? 在( )里画"√"。

( )   ( )   ( )   ( )

5. 比较几分之一的大小。

(1) 折一折:用同样大的圆形纸片折一折、涂一涂,和同学交流自己的想法。

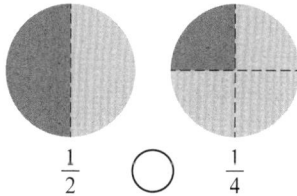

$\frac{1}{2}$ ◯ $\frac{1}{4}$

(投影想想做做第3题)猜一猜,涂色的部分是它的几分之一?

(2) 先填一填,再读一读。

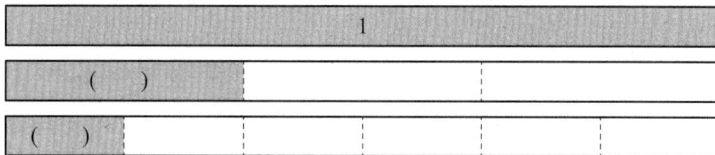

1

( )		

( )				

追问:几个纸条一样长,平均分了以后都涂一份,涂色的部分怎么越来越少?

同样长的纸条平均分的份数越多,每份就越少,说明分数是有大小的。比如这里的 $\frac{1}{3}$ > $\frac{1}{6}$。

追问：如果把相同长度的纸条依次平均分成的份数是 2、3、4、5、6……，得到什么结果呢？

$$\left(\frac{1}{2} > \frac{1}{3} > \frac{1}{4} > \frac{1}{5} > \frac{1}{6} > \cdots\cdots\right)$$

【设计说明：用同样大小的圆形纸片折一折让学生真实感知分数的大小，然后通过想想做做 3 中的同样长的纸条，向学生呈现了分数的不同的几何表征形式，为逐步用线段图表征分数、在数轴表示分数打下基础。】

三、拓展应用

看下面各图，你能感受到几分之一？再举例说一说生活中哪些地方会用到分数。

四、课堂小结

【设计总评：本节课的教学设计在选材上体现生活性、简单性、实用性、挑战性。在课的一开始，创设郊游中简单的情景，活跃了课堂气氛，很好地调动了小学生的学习积极性，使他们很快进入新课的学习状态。知识层面上，从整数的平均分开始，从 4 个苹果平均分成两份，到 2 瓶水平均分成两份，再到把 1 个蛋糕平均分成两份，结果是半个。在其中强调"平均分"的概念，并让学生发现问题(半个蛋糕用数怎样表示)，产生用以前的知识不能解决的冲突，激发学生的学习动机，从而导入新课、揭示课题，让学生在平均分中初步感受从自然数到分数产生的价值和意义。

通过展现同一图形不同折法，每份为什么都是 $\frac{1}{2}$；不同的图形平均分成 2 份，每份为什么也是 $\frac{1}{2}$ 等教学问题，理解"平均分"。通过组织辨析 $\frac{1}{4}$，动手创造几分之一，让小学生在亲身经历中逐步构建几分之一的意义。既沟通了小学生生活与数学之间的联系，又让小学生经历了一次生动的数学建模过程。】

【问题与讨论】请尝试阐述在分数的初步认识教学中使用的直观教学手段及其作用。

◄◄ 案例 1－5："分数的意义"教学设计 ►►

教学内容

苏教版义务教育教科书《数学》(五年级下册)第 52 页。

教学目标

1. 使学生在初步认识分数的基础上，建立单位"1"的概念，理解分数的意义，掌握分数单位的含义。

2. 让学生了解分数在实际生活和生产中的应用价值，知道运用分数可以解决生活中的实际问题。

扫码查看
教学内容

3. 培养学生动手操作及观察、思考、抽象概括的能力。

教学重点

理解和掌握分数的意义。

教学难点

理解单位"1"的含义和分数的意义。

教学过程

一、习旧引新,启迪探索

谈话:同学们,我们以前学习过分数,你对分数有哪些了解呢? 谁愿意来展示一下自己的才学?

预设 1:把一个蛋糕平均分给 4 个人,每人分得 $\frac{1}{4}$。

预设 2:分数有分子、分母、分数线。

预设 3:分数有几分之一、几分之几。

谈话:同学们对分数有那么多的了解,我想大家心中肯定会有一个自己最喜欢的分数,请你写出来。你写的这个分数,想要表达什么呢? 谁愿意说给大家听一听?

预设 1:我写的是 $\frac{1}{3}$,因为我家有 3 个人,我就是其中的一份。

预设 2:我写的是 $\frac{1}{100}$,我希望作业的错误率不要超过 $\frac{1}{100}$。

预设 3:我写的是 $\frac{23}{45}$,因为我班有 45 个人,男生 23 人,$\frac{23}{45}$ 表示男生的人数情况。

看来,同学们对分数都很感兴趣。今天就继续来研究数学王国中的这一类重要的数吧。

【设计说明:通过谈话引导学生回顾已有的分数知识,为探索新知做好思维活动的铺垫。】

二、提供机会,探究问题

1. 认识单位"1"。

(1) 初步探索。

出示一个汉堡图片,问:这是什么?(一个汉堡)

接着出示长方形、直尺,像这样一个汉堡、一个长方形、一把直尺,可以用哪一个自然数来表示呢?(自然数 1)

我们从数学的角度去思考,还可以把什么说成 1 呢?难道这个 1 只能代表一个物体、图形或计量单位吗?

老师这里有一些卡片,现在放在一起,我们可以说成?(一扎卡片、一摞卡片、一把卡片)

照此类推,这个 1 还可以表示什么呢?(1 箱苹果、1 车苹果、1 堆苹果……;1 棵树、1 排树、1 片树林……;1 个教室、1 个学校;1 个区、1 个市、1 个省、1 个国家、1 个地球、1 个宇宙……)

初步归纳:看来,"1"可以表示生活中的很多事物。

【设计说明:从学生熟知的生活物品出发,不断引导,开拓思维,从单位"1"可以表示一个物体、一个计量单位自然过渡到许多物体组成的一个整体也可以用单位"1"表示。让学生

感悟单位"1"表示的事物的丰富性。】

（2）扩充整体"1"的认识

活动一：分一分,试一试

① 分一分。

出示下列苹果图片和熊猫图片,要求将图片中物体平均分。

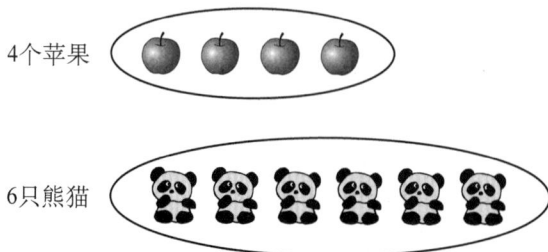

4个苹果

6只熊猫

先独立操作,再小组内交流。

② 试一试。

提问：上述两张图片中的物体最多有几种平均分的方法？试着用分数分别表示每种分法中的一份。

先独立思考,再小组内交流。

全班交流：让学生借助实物投影、图片、板书等,展示各组平均分的方法和表示其中一份的分数。

学情预设1：如果把4个苹果平均分成4份,每份1个,每份占整体的$\frac{1}{4}$；平均分成2份,每份2个,每份占整体的$\frac{1}{2}$。

教师点拨：这里我们把4个苹果看成一个整体。

学情预设2：6只熊猫,可以平均分成6份,每份1只,每份占整体的$\frac{1}{6}$；可以平均分成3份,每份2只,每份占整体的$\frac{1}{3}$；可以平均分成2份,每份3只,每份占整体的$\frac{1}{2}$。

教师小结：不管怎么平均分,我们都是把平均分的对象看成一个整体。

【设计说明：放手让学生动手分一分,试一试,加深学生对于整体"1"的认识,体会单位"1"产生的必要性。因为许多物体当我们不把它们看作一个整体的时候,可以不用自然数"1"来表示。通过动手分的过程,暗含去探索单位"1"与分数的联系。】

（3）归纳小结。

活动二：看一看,议一议

多媒体呈现：先出现5幅图,学生比较后出现单位"1"。

教师小结：一个物体、一个计量单位,或者许多物体组成的一个整体都可以用自然数1来表示,通常把它叫做单位"1"。

【设计说明：通过图片的集中呈现,概括出单位"1"的含义。】

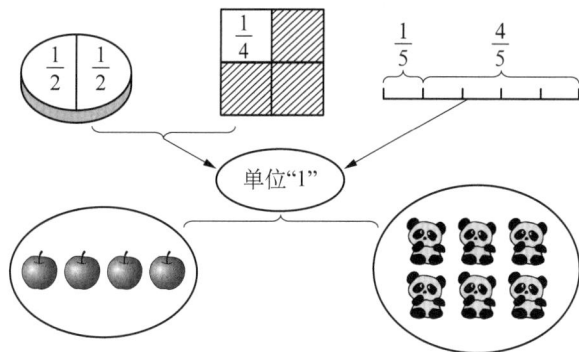

（4）深化理解单位"1"。

活动三：分一分，说一说

把 1 个苹果平均分给 4 位小朋友，每人分得多少？（每人分得 $\frac{1}{4}$ 个苹果）

把 4 个苹果平均分给 4 位小朋友，每人分得多少？（每人分得 1 个苹果，是这些苹果的 $\frac{1}{4}$ 。）

把 8 个苹果平均分给 4 位小朋友，每人分得多少？（每人分得 2 个苹果，是这些苹果的 $\frac{1}{4}$ 。）

把 80 个苹果平均分给 4 位小朋友，每人分得多少？（每人分得 20 个苹果，是这些苹果的 $\frac{1}{4}$ 。）

把 8 000 个苹果平均分给 4 位小朋友，每人分得多少？（每人分得 2 000 个苹果，是这些苹果的 $\frac{1}{4}$ 。）

如果是一堆呢？

提问：从 1 个、4 个到 8 个、80 个、8 000 个、一堆苹果，什么在变，什么不变？

（苹果的总数在变，每人分得苹果的个数在变，但是每个人分得的苹果占总数的比没有改变。）

为什么呢？（让学生说一说：因为不管是 1 个还是 80 个还是一堆，我们都把它们看成一个整体，平均分成 4 份，每份就是这个整体的 $\frac{1}{4}$ 。）

单位"1"表示的事物的整体中包含的物体的数目可以很大，往小的说呢？（也可以很小）

小结：单位"1"真神奇，它无所不包，还可大可小。

【设计说明：当单位"1"由一个物体、一个计量单位扩展到"许多物体组成的整体"。学生在理解这个"许多"上总会想成很大的数，通过设计活动三，深入理解单位"1"，同时为单位"1"与分数单位的概念有机联系奠定基础。】

2. 分数单位的认识。

（1）自主建构。

活动四：想一想，猜一猜

（用课件出示平均分成 4 份的 8 个苹果）提问：其中的一份是 $\frac{1}{4}$, 2 份呢？3 份呢？4 份呢？这几个分数都是由什么组成的？（板书： $\frac{2}{4}$ 、 $\frac{3}{4}$ 、 $\frac{4}{4}$ ）（ $\frac{1}{4}$ ）

小结：我们创造出了一个单位，由于是分数的单位，我们就把它叫做分数单位。还有其他分数单位吗？

师生共同小结：把单位"1"平均分成若干份，表示这样的一份或者几份的数，叫做分数。表示一份的数，叫做分数单位。

练一练：说说图中的单位"1"和分数单位，以及各有几个这样的单位，并用分数表示图中的涂色部分。

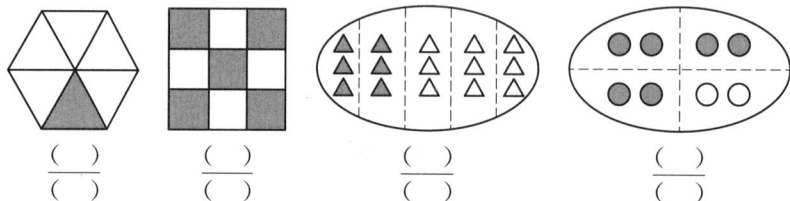

$$\frac{(\quad)}{(\quad)} \qquad \frac{(\quad)}{(\quad)} \qquad \frac{(\quad)}{(\quad)} \qquad \frac{(\quad)}{(\quad)}$$

（2）理解意义。

活动五：量一量，想一想

让学生试着用米尺测量黑板边长。

谈话：我们描述分数离不开单位"1"和分数单位，说到分数单位大家想到什么呢？（长度单位、面积单位、重量单位……）

这些单位都是用来度量的，比如我们可以用厘米来度量线段长短，那么分数单位能不能用来度量呢？

出示单位"1"和需要度量的线段，将单位"1"平均分成 4 份，取其中一份，师生一起度量，得到需要度量的线段为 $\frac{3}{4}$ 。

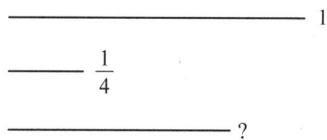

回想我们度量的一条线段，由于不够单位 1，直接用单位 1 量行不通（如我们刚刚用米尺测量黑板），我们就寻找出更小的合适的单位量量出了线段的长。

小结：从 1 看，往大的方向就是整数、倍的关系；往小的方向就是分数、分数的关系。这样看来，分数和整数在本质上是一样的，只不过整数是对单位"1"的累加，分数是对单位"1"的分割。

【设计说明：教学的立足点放在分数单位的产生和作用，突出任何一个分数都是由分数单位度量而来的，让学生对于分数单位从字面的理解到内涵理解，真切感受到分数单位"名副其实"。】

练一练：分数也可以用直线上的点表示。你能在括号里填上分数吗？

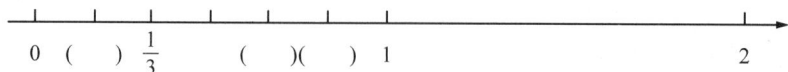

（3）拓展延伸。

活动六：想一想，圈一圈

屏幕出示要求：

① 下面有一些五角星，请圈出它的 $\frac{4}{6}$；

② 下面有一些月饼，请圈出它的 $\frac{2}{3}$；

③ 下面有一些苹果，请圈出它的 $\frac{3}{4}$。

问题：从这 3 道题你明白了什么？

（预设 1：分数真多。预设 2：分数形式不同，但占的几分之几其实是一样的，比如 $\frac{4}{6}$ 和

$\frac{2}{3}$。预设 3：分数表示的是整体与部分的关系，它包含的物体个数可以是整数。

三、运用知识，解决问题

1. 变式练习。

(1) 要求看图，圈出图中图形的个数。

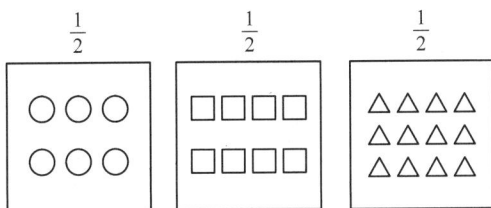

A. 为什么同是分数 $\frac{1}{2}$，圈出的图形的个数不一样多呢？（因为单位"1"包含的物体数量

不一样多。）

B. 联系日常生活，说一说谁为单位"1"，谁是谁的几分之几？

(2) 圈出图中图形的个数。

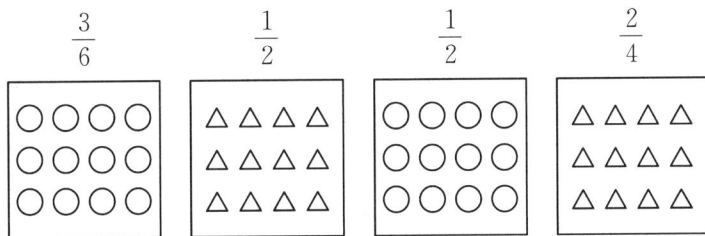

为什么圈出来的图形的数量一样多？

【设计说明：多种角度圈图与设疑，发展学生的发散思维，使其深入理解分数的意义。】

2. 发展题。

有 3 个红球、4 个蓝球、2 个黄球：

(1) 3 种球各占整体的几分之几？

(2) 将其中一个红球换成一个蓝球，这时蓝球占整体的几分之几？

(3) 增加一个黄球，黄球占整体的几分之几？

（说明：学生在讨论中能领悟到整体与部分的关系：整体变了，会引起分母的变化；部分

变了,也会引起分子的变化。)

【设计意图:设计变式练习、层次性的练习,以满足不同学生的需求,体现"不同的人在数学上得到不同的发展"的课程理念。】

四、研究性作业

古时候,有一位老人,在临终前嘱咐他的 3 个儿子说:"我快要死了,没有什么东西留给你们。畜牧场里有 19 头耕牛,你们就分了吧。老大分得总数的 $\frac{1}{2}$,老二分得总数的 $\frac{1}{4}$,老三分得总数的 $\frac{1}{5}$。"说完老人就去世了,3 个儿子就遵照老人的遗嘱分牛,可是每个人不能得到整条牛,又不能把牛杀掉,始终没有找到分牛的方法,应该怎样分呢?

同学们帮助老人的 3 个儿子分一分,下节活动课把你们分得的结果告诉老师。

【设计说明:小学生在三年级就已初步认识过分数,这一课是在学生已有的基础上进一步认识分数。让学生通过学习初步理解单位"1"和分数单位的含义,进一步理解分数的意义。五年级学生,不能像一年级学生那样每节课以游戏为主,他们需要学会有条理地思考和用清晰准确的语言表达自己的想法。本节课的设计淡化形式,注重实质,采用了做一做、说一说、想一想、练一练等形式,帮助学生理解并加以应用。

分数的意义对于小学生来说又是一个比较抽象的概念,如何让学生理解单位"1"的含义,从而归纳分数的意义是本节课所解决的重点问题。紧紧抓住单位"1"的概念展开教学,先扩充整体的认识,在充分复习旧知中感悟新知。让学生逐步理解单位"1"不仅可以表示一个东西、一个计量单位,也可以表示一个整体的含义。然后再进一步扩充到一些物体,在一些上做足文章,"一些"可以大,也可以小,丰富了学生对单位"1"的认识,使得分数单位的"登场"显得自然而然,同时沟通了分数单位与单位"1"之间的联系,使得本节课的难点突破成为可能,学生对于分数单位的理解得以深入。】

【问题与讨论】在分数的教学中,要从多个角度让学生理解分数的含义,从而理解数学的价值,达到对数学本身的认识和理解。针对分数单位的教学,谈谈你打算从哪些角度来促进学生的理解。

◀◀ 案例 1－6:"分数的基本性质"教学设计① ▶▶

教学内容

苏教版义务教育教科书《数学》(五年级下册)第 66～67 页。

教学目标

1. 让学生在操作实践的过程中感悟、发现分数的基本性质,并在理解的基础上能正确叙述分数的基本性质。

2. 能应用分数的基本性质,把一个分数化成指定分母(分子)而大小不变的分数。知道分数的基本性质与商不变性质的内在联系。

扫码查看
教学内容

---

① 注:本案例由南通市曙光小学戴建锋老师设计,曾发表于《江苏教育》2012 年第 11 期,编入此书时,已作适当调整和修改。

3. 经历探究分数基本性质的过程,感受"变与不变""极限"等数学思想方法,提高观察、比较、抽象、概括等思维能力。

4. 在学习过程中能积极参与,养成注意倾听的习惯,体验互助合作的乐趣。

教学重点

理解和掌握分数的基本性质,能运用分数的基本性质解决实际问题。

教学难点

自主探究出分数的基本性质。

教学准备

圆片、长方形纸片、课件等。

教学过程

一、情境导入

四年级的学生将到综合实践基地开展活动,实践基地管理员将 3 个一样大的圆形花坛分给 3 个班同学种植和管理。其中第一个花坛的 $\frac{1}{3}$ 分给四(1)班,第二个花坛的 $\frac{2}{6}$ 分给四(2)班,第三个花坛的 $\frac{3}{9}$ 分给四(3)班(教师分别板书 $\frac{1}{3}$、$\frac{2}{6}$、$\frac{3}{9}$)。今天 3 个班的同学听到这个消息后就吵开了,都认为别的班级分得多,自己班级分得少。同学们,你们来帮助他们分析分析,究竟分得公平不公平?

那么,我们该用怎样的方法向 3 个班的同学证实是公平的呢?请在学习小组内讨论讨论。

二、学习探究

1. 教学教材截图中第 11 题。

(1)"把生活问题转化为数学问题,这是生活问题得以解决的关键。"刚才大家想出了很好的办法,就是用 3 张同样大小的圆片代表 3 个花坛(教师出示 3 张叠在一起的 3 张圆片)。那么四(1)班分得这张圆片的 $\frac{1}{3}$,该怎样来表示? 四(2)班分得第二张圆片的 $\frac{2}{6}$,该怎样来表示? 四(3)班分得第三张圆片的 $\frac{3}{9}$,该怎样来表示?(根据学生的回答,教师在黑板上揭示 3 张圆片。)

(2)观察这 3 张圆片的阴影部分,你有什么发现?(3 个圆的阴影部分一样大)是一样大吗?(教师撕下 3 个阴影部分,让学生来验证其大小是一样的。)

现在,你觉得该向四(1)、四(2)、四(3)班的同学说些什么?(不要再吵了,你们分得的种植面积是一样大的。)

对,通过刚才的试验,我们发现 $\frac{1}{3}$、$\frac{2}{6}$、$\frac{3}{9}$ 这 3 个分数是相等的(板书上写"="号),也就是 3 个班分得的种植面积是一样大的。

现在我们一起来观察 $\frac{2}{6}$、$\frac{3}{9}$ 这两个分数,它们与 $\frac{1}{3}$ 的分子、分母相同吗(不相同)? 对,都不相同,但他们的大小却相等。其实,对于任何一个分数,我们都能找到分子、分母与它都不相同,但大小与它相等的一些分数。

【设计说明:"数学是来源于生活的,尤其是小学数学,在生活中几乎都能找到其原型。贴近学生生活的资源,可以将学生的常识性、经验性的知识派上用场,在数学世界里开拓出可供他们思索、探讨和发展的用武之地。"本节课通过创设"分种植基地"的情境,让学生初步感受分子、分母不相同的分数,有时它们大小却是相等的,并对此产生兴趣。同时通过"你怎样向四年级3个班的学生说明这样分是公平的"引发他们积极思索,让所有学生都经历将"生活数学"上升到"书本数学",将实际问题抽象成数学模型,并最终使问题得以解决的全过程。】

2. 教学教材截图中第12题。

(1) 下面,我们就一起来找与 $\frac{1}{2}$ 相等的分数。

(对于学习稍有困难的学生,可引导其通过折长方形、正方形和圆等平面图形或通过平均分直线图中0至1这一段等方法,自行探究,教师巡视指导。)

根据学生的回答,教师板书:$\frac{1}{2} = \frac{2}{4} = \frac{4}{8} = \frac{8}{16}$。

除了这几个分数,还有与 $\frac{1}{2}$ 相等的分数吗? 谁能再说出几个? 说得完吗? 谁来说说与 $\frac{1}{2}$ 相等的分数有什么特点?

(分母都是分子的两倍,都是表示单位"1"的一半。)

(2) 如果现在老师要找几个与 $\frac{1}{5}$ 相等的分数,你能直接说出几个吗?

【设计说明:找与 $\frac{1}{2}$ 和 $\frac{1}{5}$ 相等的分数,此时学生主要是从分数本身的大小和分母与分子的倍数关系的角度来思考、寻找的,这样既为学生学习和理解分数的基本性质中分数的大小不变做好了铺垫,也为接下来学生的认知冲突和继续探究埋下伏笔。】

3. 激疑创造。

(1) 请你们再找出几个与 $\frac{3}{4}$ 相等的分数。

(学生以小组为单位进行探究)根据学生的回答,教师板书 $\frac{3}{4} = \frac{6}{8}$,并让学生说出找的方法以及这两个分数相等的理由。教师继续启发学生回答,并完成板书 $\frac{3}{4} = \frac{6}{8} = \frac{9}{12} = \frac{(15)}{20} = \frac{33}{(44)}$。

(2) 下面请你们再来找出几个与 $\frac{24}{36}$ 相等的分数。

(3) 现在请大家回顾一下,在寻找与上述分数相等的其他分数的过程中,大家都用了哪些方法? 从这些方法中你有没有什么新的发现?

(4) 揭示分数的基本性质:分数的分子和分母同时乘或除以相同的数(0除外),分数的大小不变,这就是"分数的基本性质"(揭示课题)。

【设计说明：学生用找与 $\frac{1}{2}$ 和 $\frac{1}{5}$ 相等的分数的方法来找与 $\frac{3}{4}$ 相等的分数，显然是有很大困难的，为此学生不得不从关注分数本身转向关注已揭示的分数连等式中，分子与分子、分母与分母之间的倍数关系，如果说找与 $\frac{3}{4}$ 相等的分数是单向的，那么找与 $\frac{24}{36}$ 相等的分数就是双向的，学生在连续的认知冲突中，不断提高探究梯度，加大思维力度，提升发现高度，直至分数的基本性质能水到渠成地完整揭示。】

4. 沟通提升。

(1) 老师看了分数的基本性质有点似曾相识的感觉，你们有没有这种感觉？它跟我们已经学过的什么性质相似？(商不变的性质)

这两个性质有联系吗？有怎样的联系？

学生回答后，教师激励：你们善于通过沟通数学知识之间的内在联系来学数学，真了不起，由此看来，分数的基本性质与商不变的性质在本质上是一致的。

(2) 学到这里，我们再回过头来看看，我们先后一共运用了哪些知识和方法，最终才得到了分数的基本性质。

师生一起回顾小结：①直观的方法(观察、比对)；②分数的意义；③求分数值(分数化小数)的方法；④操作的方法(折长方形纸、分直线图)；⑤找规律的方法；⑥猜想验证的方法。

由此可见，"学数学的过程其实就是运用已有的知识与方法，不断探索并解决未知问题的过程。"

【设计说明：学生学习的数学知识和规律，一般都是零散分布、螺旋上升的，要让数学知识和规律逐步成为知识系统，并最终成为学生头脑中的认知结构，就必须加强新旧知识间的沟通和联系，促使数学知识和规律在更高层面上达成统一。在总结数学知识和规律的同时，加强对获取数学知识和规律的方法的小结是提升学生自主学力的需要，更是培养学生数学核心素养的需要。】

三、拓展应用

填空：

$$\frac{4}{5}=\frac{(\quad)}{30}=\frac{32}{(\quad)} \qquad \frac{10}{6}=\frac{(\quad)}{9} \qquad \frac{12}{(\quad)}=\frac{4}{3}=8\div(\quad)$$

【设计说明：练习不仅是为学生理解和巩固新知服务，而且也应为学生的能力提升、思维发展、智慧生成服务。为此，在练习过程中设计了 $\frac{10}{6}=\frac{(\quad)}{9}$ 和 $\frac{12}{(\quad)}=\frac{4}{3}=8\div(\quad)$ 两道有一定难度的题，既要让"学生跳起来摘果子"，又要确保学生"跳起来能摘到果子"。其中前一道题是分数的基本性质应用的补充与拓展，使学生对分数的基本性质又有了新的认识，同时也使学生对"学数学的过程其实就是运用已有的知识与方法，不断探索并解决未知问题的过程"这一数学学习的理念有了进一步的理解与感悟。第二道题重点是，沟通分数与除法、分数的基本性质和商不变的性质之间的联系，提高学生综合运用知识的能力，让学生在新旧知识、经验的相互作用中引发其认知结构的重组，同时也是对"学数学要善于沟通数学知识之间的内在联系"这一数学学习理念的积极回应。】

四、全课总结

通过今天这节课的学习,你在知识方面有什么收获? 在方法上有什么收获? 在数学学习的思想和观念方面又有怎样的收获?

【设计总评:以往的分数基本性质的教学,一般都是通过直接引导学生观察一组(或几组)分数连等式中分子和分母的变化规律来展开的,本节课则是让学生在寻找与 $\frac{1}{3}$、$\frac{1}{2}$、$\frac{1}{5}$ 相等的分数和与 $\frac{3}{4}$、$\frac{24}{36}$ 相等的分数的过程中逐步感悟完成的。在学生探究学习的过程中,教师还结合学生的学习感悟,特意增加了有关学生数学学习理念的内容,帮助学生获得相应的数学学习理念,是为了让学生今后能自觉运用这些理念来学数学。因为我们每一位老师都明白:"知识是基础,方法是中介,思想才是本源。有了思想,知识与方法才能上升为智慧。数学是能够增长学生智慧的学科,我们只有抓住数学本质,与新课程理念有效结合,才能发挥数学教育的最大价值,凸显数学的本色。这样做本身就是使数学课回归数学味,找回数学教学的灵魂!"】

【问题与讨论】你在有关规律的教学设计中,有提升学生自主探究能力和帮助学生建立相应的数学学习理念的安排吗? 你觉得这样做,对学生数学学习的潜能开发有哪些积极的意义?

要点提炼

1. 准确把握阶段目标

分数具有部分/整体、测量、除法、集合论等多层意义,它们对应着儿童不同的认知发展阶段,因此,《课标(2011 年版)》将"分数的认识"课程内容分第一学段、第二学段两次安排,每个学段都提出了不同的阶段目标。在教学设计时,应该以课标为依据,结合教材的具体编排,准确把握阶段目标。

例如,在第一学段初步认识分数时,对分数意义的理解中,可通过实物操作让小学生理解分数的部分/整体意义,即为一个物体等分后的一个或几个部分量;对分数大小的比较,可以借助分数表示的部分量所对应的图形面积大小比较,进行直观判断。在第二学段认识分数的意义和性质时,对分数意义的理解,除了借助整体等分操作让小学生理解分数更为一般的部分/整体意义外,还应运用分数单位(说明分数包含的分数单位个数)和数字线(寻找分数在数轴上对应的点)让小学生理解分数的"测量"意义,通过"把 3 块饼平均分给 4 个小朋友,每人分得几块"等类似的语言表述让小学生理解分数的除法意义。对分数的大小比较,可以借助通分将待比较的几个分数化为分数单位相同的分数,然后运用整数比较方法直接比较各个分数包含的分数单位个数。

2. 聚力解决难点关键

"分数的认识"是小学生数学学习的难点之一。一线教学的实践经验表明,小学生在学习分数相关知识时,往往只是因为其中某一点或某一处的认知障碍造成了对知识整体的学习困难,我们称之为难点、关键,如果突破了这个认知关隘,则对分数相关知识的学习就会一通百通。在教学设计时,对于小学生分数学习中的难点、关键应该不惜时间,做足功课,聚力突破。

例如,在"分数的意义"的教学设计中,单位"1"是理解分数抽象定义的关键,一旦突破了这个难点,小学生分数抽象意义的学习就不再困难了。单位"1"之所以成为小学生的认知障碍,根本原因是它的高度抽象性。在教学设计时,可以充分利用小学生已有的分数知识,通过 4 个彼此衔接、层层递进的抽象过程,引导他们逐步化解认知障碍。

第一步,以一个实物或图形平均分割得到的分数为基础,改变实物的类型(如将一个苹果改为一块蛋糕、一个桃子等)和形态(如将一个圆改为一个长方形、一条线段等),引导小学生摒弃上述分割对象的物理属性和外形特征,只聚焦于它们共同的数量特征,在头脑中逐渐形成"1"个抽象"物体"(个体)的概念。

第二步,以一堆实物平均分割得到的分数为基础,改变堆中实物的个数,引导小学生淡化上述分割对象包含实物的个数差异,在头脑中逐渐形成"1"个抽象"整体"(类体)的概念。

第三步,在前两步的基础上,引导小学生模糊两类分割对象(个体、类体)的属性差异,在头脑中逐步形成"1"个更为抽象的量(单位"1"),并结合具体的实物分割实例说明单位"1"表示的丰富的实际含义。

第四步,进一步从形成整数与分数的角度,通过具象化操作和合理化想象,阐述单位"1"中"单位"的内含意蕴:将单位"1"逐次累加可得到各种各样的整数,因此,从整数角度分析,单位"1"就具有了"计数单位"的属性;将单位"1"平均分割可得到各种以单位"1"为"参照量"的分数,因此,从分数角度分析,单位"1"就具有了"尺度标准"的属性。因此,用单位指称分数定义中平均分割的抽象量是合理的。

3. 合理运用直观模型

现行各种版本的教材在分数的认识部分,普遍给出了区域面积模型、长度测量模型、群组模型等直观模型,它们是小学生学习和理解分数相关知识的有效工具。在教学设计中,要特别重视直观模型的作用,并根据具体内容合理使用。在学习分数相关内容时,直观模型的作用主要有 3 种:

第一,创造分数知识。如在初步认识分数时,借助区域面积模型通过在图形上分一分、涂一涂等操作活动创造几分之一、几分之几;在探索分数的基本性质时,借助区域面积模型通过在正方形纸片上折一折、想一想等操作活动发现所得分数分子、分母的变化规律和大小关系。

第二,理解知识属性。借助长度测量模型通过在数轴上寻找分数对应点的办法,理解分数的"测量"意义;借助群组模型通过改变群组中实物个数的操作活动,观察某一分数所表示的具体数量的变化,体会整体与部分的关系,感受分数的相对性。

第三,启迪思路方法。如在解决"把 6 只蘑菇的 $\frac{2}{3}$ 分给小兔,小兔分得多少个"时,可以借助群组模型通过分一分、涂一涂、想一想的操作活动,启发小学生得出先用 6 除以 3(将 6 平均分成 3 份,求 1 份数)再乘 2(求 2 份数)的方法。

实践操作

"分数的初步认识"一课,当学生通过老师演示课件初步认识了 $\frac{1}{2}$ 后,老师安排了一系列活动,使学生体会概念的形成和发展。

第一次操作：在一个物体（长方形纸）中利用多种分法进一步认识$\frac{1}{2}$，然后组织汇报。

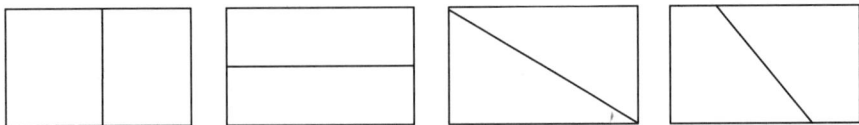

图 1-5 长方形的多种分法

第二次操作：在多个物体中深刻体会$\frac{1}{2}$，老师提供三角形、长方形、正方形、圆形，说：

"请你利用学具表示出它们的$\frac{1}{2}$，做完以后再说一说$\frac{1}{2}$是什么意思。一边做一边说。"

第三次操作：利用大小不同的多张正方形纸更深一步认识分数。

请对上述教学活动评析。

第三节 小数的认识

内容透析

◆ 学科维度

当测量物体得不到整数结果时，古人就发明了小数来满足测量需要。小学数学中所研究的小数是十进分数的特殊表示形式，如 0.37 是分数$\frac{37}{100}$的另一种表示形式。将十进分数仿照整数的写法改写成不带分母的形式，就得到小数。小数的计数基于十进制的位值原则，即在小数中不同位置上的数有不同的计数单位，也就是位置值；相邻位置值之间的倍数关系是固定的，都是十倍关系，每相邻两个计数单位之间的进率都是 10。由此可见，小数在形式上与整数获得了统一，因此它是整数概念的拓展。

要理解小数的意义可以从分数的意义入手：当整体被平均分成若干份后，表示一等份或几等份的数是分数；在特殊情况下，当整体被平均分成十份、百份、千份……时，这样的一份或几份除了可以用分数形式表示外，还可以用另一种形式——小数表示。因此，一位小数表示十分之几，两位小数表示百分之几，三位小数表示千分之几……小数点右边第一位是十分位，计数单位是十分之一；小数点右边第二位是百分位，计数单位是百分之一；小数点右边第三位是千分位，计数单位是千分之一。

按照不同分类标准，可以得到小数的不同分类：根据整数部分是否为 0，小数可以分为纯小数（整数部分为 0）和带小数（整数部分非 0）；根据小数部分数位个数，小数可以分为有限小数（小数部分数位个数为有限个）和无限小数（小数部分数位个数为无限个）。无限小数又分为无限循环小数（从小数部分某一数位起，一个或几个数字依次不断重复出现）和无限不循环小数。有限小数和无限循环小数都可以改写成分数，它们与整数合称为有理数；无限不循环小数不能改写成分数,称为无理数。

因为小数与整数在计数制度和表示形式上具有高度相似性,对于小数的大部分课程内容,小学生理解起来并不困难,即只要将整数的相应知识迁移到小数即可。但下面3个问题,部分小学生在学习时可能产生疑问:第一个问题是为什么要将十进分数改写成小数?第二个问题是整数为什么没有与小数类似的性质?(即整数为什么不能像小数那样在末尾添上"0"或去掉"0");第三个问题是为什么$0.\dot{9}=1$? 第一个问题主要有两个原因:一是人类在历史长河中已经习惯了以十进制为基础的阿拉伯计数法,并据此发明了一系列的整数运算规则,将十进分数改写成小数可以充分运用整数运算的已有研究成果;二是十进分数的分母不同计数单位也不同,不同的计数单位在计算时极不方便,将十进分数改写成小数可以将不同计数单位的十进分数统一化成十进制计数单位的数,从而减少计算工作量。第二个问题源于小数与整数位值规定的差异:对小数来说,小数部分各个数位的位值取决于它与小数点相隔的数位个数,在小数的末尾添上(或去掉)0,只是增加(或减少)了数值为0的一个数位而已,因为没有改变原小数中各个数字与小数点相隔的数位个数,即原小数中所有数字代表的数值都没有变化,因此,小数的大小也不会变化;对整数来说,各个数位的位值取决于它与末位相隔的数位个数,如数字在整数末位表示几个一、在左边与末位相邻表示几个十、在左边与末位隔一个数位表示几个百,在整数末尾添上(或去掉)0,使得原整数中各个数字与末位相隔的数位个数增加(或减少),从而原整数中所有数字代表的数值都变大(或变小),因此,整数的大小发生改变。第三个问题需要用到无穷递缩等比数列求和知识,即$0.\dot{9}=0.9+0.09+0.009+\cdots$,对小学生来说确实无法理解。一个小学生容易理解的做法,就是做如下直观解释[①]:设$x=0.\dot{9}$,则$10x=9+x$,于是$9x=9$,所以$x=1$,即$0.\dot{9}=1$。

◆ **课标维度**

《课标(2011年版)》将"小数的认识"课程内容分两个学段安排:

第一学段(1~3年级):

1. 能结合具体情境初步认识小数,能读、写小数。

2. 能结合具体情境比较两个一位小数的大小。

第二学段(4~6年级):

1. 结合具体情境,理解小数的意义,会进行小数、分数和百分数的转化(不包括将循环小数化为分数)。

2. 能比较小数的大小。

"小数的认识"主要包括小数的概念和大小比较两个部分:对于小数的概念,因为小学生在日常生活中接触小数相对较少,与此相关的经验也不多,因此理解小数概念时普遍感到抽象,为此《课标(2011年版)》在两个学段都要求结合具体情境学习小数的概念,以降低小学生的理解难度;对于小数大小的比较,《课标(2011年版)》则循序渐进,第一学段不仅要求结合具体情境而且将比较范围限定为一位小数,第二学段则要求在理解的基础上达到掌握的目标要求,即能够根据小数的一般形式进行小数大小的抽象比较。

◆ **教材维度**

以苏教版教材为例,从编排思路、素材选择、学习要求、练习设计等方面作分析。

1. **编排思路**

第一学段初步认识小数,主要内容包括小数的含义、一位小数与十分之几的分数间的联系、比较小数的大小,重点是初步体会一位小数与十分之几的分数间的联系;第二学段系统学习小数知识,主要内容包括小数的意义、小数的性质、比较小数的大小、把非整万(亿)的数改写成以万、亿为单位的数,重点是小数的意义。对于小数的意义,则从两个角度展开,一是通过分数理解小数,二是通过拓展整数的数位顺序表。本阶段编排的 4 部分教学内容是循序渐进的,小数的意义是进一步教学小数性质、比较小数大小的规则、改写大数的方法的基础,后面 3 个内容的教学又促进了小数概念的逐步清晰、逐渐深化。

2. 素材选择

第一学段为了适应儿童的年龄特征,使学生易于接受,体现经历从日常生活中抽象出数的过程这个新课标要求,编写教材时都结合生活世界的元、角、分或常用的长度单位出现,以便于学生联系实际,初步体会小数的来源与含义,比较小数大小;第二学段充分利用学生已有的经验,教小数的知识。这些经验包括以元为单位的小数所表示的金额,以米为单位的小数所表示长度等。它们能支持学生理解小数的意义、发现小数的性质、比较小数的大小,从而实现感性认识到理性认识的飞跃。

3. 学习要求

第一学段,只要求小学生初步认识小数的含义,能正确地认读一位小数,知道小数各部分的名称;不要求离开现实背景和具体的量去抽象地讨论小数,而且小数的认、读、写只限于一位小数。第二学段,通过系统学习小数知识,使小学生理解小数的意义,掌握小数的性质,学会比较小数的大小,会把非整万(亿)的数改写成以万、亿为单位的数。

4. 练习设计

在练习设计上,教材注重从不同角度丰富学生对小数的认识。比如五年级上册"小数意义"的教学部分,教材第 32 页安排了"试一试"和"练一练"的内容。

试一试

1分是 $\frac{(\quad)}{(\quad)}$ 元,写成小数是(　　　　)元。

5分是 $\frac{(\quad)}{(\quad)}$ 元,写成小数是(　　　　)元。

7角3分是 $\frac{(\quad)}{(\quad)}$ 元,写成小数是(　　　　)元。

练一练

下面每个图形都表示整数"1",把涂色部分分别用分数和小数表示出来。

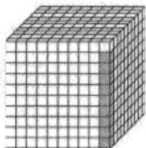

分数:_____   分数:_____   分数:_____
小数:_____   小数:_____   小数:_____

图 1-6 "练一练"和"试一试"

"试一试"的 3 道题都是借助元、角、分等具体情境认识小数。第 1 题最容易,只要得出 1 分是 $\frac{1}{100}$ 元,就可写成小数 0.01 元;第 2 题建立在第一题基础上,1 分是 $\frac{1}{100}$ 元,那么 5 分就是 $\frac{5}{100}$ 元,写成小数 0.05 元;第 3 题就有变化了,"7 角 3 分"要先想成"73 分",然后写成 $\frac{73}{100}$ 元,再写成小数 0.73 元。"练一练"的 3 道题都是借助直观图形在更为一般的层面上认识小数的含义,即都是把每个图形(正方形、正方体)作为整数"1",要求把涂色部分分别用分数和小数表示出来。通过"试一试"和"练一练",让小学生知道平均分的对象可以是"1 米",可以是"1 元",还可以是抽象的"1"。这样,由简单到复杂,由基本到变式,由单向到双向,有利于学生从不同角度不断丰富体验,逐步深化对小数意义的理解。

案例研讨

▶◀ 案例 1-7:"小数的初步认识"教学设计 ▶▶

教学内容
苏教版义务教育教科书《数学》(三年级下册)第 87~89 页。

教学目标
1. 结合具体情境初步体会一位小数的意义,能认读、写一位小数,知道小数各部分的名称。

2. 通过观察思考、比较分析、综合概括等数学活动,经历小数含义的探索过程,学会讨论交流、与人合作,培养自主探究与发现的意识。

3. 进一步体会数学与生活的紧密联系,通过了解小数的产生和发展过程,提高学习数学的兴趣,增强学习数学的信心。

教学重点
一位小数的含义;小数的读法和写法。

教学难点
一位小数的含义;分母是 10 的分数与一位小数间的联系。

教学过程
一、创设情境,引入小数
师:你们喜欢逛超市吗?那你们喜欢买什么物品呢?今天老师就陪你们一起逛超市!看!康宁超市的商品优惠信息(课件播放):彩笔单价 8 元、相册单价 6.2 元、铅笔单价 0.5 元、书桌单价 50 元、剪刀单价 12.3 元。

师:你能把它的价格读一读吗?仔细观察这些商品的单价,你能将它们分分类吗?
(学生交流想法,教师相机引出"小数"。)

师:在商品的单价中我们可以看到小数,你们还在哪儿看到过小数?(学生交流课前收集的带有小数的信息。)

师:小数在我们的生活中应用很广泛,这节课我们就一起走近小数,认识小数。

【设计说明:三年级学生已经储备了整数和分数的相关知识,积累了有关小数的生活经

扫码查看
教学内容

验,这些都是学习新知的基础和可持续利用的资源。选择小学生接触最多、最熟悉的商品价格引入小数,既可以激发小学生学习探究小数的兴趣,又使小数新知的教学以学生的认识发展水平和已有的经验为起点。】

二、自主探究,认识小数

1. 认识整数部分是 0 的小数。

(1)直观感知,初步认识。

通过课件演示教材截图例 1 的情境:小明最近搬了新家,他想购买一张书桌和一些文具用品。一天,他和好朋友来到商场,挑中了一张书桌,合不合适呢? 小明拿尺量了一下,桌面的长是 5 分米、宽是 4 分米。

师:5 分米和 4 分米满 1 米了吗? 用米为单位可怎样表示? 你还能怎样表示?(讲解:5 分米用分数表示是 $\frac{5}{10}$ 米,用小数表示是 0.5 米。)

师:这里的 0.5 米表示什么?(帮助学生理解 $\frac{5}{10}$ 米是 0.5 米,0.5 米表示 $\frac{5}{10}$ 米。)

学习 0.5 的读写法,介绍小数点并规范小数点的书写。

师:同样,4 分米用分数、小数怎样表示? 如何理解 0.4 米的含义?

练习"想想做做"第 1 题。借助十等分的米尺图引导学生认识更多的小数。

师:仔细观察这些等式中的分数和小数,比一比,你发现了什么?

讨论交流,得出:十分之几米是零点几米,零点几米表示十分之几米。

(2)迁移类推,丰富认识。

师:十分之几米是零点几米,那么十分之几元呢?

生:十分之几元是零点几元。

师:能举例说明吗?

学生举例,说理由,师生共同验证。

师:从这些例子中你发现了什么?

引导学生归纳得出:几角是十分之几元,也就是零点几元。

(3)数形结合,加深认识。

出示教材截图"想想做做"第 3 题,理解题意并提问:这里有 3 个正方形,每个正方形都被平均分成了 10 份,你能先写出分数,再写出小数表示图中的涂色部分吗?

(学生独立练习,集体交流。)

变式练习(指着第一个正方形):我在这个正方形中还发现了一个小数,知道是多少吗(0.7)? 0.7 表示哪一部分? 为什么空白部分是 0.7? 另两个正方形里的空白部分分别是多少? 如果要表示出 0.2,应该涂几份?

师:仔细观察这些分数和小数,你有什么发现?

组织讨论交流,揭示:十分之几是零点几,零点几表示十分之几。

【设计说明:对于三年级学生来说,小数的含义是抽象的,需要借助大量现实素材积累丰富的感性经验,并经历抽象概括的过程。为此,本课设计了 3 个教学环节:第一环节,先通过计量长度沟通整数、十进分数与小数的联系,初步体会小数的来源和含义,完成"十分之几米"到"零点几米"的认知过渡;第二环节,抛出问题——"十分之几米是零点几米,那么十分之几元呢",引发学生通过思考感悟"十分之几元是零点几元",继而通过举例验证等活动,丰富小学生的感性经验,为抽象概括一位小数"零点几"作铺垫;第三环节,利用"想想做做"中的十等分正方形,练习分数与小数的转换。通过由具体到抽象的上述教学过程,使小学生对小数含义的理解在多层体验中逐渐深化。】

2. 认识整数部分不是 0 的小数。

课件演示教材截图中例 2 的情境:小明选定书桌后,来到了文具柜台,看到售货员阿姨正在给商品标价,大家想看看吗? 如果请你帮忙,你会把圆珠笔和笔记本的价格用小数表示出来吗?

学生独立尝试,四人小组交流。然后集体交流,从"先分后合"的角度感悟 1.2 元和 3.5 元的含义。

练习"想想做做"第 2 题:为什么 0.8 元、0.9 元的小数点左边是 0,而 1.3 元、2.4 元的小数点左边分别是 1 和 2 呢?

思考:把几元几角写成小数时,可以怎样写?

小结:几角是零点几元,几元几角就是几点几元。

出示标价牌"剪刀 12.3 元",问:12.3 元是几元几角? 这里的"3"表示 3 角吗?

【设计说明:鉴于小学生对商品的价格和人民币的使用有较丰富的生活经验,又有例 2"几角是零点几元"的知识铺垫,学生完全有能力自己理解几点几元的含义,所以教学中放手让学生独立尝试,小组交流。接着通过研究 0.8、0.9 和 1.3、2.4 整数部分的不同和 12.3 十分位上数的含义,加深学生对一位小数含义的理解。】

3. 认识小数各部分的名称。

师:同学们已经认识了小数,关于小数,还有哪些知识呢? 请同学们到书本里去寻找答案,自学课本第 88 页最后一段内容。

① 自学课本。

② 组织交流:你读懂了什么?

③ 练习:每位同学写一个小数,先读一读,同桌再互相说一说它的整数部分和小数部分各是多少?

【设计说明:根据知识的类型特点,让学生看书自学,学生在自学中会有所发现、有所领悟,较好地培养了小学生的自学能力。】

三、趣味练习,应用提升

1. 填一填。

师:在数轴上也有小数。(用课件出示"想想做做"第 4 题)谁来说一说为什么这两点所对应的数分别用 0.1、1.2 表示?(学生交流)

师:你能在方框里填上小数吗?

(学生先在书上独立填一填,再全班交流。)

2. 猜一猜。

师:老师在超市买了 3 件商品,这 3 件商品的价格都是以元作单位,请同学们根据老师的提示,猜一猜它们的价格。

① 杯子。提示:它的价格数整数部分是 3,小数部分是 8。

② 直尺。提示:它的价格不满 1 元。

③ 笔筒。提示：它的价格在 8 元～9 元之间。

【设计说明：练习设计体现了层次性和趣味性，既巩固了新知，又使学生在具有挑战性的问题情境中学会思考，使他们在数学上得到不同的发展。】

四、回顾总结，拓展延伸

师：同学们，这节课你有哪些收获？（学生交流，教师作适当补充。）

师：古代数学家们在很久以前就开始使用小数了，你想了解有关小数使用的历史吗？（课件播放 89 页的图文，并配有解说。）

师：关于"小数"你还有哪些新的想法？（学生交流）今天这节课我们只是刚走进小数的世界，希望同学们以此为起点，去探寻更多有关小数的知识。

【设计说明：让不同层次的学生谈收获，既理清整堂课的脉络，又使学生从主观上体验到学习的乐趣。对小数产生、发展相关资料的介绍，激发了学生的民族自豪感，增强了学生学好数学的积极情感。】

◀◀ 案例 1-8："小数的性质"教学设计 ▶▶

教学内容

苏教版义务教育教科书《数学》(五年级上册)第 37～38 页。

教学目标

1. 在具体的情境中通过猜想、验证以及比较、归纳等活动，理解并掌握小数的性质，并能根据需要化简和改写小数。

扫码查看
教学内容

2. 经历提出问题并解决问题的过程，在直观推理、自主探究和合作交流中，积累数学活动的经验，培养学生观察、比较、抽象和归纳概括的能力。

3. 感悟到数学知识的内在联系，培养初步的数学辩证思想。

教学重点

掌握小数性质的含义。

教学难点

理解小数性质的归纳过程以及其中变与不变的辩证统一关系。

教学过程

一、创设情境，引入课题

课前咱们聊到了微信，你们抢过微信红包吗？昨天，老师在发微信红包的时候，无意中发现了这么一个问题(课件出示手机屏幕截图)：我想发 0.3 元，可是输入 0.3 以后，系统显示的金额和我的输入却并不一致，是"0.30 元"，这两个钱数相等吗？

二、自主探究，理解性质

1. 探究 0.3＝0.30。

提问：能不能用所学的知识说明和验证？在小组内交流你的想法。

学生自主探究，集体汇报交流。

(1) 将元换算成角和分比较。

(2) 用计数单位来说明。

(3) 画图说明。

(4)化成分数比较。

(5)借助数位顺序表比较。

小结:刚才同学们用多种方法进行了验证,我们发现,0.3 和 0.30 这两个小数,虽然写法不同,但是大小确实是相等的。

【设计说明:本环节放手让学生根据已有经验自主探索,寻找验证两个小数相等的方法。学生可能根据已有经验,发挥数学联想,利用计数单位、图形、分数、小数的意义等验证。教师适时归纳和总结,让学生初步感受不同方法之间的内在关联,并将学生的思路引导到用意义进行验证这一方法上来,为下面进一步探究做好铺垫。】

2. 探究 0.3=0.300=0.300 0=……。

提问:观察一下这个等式,0.3 等于 0.30,照这样继续想下去,你还能想到什么?

学生交流,0.3 等于 0.30,还可能等于 0.300、0.300 0……教师板书记录。

提问:这些小数真的都和 0.3 相等吗? 我们就先以 0.300 为例,谁能解释说明?

学生组内讨论,集体汇报交流。

(1)借助计数单位说明:30 个 0.01 和 300 个 0.001 是相等的。

(2)借助画图说明。

(3)借助长度单位说明:0.3 米=0.30 米=0.300 米。

教师借助计数器和数位顺序表带领学生直观理解。

【设计说明:在第一次得出结论后,抛出问题"照这样继续想下去,你还能想到什么?"引导学生进行数学猜想,让学生的数学思维从一位小数向两位小数、三位小数……自然延伸。有了前面的第一次探索的基础,学生在接下来验证猜想的过程中,一方面学生利用已有的计数单位和长度单位加以解释,另一方面老师进一步抽象,让学生借助于数位顺序表获得对小数相等本质内涵的深度理解。】

3. 总结规律,归纳性质。

提问:像这样的等式,你还能再说出几个吗?

学生举例,教师板书:0.1=0.10=0.100=……,1.5=1.50=1.500=……。

提问:这些等式是不是也成立,你也能用刚才的方法试着说说为什么吗?

提问:观察这些等式中的数,什么变了? 什么没有变? 看看你会有什么发现?

小组讨论,集体交流,得出结论:在小数的末尾添上"0"或者去掉"0",小数的大小不变。

这就是我们今天要学习的小数的性质。(板书课题)

【设计说明:这一环节中,通过让学生说等式这一活动,在学生头脑中进一步强化小数

的形式发生了变化,但是大小不变这一特性。通过小组讨论和交流,逐步完善小数的性质,做到准确表达,实现思维的自然生长。】

三、联系生活,巩固性质

1. 化简小数。

谈话:刚才我们从微信红包的问题出发开启了今天的学习,关于微信支付还有很多的数学问题。前几天我带着手机去超市想给儿子买点吃的,这是标价单:

牛奶	2.80 元
汽水	3.05 元
面包	4.00 元
火腿肠	0.65 元

提问:我想买这一种 4.00 元的面包,你们觉得付钱的时候怎样输入价钱更方便?为什么可以这么输入?那如果购买的是其余几种呢?可以怎么输入价钱?

提问:为什么 3.05 中的 0 去掉了,大小就变了?

说明:根据小数的性质,我们可以去掉小数末尾的 0,这叫做化简小数。

追问:既然这些小数可以化简,那标价单上的金额为什么没有化简?

【设计说明:借助"怎么输更方便"这个问题,巧妙地引入化简小数,顺其自然,又体现了数学的应用性。同时,将对小数性质中重点词句的解读置于其中,在应用中对小数性质的本质内涵进一步加深理解。】

2. 改写小数。

谈话:商品标价单上为了规范统一,都用两位小数表示。在生活中其他地方也常常有这样的要求。你能运用小数的性质,不改变大小,将下面的小数统一成三位小数吗?

出示练习:不改变数的大小,把下面各数改写成三位小数。

$$0.4 = \qquad 3.16 = \qquad 10 =$$

提问:为什么直接在 10 的末尾添上 0,大小会改变呢?看来,小数的性质对整数并不适用。要用小数性质改写整数,必须先点上小数点,将它改写成小数形式才行。

【设计说明:在本环节中,借助数的改写,引导学生沟通小数和整数之间的联系,让学生知道要用小数性质改写整数必须先将整数改写成小数形式,从而感受数学的严密性。】

四、游戏活动,运用性质

谈话:刚才我们一起学习了小数的性质,你觉得自己掌握得怎样?有信心接受下面的闯关大考验吗?总共 3 关,终点处是老师的微信大红包!

1. 把相等的数用线连起来。

0.8　　　　　50

20.1　　　　0.80

4　　　　　20.10······0

4.8　　　　4.0

50.00　　　4.08

2. 把下面物品价格写成用元作单位的小数。

9元8角	6角	24元
_____元	_____元	_____元

3. 根据所给提示猜老师微信红包的余额。

(1) 小于100的两位小数,且小数部分有个数字"8"。

(2) 包含2个数字"0",且只有1个0去掉以后不会改变数的大小。

(3) 各个数位上数字的和是10。

【设计说明:将枯燥的练习设计成有趣的闯关游戏,可以大大激发学生参与的热情,在课的最后掀起整堂课的高潮。学生在一次次的闯关中,巩固了本课所学的知识,并在游戏中加以应用,获得成功的体验,感受数学与生活的紧密联系以及数学的价值。】

【问题与讨论】数学知识的教学,要注重知识的"生长点"与"延伸点",你觉得小数的性质的"生长点"和"延伸点"分别是什么?

要点提炼

1. 准确把握小数学习的双重起点

学生的经验起点与知识起点是学习小数这一模块的双重起点,准确把握小数学习的双重起点,是"小数的认识"教学设计的基础。如在"小数的初步认识"开头设计中,一方面,通过创设小学生熟悉的商品价格情境,将"小数的初步认识"的学习起点定位于小学生已有的生活经验,让小学生在体会"小数源自生活"的过程中产生积极的学习心向,形成小数的直观认识;另一方面,通过课桌面长与宽的测量情境,将"小数的初步认识"的学习起点定位于小学生已经学习的分数知识,让小学生在表示课桌面长与宽的过程中明白理解小数是十进分数的另一种表示形式,建立小数的初步概念。

2. 运用几何直观理解小数的意义和性质

小数的意义和性质,对小学生来说比较抽象,理解它们有一定困难。运用几何直观将抽象知识形象化,使小数知识变得更易理解,是"小数的认识"教学设计的关键。如在"小数的意义"教学中,可用正方形、立方体等几何图形表示整数"1"并将它十等分、一百等分、一千等分,于是一位小数、两位小数、三位小数就分别表示其中的几等份、几十几等份、几百几十几等份;类似地,依托直尺和数轴也可分别得到小数意义的直观解释,直观模型的建立,将使得抽象的小数意义变得可触摸、易感知。再如,在"小数的性质"教学中,可把两个同样大小的正方形分别十等分、一百等分,则0.3、0.30分别表示十等分中的3份、一百等分中的30份,通过直观观察它们表示的两个图形大小相等,所以0.3=0.30;类似地,可依托直尺图,由100毫米=10厘米=1分米,得到0.100米=0.10米=0.1米。通过这样的直观处理,小学生对"小数末尾添上或去掉0,小数的大小不变"的理解就不再困难。

3. 在与整数、分数的沟通中深化对小数的认识

小数与整数和分数有着千丝万缕的联系,在"小数的认识"教学设计中,注重根据学习内

容实现与整数和分数的有机沟通,可以帮助小学生深化对小数知识的认识。如在"小数的意义"教学中,可设计一定数量的小数与分数互化练习,帮助小学生加深对"小数本质上是十进分数"的理解。又如在"小数的数位顺序表"教学中,可从数位和进率两个方面寻找小数与整数的共同属性,让小学生明白"小数可以视为整数的扩展",知道整数的许多知识(如数的大小比较)都可直接迁移到小数。再如在"小数的性质"教学中,可设计实例辨析并通过位值分析,让小学生明白整数为什么没有与小数类似性质的道理。

实践操作

1. 各版本教材关于小数的认识的学习素材不外乎元角分、米尺和图形,请分析这 3 种素材各自的优势。

2. 以下是苏教版《数学》(三年级下册)"小数的意义和性质"的内容,请完成一篇本课的教学设计。

小数的意义和性质

1 1分米等于几分之几米? 写成小数是多少米? 3分米呢? 你是怎样想的? 说一说,填一填。

1分米 = $\frac{(\ )}{(\ )}$米 = (　)米　　3分米 = $\frac{(\ )}{(\ )}$米 = (　)米

把 1 米平均分成 100 份, 每份是 1 厘米。看着米尺想一想, 1 厘米是 1 米的几分之几? 是几分之几米?

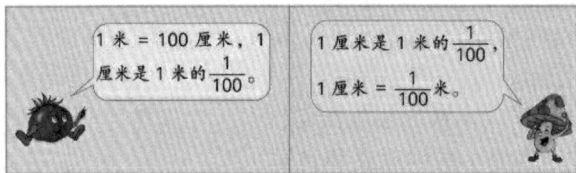

> 1 米 = 100 厘米, 1 厘米是 1 米的 $\frac{1}{100}$。

> 1 厘米是 1 米的 $\frac{1}{100}$, 1 厘米 = $\frac{1}{100}$ 米。

$\frac{1}{100}$ 米写成小数是 0.01 米。0.01 读作零点零一。

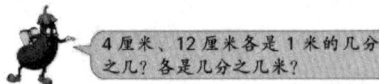

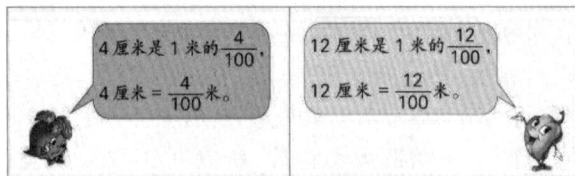

> 4 厘米、12 厘米各是 1 米的几分之几? 各是几分之几米?

> 4 厘米是 1 米的 $\frac{4}{100}$, 4 厘米 = $\frac{4}{100}$ 米。

> 12 厘米是 1 米的 $\frac{12}{100}$, 12 厘米 = $\frac{12}{100}$ 米。

$\frac{4}{100}$ 米写成小数是 0.04 米。0.04 读作零点零四。

$\frac{12}{100}$ 米写成小数是 0.12 米。0.12 读作零点一二。

30

小数的意义和性质

你能在括号里填上合适的数吗？
先填一填，再读一读。

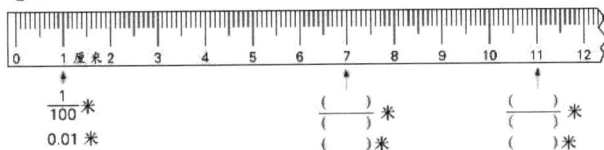

$\dfrac{1}{100}$ 米
0.01 米

$\dfrac{(\quad)}{(\quad)}$ 米
$\dfrac{(\quad)}{(\quad)}$ 米

$\dfrac{(\quad)}{(\quad)}$ 米
$\dfrac{(\quad)}{(\quad)}$ 米

1毫米等于几分之几米？40毫米、105毫米呢？你是怎样想的？

1 米 = 1000 毫米，
1 毫米 = $\dfrac{1}{1000}$ 米。

40 毫米是 1 米的 $\dfrac{40}{1000}$，40 毫米 = $\dfrac{40}{1000}$ 米。

105 毫米是 1 米 的 $\dfrac{105}{1000}$，105 毫米 = $\dfrac{105}{1000}$ 米。

$\dfrac{1}{1000}$ 米写成小数是 0.001 米。0.001 读作零点零零一。

$\dfrac{40}{1000}$ 米写成小数是 0.040 米。0.040 读作零点零四零。

$\dfrac{105}{1000}$ 米写成小数是 0.105 米。0.105 读作零点一零五。

3毫米、86毫米、160毫米各是
几分之几米？写成小数呢？

3 毫米 = $\dfrac{(\quad)}{(\quad)}$ 米，写成小数是( )米。

86 毫米 = $\dfrac{(\quad)}{(\quad)}$ 米，写成小数是( )米。

160 毫米 = $\dfrac{(\quad)}{(\quad)}$ 米，写成小数是( )米。

分母是 10、100、1000……的分数都可以用小数表示。一位小数表示十分之几，两位小数表示百分之几，三位小数表示千分之几……

31

小数的意义和性质

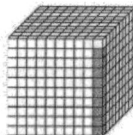

试一试

1 分是 $\dfrac{(\quad)}{(\quad)}$ 元，写成小数是(　　)元。

5 分是 $\dfrac{(\quad)}{(\quad)}$ 元，写成小数是(　　)元。

7 角 3 分是 $\dfrac{(\quad)}{(\quad)}$ 元，写成小数是(　　)元。

练一练

下面每个图形都表示整数"1"，把涂色部分分别用分数和小数表示出来。

分数：_____　　　分数：_____　　　分数：_____

小数：_____　　　小数：_____　　　小数：_____

2 下面每个图形都表示整数"1"，先涂色表示它上面的小数，再填空。

0.6　　　　　　　　　0.06

0.6 里有(　　)个 0.1　　　0.06 里有(　　)个 0.01

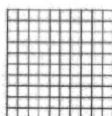

1 里有几个 0.1？0.1 里有几个 0.01？

32

小数的意义和性质

练习五

1. 先涂色表示分数，再写出相应的小数。

$\frac{9}{10}$（　）　　　$\frac{9}{100}$（　）　　　$\frac{53}{100}$（　）

2. （1）0.8是把整数"1"平均分成10份，表示这样的（　）份。

（2）0.46是把整数"1"平均分成（　）份，表示这样的46份。

（3）0.137是把整数"1"平均分成（　）份，表示这样的（　）份。

3. 读出下面各数，并说出各表示几分之几。

0.39　　　0.108　　　0.006　　　0.2　　　0.80

4. 写出下面各数，并说出各是几位小数。

零点七　　　零点二八　　　零点四零六　　　零点三零零

5. 把相等的数连一连。

$\frac{5}{10}$　　$\frac{504}{1000}$　　$\frac{21}{100}$　　$\frac{5}{100}$　　$\frac{21}{1000}$

0.05　　0.021　　0.504　　0.5　　0.21

6. （1）改写成用"米"作单位的小数。

4分米　　　9厘米　　　18厘米　　　23毫米

（2）改写成用"元"作单位的小数。

3角　　　8分　　　5角9分　　　4元7角

第一节 整数的运算

运算能力是《课标(2011 年版)》提出的 10 个核心概念(后有研究者称为"数学核心素养"[①])之一。运算能力培养有助于学生理解运算的算理,寻求合理、简洁的运算路径解决问题。儿童运算能力发展始于整数运算,在当前各版本小学教科书中,通常将整数的运算与"整数的认识"相融合,随着整数认识范围的扩大而适时、有序地安排,同时为后续小数及分数四则运算的学习奠定知识与思维基础。

内容透析

◆ **学科维度**

整数的运算内容较多,包括加、减、乘、除运算以及四则混合运算,计算方式涉及口算、笔算、估算与简便运算等,运算数据涉及一位数、两位数乃至多位数,知识技能方面则包含运算法则、运算定律与运算性质等内容及相关运算技能训练等。儿童在学习小学数学之前就已在感性层面上对运算建立了不同程度的初步认识。例如,一位学龄前儿童虽然不理解其中的数学道理,但也可能熟练说出"1+2=3"或"二三得六"等。某种程度上讲,儿童学习数学始于认数与计算。因此在小学数学中,无论是学习内容还是学习时间,运算学习都占据着较大份额。

1. 整数四则运算的逻辑体系

小学数学中的"整数"概念通常指自然数,在自然数基数理论基础上建立的整数加、减、乘、除四则运算相互之间联系密切。从集合论角度看,整数加法是求两个不相交的有限集合并集基数的运算;减法定义为加法的逆运算,也可视为求两个有限集合 A 与 $B(B \subseteq A)$ 的差集基数的运算。乘法是求 b(b 是大于 1 的整数)个相同加数 a 的和的运算,即可看作特殊的加法;除法定义为乘法的逆运算,从集合论角度可理解为"一个有限集合 A(基数为 a),能够恰好分解成 q 个具有相同基数 b 的子集 B,那么 $a \div b = q$"。因此,除法与减法也就存在必然联系,可用同数连减来说明。具体说,把被除数 a 作为被减数,除数 b 作为相同减数,连减的最多次数 q 就是 a 除以 b 所得的商,最后的差 r 如果不是零,就属于有余数除法运算。

---

① 马云鹏.关于数学核心素养的几个问题[J].课程·教材·教法,2015(9):36—39.

在整数四则运算定义基础上建立的运算系统层次清晰,逻辑严密。整数加减法包括口算加减法与多位数加减法,10 以内加减法及 20 以内进位加法与退位减法通常强调口算,"做减法、想加法"是蕴含其中的核心思想;多位数加减法侧重笔算、估算与简便运算,但都必须建立在已学计算尤其是口算基础上;整数乘除法主要包括表内乘除法口算、多位数乘除一位数以及多位数乘除多位数笔算、估算与简便运算,也应以口算为基础。另外,虽然正确运算的关键是严格遵循运算法则,但要理解其中的算理就必须对已学计算比较熟练,因为算理本质上往往是通过运算性质转化为已学计算。

例如,计算 24×12,若看成 12 个 24 相加就必须深刻理解乘法的意义;若把 12 分解为 3 与 4 或 2 与 6,则必须理解乘法结合律并能熟练地对两位数乘一位数进行计算;若把 12 分成 10 与 2,则必须熟练计算两位数乘整十数以及理解乘法分配律。显然,竖式计算时不理解算理就容易产生计算错误。

2. 整数四则运算的核心知识

运算性质、运算定律与运算法则是整数四则运算这部分学习内容的核心知识。"运算能力主要是指能够根据法则和运算律正确地进行运算的能力。"[1]因此,运算性质、运算定律与运算法则的学习贯穿于运算能力培养的始终。

运算性质是人们依据大量计算实践经验通过理论概括获得的规律性认识[2]。运算性质不仅能揭示运算的内在数学本质,还能反映各种量之间的逻辑相依关系。运算性质可用于验算、简便运算及估算。运算性质教学对于学生形成验算意识、巧算意识、估算意识及发展思维敏捷性与灵活性,都有重要价值。更为关键的是,运算性质的学习过程往往反映了一个数学结论归纳、抽象与概括的过程,其中承载着丰富的数学核心素养。例如,性质"被除数与除数同时扩大或缩小相同倍数,商不变"的学习蕴含了归纳推理。

运算定律指可推导出其他运算性质的那些最基本运算性质。小学数学中的运算定律包括:加法交换律、加法结合律、乘法交换律、乘法结合律、乘法分配律。其他运算性质都可根据这些定律推理获得。

运算法则是完成运算获得结果的规则与逻辑顺序,通常表现为符合逻辑的一些人为规定。运算法则一般将操作程序分成若干步,用文字表述,如两位数加两位数竖式运算法则"先数位对齐,再从个位加起,满十进一",或者依据化归思想将当前运算转化归结为学生已经掌握的运算,如整十、整百、整千乘一位数是化归为表内乘法运算。运算法则的理论根据称为算理。算法规定了"怎么算",而算理则说明运算过程的理论依据或合理性,也即指出"为什么这样算"。因此,算理实质为算法提供了理论指导,算法则使算理具体化。

◆ **课标维度**

整数运算内容横跨两个学段,前后内容联系密切,每个环节的学习障碍都会直接影响后续学习。由于计算器的引进,对整数运算内容的重视程度在实践中存在两种倾向:有人认为对这部分内容不必给予重点关注,也有人注重训练所谓的"计算能手"。实际上这部分内容不仅仅涉及四则运算的知识技能,某种程度上涵盖了知识技能所承载的诸多"关键能力与必备品格",即当前数学新课程所关注的数学核心素养。两个学段的课程目标如下:

---

① 中华人民共和国教育部. 义务教育数学课程标准(2011 年版)[S].北京:北京师范大学出版社,2012:6.
② 金成梁. 小学数学疑难问题研究[M].南京:江苏教育出版社,2010:74.

第一学段：

1. 结合具体情境,体会整数四则运算意义。

2. 能熟练地口算20以内的加减法和表内乘除法,能口算百以内加减法和一位数乘除两位数。

3. 能计算两三位数的加减法,一位数乘三位数、两位数乘两位数的乘法,两位数与三位数除以一位数的除法。

4. 认识小括号,能进行简单的整数四则混合运算(两步)。

5. 经历与他人交流各自算法的过程。

6. 能结合具体情境选择适当单位进行简单估算,并会解释估算的过程。

7. 能运用数及数的运算解决生活中的简单问题,并能对结果实际意义作出解释。

第二学段：

1. 能计算三位数乘两位数的乘法,三位数除以两位数的除法。

2. 认识中括号,能进行简单的整数四则混合运算(以两步为主,不超过3步)。

3. 探索并了解运算律,会应用运算律进行一些简便运算。

4. 经历与他人交流各自算法的过程,并能表达自己的想法。

5. 在具体运算和解决简单实际问题过程中,体会加与减、乘与除的互逆关系。

6. 在解决问题过程中,能选择合适的方法进行估算。

7. 能借助计算器进行运算,解决简单实际问题,探索简单规律。

从各学段目标可知,《课标(2011年版)》更加注重整数运算教学中算理直观与算法抽象、算法多样化与算法优化的结合,各部分内容目标明确具体,操作性强。另外,这部分内容不仅是培养运算能力的重要路径,也是数感、推理能力、几何直观等其他数学核心素养培育的载体,这些数学核心素养往往也是进一步学习数与代数及其他内容必须关注的方面。例如,课程标准期望在精确计算前先引导学生估计大致范围,有利于发展学生的数感;在一些运算性质、运算定律的学习中,强调经历结论的探索过程,有利于学生归纳、类比等合情推理的发展;在运算法则如两位数加两位数运算法则的学习中,强调结合具体情境通过动手操作等手段体会运算的意义则有利于几何直观的发展。另外,基本技能(主要是运算技能)是这部分内容的另一个重点。课程标准一方面把"基本技能"列为"四基"课程目标之一,另一方面,在教学建议中明确指出：基本技能的形成,需要一定量的训练,但要适度,不能依赖机械的重复操作,要注重训练的有效性。教师应把握技能形成的阶段性,根据内容的要求和学生的实际,分层次落实[①]。无疑,这些精神对数的运算教学将会产生直接的、积极的影响。

◆ **教材维度**

由于各版本教材中整数的认识编排有所不同,因此根据课标要求,整数运算内容在遵循自身逻辑框架基础上也有细微差异,表现出各自编排的特色。例如苏教版小学数学教材：

第一学段：

一年级：结合20以内数的认识安排20以内加减法,通常又细分成10以内加减法及20以内进位加法与退位减法。

---

① 中华人民共和国教育部. 义务教育数学课程标准(2011年版)[S].北京：北京师范大学出版社,2012：46.

二年级：依次安排两位数加减法、表内乘除法、有余数的除法，两三位数的加法与减法及两位数乘除一位数。

三年级安排两三位数乘除一位数、两位数乘除两位数等。

在该学段，主要围绕运算法则安排相应学习内容，运算形式涉及口算、笔算与估算，并安排简单的整数四则混合运算（两步）。

第二学段：

主要安排在四年级，包括两三位数除以两位数、整数四则混合运算、三位数乘两位数、用计算器计算以及运算律，逐渐从运算法则的学习与应用过渡到整数四则运算理论，主要是运算律的学习，另外该学段还安排了整数除法运算中商的变化规律等运算性质的内容。

可见，整数加减法第一学段学习重点是运算的意义与口算、笔算内容，第二学段侧重估算与计算器探索规律以及进一步体会加减法的互逆关系；整数乘除法的口算与笔算大都安排在第一学段，第二学段主要学习三位数乘除两位数以及估算、用计算器计算和进一步体会乘除法之间的互逆关系。从苏教版与人教版等教材看，"创设情境-提出问题-解决问题-讨论总结规律"是这部分内容的主要呈现模式。运算定律与运算性质的学习注重从现实的解题活动中归纳总结出结论，运算法则的获得不仅注重情景与问题引入，而且注重转化为已有的运算法则。例如，20以内的进位加法实质是通过"凑十法"转化成10加几；20以内的退位减法是转化成加法或通过拆数转化成10以内加减法计算；表内乘法是转化成几个几相加，表内除法是转化成用乘法口诀求商；有余数除法是转化成乘法与加法；两位数除以一位数是转化成乘法，用乘法口诀求商；三位数乘一位数是转化成整百数乘一位数加上整十数乘一位数，再加上个位数乘一位数；三位数除以一位数是转化成整百数整十数除以一位数，再加上个位数除以一位数；两位数（三位数）乘两位数是转化成两位数（三位数）乘整十数与两位数（三位数）乘一位数。可见，转化的思想方法贯穿于整数运算法则学习的始终，而运算法则内容则通过转化建立了内在联系。

案例研讨

◄◄◄ 案例2-1："加法交换律和结合律"教学设计 ►►►

教学内容

苏教版义务教育教科书《数学》（四年级下册）第55～56页。

教学目标

1. 经历加法运算律的探索过程，理解并掌握加法交换律和结合律，初步感知加法运算律的学习价值。

2. 在学习用符号、字母表示自己发现的运算律过程中，初步发展符号意识，培养归纳推理的能力。

3. 在数学活动中获得成功的体验，进一步增强数学学习的兴趣和信心，发展探究问题的意识和习惯。

教学重点

理解和掌握加法交换律、结合律，能正确用字母表示这两个运算律。

扫码查看
教学内容

教学难点

经历加法交换律和加法结合律的探索过程,发现并概括出运算律。

教学过程

一、创设情境,导入新课

1. 情境:用课件出示教材第 55 页主题图,请学生思考从图中可获取哪些数学信息。(学生自由说)

谁能根据这些信息,提出一些用加法计算的问题?

(1)跳绳的有多少人?

(2)参加活动的女生有多少人?

(3)参加活动的一共有多少人?

2. 导入:在过去学习中,我们做过很多加法运算,加法运算中蕴含着许多数学的基本规律,今天我们一起来探索加法中的运算规律。(板书课题)

【设计说明:基于建构主义的教学设计非常重视学习环境的四大要素,即情境、协作、会话和意义建构,并把情境创设视为教学设计最重要内容之一。同时,发现问题、提出问题的能力是《课标(2011 年版)》提出的重要课程目标。因此利用主题图创设问题情境引导学生发现问题、提出问题充分贯彻了新课程理念。】

二、加法交换律的教学

1. 问题:求跳绳的有多少人,可怎样列式计算?

(1)学生列式解答。(教师板书两种方法)

方法一:$28+17=45$(人)

方法二:$17+28=45$(人)

(2)观察发现。

提问:这两道算式都是求什么?结果都是多少?再观察算式,说说它们有何相同点和不同点。

引导学生发现:这两道算式都是求跳绳的总人数,加数相同,得数也一样,只不过调换了两个加数位置。

引导:我们可用什么符号将这两道算式连起来呢?(等号)

教师板书:$28+17=17+28$。

2. 发现规律。

让学生照样子试写等式,并投影展示。

提问:观察这些等式,同学们有什么发现?(两个加数交换位置,和不变)

3. 用字母表示加法交换律。

(1)指导学生用适当方法表示这种规律。

学生在练习本上表示规律后,交流各自的表示方法。用文字、符号、字母表示均可。

(2)用字母表示加法交换律。

教师指出:两个数相加,交换两个加数的位置,和不变。这就是加法交换律。(板书:加法交换律)

明确如果用字母 a、b 分别表示两个加数,上面的规律可以写成:$a+b=b+a$。

【设计说明:加法交换律虽然形式简单,但结论的获得同样要遵循科学的发现过程,这里根据规律发现的一般过程,运用经验归纳(或称不完全归纳)对交换律的几个特例进行归纳,从而发现共同特征,再引导学生从语言表述到符号表示,最后过渡到字母表示,逐步培养学生抽象概括能力。由于学生思维水平客观上存在差异,因此设计时尊重学生多样化的表示方法,用文字、符号、字母都可以,从而贯彻"以人为本"的教学理念。】

三、加法结合律的教学

1. 提出问题:参加活动的一共有多少人?

学生独立列式计算,教师巡视,注意不同的解答方法,并指名两人板演不同方法(注意板书顺序)。

解法一:先算跳绳的有多少人。

$(28+17)+23$

$=45+23$

$=68(人)$

解法二:先算女生有多少人。

$28+(17+23)$

$=28+40$

$=68(人)$

提问:这两道算式有什么相同与不同的地方?

学生观察、比较这两个不同算式的计算结果。

这两道算式的结果相同,我们可以把它写成等式吗? 怎样写?

根据学生的回答,教师板书:$(28+17)+23=28+(17+23)$。

2. 归纳例证,探索规律。

(1) 课件出示下面两组算式,让学生算一算,判断下面的○里能不能填等号。

$(45+25)+16○45+(25+16)$

$(39+18)+22○39+(18+22)$

(2) 组织观察:这几组算式有什么共同之处? 有什么不同的地方? 从这些例子中可以发现什么?

学生交流得出:这 3 个算式中,3 个加数分别相同,加数位置也相同;先把前两个数相加,或者先把后两个数相加,和不变。

(3) 提问:这个结论一般情况下也正确吗? 各小组同学不妨再仿写一些算式算算看(注意学生仿写的算式是否符合上述规律)。

通过验证,学生发现一般情况下也是正确的。

(4) 总结:3 个数相加,先把前两个数相加,或者先把后两个数相加,和不变。这就是加法结合律。(板书:加法结合律)

如果用字母 a、b、c 分别表示 3 个加数,这个规律可以怎样表示?〔教师板书:$(a+b)+c=a+(b+c)$〕

【设计说明:加法结合律的教学过程严格遵循了数学规则一般认识步骤,即呈现例证-考察例证-归纳结论-验证结论。验证是一个必要环节,因为通过经验归纳法获得的结论其正确性有待进一步确认,验证可以增加结论的可信度。这样设计不仅可引导学生经历科学的发现过程,还能有效培育学生合情推理这一数学核心素养。】

四、反馈完善

1. 完成"练一练"。

让学生说说每个等式各运用了什么运算律及其判断依据。

第三小题既交换了位置,又改变了运算顺序,因此该小题实质运用了加法交换律和加法结合律。

2. 完成教科书第 58 页"练习九"第 1、2、3 题。

（1）第 1 题中最后一小题运用了加法交换律和加法结合律。

（2）第 2 题运用加法交换律进行验算,在以前学习过,通过这几题练习进一步加深学生的理解。

（3）第 3 小题让学生通过计算和观察、比较,进一步巩固加法交换律和结合律。

组织学生计算,并说说每组中两题的联系。

比较每组中的两题,说说哪一题计算起来更加简便。

【设计说明：好的练习设计应有助于巩固新授知识,也应能有效促进学生思维发展。因此,设计层次性强的系列练习,可使学生在巩固知识的同时发展运算能力、推理能力等数学核心素养,为后面简便运算教学夯实基础。】

五、反思总结

通过本课学习,同学们有什么收获？还有什么疑问吗？

【问题与讨论】推理直接反映了数学内部规律,广泛运用于数学科学体系建构与知识创造,应是数学核心素养的关键要素之一。推理一般分成合情推理与演绎推理,合情推理主要包括归纳与类比。从小学数学教材看,归纳推理是小学数学知识呈现的普遍模式,不仅体现在数与代数中,也体现在图形与几何等学习内容中。教学中培养归纳推理能力要注意哪些问题呢？

◀◀ 案例 2−2："8 的乘法口诀"教学设计[①] ▶▶

教学内容

人教版义务教育教科书《数学》(二年级上册)第 75～76 页。

教学目标

1. 经历 8 的乘法口诀编制过程,理解 8 的乘法口诀的意义;能记住 8 的乘法口诀,比较熟练地运用口诀进行简单计算。

2. 通过讨论、交流等活动,发展儿童推理能力和语言表达能力,进一步建立数感。

3. 通过自主编制口诀活动获得成功体验,逐步养成独立思考和主动探索的习惯。

扫码查看
教学内容

教学重点

自主编制 8 的乘法口诀。

教学难点

熟记并能熟练运用 8 的乘法口诀解决问题。

[①] 该案例由唐正环设计. 来源于 https://wenku.baidu.com/view/b7104b79aaea998fcd220e22.html. 收入本书时笔者略作改动.

教学过程

一、创设情境,引入新知

1. 复习:小朋友们,我们已经学习了7的乘法口诀,老师想知道你们学得怎么样了? (请一两位学生背7的乘法口诀。)

2. 引入:小朋友表现得都很好。现在一起看屏幕上这幅图,这是学校少先队仪仗队的图片,请仔细观察:少先队仪仗队一共由多少人组成呢?

【设计说明:深挖新知生长点,唤起学生已有经验,为新知学习做好孕伏和铺垫,再通过幻灯片切换到本课少先队仪仗队的主题图片,提出问题,实现认知主义与建构主义设计的有机结合。】

二、探索交流,获得口诀

1. 小组讨论。

围绕问题,组成学习小组进行讨论。教师可提议一行一行去算。引导学生得出:1个8是8;2个8是16……8个8是64。

2. 解决问题。

怎么才能很快说出几个8的结果是多少呢? 看,一只小狗蹦蹦跳跳地来了。

(1) 谈话:我们一起来看看小狗是怎么跳的,填出数轴上缺少的数。

思考:小狗是怎样跳的?

先从0跳到8,又从8跳到16……,每次跳的长度都一样,所以每跳一次就加8,最后跳到64。

(2) 提问:小狗跳一次就是1个8,小朋友能把小狗每次跳的结果编成乘法算式吗?(学生动手在练习本上编写乘法算式。)

(3) 交流(教师板书乘法算式):

第1次是1个8,乘法算式是 $1 \times 8 = 8$,$8 \times 1 = 8$。

第2次是2个8,乘法算式是 $2 \times 8 = 16$,$8 \times 2 = 16$。

……

第7次是7个8,乘法算式是 $7 \times 8 = 56$,$8 \times 7 = 56$。

第8次是8个8,乘法算式是 $8 \times 8 = 64$。

3. 口诀编制。

(1) 为计算方便,我们可像以前一样给这些乘法算式编制口诀,根据以往编口诀的经验,8的乘法口诀共有几句呢? 8的乘法口诀里一定都有哪个字? 这个字在什么位置?

板书:( )八( )。

师:"八"字前面可以是哪些数? 后面又是什么呢?

(2) 小组合作试编。

(3) 汇报交流(教师板书口诀)。

4. 口诀记忆。

(1) 小朋友们可以用自己喜欢的方式记忆口诀。

(2) 检查口诀记忆情况:同桌接背,正着背,倒着背,乱着背。

(3) 提问:如果某个口诀忘记了,怎么办呢?

【设计说明:通过师生共同探讨,认识1个8是8,2个8是16,3个8是24,……再通过小组合作,应用以前掌握的编口诀方法,编制 8 的乘法口诀,引导学生经历乘法口诀的形成过程,儿童在主动探索的过程中既可感悟到蕴含其中的数学思想(如函数思想),又可发展他们类推能力。】

三、巩固运用,练习拓展

小朋友们真棒! 不但顺利编制了 8 的乘法口诀,还能迅速记住口诀。老师想考考你们,敢接受老师的挑战吗?

1. 请小朋友们打开课本第 75 页,看"做一做"(请同学校对答案,并说说怎么得来的)。

2. 课件展示:这是什么? (螃蟹)

小朋友们和同桌合作,一起来念念儿歌。

1 只螃蟹一张嘴,(2)只眼睛,(8)条腿。

2 只螃蟹二张嘴,(　　)只眼睛,(　　)条腿。

……

8 只螃蟹八张嘴,(　　)只眼睛,(　　)条腿。

【设计说明:学习兴趣是儿童非智力因素的关键成分,兴趣可使人产生学习驱动力,激发对数学学习的欲望与动机。儿童学习兴趣的培养需要教师对教学活动进行丰富多样的组织与设计。这里借助儿童喜欢的儿歌形式,让他们在快乐中学习,同时通过儿歌可强化儿童对 8 的乘法口诀的记忆。】

四、回顾反思,总结提升

今天我们学了什么知识? 你学会了什么? 最后请小朋友们再把 8 的乘法口诀背一遍。

◀◀ 案例 2-3:"两位数乘两位数"教学片段 ▶▶

教学内容

苏教版义务教育教科书《数学》(三年级下册)第 3~4 页。

教学过程

一、创设情境,引入新课

1. 快速口算。

$15 \times 30 =$　　　　　$20 \times 13 =$　　　　　$22 \times 20 =$

$30 \times 40 =$　　　　　$20 \times 50 =$　　　　　$40 \times 80 =$

这些题有什么共同点? 你是如何计算的?

扫码查看
教学内容

2. 想想填填。

(1) 2 个十是(　　),20 个十是(　　),240 是(　　)个十。

(2) 24 乘 10 就是 24 乘 1 个十,是(　　)个十,是(　　)。

3. 谈话:在我们生活中有许多问题可用数学方法解决。请看大屏幕,阳光幼儿园最近购买了一批迷你南瓜(课件出示主题图)。

提问:①从图中同学们能观察到哪些信息? 要解决这个问题,应怎样列算式呢?

②谁能先估算一下这些南瓜大约有多少个吗? 你是怎样估算的?

【设计说明:口算、笔算与估算等都是学生数感发展的重要路径。口算不仅是笔算与估算的基础,而且在日常生活中应用广泛。估算也广泛用于日常生活,在许多问题情境中需要用到

估算。因此,教学中应把口算、笔算与估算结合起来。教学笔算之前可先夯实口算基础,在笔算前可先引导学生估计结果的大致范围,以培养学生的估算意识,逐步养成估算习惯。①】

二、合作交流,探究算法

1. 提问:估算得正不正确呢? 谁有什么办法来检测?

2. 交流:学生独立思考,小组同学交流自己的方法。

3. 汇报:小组代表汇报,其他小组可补充。学生汇报时,教师注意有选择地板书计算方法。

① $24＋24＋24＋\cdots\cdots＋24＝288$(连加)。

② 将 12 分成两个数的积,即 2×6 或 3×4,再连乘。如 $24\times2＝48,48\times6＝288$,或 $24\times3＝72,72\times4＝288$。

③ 将 12 分成 $10＋2$:$24\times10＝240$,$24\times2＝48$,$240＋48＝288$。

④ 竖式计算。

请学生说说用前 3 种方法算的道理。如方法③表示先算 10 箱共有多少个,再算 2 箱有多少个,最后合起来。学生在介绍方法时,教师应给予充分肯定,并顺势引导思考:能否把这 3 步合并写在一个式子里呢? 由此引出竖式计算方法。

4. 研究笔算方法(可指名学生回答,教师板书)。

① 第一步算的是什么? 怎样算的?

用乘数个位上的 2 乘 24,得 48,8 和乘数 12 个位上的 2 需对齐。

② 第二步算的是什么? 怎样算的? 为什么十位上的 1×24 得 240?"4"应写在什么位上?"2"呢? 用乘数十位上的 1 乘 24,实质是 24×10,得 24 个十,也就是 240。写 24 乘 1(个十)的结果 240 时,通常写成 24(个十),4 应和乘数 12 十位上的 1 对齐。

③ 第三步算的是什么? 怎样算的? 书写时有没有更简便的方法呢? 为什么?

教师指出:把两个乘积加起来的时候,个位上应是计算 8 加 0,0 只起着占位作用,简便起见,这个 0 可以省略不写(教师在板书上擦掉"0")。

④ 谁能用自己的话再说说这道题的计算方法吗? 24 乘 12 的十位上的"1"得到的结果在竖式中为什么也写成 24?

5. 归纳总结:引导学生归纳笔算乘法的方法。指出:两位数乘两位数笔算的本质是转化为两位数乘一位数与两位数乘整十数来分别计算,再把两个得数相加。

【设计说明:在估算基础上通过多样化算法的讨论交流引出竖式计算两位数乘两位数,符合学生的认识规律,在多样化算法的讨论中学生不仅可获得从不同角度进行数学思维的体验,还可以领略到运算过程的算理,知其然还知其所以然,从而对运算法则获得更为深刻的理解。】

【问题与讨论】小学生学习整数的运算存在一个普遍现象,就是经常出现运算错误。对此,一些家长甚至教师可能会归咎于"粗心"。你怎么看呢?

要点提炼

1. 情境与问题是教学设计的逻辑起点

情境与问题是联结抽象数学与现实世界的桥梁,小学数学与现实世界联系更为直接、密

---

① 金成梁,刘久成. 小学数学课程与教学[M]. 南京:南京大学出版社,2013:259.

切。因此，创设适当情境，引导学生发现并提出有价值的现实问题往往可成为学习数学知识的逻辑起点。传统教学通常关注在旧知基础上如何激起学习者的认知冲突，即便设置情境问题也是为了实现旧知向新知的过渡。就计算教学而言，以往教学内容过多注重形式化训练，学生难以了解为什么要计算，不知道在具体情境下选择什么方法计算，导致经常出现解决具体问题时数量关系认识不清、计算结果背离现实等现象。《课标(2011年版)》突出强调在具体情境中认识计算的意义与价值。

例如，"加法交换律与结合律"的教学中，过去教学通常是借助一道应用题的两种不同解法获得运算律的特例，虽然也会关注情境的创设，但往往把情境作为新课引入的一种方法。案例2-1中出示操场上学生跳绳与踢毽子的情景图，并围绕情景图提出一系列数学问题，再通过问题解决引导学生经历运算律的获得过程，在这个过程中情景图始终是运算律学习的背景。人教版教材中也有类似处理，首先出现李叔叔骑车旅行一个星期的情景图，围绕主题图提出连续问题进行教学。这样的教学设计在当前小学数学中普遍存在。实践表明，教学时创设与学生生活环境、知识背景密切相关的，又能激发学习兴趣与探索热情的情境与问题，能使学生认识到计算学习的现实意义，有助于他们感悟、理解数学的本质。

2. 注重渗透基本的数学思想方法

整数运算的学习内容蕴含了许多数学思想方法如化归、归纳、类比、几何直观等，这些思想方法是数学核心素养的重要成分，是学生进一步学习数学的基础，甚至可迁移到其他课程学习中，潜移默化地发展学习者综合素养。例如20以内进位加法、乘法口诀学习等蕴含了函数思想，20以内的退位减法、用乘法口诀求商则又蕴含了转化思想；运算定律、运算性质等学习过程蕴含了经验归纳方法，运算法则的算理理解则蕴含了转化、几何直观等数学思想方法；再如，四则运算之间的密切联系通过转化得以体现：加减法之间可相互转化，乘除法之间可相互转化，几个相同加数连加的和可转化为乘法，被减数连续减去几个相同的数，差为零，可转化为除法，差不能为零，则可转化为有余数除法。可见，各类思想方法的感悟与理解凸显于整数运算各部分内容的学习，教学中应给予充分关注。

3. 重视抽象算法与直观算理教学的融合贯通

四则运算教学中，以往侧重运算法则的掌握与应用，对运算法则的算理关注不够。实际上要理解运算法则必须以算理为基础，抑或说运算法则理解本质在于对算理的把握。例如，整数加减法竖式计算要求数位对齐，实质上是由于相同数位上的数的计数单位都相同，即，相同单位的数才能直接相加减。这一算理不仅对整数适用，对小数、分数也是适用的。再如，两位数乘两位数竖式计算算法为"先用乘数个位的数去乘被乘数，得数的末位和乘数的个位对齐，再用乘数十位上的数去乘被乘数，得数的末位和乘数的十位对齐，然后把两次乘得的数加起来"，而其实质是利用乘法分配律转化为两位数乘一位数与两位数乘整十数的和。

显然，不理解算理的算法学习是机械的。学生在计算过程中明确算理与算法，就能够合理、灵活地计算。教学实践中，一些学生虽然能够依据运算法则计算，但由于算理不清晰，知其然而不知其所以然。例如，整数乘法，学生可能知道如何计算，但却不知道相应的算理，导致不能适应计算中的各种变化。[①] 因此，教学中应注重"法理"贯通，使学生知其然而且知其所以然。

---

① 金成梁，刘久成. 小学数学课程与教学[M]. 南京：南京大学出版社，2013：258.

4. 注意算法多样化与算法优化教学的和谐统一

所谓算法多样化是在算理理解基础上,允许不同学生采取不同方法(喜欢的或适合自己的、运用自如的方法)解决问题,是解决问题策略多样化的一种体现。提倡算法多样化和解题策略多样化对于拓宽解题思路、培养思维灵活性、开放性和创造性都有积极意义。当然,不同算法往往可反映思维水平的差异。从不断提高学生理性思维的价值取向看,应引导学生逐步掌握思维水平更高的算法,而不应当以学生主观上的"喜欢"作为选择算法的主要依据。因此,在整数运算教学中,应把算法多样化与算法优化教学结合起来。一方面,教学中对于各种算法的认可应建立在思维等价基础上,否则多样化就可能导致泛化;另一方面,在算法多样化基础上,还应引导学生进一步比较、归纳,获得高效的、优化的算法。当然,在算法优化过程中应注意避免教师强制规定或主观臆断,注重引导学生通过不断体验与感悟逐步找到适合自己的最优算法。①

5. 重视基本运算技能的训练

《课标(2011 年版)》在教学建议中指出:"在基本技能的教学中,不仅要使学生掌握技能操作的程序和步骤,还要使学生理解程序和步骤的道理。"②对于运算技能教学来讲,实施运算的程序与步骤即是"算法",而程序和步骤的道理即是"算理"。因此,运算技能训练本质上与运算法则等知识的教学交织在一起。学生计算一道试题,常常需要综合运用多方面的计算知识,例如计算 236×461,涉及乘法口诀、乘数是一位数的乘法计算、多位数加法(进位与不进位)法则等,其中每一项计算的错误都会影响整道题的正确计算,更谈不上合理灵活地选择算法。因此,基本的运算技能训练是非常必要的。③

小学生学习整数的运算存在一个普遍的现象,就是经常出现运算错误。对此,一些教师与家长可能会归咎于"粗心"。实质上导致运算错误的因素是多种多样的。一般认为,小学生四则运算产生错误的原因包括知识与心理两个方面:一是知识方面的原因,如概念不清、基本口算不熟练、运算法则记忆不准确等;二是心理方面的原因,如情感态度原因以及认知的局限性。只有认真分析、对症下药,才能有效地帮助学生预防与纠正错误。④

6. 注意估算与精算的有机结合

小学教学中采用的主要计算方式有口算、笔算与估算,它们都是学生数感发展的重要途径。"精算在本质上是对数的运算,估算本质上是对于数量的运算。"⑤数量是有单位的,必然与具体情境有关,因此,估算通常针对日常生活中具体情境中的问题,特别是具有大数目的情境。口算与笔算可以对抽象的数进行而不必考虑运算的背景与实际意义,但新课程并不提倡没有背景的单纯式计算。因此,估算与精算在教学中都应该在一定的背景下实现有机结合。教学笔算可以在基本口算基础上引入,在笔算前先引导学生估计结果的大致范围,以培养学生的估算意识,养成估算的习惯。

① 金成梁,刘久成. 小学数学课程与教学[M]. 南京:南京大学出版社,2013:258—259.
② 中华人民共和国教育部. 义务教育数学课程标准(2011 年版)[S]. 北京:北京师范大学出版社,2012:46.
③ 金成梁,刘久成. 小学数学课程与教学[M]. 南京:南京大学出版社,2013:258.
④ 杨庆余. 小学数学课程与教学[M]. 北京:高等教育出版社,2004:247—248.
⑤ 史宁中. 基本概念与运算法则:小学数学中的核心问题[M]. 北京:高等教育出版社,2013:32.

实践操作

1. 有位教师在教学"5－2＝3"时,【苏教版义务教育教科书《数学》(一年级上册)第 46 页】是这样教的:

10 以内的加法和减法

②

一共 5 人, 走了 2 人, 还有 3 人。

$$5 - 2 = 3$$

⋮

减号

读作:5 减 2 等于 3。

试一试

$$3 - \square = \square$$

46

首先,教师提问:图中有几位小朋友在给花浇水?(板书5)

现在走了几位小朋友?(板书2)走了2位,人数是多了还是少了呢?

在学生回答的基础上,教师总结:少了就用减法算。(板书5－2)然后教师交代减号名称。

接着提问:还剩下几位小朋友在给花浇水?(3位)

最后教师板书5－2＝3。

试分析上述教法存在的问题。

2.教学设计:商不变的规律【苏教版义务教育教科书《数学》(四年级上册)第23～25页】。

设计要求:教学目标明确;教学重点突出;教学过程环节分明;每一教学环节说明设计理由。

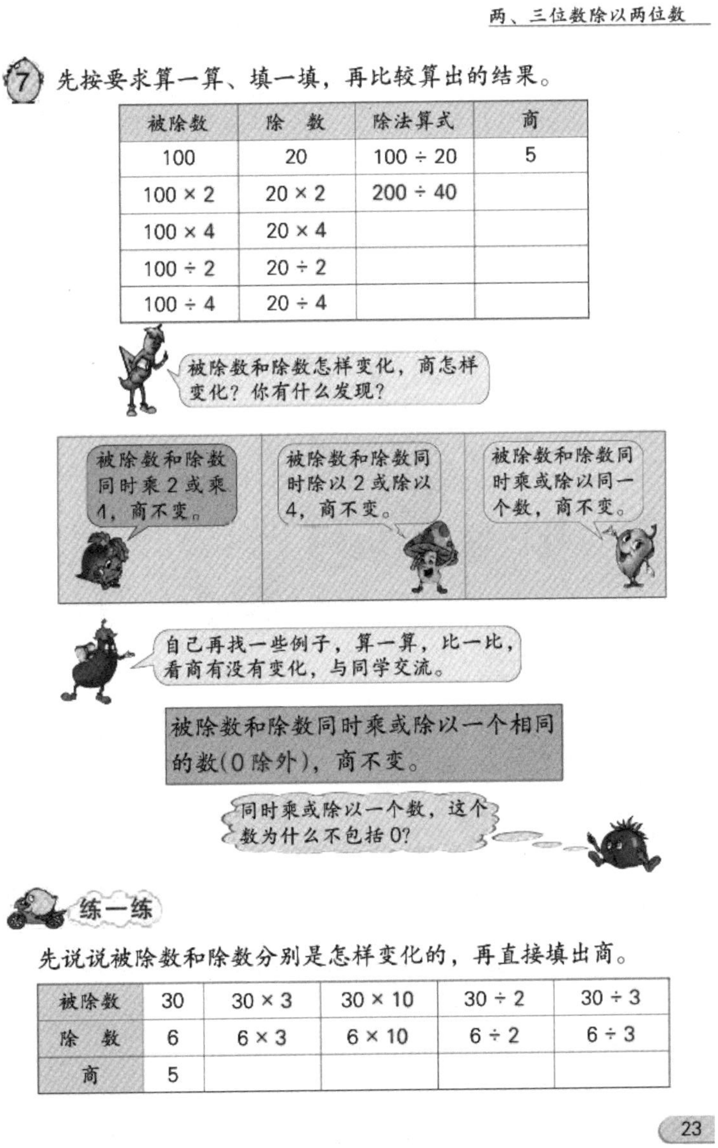

两、三位数除以两位数

7 先按要求算一算、填一填,再比较算出的结果。

被除数	除 数	除法算式	商
100	20	100÷20	5
100×2	20×2	200÷40	
100×4	20×4		
100÷2	20÷2		
100÷4	20÷4		

被除数和除数怎样变化,商怎样变化?你有什么发现?

被除数和除数同时乘2或乘4,商不变。

被除数和除数同时除以2或除以4,商不变。

被除数和除数同时乘或除以同一个数,商不变。

自己再找一些例子,算一算,比一比,看商有没有变化,与同学交流。

被除数和除数同时乘或除以一个相同的数(0除外),商不变。

同时乘或除以一个数,这个数为什么不包括0?

练一练

先说说被除数和除数分别是怎样变化的,再直接填出商。

被除数	30	30×3	30×10	30÷2	30÷3
除 数	6	6×3	6×10	6÷2	6÷3
商	5				

23

两、三位数除以两位数

⑧

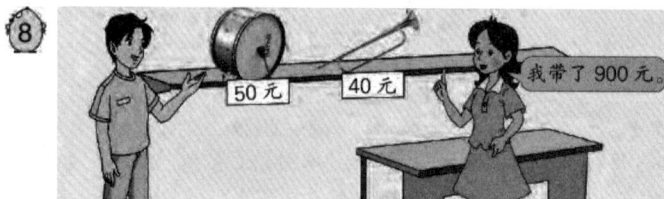

我带了 900 元。

50 元　40 元

(1) 如果买队鼓，可以买多少个？

$$900 \div 50 = 18 \text{（个）}$$

```
      1 8
 5 0)9 0 0
      5
      4 0
      4 0
        0
```

被除数的末尾为什么
只划去一个0？

答：可以买_____个。

(2) 如果买队号，可以买多少把，还剩多少元？

$$900 \div 40 = 22 \text{（把）} \cdots\cdots 20 \text{（元）}$$

```
      2 2
 4 0)9 0 0
      8
      1 0
        8
        2
```

余数为什么是
20而不是2？

你会验算这道题吗？

答：可以买_____把，还剩_____元。

练一练

你能用简便
方法计算吗？

```
4 0)6 4 0
```
　　
```
3 0)7 0 0
```

24

两、三位数除以两位数

练习五

1. 根据每组第 1 题的商，直接写出下面两题的商。

$42 \div 3 = 14$ $250 \div 50 = 5$ $420 \div 20 = 21$

$84 \div 6 =$ $50 \div 10 =$ $840 \div 40 =$

$420 \div 30 =$ $25 \div 5 =$ $42 \div 2 =$

2. 口算下面各题，并说说你是怎样算的。

$80 \div 20 =$ $320 \div 80 =$ $450 \div 90 =$

$140 \div 70 =$ $540 \div 60 =$ $400 \div 50 =$

3. 你能根据商不变的规律直接说出下面各题的得数吗？

$960 \div 30$ $480 \div 40$ $600 \div 20$

$910 \div 70$ $510 \div 30$ $800 \div 50$

4.

| 12 | 3 |
| 24 | | $\div$ = 4
| 120 | |
| 240 | |

| 600 | 60 |
| | 30 | $\div$ = 10
| | 6 |
| | 3 |

5. 下面是新明乡 3 所小学购买计算器的数量和所付的钱数。

	星光小学	东山小学	李庄小学
所付的钱/元	900	300	600
数量/个	45	15	30

他们购买的计算器价钱相同吗？

25

3. 阅读教学片段"加法结合律"，分析可能存在的问题。

师：同学们再根据这幅图（主题图）算一算"参加活动的一共有多少人"，会列式吗？

指名回答，板书：$28 + 17 + 23$。

师：第一步先求什么？为了看得更清楚，我们可给 $28 + 17$ 添上括号，表示参加跳绳的总人数，即 $(28 + 17) + 23$，再求什么？结果是多少？

师：如果要先算参加活动的女生人数应该怎么办？

生：$28 + (17 + 23)$。

师：请同学们比较这两道算式，它们有什么相同点和不同点？

师：这两道算式结果相同我们可把它写成怎样的等式？

板书：$(28 + 17) + 23 = 28 + (17 + 23)$。

师：观察这个等式，等式左边与右边有什么相同的地方？有什么不同的地方？你从这个等式中能发现怎样的规律？和你的同桌交流一下。

　　师：刚才同学们发现的规律对不对呢？我们一起来验证一下。

　　　　请同学们算一算，下面的○里能填上等号吗？

　　　　$(45＋25)＋13○45＋(25＋13)$

　　　　$(36＋18)＋22○36＋(18＋22)$

　　下略。

第二节　小数的运算

　　小数四则运算是在小数意义与整数四则运算基础上学习的。小数运算法则与整数具有内在联系。在整数运算中，相邻数位上的数都是十进制关系，尽管小数也是如此，可以迁移整数运算的法则或者转化为相应的整数运算，但由于涉及小数点处理问题，因此小数运算教学比整数运算相对要复杂一些。

内容透析

◆ 学科维度

　　一般意义上的小数概念不仅包括有限小数，还有无限小数，无限小数又可分成循环小数与无限不循环小数。循环小数是小学数学的学习内容，无限不循环小数即无理数，在小学数学中一般不涉及（圆周率 π 除外）。但从四则运算看，有限小数的加、减、乘、除运算，可迁移整数运算法则，只要正确处理好小数点即可。无限小数的四则运算则需重新定义，严格定义需要运用数列的极限理论，这在小学里是无法进行的。所以小学一般不涉及无限小数的四则运算，以免对运算系统的理解产生歧义。即是说，小数四则运算通常指有限小数四则运算。

　　小数加减法竖式运算要求小数点对齐，实质是为了实现"相同数位上的数相加减"，这一点与整数加减法以及后面要学习的分数加减法算理都是一致的。因此初学小数加减法时，碰到计算 $2.4－1.25$，可以看成 $2.40－1.25$，并结合整数运算知识迅速获得结果；小数的乘法计算先不看小数点，按照整数乘法法则计算，最后再点上小数点，实质上是"小数点移动引起小数大小变化规律"的直接应用，例如计算 $2.4×1.2$，先不看小数点，实质是把 2.4 与 1.2 都扩大 10 倍，再把 24 与 12 相乘的结果缩小 100 倍；小数的除法稍微复杂些，除数是整数的小数除法竖式计算要求商的小数点与被除数小数点对齐，实质上可以视为被除数扩大 10 的 n 次幂倍后转化成整数除以整数，再把结果缩小 10 的 n 次幂倍，而除数是小数的小数除法实质是应用"小数点移动引起小数大小变化规律"与"商不变的性质"转化为除数是整数的除法运算。因此小数四则运算系统追根溯源是整数四则运算系统自然的逻辑推广。

　　由于有限小数本质上是十进分数的改写形式，小数学习内容需建立在初步的分数知识基础上，但小数运算由于有了整数运算的逻辑基础，相比分数运算来说更容易理解。同时，小数的生活经验相对比较丰富，这也给学生理解小数四则运算带来便利。因此学习小数的四则运算不仅可在运算学习中体会数学的应用价值，也有助于学生深刻感悟数学的本质。

◆ **课标维度**

小数的运算学习内容逻辑脉络清晰,主要包括小数加、减、乘、除法运算法则与基本技能训练。由于整数四则运算系统的基础,根据法则计算并不困难,但要理解法则,还需要把握蕴含其中的算理。另外,关于运算技能,虽然低中年级已经对整数运算进行了系统训练,但由于涉及小数点处理,一些学生在具体计算时存在理解的困难,尤其是小数除法。

《课标(2011年版)》关于小数运算的学习内容通常在第一学段结合小数的初步认识出现一位小数加减法,系统学习安排在第二学段。具体要求如下:

第一学段:会进行一位小数的加减法运算。

第二学段:能分别进行简单的小数加、减、乘、除运算以及混合运算(以两步为主,不超过3步)。

课标要求中比较重视小数四则运算的技能训练,这是因为整数四则运算的计算方法在学生心目中根深蒂固,他们在计算小数四则运算时会不自觉地产生负迁移,运用整数四则运算的方法简单地处理小数问题,因此计算时经常会出现各种错误。小数运算中除了所谓"粗心"产生的错误如"2+3=6""二八十八""0.15×6=0.16×5"以及抄错数据等外,还会出现如下常见错误。

(1)小数加减法:主要表现在两个小数部分位数不同的小数相加或相减。一些学生受整数加减法计算方法负迁移影响,竖式计算可能会末位对齐。例如,$0.76+0.4=0.8$,$0.69-0.4=0.65$等。

(2)小数乘法:主要是积的小数位数确定存在较大问题,特别是遇到把小数乘法当成整数乘法计算末尾有零的情况,如$0.55×0.02$等。

(3)小数除法:这是小数运算教学的难点。由于小数加减法和小数乘法在生活中应用比较广泛,而小数除法在生活中用得不多,并且小数点的处理涉及多个知识基础,客观上存在理解的难度,因此虽然可迁移整数除法知识,但学生经常出错。

① 除数是整数的小数除法:一些学生初学时容易把小数乘法中确定小数点的方法错误地迁移到小数除法中,又没有检验习惯而导致错误。例如一些学生认为既然$0.6÷2=0.3$,$0.4÷5$的结果自然就是0.8等。

② 一个数除以小数:初学者不善于在大脑中把除数是小数的除法转化成除数是整数的除法,而把除法看成乘法算或者把小数除法与小数乘法的计算方法混为一谈,导致商的小数位数产生错误。如计算$8.2÷0.02$,学生可能会错误地认为一共有三位小数,所以结果要有三位小数。

◆ **教材维度**

小数加减法学习内容涉及一两位数小数加减法、混合运算以及整数运算定律到小数的推广,这部分内容是在学生掌握了小数意义与性质及整数加减法基础上学习的。小数乘法学习关键是小数点处理问题,其法则本质上源于整数乘法,因此小数乘法学习对算理理解就显得尤为关键。小数除法包括4种情况:小数除以整数、整数除以整数(不能整除)、整数除以小数、小数除以小数,这部分内容知识基础较多,是小学数学学习的难点。例如,"除数是小数的小数除法"知识基础包括整数除法中被除数与除数同时乘相同的数(0除外)商不变、小数点位置向右移动引起小数大小的变化以及除数是整数的小数除法等。另外,小数除法还会涉及试商方法,虽然不考虑小数点,大体与整数除法相同,但学习过程中小学生对计算过程的理解依然比较困难,导致计算时常常会出现各类不同的错误。因此教学中不能简单地认为学生有了整数运算知识基础就能解决小数除法计算问题,同样要引领学生理解算理以及进行必要的技能训练。

现行各版本教材内容安排总的来说相对集中,但也有明显区别。例如,人教版与苏教版教材中,小数运算内容安排如下:

第一学段:人教版与苏教版教材均在三年级下册结合小数初步认识安排一位小数加减法运算。

第二学段:人教版教材在四年级下册结合小数的意义与性质编排两位小数加减法运算,五年级上册编排小数乘法与小数除法;而苏教版教材则在五年级上册结合小数的意义与性质集中编排两位小数加减法运算以及小数乘法与除法。由于小数运算在生活中运用比较广泛,因此各版本教材均非常重视从实际情境与问题引出小数的运算问题,进而获得运算法则。

具体安排时,由于小数加法与减法的重点与难点都在小数点处理上,计算结果也都要考虑是否需要运用小数基本性质化简。因此,将小数加法与减法安排在一起教学,这样既突出知识之间的密切联系,又节约教学时间;小数乘法与小数除法虽有联系,并且都以整数乘除法为基础,但二者重点、难点均有所不同,乘法可在解决小数点问题基础上仿照整数乘法法则进行,但小数除法涉及知识基础较多,并且还会碰到试商的障碍,学生理解起来比较困难,是整个小数四则运算的难点,因此小数乘法与除法通常分开编排,以突出重点,突破难点。

由于小数运算在学生生活实际中运用比较普遍,因此"创设情境-提出问题-解决问题-讨论总结法则"依然是这部分内容的主要呈现模式。值得关注的是,归纳、转化等核心思想在这部分内容中的体现比较显著,贯穿于学习始终。例如,小数点位置向右移动引起小数大小的变化规律的认识过程凸显了归纳推理的渗透。而转化思想在教材中体现更为普遍,也正是转化的普遍性,使得学生对知识之间的逻辑勾连能建立更为深刻的理解。例如,小数加减法处理好小数点对齐问题,能转化成整数加减法;小数乘法是在解决小数点问题基础上仿照整数乘法法则进行,本质也是转化;一个数除以小数,除数的小数点向右移动若干位变成整数,相应地被除数小数点也向右移动同样位数,即可转化为一个数除以整数,等等。

案例研讨

◄◄ 案例 2-4:"除数是小数的除法"教学设计① ►►

教学内容
苏教版义务教育教科书《数学》(五年级上册)第 69 页。
教学目标
1. 引导学生探索并掌握一个数除以小数的计算方法,并能正确计算;
2. 在计算方法探索过程中进一步感悟"转化"思想,体会数学思维的严

扫码查看
教学内容

① 该案例由费国玉设计。来源 https://wenku.baidu.com/view/65135c2959fafab069dc5022aaea998fcc224004.html. 收入本书时笔者略作改动。

谨性;

3. 体会数学知识与现实生活的密切联系,感受所学知识的应用价值,发展数学学习的积极情感。

教学重点

一个数除以小数的计算方法。

教学难点

一个数除以小数转化为一个数除以整数。

教学过程

一、创设情境,引入新课

1. 情境:星期天小明妈妈去超市买鸡蛋。(出示场景图)

2. 问题:妈妈买鸡蛋用去 7.98 元,她买了多少千克的鸡蛋? 谁能帮小明妈妈解决这个问题吗?

学生根据图中信息列出算式,并要求说说列式的思考过程。

3. 引入:这道算式和我们已学的小数除以整数有什么不同呢? 这节课我们一起来学习新知识——除数是小数的除法。(板书课题)

【设计说明:借助现实情境提出问题,可使学生切身感受数学的应用价值。这节课的知识基础是已学的除数为整数的小数除法,引导学生认识新学内容与已学知识的不同,激发学生的认识冲突,点明了本节课的重点,可使学生迅速进入新知学习状态。】

二、小组协作,探索算法

1. 问题讨论。

除数是小数的除法可以怎样计算? 请同学们自己先想一想,再与小组同学讨论如何计算,讨论时关注屏幕上这几个问题:

(1) 除数是小数的除法,能不能转化成除数是整数的除法来计算?

(2) 怎样把除数 4.2 转化成整数?

(3) 除数 4.2 转化成整数后,被除数 7.98 应怎样变化? 为什么?

(4) 如何计算除数是小数的除法?

2. 明确算法。

请小组代表汇报小组观点。

提问:除数是小数,能不能转化成除数是整数的除法来计算? 怎样把除数 4.2 转化成整数?

生 1:把除数和被除数都乘 10。

生 2:把除数和被除数都乘 100。(理由是什么?)

生 3:直接把除数和被除数的小数点都向右移动一位,使除数变成整数。

引导:这 3 种想法都很好,都运用了商不变的性质把原来算式转化成除数是整数的除法,在转化时把被除数和除数同时扩大多少倍应由哪个数的小数位数决定?(除数)为什么呢?(因为只要把除数变成整数就转化成除数是整数的小数除法)哪一种比较方便呢?

小结:我们在计算除数是小数的除法时,可根据商不变的性质转化为已学的除数为整数的小数除法来计算,像这种把新知识转化成已学知识来解决问题的方法在数学学习中很重要,以后还会不断地应用。转化时关键看除数的小数位数。这道题除数有一位小数,只要把被除数和除数都乘 10,也就相当于把被除数和除数的小数点都向右移动一位,转化成 $79.8 \div 42$。

3. 教学竖式计算。

师:刚才说的转化过程在竖式中可以怎样体现出来呢?(示范竖式)

首先应把除数转化成什么?(整数)也就是把 4.2 转化成整数 42,这个数就扩大了 10 倍。扩大 10 倍,换一种说法,就是把小数点向右移一位。因此把小数点划去即可。把小数点划去,也就相当于把小数点向右移动了一位。

被除数怎么办? 为什么也要扩大 10 倍? 扩大 10 倍就是把小数点向右移动几位? 我们可把原来小数点划去,向右移动一位点上一个新的小数点。

现在,我们通过转化就把这道题变成什么运算了? 商与原来的相比会变化吗? 同学们会计算 $79.8 \div 42$ 吗? 怎么算?(教师板书竖式计算过程。)

小结:以后在计算除数是小数的除法时就可在竖式中直接转化。不过一定要注意商的小数点与被除数移动后的小数点要对齐。

4. 概括总结。

通过刚才这个题目的计算,请同学们思考:怎样把除数是小数的除法转化成除数是整数的小数除法?(根据商不变的性质,先移动除数小数点,使它变成整数,除数的小数点向右移动几位,被除数的小数点也向右移动几位。然后按照除数是整数的小数除法计算。)

【设计说明:除数是小数的除法运算算法清晰,但掌握算法程序并不意味着能正确计算,关键是蕴含其中的算理理解。通过小组合作与师生讨论,结合实例 $7.98 \div 4.2$,引领学生经历转化的每个步骤,最终变成 $79.8 \div 42$,并把转化过程通过竖式计算的示范直观体现。整个设计过程把算法与算理融合在一起,不仅可使学生明了算法程序,还能对每一步操作的算理形成比较深刻的理解。另外,紧扣转化思想方法,使学生领略新旧知识的联系,潜移默化地发展学生数学核心素养。】

三、巩固内化,提升认识

1. 在括号里填合适的数。

$0.12 \div 0.3 = (\quad) \div 3$　　　　$6.72 \div 0.28 = (\quad) \div 28$

$0.12 \div 0.03 = (\quad) \div 3$　　　　$0.672 \div 0.28 = (\quad) \div 28$

2. 计算。

$0.7 \overline{)4.83}$　　　　$1.8 \overline{)0.756}$　　　　$0.56 \overline{)0.196}$

学生练习,教师巡视、指导。

3. 下面计算对吗? 如果不对,错在哪里?

$$
\begin{array}{r}
0.25 \\
4.6\overline{)11.5} \\
\underline{9\ 2} \\
2\ 3\ 0 \\
\underline{2\ 3\ 0} \\
0
\end{array}
\qquad
\begin{array}{r}
3\ 2 \\
1.8\overline{)5.76} \\
\underline{5\ 4} \\
3\ 6 \\
\underline{3\ 6} \\
0
\end{array}
$$

小组讨论,分析错误原因。

4. 奶奶编"中国结",编一个要用 0.85 米丝绳。

学生独立思考,解答后交流汇报。

【设计说明:第一、第二题凸显转化思想的运用,第三题则关注了可能的计算错误,第四题赋予了教育价值丰富的计算背景。层次性练习设计有助于学生及时巩固已学知识,初步形成准确计算的能力。】

四、全课总结,布置作业

【问题与讨论】小数运算中学生可能会出现哪些错误,教学中可以通过哪些策略帮助学生预防与纠正?

案例 2-5:"小数加减法练习"教学设计

教学内容

人教版义务教育教科书《数学》(四年级下册)第 75~76 页。

教学目标

1. 巩固小数加减法法则,学会解答小数加减法实际问题。

2. 通过熟练进行小数加、减法口算和笔算,培养良好计算习惯,提高运算能力。

3. 在实际问题解决中感受数学运用价值,增强学习数学的自信心与成功感。

教学重点

小数加减法法则实际应用。

教学难点

运用小数加减法法则进行准确计算。

教学过程

一、基本训练

1. 口算:

2.5+0.9	7.8+1.6	11.7+2	0.39+0.15
1.2−0.5	4.7−2.8	8.6−5.3	0.96−0.33

2. 笔算:

3.64+0.48	9.8+6.28	41.2−15.6	62−17.7

3. 问题诊断：下面的计算正确吗？请把错误的改正过来。

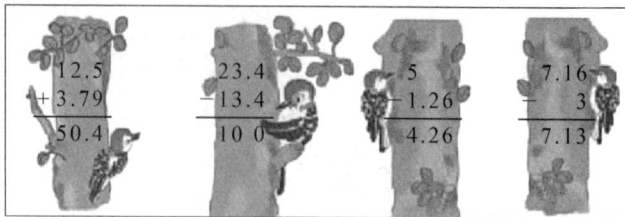

$$
\begin{array}{r}
12.5 \\
+\ 3.79 \\
\hline
50.4
\end{array}
\qquad
\begin{array}{r}
23.4 \\
-\ 13.4 \\
\hline
10\ 0
\end{array}
\qquad
\begin{array}{r}
5 \\
-\ 1.26 \\
\hline
4.26
\end{array}
\qquad
\begin{array}{r}
7.16 \\
-\ \ \ \ 3 \\
\hline
7.13
\end{array}
$$

【设计说明：小数加、减法的核心是对齐数位后按照整数加、减法法则计算，口算夯实基础，笔算凸显对齐数位这一关键，错误诊断列举了计算过程中可能出现的几类错误，3 个层次基本练习设计意在查漏补缺，引领学生在算理理解基础上掌握算法。】

二、自主练习，巩固提高

1. 小丽家两个月的电话费与上网费如下表，把表填写完整。

	☎	🖥	合计
4 月	83.54 元	80.00 元	
5 月	79.26 元	80.00 元	
总计			

引导学生细心观察题目提供的信息，要求独立分析数量关系后解答。发现错误，及时纠正。

2. 用小数计算下面各题。

5 元 6 角 2 分＋3 元零 9 分	1 t 30 千克＋980 千克
4 米 35 厘米＋7 米 70 厘米	10 千克－4 千克 800 克
4 千米 800 米－3 千米 50 米	6 千米－2 千米 860 米

3. 引导学生理解相关数量与小数的关系，再提出用小数计算的方法。

我们班需要买一个足球和一个排球。

75.80 元　　92.50 元　　45.50 元　　58.00 元

可以怎样买？需要付多少钱？

4. 一些女子田径项目的中国纪录和世界纪录（截至 2010 年 2 月）如下表，它们各相差多少？

	跳高	跳远	铅球	铁饼	标枪	100 米跑
中国纪录	1.97 米	7.01 米	21.76 米	71.68 米	63.92 米	10.79 秒
世界纪录	2.09 米	7.52 米	22.63 米	76.80 米	72.28 米	10.49 秒

第3、第4题分别应用小数加法与减法解决实际问题,学生对问题背景普遍具有兴趣,可先让学生独立解答,再与小组同学交流。

【设计说明:数学源于生活,寓于生活,又服务于生活。小数运算在实际生活中运用广泛,4个实际问题贴近学生生活,将计算与这些实际问题解决相结合,可使学生切身感受数学的应用价值;鼓励学生在独立思考基础上通过合作交流,讨论解决方法,有助于提升运算能力。】

三、实践应用,拓展延伸

1. 趣味游戏。

每个学生在小卡片上写一个小于10的一位或两位小数。写完后小组内任意两个学生出示卡片,计算两个数的和与差。先小组活动,然后小组代表比赛。

2. 超市寻宝。

大屏幕展示超市购物情境,出示一组商品价目表:

七巧板18.20元;牙膏9.80元;文具盒10.5元;

洗衣液38.55元;篮球31.50元;复印纸22.50元。

小明带了50元,想选购两件商品,带50元够吗? 若够,还剩多少元? 若不够,还少多少元? 若小明想买3件商品,估计一下,可以吗?

【设计说明:两道题凸显了数学知识的实践应用,参与性、趣味性、开放性强,可激发学生浓厚的数学学习兴趣。学生通过练习,既可巩固知识,又可拓展思维,各类学生都能得到不同程度的发展。第一题强化了小组合作意识,第二题设置超市购物情境,让学生自主购物,寻找一种最合理、经济的购买方案,就会主动思考或与同伴交流。多样化购买组合的讨论改变了传统的刻板的作业形式,训练量虽然增加但不枯燥,可有效避免机械训练,并且还可培育估算意识。】

四、归纳总结,升华认识

1. 谈谈小数加减法在生活中的各种运用。

2. 总结小数加、减法的计算方法以及计算时需要注意的问题。

【设计说明:谈谈生活中小数运算的应用,可使学生感受到数学知识就在自己身边。通过总结小数加、减法的计算方法以及计算时需要注意的问题,提升练习效果,使学生对所学知识获得更深刻的理解。】

【问题与讨论】新授课、练习课与复习课是小学数学的3种基本课型。练习课教学成功的关键是设计与安排练习题。练习题的设计应注意哪些问题?

案例2-6:"小数点向右移动与小数大小的关系"教学设计片段

教学内容

苏教版义务教育教科书《数学》(五年级上册)第56~57页。

一、例2(教材截图P56)的教学

1. 出示例题:5.04乘10、100、1 000各是多少? 用计算器计算,并观察小数点位置的变化情况。

2. 学生讨论。

组织学生分组讨论,然后请3名学生代表回答。

扫码查看
教学内容

生1：5.04×10＝50.4,5.04乘10,小数点向右移动了一位,由5.04变为50.4。

生2：5.04×100＝504,5.04乘100,小数点向右移动了两位,由5.04变为504。

生3：5.04×1 000＝5 040,5.04乘1 000,小数点向右移动了3位,由5.04变为5 040。

师：同学们观察得非常细心,说得很好。各小组同学再任意找几个小数,分别乘10、100、1 000,观察小数点的位置变化情况,并在小组里交流。

学生讨论交流,教师巡视,注意纠正讨论过程中发现的错误。

3. 归纳小结。

师：大家讨论得很热烈,那么,你们发现了什么?

生：根据实际计算和讨论结果,我们发现这样的规律——一个小数乘10、100、1 000……只要把这个小数的小数点向右移动一位、两位、3位……就可以了。

师：根据总结的规律,以后碰到一个小数乘10、100、1 000……的情况,就可不计算直接写出得数,只要把小数的小数点相应地向右移动一位、两位、3位……

【设计说明："小数点向右移动与小数大小的关系"是"一个数除以小数"的算理理解的关键。该结论的获得遵循了数学规律发现的科学归纳过程,即实例分析、归纳结论、验证结论等。一方面能有效培养推理能力(主要是合情推理),另一方面学生在亲自发现过程中也能深刻理解小数的小数点向右移动几位的数学本质,为理解一个数除以小数的算理奠定基础。】

二、例3的教学

1. 出示例题。

教师：刚才我们知道了一个小数乘10、100、1 000……只要把这个小数的小数点相应地向右移动一位、两位、3位……就可直接写出得数,那么,在生活中这个规律有什么作用呢? 我们一起来看看(出示例题)。

2. 提出问题。

师：大家仔细观察表格,谁能告诉老师表格中显示了哪些信息?

生1：表格里显示的是黄豆、玉米和牛奶3种食品每千克中蛋白质的含量。

生2：每千克黄豆中的蛋白质含量是0.351千克,每千克玉米中的蛋白质含量是0.081千克,每千克牛奶中的蛋白质含量是0.03千克。

师：同学们都说得很好,对表中信息把握得很准确。我们注意到3种食品中蛋白质的含量是用千克作单位的,如果用克作单位,那么每千克黄豆中蛋白质含量是多少克呢?

3. 学生讨论。

(同桌之间相互交流,并把想法说给对方听,教师请学生代表回答。)

生1：每千克黄豆中蛋白质含量是0.351千克,要化成用克作单位,只要用0.351乘1 000即可,0.351×1 000＝351(克),所以每千克黄豆中蛋白质的含量是351克。

生2：根据刚才学到的小数乘10、100、1 000……的得数的规律,可以直接把0.351的小数点向右移动3位,即0.351千克＝351克,所以每千克黄豆中蛋白质的含量是351克。

师：都不错。第二个同学很好地运用了刚才获得的规律,他的方法更直接些。

【设计说明：通过名数转化中规律的应用进一步体会直接移动小数点的方便,不仅可使学生认识到规律的现实意义,也为后面学习"一个数除以小数"时移动除数小数点奠定基础。】

要点提炼

1. 植根新知学习基础,引领学生感悟数学本质

奥苏贝尔曾在其《教育心理学》(1978 年)一书的扉页上写道:"如果我不得不把教育心理学还原为一条原理的话,我将会说,影响学习最重要的因素是学习者已经知道了什么。根据学生的原有知识状况进行教学。"在奥苏贝尔看来,"学习者已经知道了什么",即指学习基础,包括已有生活经验或知识经验。小学生不仅具有与小数运算相关的生活经验,而且新知识与已有知识联系非常紧密,教学时要充分利用已学知识,引领学生搭建新知识学习的生长点。例如,小数加减法、小数乘法以及小数除法运算的步骤与整数除法基本相同,不同的只是小数点处理问题。教学时要注意复习整数运算的相关知识,使学生能够把整数运算的知识顺利地迁移到小数运算中。这样教学不仅有助于学生更好地理解小数运算的算法,也能从知识的脉络中领略数学科学的本质。

2. 凸显转化思想渗透,提升学生数学核心素养

从方法策略层面讲,转化是一种重要的解题方法。从思想层面讲,转化不仅体现在解题活动中,更是普遍地体现在数学知识学习过程中。由于数学知识前后联系比较密切,新知学习往往建立在已有知识基础上,因而转化就成为新知学习经常采用的方法。即转化不仅是一种具体方法,更是数学科学的一种基本思想。教学过程中引导学生感悟转化思想是提升数学核心素养的一个重要路径。小数运算学习中转化思想渗透是教材编排的一个重要线索,教学中应给予足够重视。例如,教学 2.4×0.8 时,可有意识地引导学生:"你能将这个式子转化成已经学过的算式吗?"教学一个数除以小数时,引导学生思考:"我们可把式子怎么转化才能运用已学的知识解决呢?"

3. 注重运算算理指导,引领学生掌握计算方法

小数运算学习概括地讲就是"理解算理、掌握算法、训练技能",算法的掌握应建立在对算理理解上。小数运算的算法程序清晰,并且往往与整数的运算类似。但往往理解运算算理存在困难。例如,整数加减法竖式计算末位对齐(实质是个位对齐),但小数加减法却需要小数点对齐而不是末位对齐;小数相加时小数点必须对齐,但小数相乘时小数点却不需要对齐。要引导学生理解其中的道理。实际上,计算小数加减,小数点对齐的实质是相同数位对齐,这一点本质上与整数加减法是一致的,计算小数相乘,根据积的变化规律,各个因数相应扩大,使小数转化为整数,再按整数乘法法则计算,计算后再处理小数点问题。因此,计算小数乘法时小数点可以不对齐,只要末位对齐即可。教学实践中,计算方法对于学生来说并不困难,容易出问题的是对计算过程的合理解释。有些教师教学中片面关注计算程序的熟练程度,而在引导学生理解算理时蜻蜓点水,算理变得可有可无。教学时应给学生提供充分的思考与交流机会,帮助学生理解算理。例如教学 2.4×0.8 时,应引导学生说出将因数 2.4 与 0.8 转化成(或看成)整数 24 与 8 的理由,再说出积 192 扩大到原来的 100 倍、因此必须将 192 缩小到它的 1/100 的理由,这样才能对正确移动小数点的位置达到深入理解。再如,小数除法运算法则的关键也是小数点处理,商的小数点要和被除数的小数点对齐,在说明小数相除的计算方法时要帮助学生分析个中原因,理解算理。

4. 重视运算错误分析,对症下药提高运算能力

根据前述小数运算过程存在的各类错误,教师日常教学中应注重分析错误产生的根源,对学生进行针对性训练。这里介绍几种基本策略。

第一,教学时要凸显算理理解,引导学生自主探索算法。教学中应安排足够时间让学生独立思考与同伴交流,要求小组同学互相说说是怎么计算的,以帮助学生理解运算算理。例如计算 $18.4÷4$,小数点的确定可通过运算算理帮助理解:竖式中被除数的整数部分除过后余 2,2 可以表示余 20 个十分之一,从而与十分位上的 4 可合并成 24 个十分之一,24 个十分之一除以 4 得到 6 个十分之一,6 个十分之一是 0.6 所以应该在商的 6 前面点上小数点才正确。在学习小数除法的初期应注意多引导学生说说每一步计算的理由,这样既能解决为什么商的个位后面要点小数点的问题,也能在梳理计算过程的同时强化对算理的理解。

第二,培养估算意识与验算习惯。加强估算教学是当前计算教学的一项重要内容。估算不仅在现实生活中运用广泛,笔算教学中如果学生具有一定的估算能力,往往能大大提高计算正确率。例如,在 $12.6÷0.28$ 的计算教学时,可引导学生在竖式计算之前先估算,得出估算结果是在 $40～50$ 之间,这样就为计算的准确性创造了条件;在计算后再组织学生将计算结果与估算范围对照,从而判断计算过程是否存在疏漏;如果计算结果是 4.5 就能立即知道结果出错。这样不仅能让学生体验到估算在数学学习中的价值,还有助于学生养成较好的计算习惯。[①] 验算可大大降低错误概率,教学中不应该把验算作为可有可无的环节或作为一个数学题来教学,应注意引导学生形成良好的习惯。

第三,开展高效技能训练。由于低中年级学生对整数运算进行了系统训练,在小数运算时,学生经常有轻视的态度,思想上不重视,经常出现"粗心"现象。如果计算训练枯燥、单一,效果必然低下。教学中应根据小学生心理特点,采用多样化的形式提高学生计算的准确率,如针对性比赛、错题整理与分析等。对于练习课应避免单纯的试题训练,尽量安排具有现实背景的、学生感兴趣的问题,把计算技能训练与实际问题解决融合在一起,练习题的设计在关注算法运用的同时应着力于计算算理的理解,从而提高技能训练的实效。

实践练习

教学设计:小数加减法【苏教版义务教育教科书《数学》(三年级下册)第92～93页】。

设计要求:教学目标明确;教学重点突出;教学过程环节分明;每一教学环节说明设计理由。

---

① 李树芝. 小数除法计算中常见的错误类型分析及教学对策［EB/OL］.［2016 - 3 - 28］. http://www. docin. com/p-1697691048. html.

小数的初步认识

④

价目表

馒头 0.5元

豆浆 0.7元

馄饨 2.8元

面条 3.4元

（1）买1个馒头和1杯豆浆一共要多少元？

$$0.5 + 0.7 = \underline{\hspace{2cm}}(\quad)$$

5角加7角是1元2角，也就是1.2元。

可以用竖式计算。

```
  元 角
  0 . 5
+ 0 . 7
———————
  1 . 2
```

答：一共要＿＿＿元。

（2）1碗面条比1碗馄饨贵多少元？

$$3.4 - 2.8 = \underline{\hspace{2cm}}(\quad)$$

```
  3 . 4
- 2 . 8
```

你会用竖式计算吗？

答：1碗面条比1碗馄饨贵＿＿＿元。

试一试

任意选两种食品，先求这两种食品价格的和，再求价格的差，并和同学交流。

想想做做

1.
```
  0.1        2.5        0.9        6.8
+ 0.6      + 3.3      - 0.7      - 5.2
```

2. 0.6 + 0.9   0.8 - 0.7   1.9 + 0.4   1.6 - 0.8

   3.1 - 1.3   1.1 + 2.8   7.3 - 0.4   3.9 + 2.5

3. 张大爷买来一些铁丝，修篱笆用去4.6米，做晒衣架用去3.2米。修篱笆和做晒衣架一共用去多少米？

4.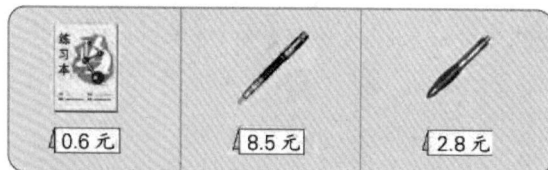

竹竿全长3.7米。 露出水面部分长1.4米。 水深多少米？

5.

练习本	钢笔	圆珠笔
0.6元	8.5元	2.8元

（1）买1本练习本和1支钢笔，一共应付多少元？

（2）1支圆珠笔比1支钢笔便宜多少元？

你还能提出什么问题？

6. 海月小区有两块花圃。一块种植杜鹃花，面积是9.6平方米；另一块种植月季花，面积比杜鹃花多4.8平方米。月季花的种植面积是多少平方米？

93

第三节　分数的运算

分数运算主要包括分数加减法、分数乘法、分数除法3个部分,它是小学学习的最后一种数的运算。学习分数的4种运算对于理解分数的意义、沟通分数与整数及小数的联系、发展小学生的几何直观和推理能力,具有十分重要的作用。

内容透析

◆ 学科维度

1. 分数加减法

分数的加减运算实质上是要完成两项工作:一是统一分数单位;二是分子的整数运算。即在分数的加减运算前,首先观察两个分数分母的异同。如果两个分数的分母相同,由于分数单位已经统一,所以直接进行分子的整数运算(即把两个分数包含的分数单位个数相加减);如果两个分数的分母不同,必须通过通分将它们化为同分母的分数,也就是统一分数单位,然后再进行分子的整数运算。

对"在分数加减时为什么要统一分数单位"小学生是容易理解的,因为只有相同计数单位才能直接加减。但是,"分数的加减运算为什么不可以直接用分子分母分别相加减",许多小学生对此心存疑问。事实上,分数的加减法有数量加减法和比例加减法两种。上面介绍的分数加减法属于数量加减法,即将两个分数包含的统一分数单位数量相加减。比例加减法,就是将两个分数的分子、分母分别相加减。在刻画某些特殊事物时人们需要运用比例加减法,比如,甲乙两个足球队比赛两场。第一场进球数之比为2:3,第二场进球数之比为1:2,描述比赛总结果时,如果用数量加减法,结果为 $\frac{2}{3} + \frac{1}{2} = \frac{7}{6}$,即总进球数之比为 $\frac{7}{6}$,显然有悖常理;如果用分子、分母分别相加,结果为 $\frac{2+1}{3+2}$,比较符合实际。但比例加减法的缺陷是与整数加减法不相容,例如,2可以看作 $\frac{2}{1}$,3可以看作 $\frac{3}{1}$,按照比例加减法:$2+3 = \frac{2}{1} + \frac{3}{1} = \frac{5}{2}$,与整数 $2+3 = 5$ 的结论矛盾。如果运用比例加减法规定分数的加减法,这与"原数系的所有运算法则在扩充后的新数系中仍然适用"的数系扩充原则相悖,所以不能用它规定分数的加减法。

分数的加减法是由直观思维走向抽象思维的重要一步。因为整数与小数的加减法可以依靠比较直观的计数单位,理解计数单位相同才能相加减的算理。但是分数加减特别是异分母时,只看到抽象的分数单位,看不到过去熟悉的直观计数单位,而分数单位又不像整数与小数的计数单位那样具有规律性,不但个数无限而且很不确定。因此,理解分数加减运算法则的算理,需要较强的抽象思维能力。

2. 分数乘法

分数乘法的算法比较简单,只要将两个分数的分子、分母分别直接相乘即可。但是要理解算法背后的算理并非轻而易举。

对于"分数乘整数"这种特殊情况,可根据乘法意义,写成整数个分数连加的形式,并按照同分母分数的加法法则,得到"分数乘整数所得的积,是以原分数分母为分母、原分数分子与整数的乘积为分子的分数";还可将"分数乘整数"改写成"整数乘分数",将其转化为,"求一个整数的几分之几是多少",再根据分数意义进一步将其转化为平均分的整数应用题,最后运用列出的先除后乘的整数算式来说明分数乘整数的计算法则。

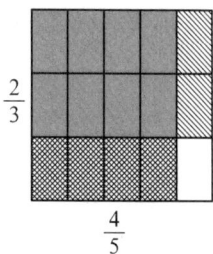

$\frac{2}{3}$

$\frac{4}{5}$

图 2-1 面积模型策略

对于"分数乘分数"的一般情况,如 $\frac{2}{3} \times \frac{4}{5}$,帮助小学生理解算理的最佳策略是借助对矩形直观操作所得到的面积模型说明。如图 2-1 所示,$\frac{2}{3}$ 和 $\frac{4}{5}$ 分别是左上角长方形的两条边的长度,$\frac{2}{3} \times \frac{4}{5}$ 的结果就是这个长方形的面积。该长方形是由单位正方形水平分割成 3 等份取上面的 2 份、竖直分割成 5 等份取左边 4 份得到的。这种将单位正方形就被分成了 15 等份,左上角长方形是其中的 8 等份,因此它的面积为 $\frac{8}{15}$,从而 $\frac{2}{3} \times \frac{4}{5} = \frac{8}{15}$。①

3. 分数除法

分数除法的算法也非常简单,借助除数的倒数可以直接转化为分数乘法计算。但理解分数除法的算理比分数乘法更困难,这是因为,分数除法实现了除法向乘法的转化。由于分数除法运算需要颠倒相乘,使除法不再是独立的运算。研究表明,虽然颠倒相乘是教学中常用的方法,并且记住如何进行分数的除法运算也很容易,但学生在很长时间里还是不能理解为什么要颠倒相乘。基于此,一般可以采用两种办法帮助小学生理解分数除法的算理。

第一种是借助实际问题的直观背景。对于"分数除以整数"的情况,可根据平均分的意义,将其转化为"把一个分数平均分成整数份,求其中一份是多少"的应用题,再根据分数的意义得出其中的一份就是"这个分数的整数分之一",即"分数乘整数分之一"的结论。对于"整数除以分数""分数除以分数"的情况,一个比较有效的方法是借助"时间-速度"模型。假设小红 $\frac{7}{12}$ 小时走了 $\frac{5}{6}$ 千米,求小红每小时走多少千米?根据速度=路程÷时间,小红平均每小时走的千米数为 $\frac{5}{6} \div \frac{7}{12}$。先求 $\frac{1}{12}$ 小时走的千米数,也就是 $\frac{5}{6}$ 的 $\frac{1}{7}$,即 $\frac{5}{6} \times \frac{1}{7}$。再求 12 个 $\frac{1}{12}$ 小时走的千米数,即 $\frac{5}{6} \times \frac{1}{7} \times 12$,所以 $\frac{5}{6} \div \frac{7}{12} = \frac{5}{6} \times \frac{12}{7}$。也就是说整数(或分数)除以分数,等于乘以这个分数的倒数。

第二种是借鉴分数加减法的思路。分数除法计算方法的研究思路与分数的加减法法则的研究思路相同,即先研究同分母分数相除。对于同分母分数相除,因为它们的分数单位相同,所以直接用分子相除即可,它与"$\frac{a}{b} \div \frac{c}{b} = \frac{a}{b} \times \frac{b}{c}$"的计算结果一致;在异分母分数除法中,因为它们的分数单位不同,所以先通分化为同分母分数,然后再分子相除。具体过程为

---

① 马云鹏. 小学数学课程标准与教材研究[M]. 北京:高等教育出版社,2016.

"$\dfrac{a}{b}\div\dfrac{c}{d}=\dfrac{ad}{bd}\div\dfrac{cb}{db}=\dfrac{ad}{cb}$",它与"$\dfrac{a}{b}\div\dfrac{c}{d}=\dfrac{a}{b}\times\dfrac{d}{c}$"的计算结果一致;在分子相除不能得到整数的商时,可以根据分数与除法的关系,把商写成分数的形式;最后,比较原来的算式、计算过程及结果,就可以得出甲数除以乙数(0除外),等于甲数乘以乙数的倒数。对于"整数除以分数"和"分数除以整数"的情况,只要将其中整数看成分母为1的分数套用以上方法即可。

◆ **课标维度**

《课标(2011年版)》关于分数运算的课程内容如下:

第一学段(1~3年级):会同分母分数(分母小于10)的加减运算。

第二学段(4~6年级):能简单的分数(不含带分数)加、减、乘、除运算及混合运算(以两步为主,不超过3步)。

可以从两个方面分析:

第一,从课程内容方面考察。第一学段内容比较单一,仅限于分数的加减运算,而且参与加减的两个分数要求分母相同,且数目不超过10;第二学段内容相对丰富,既包括分数加减乘除四则运算的各自算法,又包括两个以上运算构成的混合运算,还包括整数、小数参与运算的情况。

第二,从课程目标方面考察。第一学段所用的目标动词是"会",相当于结果目标中的理解水平,要求借助分数的区域面积模型,直观体会分数的加(减)法含义,即将两个分数表示的图形面积合并(从被减数分数表示的图形面积中去掉减数分数表示的图形面积),由此将两个分数的加减法转化为它们所表示份数的加减法,从而初步实现与整数加减法的沟通。第二学段所用的目标动词是"能",相当于结果目标中的掌握水平,不仅要求熟悉分数四则运算的算法,体验在现实情境中算法的形成过程,而且要求借助直观模型理解算法蕴含的算理,运用分数运算解决与分数相关的实际问题。对小学生来说,上述学习要求具有很大的挑战性,教师对此应该有足够认识和充分准备。

◆ **教材维度**

分数的运算内容繁多,各种教材在根据标准要求编写中有很大的余地与自我把握的空间。下面通过表格列举人教版和苏教版教材关于"分数的运算"的内容编排。

两种教材关于"分数的运算"的内容编排

册 次		教 学 内 容
人教版	三(上)第八单元第2节分数的简单计算	● 同分母分数加、减法(分母小于10) ● 1减去几分之一
	五(下)第六单元"分数的加法和减法"	● 同分母分数加、减法 ● 异分母分数加、减法 ● 分数加减混合运算
	六(上)第一单元"分数乘法"	● 分数乘整数、整数乘分数、分数乘分数、分数乘法的应用
	六(上)第三单元"分数除法"	● 倒数的认识 ● 分数除以整数、整数除以分数和分数除以分数、分数四则混合运算、分数应用题

续表

	册　　次	教 学 内 容
苏教版	三(上)第七单元"分数的初步认识"	● 同分母分数的加、减法(分母小于 10)
	五(下)第五单元"分数加法和减法"	● 异分母分数加、减法 ● 分数加、减混合运算
	六(上)第二单元"分数乘法"	● 整数乘分数、整数乘分数、分数乘分数、分数乘法的应用、倒数的认识
	六(上)第三单元"分数除法"	● 分数除以整数、整数除以分数、分数除以分数 ● 较简单的分数乘除应用题(列方程、列算式解答)
	六(上)第五单元"分数四则混合运算"	● 分数四则混合运算、较复杂的分数应用题。

1. 分数加减法

两种版本教材关于分数的加减法内容都是分三年级上册和五年级下册两次安排,其编排的相同点是,第一次都以同分母分数(分母小于 10)的加减法为主,第二次都以异分母分数的加减法和分数的加减混合运算为主;编排的不同点是,人教版教材在第一次增加了"1 减去几分之一",第二次增加了"同分母分数加、减法"。在第一次增加的"1 减去几分之一"中,把 1 看成分子与分母都与减数分母相同的分数,因此,本质上也是同分母分数的减法;但第二次增加的"同分母分数加、减法",不是第一次的简单重复。因为它被安排在分数的正式定义之后,因此,在计算时要求根据分数的意义,在较为抽象的层面上概括出同分母分数加减法的算法和算理,进一步沟通它与整数加减法的联系。虽然在计算过程中,仍然出现了图形面积的直观模型,但它的作用只是为了验证算法,而不像第一次那样是为了探索算法。

2. 分数乘法

两种版本教材关于分数乘法均安排在六年级上册,在编排思路上呈现以上两个特点:一是遵循从简单到复杂的原则,先教分数乘整数,再教整数乘分数,最后教分数乘分数;二是以计算发展为主线,在研究算法的过程中体会运算意义,通过运算概念的完善、发展进一步理解算法。例如,苏教版教材中,从做绸花要用多少米绸带的实际问题,引出分数乘整数的计算问题,把原来的乘法概念扩展到分数范围,体会分数乘整数的意义;根据整数认识部分的乘法意义,将分数乘整数理解为整数个同分母分数连加的形式,由此得出了分数乘整数的算法。

两种版本教材在具体内容处理上存在细微差异:如在处理整数乘分数时,苏教版教材选用的教学素材为"小星做了 10 朵绸花,其中$\frac{1}{2}$是红花,$\frac{2}{5}$是绿花。(1)红花有多少朵?(2)绿花有多少朵?"先根据分数意义转化为整数的平均分应用题列式计算,旨在沟通分数运算与整数运算的关系;人教版教材选用的素材为"一桶水有 12 升,求 3 桶水、$\frac{1}{2}$桶水、$\frac{1}{4}$桶水分别有多少升?"每列一道算式都要求思考该算式表示的含义,即求 12 升的几分之几是多少,旨在逐步概括出整数乘分数的含义,即求一个数的几分之几是多少。再如,在处理几分之一乘几分之一时,苏教版教材在用涂色部分表示一张纸(如图 2-2)的$\frac{1}{2}$后,要求直接说出

斜线部分占 $\frac{1}{2}$ 的几分之几？问是一张纸的几分之几，可直接得出 $\frac{1}{2} \times \frac{1}{4} = \frac{1}{2 \times 4}$。因为过程过于直观、简约，小学生往往难以理解其中的道理。

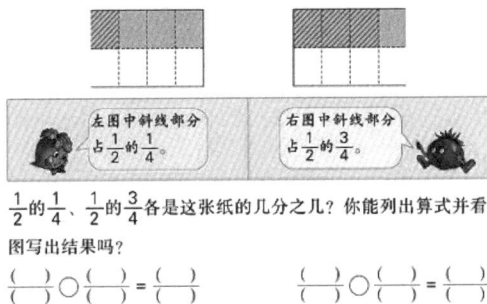

图 2-2　苏教版六年级上册"分数乘法"

相比之下，人教版教材的处理更细腻得多（图 2-3），它不仅用直观图形展示了计算的思考过程，而且还在其后给出了详细解释，因此，小学生更容易理解。

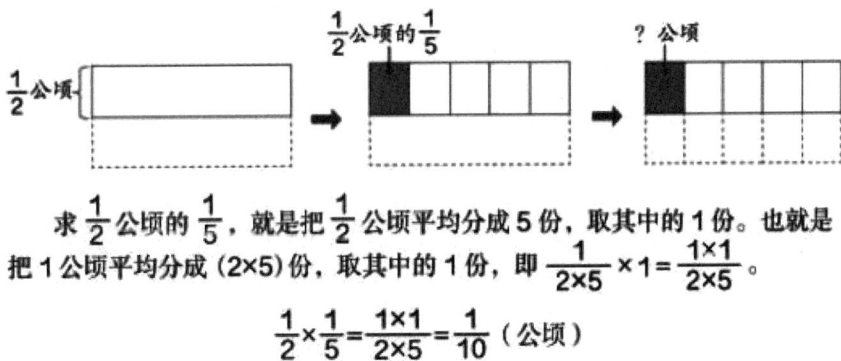

求 $\frac{1}{2}$ 公顷的 $\frac{1}{5}$，就是把 $\frac{1}{2}$ 公顷平均分成 5 份，取其中的 1 份。也就是把 1 公顷平均分成 (2×5) 份，取其中的 1 份，即 $\frac{1}{2 \times 5} \times 1 = \frac{1 \times 1}{2 \times 5}$。

$$\frac{1}{2} \times \frac{1}{5} = \frac{1 \times 1}{2 \times 5} = \frac{1}{10}（公顷）$$

图 2-3　分数乘法

3. 分数除法

与分数除法相关的课程内容主要包括倒数、分数除法、分数四则混合运算以及分数应用题等，它属于小学"数的运算"中最为抽象、最难理解的内容。两种版本教材对此也是高度重视，下足功夫。

第一，在教材内容架构上，两种版本教材各具特色。人教版教材将倒数、分数除法、分数四则混合运算、分数应用题集中安排在六年级上册第三单元。这种一气呵成的编排，对六年级学生来说，不仅是可行的，而且是高效的。根据皮亚杰的认知发展阶段理论，六年级学生在整体上已经进入了形式运算阶段，抽象思维能力已获得较大发展，在学习分数除法及分数应用题这些较为抽象的知识内容时，只要处理得当，能够通过集中学习一次完成。分数除法相关内容的集中安排方式,也有利于小学生从整体上沟通相关知识之间的内在联系,形成对分数除法相关知识的结构性认知。苏教版教材虽然也将分数除法相关内容安排在六年级上册,但是它分散在3个单元:倒数安排在第二单元末尾,分数除法及简单分数应用题安排在第三单元,分数四则混合运算及较复杂的分数应用题安排在第五单元。这种小步慢走的编排,延长了学习分数除法相关内容的时长,为巩固消化、拓展提升留足了空间,有利于减缓学习负担和学习难度。

　　第二,在分数除法这一核心知识的处理上,两种版本教材都将分数除法分解为分数除以整数、整数除以分数和分数除以分数3个层次。对第一层次即"分数除以整数"内容的处理,两种教材采用了完全相同的思路。以人教版为例,教材以问题"把一张纸的 $\frac{4}{5}$ 平均分成2份,求每份是这张纸的几分之几"为载体引出分数除法算式 $\frac{4}{5} \div 2$ 。在探索算法时,采取了两种思路:第一种,把 $\frac{4}{5}$ 看成4个 $\frac{1}{5}$,因为被平均分成了2份,所以每份就是2个 $\frac{1}{5}$,即 $\frac{4}{5} \div 2 = \frac{4 \div 2}{5}$;第二种,把 $\frac{4}{5}$ 平均分成2份,根据分数的意义,每份就是求 $\frac{4}{5}$ 的 $\frac{1}{2}$,即 $\frac{4}{5} \div 2 = \frac{4}{5} \times \frac{1}{2}$ 。两种算法乍看都可以,但在计算 $\frac{4}{5} \div 3$ 时,发现第一种思路无法实施,于是得出了分数除以整数的一般算法,即用分数乘这个整数的倒数。对第二、第三两个层次即"整数除以分数和分数除以分数"算法内容的处理,两种版本教材则各显神通。人教版教材将两个层次合并处理,只安排了一个例题,即小明 $\frac{2}{3}$ 小时走了2千米,小红 $\frac{5}{12}$ 小时走了 $\frac{5}{6}$ 千米。谁走得快些? 据此,可以列出算式:" $2 \div \frac{2}{3} =$ "和" $\frac{5}{6} \div \frac{5}{12} =$ "。在探索 $2 \div \frac{2}{3}$ 的具体算法时,教材的处理非常精彩:先求 $\frac{1}{3}$ 小时走了多少千米,也就是求2的 $\frac{1}{2}$,即 $2 \times \frac{1}{2}$;再求3个 $\frac{1}{3}$ 小时走的千米数,即 $2 \times \frac{1}{2} \times 3$,于是得出 $2 \div \frac{2}{3} = 2 \times \frac{1}{2} \times 3 = 2 \times \frac{2}{3}$ 。同理,可以得出 $\frac{5}{6} \div \frac{5}{12} = \frac{5}{6} \times \frac{1}{5} \times 12 = \frac{5}{6} \times \frac{12}{5}$,从而得出分数除法的算法,即"除以一个不等于0的数,等于乘这个数的倒数"。这样处理,虽然篇幅较短,但说理透彻,易于理解。苏教版教材正好相反,不仅将第二层次和第三层次分开处理,而且将第二层次即"整数除以分数"细分为"整数除以几分之一"和"整数除以几分之几"两个小阶梯。在处理"整数除以几分之一"时,以"4个橙子可以分给几人"为问题情境,分别假设每人分 $\frac{1}{2}$ 个、 $\frac{1}{3}$ 个、 $\frac{1}{4}$ 个,依次列出 $4 \div \frac{1}{2}$ 、 $4 \div \frac{1}{3}$ 、 $4 \div \frac{1}{4}$ 等算式;借助实物切割图推出一个橙子按上述分法可以分给的人数依次为2个、3个、4个,因此4个橙子可以分给的人数依次为 4×2 个、 4×3 个、 4×4 个,从而得出 $4 \div \frac{1}{2} = 4 \times 2$ 、 $4 \div \frac{1}{3} = 4 \times 3$ 、 $4 \div \frac{1}{4} = 4 \times 4$,据此得出整数除以几分之一的算法。在处理"整数除以几分之几"时,

以问题"4 米长的彩带,每 $\frac{2}{3}$ 米剪一段,可以剪成多少段"为载体,先在线条图中操作得出可

以剪成 6 段的结果,再根据结果确认 $4 \div \frac{2}{3} = 4 \times \frac{3}{2}$,据此得出整数除以几分之几的算法。在

处理"分数除以分数"时,教材通过"量杯里有 $\frac{9}{10}$ 升果汁,玻璃杯的容量是 $\frac{3}{10}$ 升,量杯里的果

汁倒入玻璃杯,能倒满几杯"的问题,列出除法 $\frac{9}{10} \div \frac{3}{10}$;然后先给出猜想性问题"分数除以分

数,也可以用被除数乘除数的倒数来计算吗?",再利用图形操作得出倒满的杯数这一结果,

确认 $\frac{9}{10} \div \frac{3}{10} = \frac{9}{10} \times \frac{10}{3}$,据此得出分数除以分数的算法。这样处理,层次感较强,分数除法算

法的关键步骤在多次反复中得以强化。但"整数除以几分之几"与"分数除以分数"的算法形

成过程过于依赖图形操作和结果比对,对于算法背后的算理小学生未必理解。

案例研讨

◄◄ 案例 2−7:"异分母分数的加法和减法"教学设计 ►►

教学内容

苏教版义务教育教科书《数学》(五年级下册)第 80~81 页。

教学目标

1. 理解并掌握异分母分数加、减法的计算法则,能正确计算简单的异分母分数加法和减法。

2. 在参与学习的过程中,感受"转化"思想在解决问题中的价值,理解只有计数单位相同的数才能相加减的道理,进一步体会知识之间的内在联系,发展数学思维。

3. 渗透事物间联系和发展的辩证思想,培养学生认真踏实、一丝不苟的学习态度。

扫码查看
教学内容

教学重点

掌握异分母分数加减法的计算法则,能正确计算。

教学难点

理解异分母分数加减法的算理。

教学准备

多媒体课件。

教学过程

一、课前热身

用课件出示算式:

$$\frac{1}{5} + \frac{3}{5} = \qquad \frac{1}{7} + \frac{2}{7} = \qquad \frac{3}{8} + \frac{5}{8} =$$

$$\frac{7}{12} - \frac{5}{12} = \qquad \frac{6}{11} - \frac{4}{11} = \qquad \frac{5}{6} - \frac{1}{6} =$$

【设计意图：这个环节是复习同分母分数加减法的计算法则，为下面的环节做铺垫。】

二、创设情境，提出问题

春天来了，是万物复苏的季节，我们学校为了美化校园，决定在一块长方形的空地里种花，其中月季花占 $\frac{1}{2}$，兰花占 $\frac{1}{4}$，请同学们仔细读题，你找到了什么信息？根据这些信息，你能提出什么数学问题？

（1）哪种花占的面积大？

生 A：月季花占的面积大。因为分子一样，比分母。

生 B：化小数。（师：把分数和小数知识联系起来，很了不起。）

生 C：通分。（追问怎样通分？小结：这是比较分数大小的一种非常好的方法。）

（2）月季花和兰花的面积一共占了这块地的几分之几？

师：你会列算式吗？适时板书 $\frac{1}{2}+\frac{1}{4}$。仔细观察，这个算式的两个分数分母不一样，今天我们就一起研究异分母分数的加减法（揭示课题）。

三、自主探究，解决问题

1. 分数的加法。

（1）初步探究。

$\frac{1}{2}+\frac{1}{4}$ 这个算式到底怎么计算？下面我们先自我尝试解决。

预设学生可能的解法：

A. $\frac{1}{2}+\frac{1}{4}=\frac{1}{6}$　　B. $\frac{1}{2}+\frac{1}{4}=0.5+0.25=0.75$

C. 折纸涂色　　D. $\frac{1}{2}+\frac{1}{4}=\frac{2}{4}+\frac{1}{4}=\frac{3}{4}$

出示算式 $\frac{1}{2}+\frac{1}{4}$，启发提问：①$\frac{1}{2}$ 和 $\frac{1}{4}$ 分数单位相同吗？（不同）②不同分数单位的分数能不能直接相加？（不能）为什么？③采用什么方法就可以使得它们能够相加？

（2）折一折，涂一涂，感悟算理。

① 引导学生观察：把表示 $\frac{1}{2}$ 和 $\frac{1}{4}$ 的两个图（长方形）拼在一起，看看相加的结果。（$\frac{3}{4}$）

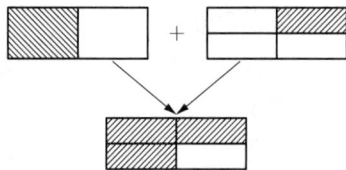

② 然后要求学生在纸上画一画，涂出 $\frac{1}{2}+\frac{1}{4}$。启发他们思考：为什么要把 $\frac{1}{2}$ 再平均分成两份？原来是让这两个分数的分数单位相同。分数单位相同了两个分数就可以直接加了。所以 D 方法是可行的。板书 $\frac{1}{2}+\frac{1}{4}=\frac{2}{4}+\frac{1}{4}=\frac{3}{4}$。适时点评学生可能的解法：A 方法显然不对；B、C、D 方法都得出了正确的结果。

（3）直观操作，提炼算法，理解算理。

师：试一试 $\frac{1}{2}+\frac{1}{3}$ 如何计算？

把表示 $\frac{1}{2}$ 和 $\frac{1}{3}$ 的两个图拼在一起,不能直接看出相加的结果。

启发学生思考:如何计算 $\frac{1}{2}+\frac{1}{3}$?(引发学生讨论,比较反思后得出:只能把它们化为同分母,即通分。)

(4)对比分析,加深理解。

通过展示学生对于圆形纸片的不同分法(如把图片平均分成 12 等份或 18 等份),引导学生分别按公分母是 12 或 18 通分,再比较,使学生认识到用分母的最小公倍数做分母比较简便。(板书 $\frac{1}{2}+\frac{1}{3}=$ $\frac{3}{6}+\frac{2}{6}=\frac{5}{6}$)

顺势而下,引导学生提炼出算法:不同分母相加时,应先做什么?再做什么?从而得出异分母分数加法的计算方法是:先通分,再相加。通分的时候用分母的最小公倍数做分母。

【设计意图:从 $\frac{1}{2}+\frac{1}{4}$ 到 $\frac{1}{2}+\frac{1}{3}$,既让学生感悟异分母分数加法中通分法的一般性与产生的必要性,更通过直观操作体验算法的过程,深刻理解算理。在问题解决的过程中通过对比反思,感受到殊途同归之妙。既培养了学生思维的灵活性,又提升了思维的深刻性。】

2. 分数减法。

(1)引导迁移,初步探究。

继续看第三个问题:月季花比兰花的面积多几分之几?怎么列算式?(板书: $\frac{1}{2}-\frac{1}{4}$)那异分母分数相减又该怎么算?能直接相减吗?独立完成再和同桌交流是怎样算的。

(2)及时点拨,归纳方法。

试一试: $\frac{5}{6}-\frac{1}{3}$。

强调:通分的时候,一定要找到分母的最小公倍数,使计算简便。计算结果能约分的要约分。

(3)分析比较,沟通联系。

异分母分数的加法与减法,在计算方法上有什么相同点?(引导学生总结出异分母分数加、减法的计算法则。)

小结:刚才我们研究了异分母分数加减法的计算方法。

计算异分母分数加减法时,要先通分,再按同分母分数加减法计算。

3. 即时练习。

(1) $\frac{1}{15}+\frac{1}{3}$ 和 $\frac{7}{15}-\frac{1}{3}$。

教师强调书写格式,反馈时要请学生说一说"为什么要先通分?"

(2)"试一试"的两道题: $\frac{5}{6}-\frac{1}{2}$ 和 $1-\frac{4}{9}$。

学生独立做,完成后展示、交流计算过程。教师注意使学生明确:计算结果能约分的要

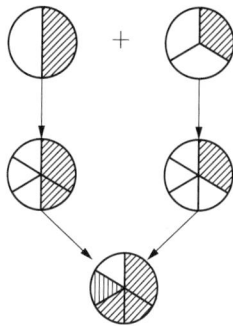

约成最简分数。

质疑：计算 $1-\dfrac{4}{9}$，为什么把 1 转化成 $\dfrac{9}{9}$？

尝试验算。

谈话：怎样才能知道这两道题做得对不对呢？学生尝试验算，交流验算过程。

引导学生体会分数加减法的验算方法与整数加减法是一样的。

总结计算方法。

谈话：计算异分母分数加减法要注意什么？在小组里说一说，然后全班交流。

小结：计算异分母分数加减法要先通分，再按同分母分数加减法计算；计算结果能约分的要约成最简分数；要自觉验算。

【设计说明：在明确算理的基础上，把学习的主动权留给学生，学生通过独立思考、计算，充分交流后，便归纳出异分母分数加减法的计算方法。】

4. 联系实际，灵活运用。

(1) 先在算式下面的图形中涂一涂，再写出得数。

$$\frac{1}{5}+\frac{3}{5}=\frac{(\quad)}{(\quad)}\qquad \frac{1}{4}+\frac{3}{8}=\frac{(\quad)}{(\quad)}$$

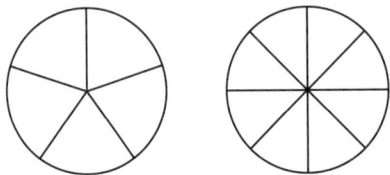

(2) 计算下列各题。

$$\frac{7}{12}+\frac{1}{4}\qquad \frac{4}{5}-\frac{2}{3}\qquad \frac{3}{4}+\frac{1}{6}\qquad 1-\frac{3}{7}$$

学生独立完成，完成后归纳：计算异分母分数加减法要注意什么？

【设计说明：在理解算理的基础上，通过组织独立练习，让学生掌握计算方法与书写格式，逐步培养熟练的计算技能。这里涉及了通分的 3 种情况以及联系 1 可以化成分子、分母相等的假分数。】

(3) 地球的表面大部分被海洋覆盖。太平洋大约占地球表面的 $\dfrac{1}{3}$，大西洋大约占地球表面的 $\dfrac{1}{5}$。这两个洋的面积一共约占地球表面的几分之几？

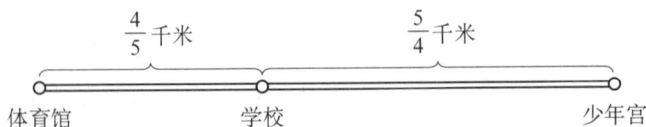

(4) 根据图中信息你能提出什么问题？会解决吗？

学生可能提出的问题：①从体育馆到少年宫一共多少千米？②从学校到体育馆比从学

校到少年宫近多少千米?

学生独立解决,教师出示课件补充:

① 如果小军家离学校 $\frac{1}{5}$ 千米,那么他从家到体育馆要走多少千米?

② 小军从家经学校到体育馆要走 1 千米,他家离学校有多远?

【设计说明:通过练习使学生进一步体会算理,在运用所学知识解决问题的时候既巩固了算法,又使学生体会到数学与生活的联系,增强数学应用意识。】

四、总结回顾,梳理提升

请学生谈本节课的收获,教师适时引导学生梳理、提升本节课的内容以及渗透的思想方法。

1. 引导学生说出计算异分母分数加减法时注意的问题:计算异分母加减法要先通分,再按同分母加减法计算;计算结果能约分的要约成最简分数;要自觉验算。

2. 引导学生说出在探究异分母分数加减法时渗透的思想方法——转化的思想,用不同的方法(分数转化成小数、折纸涂色、通分)把新知识转化成以前学过的旧知识,化成分数单位相同再相加减。

3. 回顾:我们已经学过整数和小数的加法,计算时要注意什么? 为什么要相同数位对齐呢?

4. 启发:不论是整数还是小数的加减法,对齐相同数位的目的就是使相同单位上的数相加减。根据这个原则,你能解释异分母分数加减法为什么要先通分吗?(分母相同,说明分数的计数单位相同,这样才能直接把分子相加减。)

5. 小结:其实分数加减法和整数、小数加减法的算理是一样的,只有相同单位的数才能直接相加减,这是所有加减法都要遵循的原则。

【设计说明:通过学生的回顾总结,再次让学生明白异分母分数加减法是通过通分转化成同分母分数加减法,分数单位相同才能相加的道理;进一步体会转化、数形结合思想在解决实际问题中的作用,从而不断完善认知结构。】

五、拓展与延伸

谈话:今天我们在研究异分母分数加减法时,用通分的方法将其转化为同分母分数,使得问题迎刃而解。善于把新问题转化为旧知是学习数学的重要方法,而采用数形结合的思想又常常能将问题化繁为简。

出示七巧板并提问:各色块分别占整体的几分之几? 你能算出任意两块占整体的几分之几吗(抢答)? 3块呢? 四块、五块、六块呢?

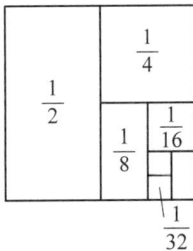

【设计说明：借助学生熟悉、感兴趣的七巧板，让学生再次体验计算法则。联系计算和应用培养数感，既能提高计算能力，又能发展数学思维。】

变式：你能借助七巧板右边的图形，很快算出下面算式的得数吗？

$$\frac{1}{2}+\frac{1}{4}+\frac{1}{8}+\frac{1}{16}+\frac{1}{32}=$$

【设计说明：这节课主要需要在引导学生理解算理的过程中，渗透"转化"的数学思想，注重培养学生思维活动的深刻性，真正起到提高学生数学思维的目标。当然在设计中需要注意的是计算技能的掌握要扎实，所以在设计练习训练时包含了异分母分数加减法的所有类型。教学时必须让学生在充分理解算理的基础上灵活运用，不能本末倒置。】

【问题与讨论】转化思想是数学思想的重要组成部分。它是从未知领域发展，通过数学元素之间的因果联系向已知领域转化，从中找出它们之间的本质联系、解决问题的一种思想方法。在小学数学中，主要表现为数学知识的某一形式向另一形式转变，即化新为旧、化繁为简、化曲为直、化数为形等。请尝试列举出 3 例。

◀◀ 案例 2-8："分数除以整数"教学设计 ▶▶

教学内容

苏教版义务教育教科书《数学》(六年级上册)第 43～44 页。

教学目标

1. 理解分数除法的意义，掌握分数除以整数的计算方法并能正确计算；能运用分数除以整数的方法解决简单的实际问题。

2. 通过动手操作理解分数除以整数的实际含义及计算方法，内化数形结合的思想。

3. 在数学学习活动中获得成功的体验，树立学好数学的自信心。

教学重点

分数除法意义的理解，分数除以整数算法的探究。

教学难点

分数除以整数算法的探究和算理的理解。

教学准备

多媒体课件、蛋糕、彩带、面包等。

教学过程

一、创设情境，导入新课

同学们，家里来过客人吗？你们是怎么做的？前天老师邀请了几位小客人，我拿出他们喜欢的食品(蛋糕和饮料)招待他们，但有个问题还需大家帮忙解决。(投影展示)

二、合作交流，探索新知

1. 分数除法的意义。

第一小组：分蛋糕(一个蛋糕均分给 8 人)。一块蛋糕，一个小组 8 位(座位 4 行)成员分享，我们往往是先均分成 4 份，然后 4 对同桌拿回，再分。在同桌均分之前，问：如何表示每

扫码查看
教学内容

人分得多少?($\frac{1}{4} \div 2$)

第二小组:分果汁(把 4 升果汁均分给 10 人)。先把 4 升果汁均分成 5 份,每份是 $\frac{4}{5}$ 升。然后再分 $\frac{4}{5}$ 升的果汁,表示成 $\frac{4}{5} \div 2$。

谈话:在帮助老师解决问题的过程中,我们得出算式:$\frac{1}{4} \div 2$、$\frac{4}{5} \div 2$。

2. 探索算法。

(1) 合作探究,交流算法。

① 分蛋糕——感悟分数除以整数的意义。

谈话:在吃蛋糕前,请问同学们,每个人吃的占拿过去的蛋糕的几分之几($\frac{1}{2}$)? 根据前面学过的分数乘法,可以表示为 $\frac{1}{4} \times \frac{1}{2}$,最后每人吃了 $\frac{1}{8}$ 块蛋糕。也就是说(板书):$\frac{1}{4} \div 2 = \frac{1}{4} \times \frac{1}{2} = \frac{1}{8}$。

A. 让学生自己动手画一画,用图形表示刚刚的分配过程。

B. 小组交流:分数除以整数的意义是什么呢?(学生结合图形描述除法算式的意义:几分之几平均分成若干份,求其中的一份是多少。)

C. 揭示意义:分数除以整数就是将这个分数平均分成几份,表示其中的一份。

【设计说明:为后面进一步理解"平均分成几份实际上就是求这个数的几分之一是多少"奠定了基础。】

② 分果汁——交流算法中理解算理。

谈话:我们再来看看分果汁过程中列出的数学式子,你能不能联系已有的知识,想办法算出 $\frac{4}{5} \div 2$ 的结果呢? 可以画图说明、文字说明或者用算式说明。

预设 1:$\frac{4}{5} \div 2 = \frac{2}{5}$,因为 $\frac{4}{5}$ 有 4 个 $\frac{1}{5}$,在平均分成 2 份,每份就是 2 个 $\frac{1}{5}$,就是 $\frac{2}{5}$。

预设 2:我们学过小数除法,把 $\frac{4}{5}$ 化成小数 0.8。0.8 ÷ 2 = 0.4(升)。

预设 3:我看课本上的图。把 1 升平均分 5 份,$\frac{4}{5}$ 升就是有这样的 4 份。

$\frac{4}{5}$ 升就是 4 格,平均分给 2 人,每人 2 格,就是 $\frac{2}{5}$ 升。

师(追问):这个过程怎样用算式来体现呢?〔板书:$\frac{4}{5} \div 2 = \frac{4 \div 2}{5} = \frac{2}{5}$(升)。〕

预设 4:1 升就是 1000 毫升。$\frac{4}{5}$ 升是 800 毫升,平均分

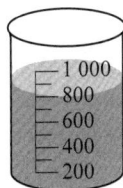

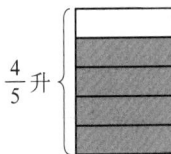

给 2 个人,一人就是 400 毫升,就是 $\frac{2}{5}$ 升。

预设 5:我觉得计算 $\frac{4}{5} \div 2$ 就是求 $\frac{4}{5}$ 的一半是多少,可以用转化为 $\frac{4}{5} \times \frac{1}{2}$ 来计算。

师(追问):你们听明白了吗? $\frac{4}{5} \div 2$ 表示什么? $\frac{4}{5} \times \frac{1}{2}$ 表示什么? 它们相等吗?

用课件借助线段图讲解,以帮助学生再次理解。板书:$\frac{4}{5} \div 2 = \frac{4}{5} \times \frac{1}{2} = \frac{2}{5}$(升)。

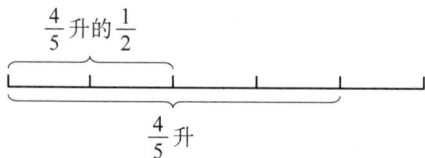

小结:同学们不仅能用学过的知识解决问题,而且能将没学过的分数除以整数转化为分数乘法。那么你们喜欢哪种方法? 喜欢第一种的举手……你能试着用自己喜欢的方法计算 $\frac{3}{7} \div 2$ 和 $\frac{4}{5} \div 3$ 吗?

(2)比较归纳,优化算法。

① $\frac{3}{7} \div 2 = ?$

预设 1:$\frac{3}{7} \div 2 = \frac{1.5}{7}$ 。

顺势引导:$\frac{1.5}{7}$ 大家看了舒服吗? 它究竟叫分数还是小数? 这叫混搭,风格不配。怎么办(通分)? $\frac{1.5}{7} = \frac{1.5 \times 2}{7 \times 2} = \frac{3}{14}$;或者之前把 $\frac{3}{7}$ 通分为 $\frac{6}{14}$ 就可以了($\frac{3}{7} \div 2 = \frac{3 \times 2}{7 \times 2} \div 2 = \frac{6}{14} \div 2 = \frac{6 \div 2}{14} = \frac{3}{14}$)。

预设 2:$\frac{3}{7} \div 2 = \frac{3}{7} \times \frac{1}{2} = \frac{3}{14}$。 $\frac{3}{7} \div 2$ 的意义是把一个数 $\frac{3}{7}$ 平均分成 2 份,求其中的一份就是乘以 $\frac{1}{2}$。

教师追问:你为什么一下子就选择"转化为乘法"的方法来做呢?

预设 3:因为 $\frac{3}{7}$ 不便化为小数;用份数直接平均分等方法太麻烦了。

② $\frac{4}{5} \div 3 = ?$

预设学生都用了这种方法:$\frac{4}{5} \div 3 = \frac{4}{5} \times \frac{1}{3} = \frac{4}{15}$。

教师追问:为什么都一致用了这种方法?

生：因为纵然 $\frac{4}{5}$ 能化成小数 0.8，但 $\frac{4}{5} \div 3 = 0.8 \div 3 \approx 0.267$，不是一个准确值。

$\frac{4}{5} \div 3 = \frac{4 \div 3}{5} = \frac{1.33\cdots}{5}$ 这样的方法也得不到准确值。

（3）回顾反思，提炼算法。

回顾 $\frac{1}{4} \div 2$、$\frac{4}{5} \div 2$、$\frac{3}{7} \div 2$、$\frac{4}{5} \div 3$，说一说哪种方法用得多？

我们把眼光聚焦到分数除以整数的通用方法上来，我们一起来观察算式（结合板书）、发现规律（将除法改为乘法，除数改为它的倒数）、总结方法。

这个方法较其他方法来说具有准确性、普遍性，我们把这种方法叫做颠倒法。即分数除以整数，被除数不变，除号变成乘号，除数变成原来的倒数。

结论：一个分数除以整数（不为 0），等于这个分数乘以这个整数的倒数。

【设计说明：让学生体会到当分子不能被整数整除时用颠倒法简单，并且在一般情况下都可以进行计算，是普遍使用的。不仅用各种方法解释、验证了颠倒法，还把各种方法连贯起来，融为一个整体，课堂教学不会显得零落杂碎。算法的多样化培养了学生的数感和计算的灵活性，通过不同类型的分数除以整数的逐步呈现一步步实现算法的优化。这样，算法的优化充分建立在算法多样化的基础上，在对比优化的过程中，学生逐步体会到颠倒法的价值。】

三、深入理解

1. 基础练习。

（1）先在下图中涂色表示 $\frac{6}{7}$，再按除法算式分一分，并填空。

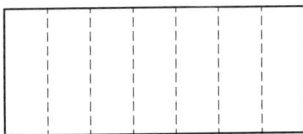

$\frac{6}{7} \div 3$ 就是求 $\frac{6}{7}$ 的 $\frac{(\quad)}{(\quad)}$ 是多少。

（2）$\frac{2}{3} \div 3 = \frac{2}{3} \times \frac{(\quad)}{(\quad)} = \qquad\qquad \frac{3}{8} \div 6 = \frac{3}{8} \times \frac{(\quad)}{(\quad)} =$

（3）$\frac{8}{9} \div 4 \qquad \frac{9}{8} \div 3 \qquad \frac{2}{7} \div 4 \qquad \frac{5}{6} \div 15$

2. 拓展提升。

（1）根据 $\frac{2}{7} \times 3 = \frac{6}{7}$，直接写出两道除法算式：（　　　）（　　　）。

（2）把 $\frac{4}{5}$ 米长的电线剪成同样长的 2 段，求每段的长度，用除法列式是（　　　），用乘法列式是（　　　）。

（3）$\frac{1}{9} \div a = ($　　$)$，$\frac{1}{a} \div 9 = ($　　$)$，$\frac{a}{9} \div a = ($　　$)(a \neq 0)$。

3. 实际运用。

题1：一个工人，每小时可以维修道路 2 公里，那么要维修 $43\frac{3}{4}$ 公里的路面，需要几小时？

题2：一个人往返于山脚和山顶。下坡速度是上坡速度的 3 倍。此人用了 4 小时 13 分钟走完来回，问需要几小时爬到山顶？

题3：长方形的面积是 $2\frac{3}{4}$ 平方米，其中一边长是 2 米，那么另一边长是多少？

【设计说明：组织和布置不同类型的文字题，让儿童经过真正的解题，建构与发展有意义的运算与解题策略，逐步建构运算的意义。题3是分数除法中乘积与因数的模型，体现了除法是乘法的逆运算，用这种方法可以验证颠倒法得出结果的正确性。】

四、课堂小结

【设计说明：分数除以整数是一节分数除法计算的初始课，教学设计中体现出以下几点：(1)分数除以整数的意义；(2)分数除以整数算法的多样化；(3)分数除以整数的算法优化；(4)计算中的易错点。通过创设真实的生活情境，找准学生的认知的增长点，让学生在活动中体验数形结合思想，提升学生数学素养。通过图形让学生明确分数除以整数的意义与整数除法的意义相同，都是把一个数平均分成几份，求一份是多少，初步感知颠倒法的由来。通过合作探究，交流共享多样化的算法，充分展现学生的思维过程，接着让学生在做中体验算法的优化。分数除以整数的教学设计，借助生活元素来提高学生对分数除法运算意义的理解，有利于提高教学质量。】

【问题与讨论】结合本节课，谈谈算法多样化与优化之间的关系及其教学过程中应如何把握？

要点提炼

1. 正确处理好算理与算法的关系

算理是探索算法的依据，算法是算理导出的结果。分数运算之所以成为学习难点，不是因为算法过程本身多么繁复，而是因为赖以存在的算理难以理解和把握。例如，为什么分数相乘可以用分子、分母分别相乘，而分数加减却不可以用分子、分母分别加减？为什么分数相除可以用被除数乘除数的倒数？由于六年级学生的抽象思维能力已经有了较大发展，他们不再像中低年级那样，轻易接受由简单观察或动手操作得出的结论，寻找发现结论背后的理据已经成了他们较强的心理需求。在分数运算教学中，忽视算法背后的算理，不仅可能导致学生的运算错误，更为严重的是可能影响他们的数学学习情感和数学信念，为后续发展留下隐患。因此，设计教学时，要留足时间让学生经历用算理引入算法的重要过程，在观察、操作的基础上开展充分讨论与交流，做到在理解的基础上发现算法，在运算的过程中感悟算理。

2. 选择适切问题情境和直观模型讲清算理

要讲清分数运算的算理，绝不是一件轻而易举的事情。困难不是来自教学中的表达要求，而是来自设计时所选择的问题情境和直观模型。例如，"整数除以分数"，苏教版教材设计的问题情境是：4 米长的彩带，每 $\frac{2}{3}$ 米剪一段，可以剪成多少段？这是"已知总数和每份数，求份数"的包含除应用题，因此列出的算式为 $4 \div \frac{2}{3}$。为了探索 $4 \div \frac{2}{3}$ 的算法，教材选择均分为 4 段的线条图表示 4 米长的彩带，每段表示 1 米长；将每段均分成 3 小段，$\frac{2}{3}$ 米就是 2 小段（如图 2-4）；因为整个彩带共被分成了 12 小段，所以通过直观操作得出可以剪成 6 段，即 $4 \div \frac{2}{3} = 6$；再通过结果比对得出 $4 \div \frac{2}{3} = 4 \times \frac{3}{2}$，据此得出整数除以分数的算法。因为算法的形成过程过于依赖图形操作和结果比对，按照这样的思路进行教学设计，很难让小学生明白整数除以分数的算理。而人教版教材设计的问题情境就比较合适：小明 $\frac{2}{3}$ 小时走了 2 千米，求小明每小时走多少千米？这是"已知路程和时间，求速度"的行程应用题，因此列出的算式为 $2 \div \frac{2}{3}$。为了探索 $2 \div \frac{2}{3}$ 的算法，教材借助如下线段图（图 2-5）：

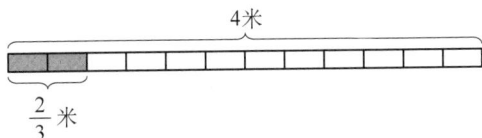

图 2-4　线条图

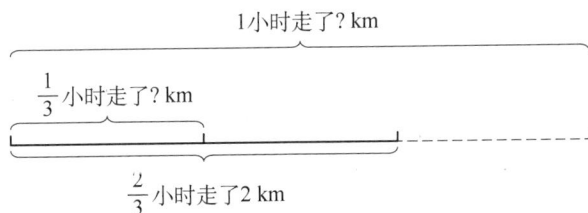

图 2-5　线段图

启发计算思路：先求 $\frac{1}{3}$ 小时走了多少千米，也就是求 2 的 $\frac{1}{2}$，即 $2 \times \frac{1}{2}$；再求 3 个 $\frac{1}{3}$ 小时走的千米数，即 $2 \times \frac{1}{2} \times 3$，于是 $2 \div \frac{2}{3} = 2 \times \frac{1}{2} \times 3 = 2 \times \frac{3}{2}$，据此得出整数除以分数的算法。因为算法的形成过程建立在清晰的逻辑推理基础上，说理透彻，按照这样的思路进行教学设计，小学生能够理解算法背后的算理。由此可见，选择适切的问题情境和直观模型，是成功进行分数运算教学设计的必然要求。

3. 加强与整数运算的沟通

分数运算算法的探索过程，归根结底就是将其转化为整数运算的过程。如探索 $\frac{1}{4} + \frac{2}{4}$ 的算法，就是将 $\frac{1}{4}$ 视为新的计数单位，于是 $\frac{1}{4}$ 就是 1 个计数单位，$\frac{2}{4}$ 就是 2 个计数单位，根据整数的加法法则，$\frac{1}{4}+\frac{2}{4}$ 等于 $1+2$ 个计数单位，即 $\frac{3}{4}$。再如，前一段中提到的人教版教材在

探索 $2\div\frac{2}{3}$ 的算法时，其思路可概括如下：将 $\frac{1}{3}$ 小时视为新的计时单位，于是原问题"小明 $\frac{2}{3}$

小时走了 2 千米，求小明每小时走多少千米？"就转化为"小明 2 个计时单位走了 2 千米，求

小明 3 个计时单位走了多少千米"。根据整数应用题的解题思路，先用 $2\div2$（根据分数的意

义，可写成 $2\times\frac{1}{2}$），求得小明 1 个计时单位走了多少千米，再用所得结果（$2\times\frac{1}{2}$）乘 3，求得

小明 3 个计时单位走的千米数（$2\times\frac{1}{2}\times3$），即 $2\times\frac{3}{2}$。因为 1 小时等于 3 个新计时单位，所

以小明 1 小时走了 $2\times\frac{3}{2}$ 千米，从而得到 $2\div\frac{2}{3}=2\times\frac{3}{2}$。由此可见，把分数运算转化为整数

运算，是探索分数运算问题的一把钥匙。

实践操作

这是小学某教师在上"倒数的认识"中组织学生进行的游戏，请作评析。

案例描述：

师：在我们汉字中，有些汉字有一种非常特殊的现象，把上下两个部首的位置倒一下，

又可以组成新的汉字。例如：吞——吴。你会吗？

生 1：士——干。

生 2：杏——呆。

……

师：同学们真会思考，你要知道，数学中也有这种非常有趣的现象，今天这堂课我们就

来学习倒数的知识。

第三章

常 见 的 量

"常见的量"是小学数学重要的学习内容。

从远古时代开始,在日常生活和生产实践中,人们就不断地产生着对现实生活中事物量的描述的需要,比如东西的多少、地方的大小、物体的长短、运动的快慢等,这就产生了数学中的"量"。

"量"是数学中的一个基本概念。如同"数(shù)源于数(shǔ)"一样,量(liàng)的主要特征就在于它可以量(liáng)。也就是说,对于给定的一个量,取一个同类量做标准,将这个量与标准量比较,可以得出它的大小。这种把要测定的量和标准的同类量比较的过程,叫做计量。因此,量和计量是密切关联的。用来作为计量标准的量叫做计量单位,作为计量的结果得到的数叫做量数,量数和计量单位合起来称为名数。例如,一个人的身高是 1.78 米,这里的"1.78"是量数,"米"是计量单位,"1.78 米"就是一个名数。

在实际计量中,每一类量都有大小不同的一系列计量单位,其中有一个叫主单位(或基本单位)。其他的计量单位都是主单位的若干倍或若干分之一,叫做辅助单位(若干倍的叫做倍数单位,若干分之一的叫分数单位)。例如,计量长度的主单位是米,比米大的单位有十米、百米、千米等,它们就是米的倍数单位;比米小的单位有分米、厘米、毫米等,它们都是米的分数单位。[①]

内容透析

◆ **学科维度**

小学数学的内容体系中,常见的量主要包括货币、时间、质量、长度、面积、体积(容积)等。相应的计量单位主要有:

货币单位——分、角、元;

时间单位——秒、分、时、日、月、年;

质量单位——克、千克、吨;

长度单位——毫米、厘米、分米、米、千米;

面积单位——厘米^2、分米^2、米^2、公顷、千米^2;

体积(容积)单位——厘米^3(毫升)、分米^3(升)、米^3。

这些量之所以称为"常见的量",是因为它们在日常生活中常见常用。因而,在它们身

---

① 金成梁. 小学数学疑难问题研究[M]. 南京:江苏教育出版社,2010:76—77.

上,很好地体现了数学来源于生活,又应用于生活的基本原理。当然,要准确把握"常见的量"所蕴含的数学思想、内涵、价值、意义等,也并非一件简单的事。

首先,每一个量(计量单位)都有其特定的数学含义(意义),同时也具有确定的量值(大小)。除了元、角、分是人们创造出的便于交换和流通的货币单位外,其余计量单位大多是用于对现实世界中的事物某种属性的具体描述,因而,它们的意义确定都与现实生活中的具体事物、实物、场景等有关。

例如,长度的主单位是米(meter),1795年法国人最初提出"米"的定义是采用当时最稳定而不变的自然物——通过巴黎的地球子午线的四千万分之一①。标准的米尺用铂铱合金制成,在0℃时米尺两端的刻线之间的距离为1米(m)。1870年,马克士威(James Clerk Maxwell)提出以原子光谱的波长定义长度单位,罗兰德(Rowland)首先使用光栅测量一公尺长度中的波长。1960年以后,用激光定义"米"。目前,国际上采用的长度单位是在1983年10月确定的,即第十七届国际权度大会重新把国际标准制(SI)中的长度单位"米"定义为:光于1/299 792 458秒内在真空中所走长度。"米"被严格定义后,它的倍数单位十米(dam)、百米(hm)、千米(km)和分数单位分米(dm)、厘米(cm)、毫米(mm)等都是按照十进制原则规定的。

再如,质量的主单位是千克,标准千克的砝码是用铂铱合金制成的圆柱体,它在纬度45°的海平面上的重量为1千克。容积的主单位是升,1升等于1千克的纯水在标准大气压下4℃时的体积。

这些规定性,并不一定都要作为教学内容教给学生。不过,恰当地利用好这些史料,可以使学生更好地感受到"量与计量"所蕴含的数学文化。

其次,要准确把握计量单位的逻辑体系。把握逻辑体系,最为重要的是关系和结构。数量关系是数学研究的基本对象,量与计量本身就是对现实数量的刻画。然而,"无论是认识数量还是认识数都不是数学的本质,数学的本质是:在认识数量的同时认识数量之间的关系,在认识数的同时认识数之间的关系""数量关系的本质是多与少,抽象到数学内部就是数的大与小"。② 从这个角度来看常见的量,可以看到一个更加丰富的世界。比如,认识人民币,必不可少的要学习3个货币单位——元、角、分。如果只是知道人民币有这3个单位,还只是"点状"思维。关键还要懂得元与角之间的关系(进率)是10,即1元等于10角,反过来,10角就是1元;角与分之间的关系(进率)是10,即1角等于10分,反过来,10分就是1角。根据这两个10,又可以推出元与分之间的关系(进率)是100(10个10是100),即1元等于100分,反过来,100分就是1元。这样,处在"点状"的元、角、分就变成了一个有着逻辑关联的整体结构。生活中各种各样的人民币应用和转换(比如,购买价格1元的物品,可以直接付1元的人民币,也可以付两个5角,或者1个5角、1个2角、3个1角等),都是以这个结构为基础。

带着联系的眼光,可以发现,不同类型的计量单位之间有时也存在着密切的联系。"如计量专家之所以规定1厘米=10毫米,是由于他们统一规定的长度单位系列是十进制。即每两个相邻的长度单位之间的进率都是十。而我们所用的计数制也是十进制,这就使得长

---

① 1875年,17个国家的代表在巴黎开会签署了"米制公约",将这种计量制度定为国际通用的计量制度.
② 史宁中.基本概念与运算法则——小学数学教学中的核心问题[M].北京:高等教育出版社,2013:3—4.

度用不同单位时,换算变得非常方便。"①基于这样的逻辑体系,结合"长度是对一维空间图形的度量,面积是对二维空间图形的度量,体积是对三维空间图形的度量"的关联性,小学教材中的长度单位、面积单位、体积单位之间就存在着如下相互独立又彼此呼应的逻辑体系。

长度单位:毫米、厘米、分米、米、十米、百米、千米。

面积单位:毫米²、厘米²、分米²、米²、公亩、千米²。

体积单位:毫米³、厘米³、分米³、米³。

由于上面加着重号的 3 个单位(十米、百米、公亩)在现行教材中不再出现,因而,"每相邻两个长度单位之间的进率为 10、每相邻两个面积单位之间的进率为 100 的特征"就变得不明显、不连贯,完美的链条出现了"断裂"。这种"断裂"常常会让我们把教学目光局限到"点"(单一的计量单位)上,而不能深入揭示其内在的关联性。

当然,这样的判定还只是就所列举的计量单位而言。其实,对计量单位之间关联性的认识,并不能太绝对。比如,小学阶段接触到的质量单位也就 3 个——吨、千克、克,毫无疑问,它们相邻两个单位之间的进率是 1 000。事实上,如果将一些未列入课本的质量单位也考虑到,这样的规律又会被另一种样态取代。

毫克(mg)　　　　百万分之一千克(1/1 000 000 千克)

厘克(cg)　　　　十万分之一千克(1/100 000 千克)

分克(dg)　　　　万分之一千克(1/10 000 千克)

克(g)　　　　　千分之一千克(1/1 000 千克)

十克(dag)　　　　百分之一千克(1/100 千克)

百克(hg)　　　　十分之一千克(1/10 千克)

千克(公斤)kg　　主单位

公担(q)　　　　千克的百倍(100 千克)

吨(t)　　　　　千克的千倍(1 000 千克)

由于计量在人类社会发展中历史久远,加之计量的种类比较多,因此,计量单位的世界非常广阔,像时间单位不仅涉及 12 进制(钟面上 12 个数字)、24 进制(记时法)、60 进制(时分秒),还和大自然中的天体运行(365 天,366 天)、历法的演变等有着紧密的联系,就显得更为复杂了。考虑到小学生生活经验和认知水平以及度量衡的统一和国际单位制的推行等因素,小学数学教材中只出现了各计量类型中在日常生活中常见的量。因此,从教学的角度看,又不宜恣意拔高教学要求和学习难度。但是,作为教育者心中要有数,特别是建立其基于关系和结构的思维非常重要。"数量关系是一切数学研究的核心。从'关系'上认识数学,可以居高临下,在数学结构、数学思想和数学观的高度审视小学数学。"②

◆ **课标维度**

《课标(2011 年版)》中,"常见的量"只在第一学段(1～3 年级)的"课程内容"里有单独列出,内容如下:

第一学段:

1. 在现实情境中,认识元、角、分,并了解它们之间的关系。

① 金成梁.小学数学疑难问题研究[M].南京:江苏教育出版社,2010:81.
② 张奠宙、孔凡哲等.小学数学研究[M].北京:高等教育出版社,2009:273.

2. 能认识钟表,了解 24 时记时法;结合自己的生活经验,体验时间的长短。

3. 认识年、月、日,了解它们之间的关系。

4. 在现实情境中,感受并认识克、千克、吨,能进行简单的单位换算。

5. 能结合生活实际,解决与常见的量有关的简单问题。[①]

很显然,这里涉及的都是与数量运算有关的计量单位,主要有货币单位、时间单位和质量单位,而与几何测量有关的单位都安排在"图形与几何"内容中。上述 5 个条目不仅提出了学习"常见的量"的目标要求,还包括了"常见的量"的教学要求。

第一,关注现实情境,加强数学与生活的联系。价钱、时间、质量、长度、面积、体积等在日常生活中可谓是随处可见、随时可遇、随地可用。因此,这部分内容的教学要充分依托学生的现实生活背景,让他们感受到数学来源于生活,数学应用于生活。现实生活中用得越多,常见的量的学习就越清晰、越牢固、越灵活。当然,要达到这样的效果,就要扣紧所联系的现实情境、生活情境、具体情境,对量、计量、计量单位及其关系等进行生动的、具体的意义解释,让学生更加充分地理解各种量、计量、计量单位及其关系的具体含义以及背后所隐藏的丰富内涵。

第二,强化体验和经验,增强学习的主体感受和主动建构。经验之于教育、之于学习、之于学生成长的重要性是显然的。杜威在其《民主主义与教育》中说,教育是一种生长,生长的具体过程和内在机制可以概括地表述为"经验的改组或改造",这个过程不是一个通过灌输实现的被动过程,而是在个人积极主动地参与共同生活的过程中能动地实现的。从"经验"的英文单词"experience"可以看出,谈"经验"一定要强调"过程",因为"experience"本身还有"经历"的意思,离开"过程"也就不存在"经验"。谈"经验"还离不开活动,数学活动的内涵非常丰富,"既包括学生在课堂上学习数学时的探究性学习活动,也包括与数学课程相联系的学生实践活动;既包括生活、生产中实际进行的数学活动,也包括数学课程教学中特意设计的活动"。教师的课堂讲授、学生的课堂学习是最主要的数学活动。此外还有其他形式的数学活动,例如,学生的自主学习、调查研究、独立思考、合作交流、小组讨论、探讨分析、参观实践,以及作业练习和操作计算工具等。"数学活动的教育意义在于学生主体通过亲身经历数学活动过程,能够获得具有个性特征的感性认识、情感体验以及数学意识、数学能力和数学素养"。[②] 应该说,数学学科本身就是以经验为基础不断发展与完善的,因此,学生的数学学习也应该从现实经验中抽象出数学概念和结构,这一过程既是基于学生已有的经验又是对数学活动经验的不断改组与完善。常见的量在生活中具有普遍的存在性和广泛的应用性,唯有让学生亲身参与、亲自实践、主动思考,不断地将活动中的经历、体会上升为"经验",才会越学越实,越学越好,越学越会学。

第三,建立关系思维,促进整体认知和宏观把握。《课标(2011 年版)》中,认识元、角、分的内容中提出"了解它们之间关系"的要求;认识年、月、日中也提出"了解它们之间关系"的要求。认识克、千克、吨中,虽然没有明确提出了解它们之间关系的要求,但"能进行简单的单位换算"的主要依据还是它们之间的关系。因此,一堂课可能只学习一个计量单位,但每个单位总有它的来龙去脉,都是"一串项链中的某个珍珠"。见树木,更要见森林,整体性、结

---

① 中华人民共和国教育部. 义务教育数学课程标准(2011 年版)[M].北京:北京师范大学出版社,2012:17—18.

② 史宁中. 义务教育数学课程标准(2011 年版)解读[M].北京:北京师范大学出版社,2012:120.

构化的数学学习更加能促进学生对常见的量的系统把握。

第四,注重学以致用,增强解决实际问题的能力。常见的量中所涉及的问题,大多都是学生日常生活中经常看到、遇到的现实问题。因而,这部分内容的学习可以通过具体的实际问题的解决来加深认识,巩固发展,拓展升华。当然,这里提的解决实际问题的能力,不只是指解决问题的能力,也包括发现问题、提出问题、分析问题的能力,也就是《课标(2011 年版)》中提出的"四能"。随着核心素养的提出,让学生在"用"中学,即让学生在尝试、分析、解决问题的过程中不知不觉就完成了新知的学习与建构,获得思维活动经验,不断提升问题解决能力与创新实践能力,不失为一种积极的改革方向。

◆ **教材维度**

现行的小学数学教材有多种不同的版本,但是,各种版本的编写和审查都是依据《课标(2011 年版)》的。因此,"常见的量"在不同的版本编排中大同小异。下面列举苏教版义务教育教科书小学数学教材这部分内容(含"量"与"测量")的编排。

一年级上册:比长短、高矮、轻重。

一年级下册:元、角、分。

二年级上册:厘米和米。

二年级下册:时、分、秒;分米、毫米。

三年级上册:千克、克;周长、长方形和正方形的周长。

三年级下册:年、月、日(含 24 时记时法);千米;面积、米^2、分米^2、厘米^2、长方形和正方形的面积。

四年级上册:升和毫升。

四年级下册:(无)。

五年级上册:公顷、千米^2。

五年级下册:圆的周长和面积。

六年级上册:体积,容积;米^3、分米^3、厘米^3;长方体和正方体表面积和体积。

六年级下册:圆柱的侧面积、表面积和体积;圆锥的体积。

从教材编排来看,与数量运算有关的常见的量的学习主要集中在第一学段(1～3 年级),与图形测量有关的常见的量主要安排在第二学段(4～6 年级)。总体看来,小学阶段从一年级上册开始,呈现出由少到多、由易到难、螺旋上升、学用结合的特点。

当然,这只是学习内容的简单罗列。如果细致、深入地研究,可以发现,不同的教材在处理各个内容教学时,特色还是比较明显的。比如,一年级上册的起始课,有的教材只安排一课时来教学比大小(多少)、比长短、比轻重,这样,一节课的容量相对较多,难度上就没有提出过高要求。有的教材这一内容却安排了 3 课时,即比大小(多少)、比长短、比轻重各用一课时。由于课时容量减少,因此教材中不仅在比较两个物体的长短、高矮、轻重、大小、多少时提供了比较方法的图示,比如两个小孩比较绳子长短,一边比较一边说"先对齐""拉直了""再比较",而且多次出现了 3 个数量的直接比较和间接比较(如图 3-1、图 3-2)。对小学一年级孩子而言,他们在生活中遇到的"比较"并不少,但数学上的"比较"更加侧重方法和思考。两根绳子一头对齐比长短,只是较为简单的比较,而凭借某种"工具"(兔子高矮比较中的格子,实际上也是测量的计量单位)来进行比较,则体现出数学思考的深度。图 3-2 中,3 个数量的间接比较(青菜、萝卜、茄子比轻重)已经带有逻辑推理的成分,思维要求更高。

图 3-1

图 3-2

看来,对多种版本教材(乃至国外的数学教材)进行研究,不仅可以拓宽教材视野,还能在对比中深化理解,借鉴中促进融合,博采众家之长,创造个性课堂。

案例研讨

◀◀ 案例 3-1:"认识千米"教学设计① ▶▶

教学内容

苏教版义务教育教科书《数学》(三年级下册)第 20~21 页。

教学目标

扫码查看
教学内容

1. 在具体的情境中感知和了解千米的含义,初步建立 1 千米的长度观念;知道 1 千米=1 000 米,能进行简单换算和估算,解决相应的实际问题。

2. 经历猜测、讨论、比较、想象和推理等活动,完善长度单位的知识结构,积累数学活动经验,感受数学的规律和创造。

3. 体会数学与生活的密切联系,增强学习数学的兴趣,获得积极的学习情感。

教学重点

结合实践和思考,建立 1 千米的长度观念。

教学难点

用千米尺估算、理解生活中更长的实际距离。

教学准备

课前,学生完成规定路线(学校周边熟悉的 1 千米直线路程)的步行实践活动,记录自己所走的步数、行走时间以及身体感受,并用数学绘画日记的方式将这一实践活动记录下来。

教学过程

一、整理旧知,做好铺垫

谈话:(板书部分课题:长度单位)以前我们也学习过一些长度单位,还记得吗?请你在自己的本子上将已经学过的长度单位整理一下,比一比谁的整理水平高。

(学生整理,教师巡视,然后展示交流)结合学生的整理,老师在黑板上形成如下板书:

---

① 该案例由许卫兵设计,曾发表于《小学教学(数学版)》2017 年第 7、8 期,收入本书时笔者略有删减。

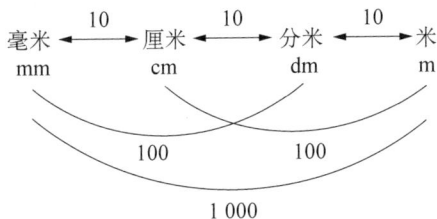

【设计说明：数学知识是整体的，也是结构的，用整体性和结构化的思维来引导数学学习是一条十分重要的路径。本课一开始就将"千米"的学习置于长度单位的系统内，视野开阔又简便易行，起点低，上手快，后劲足。】

二、猜想推理，引出千米

思考：测量长度只要有一个单位不就好了啊？干嘛要弄出 4 个单位呢？如果人们现在发明出了第五个长度单位(指着黑板上板书的长度单位结构图)，你觉得这第五个长度单位应该放在哪个位置呢？它跟已学的长度单位之间是什么关系呢？

(小组讨论后，大组汇报。)

猜想 1：第五个长度单位可能在毫米的前面，它跟毫米的进率是 10。

学生讲述自己的思考理由后，老师板书"丝米"和进率"10"，并让学生联系"一丝一毫""丝毫不差"等词语来理解"丝米"和"毫米"都是很小的长度单位。告诉学生如果越来越小，还有长度单位"忽米"和"微米"，且相邻单位之间的进率也是 10。

猜想 2：第五个长度单位在米后面，比米大。

学生讲述自己的思考理由后，讨论"按照现有规律，米后面一个单位跟米之间的进率是多少"，并由此引出十米、百米、千米。然后对照如下板书，说说自己的发现。

微米$\xrightarrow{10}$忽米$\xrightarrow{10}$丝米$\xrightarrow{10}$毫米$\xrightarrow{10}$厘米$\xrightarrow{10}$分米$\xrightarrow{10}$米$\xrightarrow{10}$十米$\xrightarrow{10}$百米$\xrightarrow{10}$千米……

拿出十米长的绳线，现场拉直，感受"十米尺"有多长。

出示操场图片，感受"百米"长度。

指出："十米"和"百米"这两个单位在生活中很少用，所以课本里没有编写。

研究了十米和百米，接下来我们重点研究"千米"(补全课题)。

【设计说明：世间万物，皆有因果，数学亦然。长度单位的发明在很大程度上依赖于十进制。但是，由于教材里并没有编排"十米""百米"这两个长度单位，使得有规律的链条出现了"断裂"，这种"断裂"不仅影响着学生对数学知识的系统把握，也常常迷惑我们的眼睛，钝化我们的思维。上述设计，将学生的思维置于整个长度单位系统中，通过相邻两个长度单位之间的进率是 10，推理出未知的长度单位，形成完整的知识系统，充分体现了数学知识的整体性与结构化，实现了"用思维方法的分析去带动具体知识内容的教学"。】

三、联系实际，学习千米

根据以前的学习经验，关于"千米"，我们可以研究些什么呢？(1 千米有多长？"千米"可以用在哪儿？千米跟米、分米、厘米、毫米怎么换算？千米的英文缩写？……)这些问题有人知道答案的，可以自由发表意见！

学生交流后，重点研究 1 千米到底是多长，并在身边找一个大家都熟悉的"千米尺"。

提议学生拿出课前走路实践记录表，统计个人步行 1 千米走的步数、用的时间和自己的感受,然后大组汇报。

……

【设计说明:认识千米,必须要搞清楚1千米的实际长度(即"千米尺")。像"10个100米就是1千米""在操场的400米跑道上走2圈半就是1千米"等说法,只是用熟悉的长度描述了1千米,还不能算是建立了"千米尺"。课前,让学生步行熟悉的1千米的直线距离,并通过绘画日记强化体验和感受,倒是有利于建立"千米尺"。这个活动,具有多重效应:一是所有学生沿着相同路线步行,有了共同的步行经历,课堂上的交流才更加容易形成共鸣;二是事先不告知走的距离刚好就是1千米,故意保持神秘,课堂上再揭晓谜底,这使学生形成1千米的长度概念印象更深;三是设计的路线就直避弯,这样更利于学生建立1千米这把"直尺"的原型(模型);四是采用绘画日记的方式,丰富了学习形式,增强了学习趣味。】

四、合理思辨,深化认识

1. 由"1"到"几",加深理解。

老师借助于百度地图,让学生从学校出发,分别去估猜1千米、2千米、4千米里程的建筑物或景点,强调:几千米就是有几个1千米长。

2. 回顾生活,拓展应用。

课件出示文字、图片、限速牌,学生自由阅读,教师辅以适当讲解,强调:人们发明了千米这个长度单位,用处真大。

3. 相互转换,感受优点。

下列四种出行方式,你知道速度分别是每小时多少千米吗? 如果每一种出行方式中每小时行走的路程都用米来做单位,会是什么样的呢?

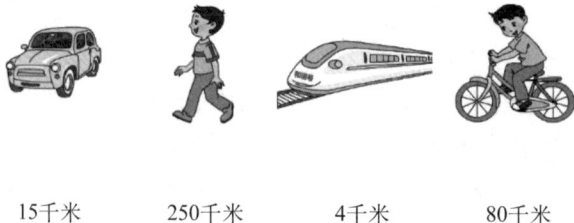

| 15千米 | 250千米 | 4千米 | 80千米 |

学生将每个千米数都转换成米数后,发现数据很大。强调:用千米做单位,不仅可以表示更长的距离,有时书写上也会更简洁。

五、课后延伸,拓宽视野

长度单位的"家庭中"就只有黑板上写的这些吗? 同学们课后查一查、写一写、画一画、说一说,收集好资料后,我们一起分享展示。

【设计总评:纵观全课设计,每一个环节都直指学生更加丰富而深刻的思维,"千米"的根深深扎在长度单位的体系中,通过合理推断和逻辑推演不仅"长"出一个个长度单位,还"长"出了长度单位的整体性、结构性、条理性、逻辑性,这些思维特性反过来又促使学生对千米的认识、对数学的感知更加清晰、丰富、饱满。】

【问题与讨论】教材中为什么没有出现十米、百米这两个长度单位? 不出现的合理与不合理性各有什么?

案例 3－2："认识人民币"教学设计①

教学内容

人教版义务教育教科书《数学》(一年级下册)第52~54页。

教学目标

1. 认识各种面值的人民币,知道人民币单位元、角、分之间的进率,会使用人民币。

2. 经历讲述、分类、比较、整合的建构性学习过程,培养思维的灵活性、探究的积极性、合作的主动性。

3. 体会数学与生活的密切联系,增强爱护人民币的意识,渗透节俭观念。

教学重点

认识各种币值的人民币,掌握相互间的进率。

教学难点

进行各种面值人民币之间的简单换算。

教学过程

一、创设情境,自主认识

谈话:(课件出示过年场景图)过年有很多开心事,比如放鞭炮、贴对联······小朋友最开心的就是拿压岁钱了。

(课件出示100元正面、反面图)提问:压岁钱一般都长这样,这是多少钱? 你们怎么知道的?

学生介绍100元的辨认方法,教师说明"壹"就是"1"的大写。

小结:钱上有数、汉字、汉语拼音,这些能够告诉我们它的面值。

用课件出示1元及以下人民币图片。提问:你认识哪些? 能试着认一认其他的吗?(学生辨认、汇报。)

介绍:这些都是我国使用的钱,它们有一个好听的名字叫做人民币,今天我们一起来认识人民币。

(板出课题:认识人民币)提问:这些人民币摆放在一起,看起来品种好多啊,你有办法将它们分类整理吗?

学生分组活动,打开学具盒,拿出人民币,在小组里操作。

小组代表向全班汇报小组分类的结果:

方法1:按材料分,分为纸币和硬币两类。

方法2:按单位分,分为以元、角、分作单位的3类。

方法3:按数字分,分为含数字"1""2""5"的3类。

总结:人民币的品种看起来很多,一分类,就变成很少的几种了,分类真好!

【设计说明:以学生喜欢的情境引发对熟悉的100元的关注与观察,唤醒他们的经验,帮助他们明晰通过数值和单位可辨认人民币面值,继而将经验迁移到1元及以下人民币的自主认识中。而在此基础上多样化的分类,则从不同角度丰富了学生对人民币的认识,也暗

---

① 该案例由薛桂琴设计,曾发表于《小学教学设计(数学)》第1~2期,收入本书时笔者略有改动。

含了分类的价值。】

二、渗透历史,感受文化

用课件演示简介钱币发展史:在很久以前,购买物品时曾用贝壳作为钱;后来,人们发现贝壳大大小小,容易破碎,就改用金属制成的钱币,这样比较统一、耐用;再后来,人们又发明了纸币,这样携带更方便。

谈话:刚刚我们发现,人民币既有用金属制成的,又有用纸印刷而成的。为什么现在人民币既有硬币又有纸币呢?

指出:小朋友们要爱护人民币,不在人民币上乱涂乱画,不破坏人民币。

【设计说明:货币是社会发展的产物。它随着人类文明的进步,不断被创新和发展。学生在历史文化的熏陶中,不仅能初步感受货币的价值,也能感受蕴含其中的数学创造智慧。】

三、实践活动,启迪智慧

谈话:元、角、分就是人民币的单位,它们之间是什么关系呢?你会使用人民币吗?让我们带着这些问题一起走进商场。

1. 付法多样化。

(课件出示:气球 2 角)提问:你能从学具盒里直接找出 2 角的人民币吗?

追问:还有不一样的方法吗?(根据学生的回答,课件相应呈现。)

指出:无论硬币还是纸币,无论 1 个 2 角还是 2 个 1 角,使用时是一样的,都正好买一个气球。

2. 付法最优化。

(课件出示:直尺 6 角)提问:能直接拿出一张 6 角的人民币吗?在生活中见过 6 角的人民币吗?开动脑筋想想,怎么才能付 6 角呢?

学生分组操作后,在全班展示、交流不同的付法。

讨论:这些方法中,你最喜欢哪一种?为什么?

指出:付一张 5 角和一张 1 角最方便,在购物时尽量选择最方便的付法。

【设计说明:币值的科学设置让人民币蕴藏着独特的数学之美。由于日常生活中 2 角的使用率较低,最新版的人民币中取消了 2 角币值,教材修订时也去掉了"2 角"的币值认识。但是,2 角并没有从生活世界消失,依然有人使用,更何况从币值设置的角度来看,带有数字"2"的币值是很有价值的,因此,这里让"2 角"重新回归是实现生活与数学对接的一个很好体现。通过精心创设购物活动,让学生在取币、付币中,在不同方法的比较、选择中,积累活动经验,感悟数学美。】

3. 元与角的进率。

谈话:刚刚 1 角、1 角地数,数出 6 个是 6 角。还能 1 角、1 角地往后接着数吗?

学生数,教师出示相应课件。

启发:1 角、1 角地数,数出 10 个 1 角是多少?

板书:1 元＝10 角

提问:还有不同的方法拿出 1 元吗?

学生回答,教师课件展示。判断:拿出的是不是 1 元?

小结:1 元等于 10 角,10 角就是 1 元。拿出 1 元的办法有很多,拿一张 1 元最方便,所以人们创造了 1 元人民币。

出示图片,提问:哪些商品的价钱合起来是 1 元? 怎么想的?

8角　　　3角　　　7角　　　5角　　　2角

指出:1 元就是 10 角,只要商品的价钱合起来是 10 角,就是 1 元。1 元钱,如果只买练习本可以买几本? 还多出几角? 可以买几块橡皮呢?

4. 角与分的进率。

启发:我们知道 1 元＝10 角,那 1 角和 1 分之间有什么关系呢?

学生 1 分、1 分地数,数出 10 个 1 分是 1 角。

板书:1 角＝10 分。

谈话:(出示网上购物价格图)除了商场,越来越多人选择在网上购物。1 根荧光棒 2分,1 角可以买几根荧光棒? 1 朵小拉花 5 分,1 角可以买几朵小拉花呢? 说说怎么想的?

【设计说明:元、角、分的进率不只是简单的生活常识,更是十进制计数法的现实模型。让学生亲历 1 角 1 角地数出 1 元,1 分 1 分地数出 1 角,体会相邻单位间满十进一的关系。而随后设计的练习不但巩固了进率学习,又促进了学生的问题解决。值得一提的是,"分"在日常生活中不怎么使用,但是在网上购物、微信红包等网银中还是比较常见的。因此,适当拓展来自生活的学习素材,也是一个亮点。】

四、提出问题,拓展延伸

谈话:生活中还有哪些面值的人民币?

根据学生回答,用课件相应出示面值为 5 元、10 元、20 元、50 元、100 元的人民币图片。

介绍:随着经济的快速发展,1 分、2 分、5 分、2 角这些小面值人民币在生活中很少使用。仔细观察这些数,你有什么发现?

提问:为什么人民币的面值都跟 1、2、5 有关呢? 这里有什么奥秘?

再问:你知道微信红包吗? 过年时有小朋友收过这样的压岁钱吗? 这些钱到底在哪儿?(这些问题,留给小朋友们课后去研究。)

【设计说明:我们处在全球一体化、信息化的时代,时代需要我们能够开放视野、善于发现、学会学习、不断创新。将课堂从课内延展到课外,让学生紧跟时代节拍,不断探究、获取新知,这是教学的应有之义。】

【设计总评:"认识人民币"是一个经典的教学课题。或许是因为它与现实生活的距离特别近,对这节课的研究特别多。上述教学设计,着力体现"在生活和数学之间穿行"的教学理念。数学来源于生活,但数学并不完全等同于生活。人民币产生于生活中交换的需要——从物物交换到币物交换、币币交换,不仅简便了生活,更创造了数学,创生了文化。如果从纯生活、纯技术的角度来教学,学生只要认识人民币,会用人民币就行了。但是,从数学和文化的角度来教学,就有必要让学生感受钱币产生的历史过程,感悟人民币元、角、分之间十进制的内在机理,进而体会人们将数学从生活中"产生出来"的创造智慧。从人民币的生活意义上升到数学意义,是这节课是否具有"数学味"的重要方面。

以本设计中"分类"这一教学环节为例。东西一多就要分类,这是数学分类思想的重要基础,也是生活更有条理、更为简洁的基本原则。其中暗含着这样的逻辑:①因为人民币的品种太多了,所以需要分类;②通过分类发现,人民币的品种虽然多,但也就纸币、硬币两大类或者是以元、角、分为单位的 3 类;③借助于生活经验,发现元、角、分这 3 类之间是有联系的(十进制),这种联系让 3 个单位具有整体性、结构性,且根据联系彼此间可以实行转换;④由于可以转换,就派生出人民币在现实生活中应用时存在无限的丰富多样性。这种逻辑,从数学抽象到数学推理、再到数学应用,从复杂走向简单,再由简单走向丰富,也是数学从生活中产生出来并再应用于生活的整体逻辑,具有概括性和普遍性。

总的说来,"基于生活,不止于生活""让数学学习在生活和数学之间穿行"是本设计给我们最大的启示。】

【问题与讨论】人民币是生活日用品,也是必需品,一个人即使不经过系统的学习,但随着年龄的增长和使用人民币经验的积累,也会认识和使用人民币。从这个角度看,一年级"认识人民币"的教学有什么注意点呢?

◀◀ 案例 3-3:"24 时记时法"教学设计(片段)① ▶▶

教学内容

苏教版义务教育教科书《数学》(三年级下册)第 51～52 页。

教学目标

1. 知道一天是 24 小时,能用"24 时记时法"和"普通记时法"表示一天中的某一时刻,并能正确进行两种记时法间的转换。

2. 联系生活实际,注重整体建构,通过对钟面记时方式的集中探讨,在对比中凸显两种记时法之间的关联,并借此强化学生对 24 时记时法的意义理解。

3. 通过形象化的素材、启发性的联想、开放性的活动,让学生体会时间的流动以及用有限表达无限的数学思想,相机进行生命教育。

教学重点

认识和正确使用 24 时记时法

教学难点

两种记时法之间的关系和转换

教学片段

一、引出"1 天是 24 小时"

(用课件出示一条小河静静向前流淌的风景画)请看大屏幕,你看到了什么?

引导:美丽的田野边,一条小河在静静地向前流淌着。在我们身边,也有一条看不见的小河在静静地向前流淌着,一去不复返,可对我们每个人来说,却是那么珍贵。这是一条怎样的河流呢?

在学生回答"时间"后,老师用蓝色粉笔在黑板上画出一条长长的带箭头的直线。如果我用这条线代表向前流动着的时间,那么,生活中的每一天都可以看成时间长河中的一小段

---

① 该案例由许卫兵设计,曾发表于《小学教学(数学版)》2010 年第 7、8 期,收入本书时笔者略有删减。

扫码查看
教学内容

儿(从直线上截取一段)。孩子们,你知道一天有多长时间吗?

二、解释"1 天为什么是 24 小时"

大家都知道 1 天是 24 小时,为什么一天是 24 小时呢?

学生讨论,提出自己的见解。

(播放视频)很久很久以前,人们对时间没有太准确的概念,将一个白天和一个黑夜合称为一天。后来发现,之所以出现白天和黑夜,是因为地球绕着太阳转的同时,自己也在不停地转。旋转中,被太阳照到的时候就是白天,照不到的时候就是黑夜,地球自转一圈所需的时间约为 24 小时,一天 24 小时就由此而来。

三、研究"1 天的 24 小时是从什么时候开始"

让学生说出自己的想法后,观看中央电视台春节联欢晚会午夜 12 点倒计时录像:新年的钟声即将敲响,来,让我们一起倒计时,10、9、8、7、6、5、4、3、2、1,当 0 点的钟声敲响时,新的一年到来了。

指出:当夜里 12 时的钟声敲响的那一刻,新的一天就开始了,我们记作 0 时(在时间尺上标注"0")。一般情况下,0 时我们在干嘛?(睡觉)

对呀,我们常常在睡梦里迎来了新的一天。让我们联系自己的生活,随着钟面上指针的转动,一起回忆一下一天 24 小时是怎么走过来的吧(播放学生一日生活动画)。

四、探索"1 天的 24 小时"如何记录

学生对着钟面研究一天 24 小时是如何走过的,如何记录下来每个钟点。

讨论交流后得出两种记时法的特征、命名,并进行对比练习,着重学习 24 时记时法,搞清楚两种记时法之间的关联。

思考:钟面设计成圆形的好处是什么? 如果让你设计一个钟面,你的钟面"长"成什么模样呢?

······

【设计总评:记时法属于学生在生活中接触比较早的知识。不过,三年级学生虽然具备一定的生活经验,也有一二年级认识钟面、用普通记时法记时的知识基础,"24 时记时法"学起来并不轻松。其中一个原因就是对这一课所涉及的知识本身的把握不够到位。教学不等同于讲知识,但教学一定是以知识为载体,围绕着知识主线展开的。不能清晰地理顺知识脉络,必然会给学生的数学学习带来障碍。那么,"24 时记时法"教学中需要厘清哪些知识线索呢?

首先,一天为何是 24 小时? 教材中提到的"钟面上时针转两圈是 24 小时"只能是一种直观推算,甚至是循环论证——因为 1 天 24 小时,才把钟面设计成时针转两圈。而科学的依据是地球绕着太阳转动的时候,也在自转。如果学生缺乏对"24"这一时间数值的科学认识,"24"的印象不够深刻,那"24 时记时法"的建立也就显得"底气不足"。

其次,"普通记时法"和"24 时记时法"作为两种记时法如何来"定义"? 理论上来讲,这两种名称都是习惯称呼,属于张奠宙教授所提到的"不需要定义"的概念。但是,作为课程标准中明确的学习内容,作为具有不同特征的两种记时法,作为两个使用频率很高的名词术语,不搞清楚二者的特点、区别,是很难学好"24 时记时法"的。因此,本设计注重通过不断强化和对比"普通记时法"和"24 时记时法"在使用数字、记写形式上的不同,来帮助学生完善清晰的认知结构。

再者,时间具有流动性、不可逆转性、连续不可分割性的本质特征,这些特征与钟表的创造性设计是完美统一的。那么,钟表如何将时间的这些特征都涵盖在内?遵从"1 天＝24 小时"的原则,钟面还可以怎样设计呢?这些问题都恰到好处地帮助学生感悟和体验时间的特性,也彰显人类和学习者的创造智慧。】

【问题与讨论】24 时记时法并不属于一种独立的"量",但它综合应用了年、月、日、时、分、秒等时间量。这种内容的学习,对巩固和提高"常见的量"的学习效果有哪些积极作用呢?你还能再列举出一个具有类似特点的教学内容吗?

◄◄ 案例 3－4:"认识千克"教学设计 ►►

教学内容

苏教版义务教育教科书《数学》(三年级上册)第 28～29 页。

教学目标

1. 懂得用"质量(重量)"表达轻重,知道 1 千克有多重,初步建立"1 千克""几千克"的质量感觉,能联系生活进行简单应用。

2. 通过称一称、掂一掂、估一估等实践活动,感知并丰富"千克"直觉体验,获得实验研究的一般方法启示。

3. 体会数学与生活的联系,增强数学学习的兴趣,发展数学思维素养。

教学重点

认识质量单位"千克";初步建立"1 千克"的质量感觉。

教学难点

初步估计 1 千克和几千克的质量,建立质量感觉。

教学准备

课件;微视频;课前实践活动单;台秤、弹簧秤、西瓜、蚕豆、米袋等。

课前实践

测量自己的身高和体重,创作《成长名片》。

教学过程

一、谈话交流,激活计量经验

1. 介绍个人信息。展示自制成长名片中的年龄、身高、体重等。

2. 进行计量归类。年龄计量的是时间,身高计量的是长度。体重,表示一个人的轻重。

谈话:像这样表示他有多重的计量,我们也取个名儿——质量,生活中我们也叫重量。

3. 交流质量单位。

谈话:表示时间需要时间单位,表示长度需要长度单位,计量质量(重量)也自然需要有计量单位。你们计量体重都用了哪些单位呢?你们还听说过哪些质量单位呢?

今天,我们就先来认识生活中一种常见常用的质量单位——千克(出示课题)。

二、生发问题,认识计量工具

1. "闲话"千克。

交流:我们学过好多计量单位了,那关于千克,你们想研究点什么呢?

小结:咱们每学习一个新的计量单位,都要知道它的 1 个单位有多少,什么时候用它,

扫码查看
教学内容

它与其他单位之间有什么样的关系。

2. 认识弹簧秤。

出示秤图,学生认识名称,教师介绍称法和千克的字母表示。

三、认识 1 千克,形成初步感觉

1. 称重——体验 1 千克。

小组活动:称一称米袋(课前准备的,正好 1 千克),再轮流体验 1 千克的米袋质量。评价小组活动。

2. 估重——创造 1 千克。

① 明确小组活动要求。以米袋为参照,不用秤,抓出 1 千克的蚕豆。

② 集体验证。出示台秤,认识台秤上的 1 千克。集体验证每个小组估重情况。

③ 每组借助弹簧秤,调整估重蚕豆,称出准确的 1 千克蚕豆。

3. 实践——调查 1 千克。

观看"生活中的 1 千克"调查视频,鼓励课后动手实践。

四、认识几千克,加深质量感觉

咱们有了 1 千克这个标准,就能以它为标准来计量稍微重一些的物体的质量了。

1. 拎 1 千克米袋和 1 千克蚕豆,认识 2 千克。

2. 估算西瓜重量,感受几千克。

3. 讨论如何知道更重的一篮西瓜和一车西瓜的质量,介绍磅秤和地磅,体会人类的创造智慧和质量世界的广阔。

五、总结收获,延伸学习兴趣

交流课堂收获,观看"出彩中国人"中用手就能掂出鱼的质量,用眼就能看出鱼有多重的视频,赞叹"感觉创造神奇"!

【设计总评:"质量"教学是学生学习了价钱、长度、时间等计量之后进行学习的,因此,本设计将之纳入到计量的系统中来展开,并借助对时间单位、长度单位的学习经验,来学习"千克",以体现数学知识的整体性、系统性、迁移性、逻辑性。

从学习的角度来看,时间也好,长度也好,质量也好,每一个单位就是一个计量标准,每一个单位的学习都离不开这样几个要素,即"它是什么?""它怎么来的""它的量值是多少?""它与其他单位之间存在怎样的关联(进率)?""如何实际应用?"等。这些也是本课教学应该重点落实的。当然,虽然学生对轻重都有一定的生活经验,但计量轻重不像长度那样容易凭眼睛直接观察到,更多靠的是肌肉的感觉,唯有通过多样化的体验活动才能让模糊的感觉逐步变得清晰、准确,并在实践中蕴含思考,发展思维,进而内化为自身的一种判断能力。

从心理学的角度来看,人们对事物的认识总是从感觉开始的,感觉是其他一切心理现象的源头、"胚芽"和"地基"。日常教学中,我们常说这个孩子的"数学感觉"好,那个孩子对数学一点"没感觉",这都表明了大家对感觉与数学学习关联性的关注,但同时,我们也明显地意识到,这里的"感觉"又不纯粹是指心理学上的视觉、味觉、触觉、嗅觉等感官形式,而是更多地指向学生对数学知识、方法的感受,数学学科特点、本质的感悟,数学学习窍门、奥妙的独特敏感。不难想象,如果这些方面的"感觉"特别好,那他的数学学习能力和效果必然好。从这一角度出发,在数学教学中,关注学生在数学学习中的特有"感觉",引导他们跟着"感觉"走,并逐步迈向更加逻辑、理性的高级层次,不失为儿童数学学习研究的一种实践方向。】

【**问题与讨论**】"千克"和"克"都属于质量单位。相比而言,"千克"更容易建立感觉,"克"因为太轻了,1 克或几克的质量在感觉上都难以有区分度。关于"克"的教学,你有什么建议或想法呢?

要点提炼

常见的量虽然类别多、名称多,且教材中大多是作为"小单元"(三五个课时就学完)来安排的,这很容易给人零碎、杂乱的感觉。但数学是整体的,有结构和逻辑的,抓住核心和关键、扣住本质和联系,就可以化繁为简、化难为易、条清缕析、事半功倍。

1. 抓住理解量的关键要素

不管学习多少个量,每一个量的学习都离不开这几个关键要素:它是什么?(意义)它怎么来的? 它的量值是多少? 它和其他同类量之间的关系是什么? 如何应用它?

以"毫米"为例:

它是什么? ——一种长度单位。

它怎么来的? ——基于现实测量的需要。

它的量值是多少? 1 厘米平均分成 10 份,每份是 1 毫米。一枚硬币的厚度大约就是 1毫米,一张身份证的厚度大约是 1 毫米。

它和其他同类量之间的关系? ——它与厘米、丝米的进率是 10,与分米、忽米的进率是100……

如何应用它? ——测量比较短的长度,比如,橡皮的厚度、手指的宽度等;把其他长度单位表示的量进行转换……

把握了这几点,也就抓住了"常见的量"教学的主干。教学设计时,可以依据这些要素来构思教学环节、课堂结构、逻辑层次。

2. 突出计量单位的丰富内涵

量与计量是紧密联系在一起的,先掌握"一",再推及到"几"是学习常见的量的基本逻辑。所有的"计量"都有 3 个根本要素——定标准,去测量,得结果。定标准,就是定下"一";去测量,就是采用什么方法,经历怎样的过程;得结果,就是测量得到的数据(结果)是多少。

比如认识"千克",先要对 1 千克的重量建立比较好的感觉,然后再以这个为标准去熟悉2 千克、3 千克、10 千克、50 千克……认识"面积",先要熟悉 1 米²、1 分米²、1 厘米² 的大小,然后以这个做标准,去判断某一个面的大小。如果作为标准的"一"建立得不充分、不清晰,那对"几"的判断就会非常困难。正所谓"基础不牢,地动山摇!"当然,这里的"一"(标准)并不局限在标准的计量单位,特别是"常见的量"教学的起始阶段(事实上,在人们创造出统一的计量单位之前,所谓的"标准"受主观性影响是很大的)。例如,比长短时,分别用橡皮和铅笔来度量课桌的长度,分别用步长和脚长来度量教室的长度,比较度量的精度,并讨论两种度量方法的优缺点。这样的教学,一方面能突出统一计量标准的重要性,同时也能让学生感悟到世界上的所有标准都是人为制订的。这在一定程度上也是和数学的历史、数学文化密切相关的。此外,有些计量单位凭借直觉或身体感觉并不能直接感受,如时间单位"年"、质量单位"克"和"吨"等,这些量的教学,应该充分利用学生的日常生活经验,用熟悉的事物来比拟。例如,作为时间单位的"年"的量值怎么解释呢?"365 天或 366 天的时长是一年""从

1月1日到这一年的12月31日就是一年""从今年我过生日到明年我过生日的时长大约也是一年"等表述都是可以的。作为质量单位的"克",因为太轻了,不容易感受,可以通过"2分钱的硬币大约重1克""5分钱的硬币大约重3克""1元钱的硬币大约重6克"等学生身边熟悉的小物品,能很好地帮助学生获得直觉经验。随着学生经验的累积和逻辑思维的发展,这方面的学习能力也会逐渐增强。

3. 注重量与量之间的结构关联

数学是整体的、联系的、逻辑的。数学的整体性、关联性、逻辑性主要表现在数学知识的系统和结构。任何数学内容都来自某一系统,从属于某一结构,从结构的角度来把握所学习的数学内容,不仅能凸显内容的实质,建立内容之间的联系,让纷繁芜杂的数学知识变得精简,而且利于学生形成"从结构的角度把握事物本质"的结构化思维。数学学习一旦有了整体性思维和结构化思维,就会事半功倍。常见的量虽然"点"很多,但也就那么几根"线",且这几根"线"之间也存有联系。因此,在教学设计时,要多瞻前顾后,多承前启后,抓住知识链条中的某个核心要素,通过演绎和推理,直至看到整个知识结构的全貌。这方面还要注意抓早抓巧,在一年级认识人民币时就注重这方面的渗透,到了二年级学习长度单位时再进行点拨和强化,这样,到了三年级时学生就开始萌生自己建构某种计量单位体系的念头,慢慢地,慢慢地,随着年级的升高和学习经验的积累,结构化思维的种子就会破土、开花、结果了。

实践练习

1. 对质量单位做一次研究,整理出质量单位图解表。

2. 以下是北师大版义务教育教科书《数学》(三年级上册)"年、月、日"单元的起始课教材,请完成一篇本课的教学设计。

七　年、月、日

看日历

● 说一说，关于年、月、日，你知道些什么？

> 一年有 12 个月……

> 我的生日是 5 月 20 日，今年的春节是……

● 观察附页 1，把 2013～2016 年各月份的天数记录在表格中，你发现了什么？

月份	1	2	3	4	5	6	7	8	9	10	11	12
2013 年												
2014 年												
2015 年												
2016 年												

> 1，3，5，7，8，10，12 月都有 31 天。4，6，9，11 月都有 30 天。2 月份的天数不一样。

> 有 31 天的月份是大月，有 30 天的月份是小月。2 月有 28 天的年份是平年，2 月有 29 天的年份是闰年。

● 看一看，记一记，并与同伴说一说。

> 拳头记忆法。
>
> 7 6 　5 4 3 2 1
> 　8 9 10 11 12

> 歌诀记忆法。
>
> 一三五七八十腊（12 月），
> 三十一天永不差；
> 四六九冬（11 月）三十日；
> 平年二月二十八，
> 闰年二月把一加。

67

试一试

● 把附页 2 中 2009～2016 年 2 月份的天数记录在表格中，你发现了什么？

年份	2009	2010	2011	2012	2013	2014	2015	2016
2 月份天数								

一般每 4 年里有一个闰年。

2012 年是闰年，2016 年也是闰年……

● 把下表中是闰年的年份涂上颜色。

2016	2017	2018	2019	2020	2021	2022	2023	2024	2025

你知道自己 18 岁那一年是平年还是闰年吗？

● 平年一年有多少天？闰年呢？

练一练

1. 从今年的年历中找一找。

(1) 国际儿童节是 ____ 月 ____ 日，星期 ____ 。

(2) ____ 月 ____ 日是国庆节，星期 ____ 。
中华人民共和国是 1949 年成立的，到今年的 10 月 1 日是 ____ 周年。

(3) 用彩笔在年历上圈出爸爸、妈妈的生日，并说一说他们生日所在的月份是大月还是小月。

2. 填一填。

第 29 届夏季奥林匹克运动会于 ____ 年 ____ 月 ____ 日在北京开幕，历时 16 天，于 ____ 月 ____ 日胜利闭幕。

3. 1996~2010 年中有几个闰年？找一找，写一写。

1996 年是闰年。

4. 说一说。

(1) 今年是平年还是闰年？

(2) 今年上半年共有（ ）天，全年共有（ ）天。

5. 统计本班同学在哪个月出生的人数最多，并制作今年这个月的月历。

（ ）年（ ）月						
星期日	星期一	星期二	星期三	星期四	星期五	星期六

(1) 这个月是大月还是小月？有几个星期日？

(2) 下一个月的第一天是 ____ 月 ____ 日，星期 ____ 。

(3) 把在这个月出生的同学的生日标在上面，比一比，谁最大，谁最小，相差多少天？

6. 猜生日。

我的生日是一年的倒数第三天。

你们的生日都是哪一天？

我刚过完生日，是 9 月份的最后一天。

(1) 与同伴也做一做猜生日的游戏吧。

(2) 奇思满 12 岁时，只过了 3 个生日，他的生日是 ____ 月 ____ 日。

你知道吗

我们通常所说的一年 365 天其实是个大约的数，准确的应是 365 日 5 时 48 分 46 秒。为了方便，人们把一年定为 365 日，叫作平年。这样每四年就比准确时间少了近 1 天。为弥补这个差值，就在这一年的 2 月多加 1 天，这一年就是 366 日，这样的年份被称为闰年。还规定，凡遇末尾数字为两个 0 的年份，能被 400 整除的才是闰年，如 2000 年是闰年，而 1700 年则不是闰年。

69

第四章

代数初步知识

现行小学数学中的代数初步知识包括"式与方程"和"正比例、反比例"两个内容模块,是沟通算术知识与代数知识的桥梁。这些内容的学习,对发展小学生的符号意识、实现从算术思维到代数思维的初步过渡,具有不可替代的作用。

内容透析

◆ 学科维度

"式与方程"主要包括用字母表示数和简易方程两个部分。

用字母表示数是代数的发端,是学生由算术思维走向代数思维发展的起点。弗赖登塔尔曾指出:字母作为数学符号有两种作用[①]。首先,字母作为专用名词,如 π 表示一个完全确定的数。其次,字母可作为不确定的名词,就像日常生活中的"人",可以表示所有的人。在小学数学中,字母表示的数主要包括以下五种情形:一是常数,如圆周率 π;二是变数,如表达式 $8+m$ 中的字母 m;三是未知数,如方程中的字母 x,y 等;四是运算律,如 $a+b=b+a$;五是公式,如路程计算公式 $s=vt$。

由数字、字母、运算符号可以串联而成代数式,它与算式的含义和作用不同。算式是在求解数学问题过程中形成的运算关系结构,在数值上表示问题的求解结果;代数式是分析数学问题过程中形成的对象关系结构,可以表示问题的求解结果,但更多场合只是充当转译角色,是文字语言内含数学含义的符号化表示,本身不一定直接表示问题的求解结果。

方程是刻画现实世界中等量关系的重要模型,它使得数学应用题的解决更为容易、更有效率。在求解数学应用题时,首先将待求未知量用字母表示,将字母表示的未知量暂时视同已知量,并与问题中的其他已知量一同分析,寻找各种量之间的等量关系,列出含有字母未知量的等式即方程;然后运用基于等式性质的抽象法则,对方程实施一系列的变形推演,得出字母未知量的数值即方程的解;最后对方程的解进行意义还原,得到原应用题的解。方程工具的使用,使得应用题的获解成功率大为提高。方程解法将应用题的求解过程分解为列方程和解方程两步,与算术解法相比难度明显降低。算术解法的困难在于算式的构建,为了获得表示所求量的运算关系结构,通常需要在方向不明的情况下,尝试寻找条件之间各种或明或暗的相关组合,并按多重因果关系联结成从已知通向未知的算式结构。其间只要一个关系未能发现或一个步骤理解偏差,就可能因思维受阻而前功尽弃。方程解法则要简单得多,当用字母

[①] 陈雪梅,高志红,刘月艳. 小学数学课程与教学论[M]. 北京:北京师范大学出版社,2016:138.

表示未知量让其获得与已知量同等的具体形式后,只要找出问题中与字母未知量相关的一个等量关系即可列出所需方程,通常这并不困难,而解方程一般只需按照相对固定程序操作即可。

"正比例、反比例"主要包括比和比例、正比例和反比例两个部分。

"比和比例"部分的基本概念是"比",它是该部分最难理解、最易混淆的概念。为了获得对"比"的深度理解,可从以下 3 个角度解析。

一是从数量关系表示的角度。表示两个数量之间的关系有两种方法:一种是用倍数关系间接表示,即将一个数量视为基准量,运用除法求得另一个量是这个基准量的几倍(倍数可能是整数、小数或分数);另一种是用原始数值直接表示,即将两个数量的数值并列排放并在其间添加":",用这种符号表示两个数量之间的关系。数学上将这个符号称为"比",这时它也只是一个符号而已,与除法和分数并无直接关联。因此,有些小学数学教科书将"两个数的比"等同于"两个数相除"是值得商榷的。

二是从数值运算的角度。在引入了比值概念后,"比"便有了运算属性,因为比值是"比"的前项除以后项所得的商,所以"比"与除法算式便建立了对应关系。比的前项、后项和比值分别对应于除法算式中的被除数、除数和商,从而"比"就可以视为除法算式的另一种表示形式。鉴于分数与除法的关系,"比"也可以视为分数的另一种表示。即使如此,"两个数的比"在内涵上仍然不能等同于"两个数相除",前者是两个数量之间关系的直观表示,后者是为了得到两个数量之间关系的"倍数表示"而实施的运算;前者表示数学对象关系,后者表示数学运算过程。

三是从推广拓展的角度。"比"虽然是在研究两个数量之间关系的表示方法过程中引进的,但可通过简单推广后表示两个以上数量之间的关系;通过相除得到的"倍数表示"一次只能表示两个数量之间的关系,很难通过推广使其一次表示两个以上数量之间的关系。因此,在表示数量之间的关系方面,"比"与"倍数表示"相比,更具有一般性。

"正比例和反比例"是初中正比例函数、反比例函数的雏形,刻画了相关联的两个量在同一变化过程中发生变化的因果关系和变化方式。小学教科书一般用两个变量对应数值的比值一定来定义成正比例的量,用两个变量对应数值的积一定来定义成反比例的量。这种过于形式化的定义,小学生往往难以理解。虽然小学生能够记住这两个定义,也会据此对成正比例的量和成反比例的量做出正确判断,但小学生不明白它们与比例有何关联,特别对成反比例的量,他们心中的谜团就更大。要解开小学生的谜团,必须深入考察两个量的具体变化方式,揭示蕴含其中的变化规律。事实上,对于成正比例的两个量,在变化过程中一个量扩大(缩小)多少倍另一个量也跟着扩大(缩小)多少倍,即一个量发生变化时另一个量沿相同方向(即两者同时扩大或同时缩小)发生同等比例的变化,因此有理由称之为成正比例的量;对于成反比例的两个量,在变化过程中一个量扩大(缩小)多少倍另一个量反而缩小(扩大)多少倍,即一个量发生变化时另一个量沿着相反方向(即前者扩大后者缩小或前者缩小后者扩大)发生同等比例的变化,因此有理由称之为成反比例的量。

◆ **课标维度**

式与方程

《课标(2011 年版)》在课程内容部分将"式与方程"安排在第二学段,包括以下 4 条:

1. 在具体情境中能用字母表示数。

2. 结合简单的实际情境,了解等量关系,并能用字母表示。

3. 能用方程表示简单情境中的等量关系(如 $3x+2=5$，$2x-x=3$)，了解方程的作用。

4. 了解等式的性质，能用等式的性质解简单的方程。

下面从 3 个方面解析以上条目表达的具体含义：

第一，从知识要点方面考察。"式与方程"包含"用字母表示数""简单的方程"两个主要知识点和"等量关系""等式的性质"两个隐含知识点。

第二，从课程目标方面分析。"式与方程"包含"了解""能"(与"掌握"水平相当)两个层次的结果目标，即了解等量关系、方程的作用、等式的性质，能用字母表示数(包括等量关系中的未知数)、用方程表示等量关系、用等式的性质解简单的方程。

第三，从教学过程方面思考。"式与方程"要求创设 3 种教学情境：用字母表示数的教学，要求创设具体情境；等量关系的教学要求创设实际情境；方程的教学要求创设简单情境。这样表达，不只是为了避免语词方面的单调重复，更重要的是不同的用词在语义上也存在差异。"具体情境"是相对于"抽象情境"而言的，因为它易于感知、易于理解，多用于抽象知识的教学；"实际情境"是相对于"理论情境"而言的，它由对现实世界中的事物选择和加工而成，最本质的特征是客观存在性，在教学与客观规律相关的知识时，一般采用这种情境；"简单情境"是相对于"复杂情境"而言的，对学生感到困难的教学内容，常用这种情境降低学习难度。因为用字母表示数对于小学生来说是抽象的，方程对于小学生来说是困难的，等量关系属于客观存在的规律，因此需要根据内容的不同属性创设不同的教学情境。

正比例、反比例

《课标(2011 年版)》在课程内容部分将"正比例、反比例"安排在第二学段，包括以下 4 条：

1. 在实际情境中理解比及按比例分配的含义，并能解决简单的问题。

2. 通过具体情境，认识成正比例的量和成反比例的量。

3. 会根据给出的正比例关系的数据在方格纸上画图，并会根据其中一个量的值估计另一个量的值。

4. 能找出生活中成正比例和成反比例关系的实例，并交流。

对于《课标(2011 年版)》的以上条目，仅做两点解释：

第一，条目中涉及的"比""按比例分配""正比例""反比例"等概念对小学生来说都比较抽象，因此都要求教学时设置相应的情境。

第二，"比"及"按比例分配"的学习目标定位在"掌握"水平，"正比例""反比例"的学习目标总体上定位在"理解"水平。对正比例关系则提出了更高要求：根据给出的数据在方格纸上画图，根据相应图形由一个量的值估计另一个量的值。目的是为了适时渗透数形结合的思想和图形分析的方法。

◆ 教材维度

式与方程是代数学习的开端，正反比例是学生从对"数量"的理解转向对"关系"的探讨的开始。各版本教材对于相关内容的编排基本是一致的，参照课标的要求都安排在第二学段，不同版本的教材在细节上略有差别。

人教版：

五上：用字母表示数；方程的意义；解方程。

六上：进一步运用方程解决问题；比的意义；比的基本性质；比的应用。

六下：比例的意义和基本性质；正比例和反比例的意义；比例的应用。

北师大版：

四下：用字母表示数；认识方程；等式的性质；解简单的方程，如 $2x+3=5$。

五上：运用方程解决问题。

五下：解简单的方程，如 $3x-2x=3$。

六上：运用方程解决简单的百分数问题；比的认识；比的简化；比的应用。

六下：比例的认识；正比例和反比例的认识；比例尺的认识；图形的放缩。

苏教版：

四下：字母表示数。

五下：认识方程；等式的性质；解简单的方程，如 $2x+3=5$。

六上：解简单的方程，如 $3x-2x=3$；进一步运用方程解决问题；认识比（比的认识、化简、应用）。

六下：运用方程解决简单的百分数问题；比例；正比例和反比例。

这部分内容是学生学习数学的重要转折点，即从算术的学习转向代数的学习，它们是后续学习数学的重要基础。以上几种教材关于该部分内容的知识结构如下图[①]。

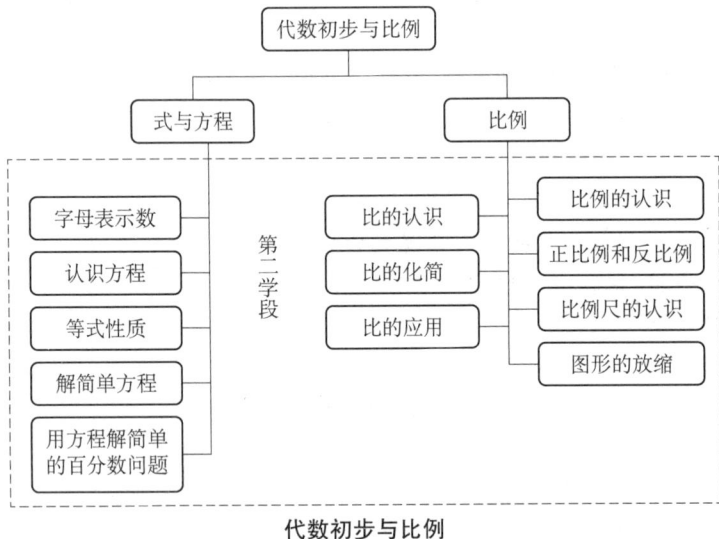

代数初步与比例

案例研讨

◀◀ 案例 4-1："用字母表示数"教学设计[②] ▶▶

教学内容

北师大版义务教育教科书《数学》（四年级下册）第 61～62 页。

教学目标

1. 结合具体情境，理解用字母表示数的意义，学会字母表示数的方法，

扫码查看
教学内容

① 石红芳，胡安波，杨梅. 小学数学核心知识及其案例分析[M]. 北京：北京师范大学出版社，2015：126.
② 该案例由郭娟妮设计，曾发表于《山西教育》，收入本书时笔者略作改动。

并能用它表示简单的数量关系。

2. 在探索用字母表示数的过程中,感受到符号的简洁美和符号化思想。

3. 激发学生学习数学的兴趣,培养良好的思考和探索的习惯。

教学重点

理解字母表示数的意义,学会用字母表示数的方法。

教学难点

理解含有字母的式子既表示结果也表示关系。

教学过程

一、谈话导入

说一说在生活中见过哪些字母,它们表示什么意思? 为什么要用字母表示呢? 老师也找了一些,一起看大屏幕,看看在这里字母又表示什么意思?

看来,字母的用处真不小,今天,咱们就试着从数学的角度来研究字母,看看怎样用字母表示数,为什么要用字母表示数?

【设计说明:让学生举例,展示学生熟悉的事物,体会字母在生活中的用途十分广泛,且能表示一个个具体的数,从而调动学生的学习兴趣,体会数学知识来源于生活。】

二、在情境中体验

活动一:数青蛙

1. 情境导入。

我们先来欣赏一幅图(出示课件):在这春暖花开的时节,小鱼儿在水里自由自在地游着,蝴蝶在空中自由自在地飞着,可爱的小青蛙也赶来凑热闹了,瞧,它们来了,还带来了一个问题。

出示:1 只青蛙( )张嘴,2 只青蛙( )张嘴,3 只青蛙( )张嘴。

你发现了什么规律吗? 你能根据规律继续编下去吗? 谁能用一句话表示出这首儿歌?(几只青蛙几张嘴)

同学们想得真好,想到用文字来概括。在数学上我们还可以用什么来简洁地表示数呢? 如果我用字母 n 表示青蛙的只数(出示:n 只青蛙),那么 n 只青蛙多少张嘴呢? (出示:n 只青蛙 n 张嘴。)

【设计说明:让每个学生都说一说青蛙只数与嘴的张数,学生越说越多,渐渐感觉这样说下去永远也说不完,于是产生寻找简洁表示方法的需求动机。这不仅可以激发学生的探索欲望,还能让他们体会字母表示数的必要性和优越性。】

2. 编儿歌。

学生编:1 只青蛙( )只眼睛( )条腿,2 只青蛙( )只眼睛( )条腿,3 只青蛙( )只眼睛( )条腿。

你发现青蛙的只数和眼睛的只数这两个量之间有什么关系? 青蛙的只数和腿的条数之间有什么关系? 根据你发现的规律,谁能继续编一编儿歌?

课件出示:a 只青蛙 a 张嘴,( )只眼睛( )条腿。

"$2 \times a$"在这里表示什么?"2"表示什么?

"a"表示什么? 那么"$4 \times a$"表示什么呢?

现在我们把这首儿歌快速地读一遍好吗? 你有什么感受? 让我们再听听智慧小博士是

怎么说的(用课件出示智慧小博士介绍简便方式)。

【设计说明:会用字母表示青蛙的只数与嘴的张数,并不意味着学生就理解并学会了用字母表示数,因为青蛙的只数与嘴的张数相等即为同一个数,很可能像过去用圆圈、三角形表示数一样,学生只是多了一个表示数的代号而已。在分析了青蛙只数与眼睛只数以及腿的条数之间的数量关系之后,在确定用字母 a 表示青蛙只数与嘴的张数的条件下,安排探索青蛙眼睛只数与腿的条数的字母表示形式——$2×a$、$4×a$,既可以让小学生知道字母除了表示数外,也可以表示数量关系,又可以让他们理解含有字母的式子也可以直接表示所求的结果。】

活动二:猜年龄

1. 游戏导入。

你能猜出老师多少岁吗?

大家猜得都不对,其实只要我告诉你们一句话,你们肯定一下就猜到了,想知道吗?

我比小明大 19 岁,我多少岁了? 你能用一个式子表示出老师的年龄吗?(用字母 a 表示小明的岁数,老师的岁数就是 $a+19$。)

当小明 1 岁时,老师多少岁? 当小明 10 岁时,老师多少岁? 当小明 20 岁时,老师多少岁?

2. 探索方法。

你能像老师这样设想一下小明同学几岁时,老师几岁吗? 这个 a 可以是 200 吗? 为什么?

老师上网查了资料,人类目前最高寿命是 136 岁,看来用含有字母的式子表示数量的时候,字母所取的数值,要符合生活实际。

3. 应用。

现在用 b 表示老师的年龄,根据刚才的数量关系,你能用含有字母的式子表示小明的年龄吗?"$b-19$"中的 b 表示什么?"$b-19$"表示什么? 通过"$b-19$"你还能看出什么?

【设计说明:把教材情境中"猜妈妈年龄"换成"猜老师年龄",更贴近课堂教学场景,可以激发小学生的参与热情;设计用含有字母的式子表示小明年龄的变式练习,可以培养小学生运用字母表示数及数量关系的灵活性,深化对用字母表示数意义的理解。】

三、全课总结

字母表示数的作用这么大,那么历史上是谁先想到用字母表示数的呢? 一起来认识一下这位伟大的科学家(出示课件)。

【设计说明:数学史的介绍可以凸显数学学习内在的亲和力,增强数学学习的丰富性和体验性,同时对学生来说也是一个调节。】

四、课堂练习

第一馆:体育馆(出示课件)。

(1) 姚明所在的火箭队上个赛季共参加了 82 场比赛,其中赢了 b 场,输了( )场。

(2) 在某场比赛中姚明得了 27 分,同队的其他球员共得了 x 分,这场比赛全队共得了( )分。

(3) 姚明在某场比赛中共投进了 b 个三分球,三分球共得了( )分。

第二馆：生活馆（出示课件）。

公交车上原来有 15 人，到轻工市场下去 x 人，又上来 y 人，现在车上有（　　）人。我认为 x 可能是（　　）人，y 可能是（　　）人。

第三馆：图形馆（出示课件）。

（1）出示正方形：如果正方形的边长用 a 表示，周长用 c 表示，面积用 s 表示，你能用字母表示正方形周长和面积公式吗？

（2）比较 $2a$ 和 a^2 之间的不同。

① 下面哪个式子可以写成 4a？（　　）

A．$4+a$　　B．$4\times a$

② 下面哪个式子可以写成 6^2？（　　）

A．$6+6$　　B．2×6　　C．6×6

③ 下面哪个式子可以写成 a^2？（　　）

A．$a+a$　　B．$2\times a$　　C．$a\times a$

【设计说明：通过设置情境练习，让小学生体验参与数学活动的喜悦感与成就感，激发用字母表示数的兴趣，进一步理解用字母表示数的方法与意义，体会字母在生活中的广泛应用。】

案例 4－2："方程的初步认识"教学实录[①]

教学内容

人教版义务教育教科书《数学》（五年级上册）第 62～63 页。

教学目标

1. 理解等式和方程的意义，体会方程与等式之间的关系，会用方程表示简单情境中的等量关系。

2. 在自主探索与合作交流中，经历将现实问题抽象成等式与方程的过程，积累将现实世界中的等量关系数学化、符号化的活动经验。

3. 在丰富的问题情境中感受生活中大量存在的等量关系，体会方程是刻画现实世界中等量关系的数学模型，初步体验方程思想。

教学重点

理解并掌握方程的含义，会列方程表示简单的数量关系。

教学难点

用方程的思想刻画简单情境中的等量关系。

教学过程

一、建立方程概念

1. 利用天平（教具），感悟等号可以表示一组相等关系。

师：今天的学习我们得借助一个朋友。我把它带来了，想知道它是谁吗？（教师在黑板上贴天平图。）

---

① 该案例由陈千举设计，曾发表于《品课·小学数学卷 001》，收入本书时笔者略作改动。

师：今天的数学课我们也来用一用天平，看看从天平中能读到哪些数学信息，好不好？（贴教具"50 克砝码"）这是多少克？

生：50 克。

师：这是右边的情况，我们再观察左边，又放了两个砝码（20 克和 30 克）。现在你能说说天平是什么状态吗？为什么？

生：平衡。因为两边的砝码一样重。

师：能用一个数学的式子表示"天平平衡"这个状态吗？

生：右边 50 克，左边是 20 加 30，也是 50 克。

师：这样表达行不行？（教师在黑板上贴"20＋30＝50"。）

生：可以。

师：一个数学的式子就能说明天平现在的状态。再观察，（拿掉一个 30 克的砝码）这个时候天平会怎样？

生：不平衡（学生调整天平）。

师：是这样吗？为什么？

生：50＞20 或者说 20＜50（教师在黑板上贴"20＜50"）。

师：接着看，（在 20 克砝码旁边贴一个核桃图片）这个时候天平可能会怎样？

生：有可能平衡。

师：就这一种可能吗？

生：有可能右边还是重，也有可能左边重。

师：我们刚才说了 3 种可能的状态，能用数学式子表示这 3 种可能的状态吗？

生：$20＋x＜50$，$20＋x＝50$，$20＋x＞50$。

师：我不明白，那明明是个核桃，怎么出来个 x？

生：核桃可以当成未知数。

师：因为我没有告诉你重量，对吗？真好，特别会学习。前面已学过，不知道的数可以用字母来表示，我们在这里用到了（学生到前面调试天平，大家用数学式子表示天平的每一种状态）。

师：假如现在天平处于平衡状态，应该用哪个算式表示？

生：$20＋x＝50$。

师：陈老师给你们带来的这个朋友有用吧？它让我们读出了数学信息，左右相等的关系我们可以用什么来连接？

生：等号。

师：如果左右不相等，我们就用大于号或者小于号。今后你们还会学到别的符号，也能表示不相等的关系。

【实时评析：把"天平"制作成教具，让学生在熟悉中多了些许新鲜感。天平教具在表达左右等量关系上的作用比真实的天平更易于操作，从而使学生可以清晰观察天平，亲自操作天平，欣然交流感受，初步关注到天平左右两边等与不等的关系。】

2. 寻找等量关系，列等式，认识方程。

（1）认识平衡。

师：看屏幕上的天平，此时两个天平都是平衡的。能马上看出来左右两边谁和谁相等吗？同桌讨论，然后再回答。

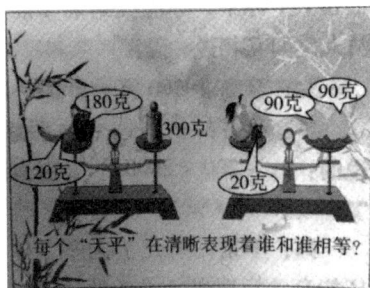

生：香蕉和苹果的重量等于 300 克。

师：能具体点吗？如果有数据，能不能就用数据表示谁和谁相等？

生：$180+120=300$。

师：第二个天平呢？

生：草莓 20 克加上梨的克数 x 克，等于 2 个桃子克数的和是 180 克。

师：听明白了吗？用字母也可以表示(教师贴教具"$20+x=90+90$")。

师：天平特别能让人看出谁和谁相等，增加点难度。离开天平，我看你们还行不行。

(2) 找到等式。

师：下图可不是天平了，你们能像天平那样找到谁跟谁相等吗？

生：380 除以 4 等于 x。

师：你是怎么想的？

生：总重量除以月饼的个数，得到一块月饼的重量。

师：明白了，你是求一块月拼有多重。谁再说说？

生：$4x$ 等于 380。

师：能明白她的意思吗？我们也放到天平上，$4x$ 等于 380，谁在天平的左边？

生：4 个月饼。

师：那 380 呢？

生：在右边。

师：4 个月饼等于 380 克，是不是也能隐约感觉到天平的作用啊？我用圆圈代表月饼可以吗？(教师贴教具"$4\times\bigcirc=380$"。)

师：下面的图还是没有天平。你能像用天平那样马上发现左边是谁，右边是谁吗？

师：一个热水壶刚好倒满了 2 个热水瓶和 1 个杯子，我用 x 表示 1 个热水瓶的容水量，

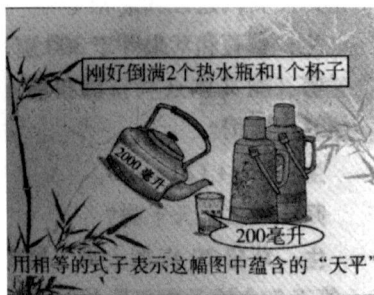

你能找到谁和谁相等吗？两人之间互相说一说。

生：$2x$ 加上 200 等于 2 000。

师：很容易找到这个关系，按你们说的，$2x+200=2\,000$。

（教师贴教具"$2x+200=2\,000$"。）

师：不错，不用天平，你们居然还能自己构造出天平的感觉，也能写出相等关系的式子了。

【实时评析：从动态"天平"感受等量关系，到静态情境抽取等式；从直观的天平到较为抽象的生活事件，这样的安排使学生的认识逐步提升。另外，在建立等量关系方面，"天平"的作用从显性开始转为隐性，从有形的天平到隐形的天平（台秤），再到离开天平找等式，逐步让学生对平衡、对等式的理解更加深刻。两个情境的提问折射出执教者的独具匠心——让学生在脑中放了架隐形的天平。】

（3）引导分类，建构方程。

师：通过陈老师带来的这个朋友以及刚才那些图，我们得到了 9 个式子。这 9 个式子都一样吗？

生：不一样。

师：你能通过分类让别人看出它们的不一样吗？前后桌 4 个人讨论一下如何分类？

师：这次回答因为是 4 个人讨论，你们汇报时最少要 2 个人，可以拿学具一边分、一边说。哪个组来？（教师请一个小组到前面展示。）

师：分成了两部分，让大家看一眼。是你们自己介绍，还是让他们猜？

生 1：自己介绍。我们把含有未知数的分成一类，没有未知数的分成一类。

师：可以吗？

生 2：可以。

师：你打算怎么分？

生 2：第一类是含有未知数的等式，第二类是等式，第三类是不等式。

师：你有什么意见？

生 3：可以把没有未知数的不等式和有未知数的不等式分开来。

师：你想把不等式再细分，也就是说你同意这个说法。你们仔细想想，不觉得这样分怪怪的吗？难道第一类不是等式吗？

生 2：第二类是没有未知数的等式。

师：这样就准确啦。刚才那个同学想把不等式细分，同样，等式也可以细分为含有未知数的和不含未知数的。

师:你们看,有不同的分法吧!我们同学这么分也对,那么分也行,分类有时候还可以再分,越分这事会越清楚(师生共同完成这一步的分类)。

师:其实我们今天学的知识就在里面。我们先观察这些相等的式子,它们是什么样的式子? 有同学已经提到啦,其实它们有名字,就是方程。)

师:你们说什么是方程啊?

生:含有未知数的等式叫方程。

师:好的,这是他的理解。

生:含有未知数和等号。

师:还有补充吗? ……你们的语言太精练啦,和我们书上说的差不多:含有未知数的等式叫方程(教师板书方程定义)。

【实时评析:在概念学习上,分类是一种非常好的学习方式。分类时人们会不断地对事物进行对比,而对比会使人们对事物间的区别和联系认识得越发清晰。本课安排学生对丰富的数学式子进行分类,在分类中锻炼学生的观察能力、表达能力,最终在学生不断的分类交流中自然抽象出方程的概念,这样他们对方程的认识、理解会更轻松自然、更深刻。】

(4) 辨析。

师:我这儿有好多个式子,哪个是方程? 哪个不是? 咱们一个一个用手势表示(学生用手势表示对错)。

提问:下面哪些是方程,哪些不是? 为什么?

$a+9$ $10+6=16$ $20+\square=100$ $2y=40$ $m+12>30$ $80-x=20\times2$

师:第一个不是方程,理由是什么?

生:没有等号。

师:说明这个不是等式。好,明白了,横着看第二个。(学生用手势表示)又不同意? 这个有等号了啊?

生:没有未知数。

师:没有未知数,但这是不是等式?

生:是。

师:是等式,但不见得是方程。那方程是不是等式啊?

生:是。

师:好,第三个(学生用手势表示)。

生:它既有未知数也是等式。

师:所以它是方程。这样说就更完整了(师生顺利完成对后3个式子的判断)。

【实时评析:对新知的及时反馈是学生真正掌握新知的重要环节,学生经历了从特殊到一般的抽象过程,再把一般性的认识与更加广泛的特殊、具体现象相联系,这样便完成了一个更加完整的认识过程,当然,也更有利于教师掌握学生的学习情况。】

二、回归生活,理解方程意义

1. 用方程讲故事。

师:下列3个方程能分别表示生活中的哪些事呢?

(出示:$20+x=100$ $2y=40$ $80-x=20\times2$)

生：能。

师：这样，咱们先以 $20+x=100$ 为例。你们想想它能表示生活中的哪些事情？现在可以和旁边的同学互相讲讲。

师：有同学一边讲一边笑呢，咯咯地笑，挺好玩。谁来给大家讲个故事？

生：买一个 20 块钱的铅笔盒，然后再买一个书包，共 100 块钱。

师：挺好，他这个故事挺简单。

生：外面有 20 个鸡蛋，冰箱里的鸡蛋加上 20 个鸡蛋，一共等于 100 个鸡蛋。

师：可以吗？还有没有？

生：有 100 个鸡蛋，其中有 20 个黑鸡蛋，其余的都是白鸡蛋。

师：能用这方程吗？

生：能。

师：另外两个方程是不是也能讲出生活中的故事？留到课后，这些故事应该不少。

生：……（略）

【实时评析：用方程讲故事，多好的安排！学生虽表达得不太到位，甚至有些不科学，但我们却不得不承认，学生在笑着面对，在试图用那些合理的和不合理的生活经验赋予一个抽象的方程合适的解释。从生活到数学，再从数学到生活，这应该是一种更完整地、充分地建立数学模型的过程。】

2. 找身边的方程。

师：孩子们，既然在这么多故事当中找到了方程，方程又能讲那么多故事，看来方程很实用，生活当中也不少。这样吧，我们现场找找方程行不行（请一个学生站在身边）？我们俩往这儿站，有没有方程？

生：有。

师：这么齐刷刷地说有方程，你们想到的是什么方程呢？请说一说。

生：$1.45+x=1.78$。

师：能说说这个方程表示的含义吗？

生：学生身高 1.45 米，老师比学生高 x 米，老师身高 1.78 米。

生：$12+x=34$。老师你今年是 34 岁，学生甲的年龄是 12 岁，你们俩相差 x 岁。

师：听明白了吗？我们俩之间有看得到的身高，也有看不到的年龄。你真会学习，把我前面说的 34 岁都用上了。还有没有其他的？

生：……（略）

【实时评析：看似信手拈来的情境，却反映出教师的精心思考。师生站在一起体现着师生的合作，师生的关系，更暗伏了师生之间大量的等量关系。这样的形式是学生所喜爱的，从学生精彩的发现中可以看出他们的思维火花被点燃了。从具体事件中发现、抽取等量关系，这将为学生今后学习列方程奠定很好的基础。当然，这个环节也让学生体会到方程普遍存在，方程近在咫尺。】

师：其实就拿身高来说，看这个信息能列出哪些方程？

（出示：同学身高 x 厘米，我们两人相差 32 厘米，陈老师的身高 180 厘米。）

生：$x=180-32$（教师板书"$x=180-32$"）。

师：我去掉一截（32 厘米）和他一样高。

生：$x+32=180$。

师：最直接的(教师板书"$x+32=180$")。

生：$180-x=32$(教师板书"$180-x=32$")。

师：一件事情我们列出了 3 个方程。你们仔细观察这 3 个方程,它们都一样吗?

生：不一样。

师：什么不一样?

生：含义不一样。

生：每一个式子代表不同的相等关系。都是围绕一个相等关系变化来的,它们等号的位置不一样。

师：仔细观察,其实 x 的位置是不是也不一样啊? 特别是 $x=180-32$,如果我擦掉 x 就是 180 减 32,熟悉吗? 而那两个方程的 x 在哪儿啊? $x=180-32$ 不是我们所学的真方程? $180-x=32$,或 $x+32=180$,或 $32+x=180$,才是真方程。

【实时评析：教师引导学生对根据师生身高所列出的 3 个不同的方程进行对比,即对算术和方程方法进行对比,使学生对方程产生更为清晰和深刻的认识。这里反映出教师对方程意义的深刻理解,而学生的理解程度往往取决于教师对数学本质的理解和认识。】

三、回顾全课,总结提升

师：孩子们,最后一项,请大家都闭上眼睛。课到尾声。回想一下上课的经过……好,眼睛可以睁开了。仔细想想,我们是不是这样学习的?(带学生梳理学习过程)最后,谁来说说这节课你有哪些新的收获?

生：我学会了方程到底是什么东西,而且方程在生活中处处都会有,要活学活用。

生：我也知道了什么是方程,知道了作业怎么做。

……

【实时评析："千金难买回头看。"对一节课所有学习环节的系统梳理,可以让学生对学习内容产生更为系统的认识,同时也培养了反思意识】

◀◀ 案例 4-3："正比例的意义"教学设计[①] ▶▶

教学内容

苏教版义务教育教科书《数学》(六年级下册)第 56～57 页。

教学目标

1. 使学生理解正比例的意义,掌握成正比例量的变化规律及特征。

2. 能根据正比例的意义判断两种相关联的量成不成正比例关系。

3. 进一步培养学生观察、比较的能力,发展学生抽象、概括的能力,渗透变与不变的辩证思想。

教学重点

结合实际情境认识成正比例量的特点,加深对成正比例量的理解。

扫码查看
教学内容

[①] 该案例由王玉东设计,曾发表于《小学数学教师》,收入本书时笔者略作改动。

教学难点

能根据正比例的意义判断两种相关联的量是否成正比例。

教学过程

一、厘清上位概念,为正比例的意义奠基

1. 出示:( ) ÷ ( ) = 6。谁来说说在括号里可以填哪些数?观察大家填写的这几组数,你有什么发现?

揭示:除数变了,被除数也随之变化,像这样一种量变化,另一种量也随之变化,我们就说这两种量是相关联的量,被除数和除数是两种相关联的量。

2. 练习:认真思考,看看下面的两种量是不是相关联的量?

(1)张师傅生产零件,生产的时间和生产的数量。

时间/时	1	2	4	6	……
数量/个	25	50	100	150	……

(2)用20元买笔记本,笔记本的单价与本数。

单价/元	1	2	4	5	……
数量/本	20	10	5	4	……

(3)一根绳子长20米,剪去的米数和还剩的米数。

剪去的米数	5	7	9	11	……
还剩的米数	15	13	11	9	……

(4)圆的周长和圆周率。

(5)小明的身高和体重。

3. 指出:数学是研究关系的学问,不相关联的量之间没有内在的联系,而相关联的量则有着内在的规律。接下来,我们就一起来研究相关联量中的一种情况。

【设计说明:正比例的上位概念是相关联的量,只有为正比例提供广阔的背景,学生才能弄清知识的来龙去脉。对于何为相关联,学生会觉得很抽象,教师从一道简单的填空题入手,让学生感受到两个变量之间的依存关系,从而清楚认识了两种相关联的量,在此基础上,让学生进一步辨析,进而深刻理解两种相关联量的含义。】

二、把握本质内涵,为正比例的意义求解

1. 引导学生发现行程问题中变量与不变量之间的关系。

一辆汽车在公路上行驶,行驶的时间和路程如下表:

时间/时	1	2	3	4	5	6	……
路程/千米	80	160	240	320	400	480	……

(1)判断:路程和时间是相关联的量吗?它们的变化有什么共同点?

（2）探究：为什么时间扩大几倍,路程也扩大相同的倍数? 它们背后的原因是什么? 你能写几组相对应的路程和时间的比,并求出比值吗? 比值 80 表示什么意思? 像这样的式子能写得完吗? 如果用一道式子来概括这些算式,该怎么写?

（3）想象：下面哪幅图能表示汽车匀速行驶时的路程和时间之间的关系?

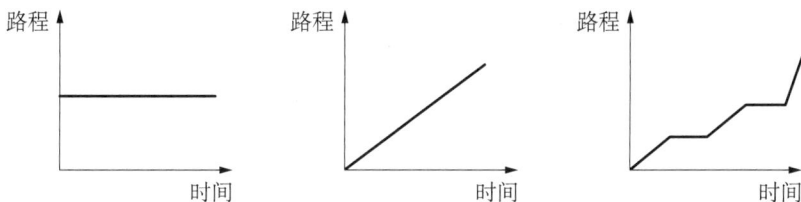

（4）阅读：在这种情况下路程和时间之间有什么关系呢? 自学书本,圈一圈,画一画。

（5）归纳：路程和时间是相关联的量,当路程和相对应时间的比值总是一定(也就是速度一定)时,行驶的路程和时间成正比例关系,行驶的路程和时间是成正比例的量。

（6）揭题：这就是我们今天要学习的内容——"正比例的意义"。

【设计说明：正比例的概念是算术思维向代数思维的重大跨越,对于小学生而言非常抽象,因而让学生充分经历数据的变化过程,体会变化中的不变显得尤为重要。首先,教师引导学生借助表格中的数据,发现时间和路程的变化规律,即时间扩大几倍,路程也扩大几倍;其次,教师通过追问,让学生发现变化中的不变,即速度始终是一定的,并归纳出数量关系式;再次,借助直观图形,帮助学生建立成正比例的两种量的表象;最后,让学生自学书本,弄清路程和时间成正比例的两个必要条件。教师基于正比例的本质提出了核心问题,促使学生思维聚焦,很好地实现了知识建构。】

2. 自主探究购物情境中变量与不变量的关系。

购买一种铅笔的数量和总价如下表：

数量/支	1	2	3	4	5	6	……
总价/元	0.4	0.8	1.2				……

自学提示：

(1) 填一填,并说说总价和数量的变化情况。

(2) 算一算,总价和对应数量比值的大小相等吗?

(3) 写一写,你能用式子表示总价和对应数量之间的关系吗?

(4) 判一判,铅笔的总价和数量成正比例吗? 为什么?

【设计说明：教科书中的"试一试",旨在引导学生在另一组数量关系中继续感知正比例关系。虽然它与教科书中"例 1"的认知线索相似,但留给学生的自主空间更大。因此,教师在教学方式上选择由扶到放,让学生在模仿、借鉴中独立完成预先设计的系列问题,进而在交流中抓住成正比例量的核心要素,即铅笔总价和数量是相关联的量,总价和数量的比值一定,顺理成章地得出铅笔总价和数量成正比例的结论。】

3. 比较归纳两种成正比例量的字母表达式。

(1) 异中求同：在前面的两个问题中,成正比例的两种量都有什么共同特点?

（2）丰富感知：生活中还有类似于这样的变化中蕴含不变的规律吗？

（3）抽象概括：如果用 x、y 表示两个相关联的量，用 k 表示它们的比值，正比例关系可以如何表示？k 保持不变，可以怎么说明？

（4）适时追问：如果 x、y 成正比例，y、x 成正比例吗？

【设计说明：在研究前两个问题的基础上，让学生归纳成正比例的两种量的共同特点。到生活中寻找相似的例子，可以进一步为成正比例的量寻找例证。例证的无法穷尽，促使学生寻求更为一般的表达方法，用字母表达式表示正比例关系便成为顺理成章的结果。最后的追问通过变式训练，使学生对正比例关系本质内涵的认识达到了一个新的高度。】

三、深化理性认识，为正比例的意义扩容

1. 在游戏中深化理解正比例的意义。

（1）还记得《数青蛙》的儿歌吗？一起来说说看：一只青蛙一张嘴，两只眼睛四条腿；两只青蛙两张嘴，四只眼睛四条腿……

（2）形成表格。

青蛙只数	嘴的张数	眼的只数	脚的条数
1	1	2	4
2	2	4	8
……	……	……	……

（3）观察表格，想一想表格中哪两种量是成正比例的量？

2. 在比较中深化理解正比例的意义。

（1）出示材料。

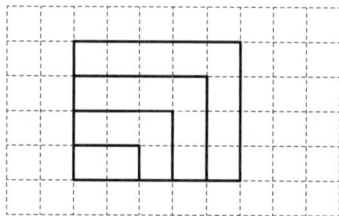

长/cm	2	3	4	5
宽/cm	1	2	3	4

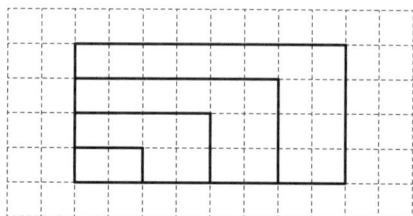

长/cm	2	4	6	8
宽/cm	1	2	3	4

（2）对比交流：左图和右图中的长和宽都是成正比例的量吗？为什么？

（3）归纳小结：成正比例的量必须符合两个条件，这两种量必须是相关联的量，而且它们对应的比值必须是一定的。

3. 在联想中深化理解正比例的意义。

（1）出示几本同样的数学书，追问：这几本数学书有哪些量是一定的？

（2）你能想到成正比例的量吗？（数学书的体积和数学书的本数成正比例，数学书的总价和数学书的本数成正比例，数学书的总页数和数学书的本数成正比例，数学书的厚度和数学书的本数成正比例,数学书的总重量和数学书的本数成正比例……)

4. 在回顾中深化理解正比例的意义。

我们再回到课始的几种量,他们是成正比例的量吗? 为什么?

【设计说明:学生概念的形成离不开多样的、富有层次的练习。游戏环节使得数学知识"好吃又有营养","好吃"是因为儿歌是儿童喜欢的形式,"有营养"是因为这则儿歌有着丰富的内涵,有利于儿童深化对正比例的理解。正例和反例的运用,一方面可以让学生抓住正比例的核心要素"比值一定";另一方面让学生意识到正比例不仅存在于数量之中,也存在于图形之中。通过几本数学书让学生联想成正比例的量,既拓展了学生的思维空间,从封闭到抽象;又提高了抽象的程度,从表格到文字。而对于课始问题的判断,使得课堂首尾呼应,又加深了学生对于正比例的理解。】

四、提炼核心内容,书写心得

通过这节课的学习和研究,你对正比例的意义有怎样的认识? 请用下面的形式写下你的收获,然后再汇报:同学们,今天我探究了……,我明白了……,我还想探究……

【设计说明:采用书写个人心得、集体汇报的方式结课,有利于学生静心与自我展开对话,有利于学生生发新的问题,进而产生强烈的探究欲望。好的结课不仅要让学生带着对问题解决的满足感走出课堂,而且要让学生带着探究问题的好奇心走出课堂。】

要点提炼

从算术思维向代数思维的过渡是学生认知发展的一次飞跃。大多数小学生都不可能自然而然、简简单单地就完成这个过渡。因此,在教学设计中,需要创设相应情境,让每一个小学生都有机会体会从算术思维到代数思维的过渡过程,逐渐形成函数思想和代数思维。

1. "用字母表示数"的教学设计要突出符号意识

用数表示具体事物的数量是数学上的一次抽象,用字母表示数是数学上的又一次抽象。对小学生来说,完成这次抽象具有一定的挑战性。因此,在"用字母表示数"的教学设计中,要突出符号意识:一要通过字母表达与语言描述之间的转换,让小学生理解字母以及含有字母的表达式既可表示已知数也可表示待求数,既可表示数量关系也可表示求解结果,还可表示数学规律,从而理解字母以及字母表达式所表示的丰富内涵;二要创设相应情境强化小学生运用字母符号表征问题的意识,逐渐养成用字母表达式表征数量关系和数学规律的习惯;三是要在解决问题的过程中让小学生明白,字母或字母表达式可以看成已知数或已知条件,直接参与运算和推理,而且据此得到的结论具有一般性。

2. "简易方程"的教学设计要体现结构化思维

方程是在分析所求问题、表征数量关系中形成的对象关系结构,其中的"="与算术中的等号不同,它不只是表示求解结果,更重要的是表示量之间的相等关系,如可连接同一数量的两种不同表达方式,或者连接数值相等的两种数量的表达式。方程思想本质上属于一种结构化整体思维,因此,在"简易方程"的教学设计中要充分体现这一特点:在列方程教学中,要注重让小学生经历"从问题情境中蕴含的等量关系"到"自然语言表达的等式",再到"数学符号表达的方程"两次转化过程,既要注意引导小学生从变化的问题情境中发现隐含的等量关系,又要注意引导小学生根据具体问题灵活运用"总价＝单价×数量""路程＝速度×时间""总量＝部分量＋部分量"等常见等量关系,以发展小学生的结构化思维品质;在解方程教学中,虽然小学生可用四则运算各部分关系这一算术方法求出多数方程的解,但教师绝不能因此迁就,而要着重引导小学生运用基于等式性质的抽象法则,通过方程实施一系列的变形推演求出方程的解,以训练小学生的整体性思维习惯。

3. "认识比"的教学设计要注重新旧知识联系

比的知识比较特殊,它与小学生已经学习的除法、分数、倍等众多旧知既非常接近又存在差异,使得比的学习既有十分丰富的知识背景又有较为强大的负向干扰。因此,在"认识比"的教学设计中,要恰当利用新旧知识的这种特殊关系,达到趋利避害的效果。一方面,在比的概念教学中,注重与相关旧知的差异分析,在比较中凸显比的本质特征;另一方面,在比的性质与应用教学中,注重与商不变的规律、分数的基本性质、除法和分数应用题等相关旧知的内在沟联,在联系中形成整体融通的知识结构。

4. "正比例、反比例"的教学设计要着眼变化过程

对于成正比例的量和成反比例的量的理解,许多小学生停留在对定义中"比值一定"和"乘积一定"的数值计算阶段,虽然他们能够依据数值计算和结果比对正确判断成正比例的量和成反比例的量,但因未能体会蕴含其中的对应思想和函数观念,所以思维水平未能突破常量数学层次并走向变量数学阶段。因此,"正比例、反比例"的教学设计要着眼变化过程,通过分析相关联的两个量发生变化的因果关系和观察变化方式,让小学生经历正反比例这两种刻画变量关系重要模型的抽象概括过程,感受对应思想和函数观念,逐渐形成变量数学的思维方式。

实践操作

1. 有人认为,在解 $2x+5＝11$ 这样的方程时,还是用四则运算各部分之间的关系来思考比较方便,没有必要教学用等式的性质解方程。你觉得这种想法对吗? 为什么?

2. 这是某版本教材关于反比例的内容,请据此设计出这节课的教学过程,并简述设计意图。

正比例和反比例

③ 用60元购买笔记本，购买笔记本的单价和数量如下表：

单价/(元/本)	1	2	3	4	5	6	…
数量/本	60	30	20	15	12	10	…

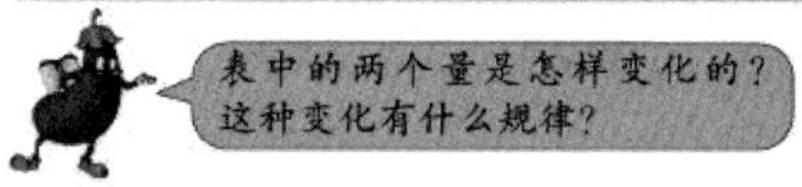

表中的两个量是怎样变化的？这种变化有什么规律？

购买笔记本的数量随着单价的变化而变化。

笔记本的单价越低，购买的本数越多；单价越高……

$1 \times 60 = 60$，
$2 \times 30 = 60$……
笔记本的总价不变。

我们可以用下面的式子表示这几个量之间的关系：

单价 × 数量 = 总价（一定）

单价和数量是两种相关联的量，单价变化，数量也随着变化。当单价和数量的积总是一定（也就是总价一定）时，笔记本的单价和购买的数量成反比例关系，笔记本的单价和购买的数量是成反比例的量。

试一试

生产240个零件，工作效率*和工作时间如下表：

工作效率/(个/时)	120	80	60	48	40	…
工作时间/时	2	3	4			…

（1）填写上表，说说工作时间是随着哪个量的变化而变化的。

（2）相对应的两个数的乘积各是多少？

（3）这个乘积表示的实际意义是什么？你能用式子表示它与工作效率、工作时间之间的关系吗？

（4）工作效率和工作时间成反比例吗？为什么？

———————————
＊工作效率是指单位时间内完成的工作量。

正比例和反比例

如果用 x 和 y 表示两种相关联的量，用 k 表示它们的积，反比例关系可以用下面的式子表示：

$$x \times y = k(\text{一定})$$

生活中还有哪些成反比例的量？你能举例说一说吗？

练一练

1. 糖果厂生产一批水果糖。把这些水果糖平均分装在若干个袋子里，每袋装的粒数和装的袋数如下表：

每袋装的粒数	12	15	20	24	30	...
装的袋数	500	400	300	250	200	...

（1）写出几组相对应的每袋粒数和袋数的积，比较积的大小。

（2）每袋装的粒数和袋数成反比例吗？为什么？

2. 工地要运一批水泥，每天运的吨数和需要的天数如下表：

每天运的吨数	72	36	24	18	12	...
需要的天数	1	2	3	4	6	...

每天运的吨数和需要的天数成反比例吗？为什么？

你知道吗

反比例关系也可以用图像来表示。例如，下表中 x 和 y 两个量成反比例，可以用右边的图像表示。

x	1	2	3	4	5	6
y	60	30	20	15	12	10

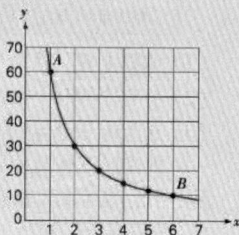

62

第五章 探索规律

数学是研究数量关系和空间形式的科学①。无论是数学中的抽象、推理,还是数学中的建模,数学总是研究千变万化中不变的关系②,或者从广义上说,数学本质上就是探索规律的一门科学。基于此,各种版本的小学数学教材除了在例题中探索规律、在练习中渗透规律外,都精心安排了各种"探索规律"的专题内容。对于小学生而言,掌握探索规律的初步方法对于今后的学习和生活,有着举足轻重的作用。

内容透析

◆ 学科维度

数学具有高度的抽象性、逻辑的严谨性和广泛的应用性三大特点。无论在数学的抽象活动中,还是在数学的推理活动中以及数学的应用实践活动中,规律都是如影随相的。

首先,数学抽象本质上就是揭示规律。任何学科的理论都具有抽象性,但数学抽象的不同之处在于它撇开了事物的具体内容,纯粹研究事物的数量关系和空间形式③,是抽象中的抽象。在从具体事物抽象出数学概念、法则、公式、性质、定理的过程中,无论是数学的开创者还是数学的学习者,都需要探寻隐含在众多具体事物中的共同数学属性,这个过程其实就是在揭示规律。

其次,数学推理本质上就是研究规律。数学推理一般包括合情推理和演绎推理,合情推理通过归纳和类比等思维方法推断结果,主要用于探索思路、发现结论,是不确定的或然的推理;演绎推理按照逻辑推理的法则证明和计算,主要用于确认推断结果,是确定的、必然的推理。数学结果就是数学规律的集中体现,因此,数学推理本质上就是在研究规律。

再次,数学应用本质上就是运用规律。研究数学的目的是为了解决问题,而数学应用就是运用数学知识、数学思维、数学方法解决现实世界中各种与数量关系和空间形式相关问题的过程。数学知识、数学思维、数学方法都可以视为数学规律的不同表现形态,因此,数学应用本质上就是运用数学规律的过程。

由此可见,规律存在于数学世界的各个角落,探索规律的能力是一把打开数学学科奥秘之门的金钥匙。只有掌握探索规律的诀窍,才能用数学的眼光观察现实世界,用数学的思维

---

① 中华人民共和国教育部. 义务教育数学课程标准(2011年版)[S]. 北京:北京师范大学出版社,2012:3.

② 德国天文学家、物理学家、数学家开普勒语.

③ 曹培英. 数学是什么:学科教育视野中的数学[J]. 小学数学教育,2012(4):3—6.

分析现实世界,用数学的语言表达现实世界①,才能获得数学学科的核心素养。

◆ **课标维度**

《课标(2011年版)》关于"探索规律"的课程内容如表5-1所示。

表5-1　探索规律

学段	关于探索规律的内容标准
第一学段	探索简单情境下的变化规律
第二学段	探索给定情境中隐含的规律或变化趋势

尽管表述内容较少,但在第一、二学段中探索规律均作为独立的内容模块与"数的认识""数的运算""常见的量""式与方程""正比例、反比例"等板块并列,足以说明"探索规律"在小学数学课程中的重要地位。

将"探索规律"列入"数与代数"的课程内容予以表达,并不意味着其他领域毋需进行规律探索,而是因为与"图形与几何""统计与概率""综合与实践"相比,"数与代数"学习领域蕴含的规律更多、涉及的内容更广。只有多领域并举,才能最大限度地发展小学生探索规律的能力。

《课标(2011年版)》在表达"探索规律"的课程内容时,两个学段都用了"探索"这一表示过程目标的行为动词。"探索"是数学课程过程目标的最高等级,其基本含义是"独立或与他人合作参与特定的数学活动,理解或提出问题,寻求解决问题的思路,发现对象的特征及其与相关对象的区别和联系,获得一定的理性认识"。②《课标(2011年版)》关于规律内容的表述,在两个学段中具有明显的层次性:第一学段只要求"简单情境下的变化规律",如数字、字母或图形的排列规律;第二学段则要求"给定情境中隐含的规律或变化趋势",如一段文字情境中蕴含的数学关系。第一学段的情境比较直白,学生易于感知,规律易于发现;第二学段的情境比较复杂,规律比较隐蔽,需要学生具有更高的理解力和探索力。

《课标(2011年版)》在课程设计思路部分明确提出:"在数学课程中,应当注重发展学生的数感、符号意识、空间观念、几何直观、数据分析观念、运算能力、推理能力和模型思想。为了适应时代发展对人才培养的需要,数学课程还要特别注重发展学生的应用意识和创新意识。"③由此可见,数感、符号意识、空间观念、几何直观、数据分析观念、运算能力、推理能力、模型思想、应用意识、创新意识,这10个方面是小学数学课程必须着力发展的数学核心素养。这些核心素养,仅仅依靠数学知识的传授无法获得,必须通过数学探究活动予以落实。因此,"探索规律"是发展学生数学核心素养的重要途径和载体。

◆ **教材维度**

由于"探索规律"在小学数学课程中具有特殊价值,各大版本的教材都依据课标要求对此作了精心编排。苏教版教材除隐含在数学知识学习中的规律探索外,在例题、练习以及综合实践活动中特意编排的探索规律内容共有75处之多。

表5-2是分散在苏教版各册教材中关于探索规律的例题、习题内容。

---

① 史宁中. 数学基本思想18讲[M].北京:北京师范大学出版社,2016.

② 中华人民共和国教育部. 义务教育数学课程标准(2011年版)[S].北京:北京师范大学出版社,2012.

③ 同上。

表5－2　例题、习题内容

教材分布	与探索规律有关的教学内容	教材分布	与探索规律有关的教学内容
一年级上册	1. 间隔排列问题的初步渗透(P29) 2. 简答的周期问题的初步渗透(P57) 3. 按规律画一画,填一填(P91) 4. 简单的周期问题的初步渗透(P95) 5. 和的奇偶性的初步渗透(P99) 6. 重叠问题的初步渗透(P106)	一年级下册	1. 简单的周期问题初步渗透(P20) 2. 简单的等差数列的初步渗透(P39) 3. 简单的等比数列的初步渗透(P78) 4. 和的奇偶性的初步渗透(P78) 5. 简单的等差数列的初步渗透(P83) 6. 斐波那契数列的初步渗透(P91)
二年级上册	1. 完全平方数的初步渗透(P28) 2. 简单的周期问题的初步渗透(P32) 3. 找规律填数(P34) 4. 找规律填数(P89) 5. 找规律填数(P98) 6. 看图找规律算总数(P98)	二年级下册	1. 除数不变,被除数变化,商的变化规律(P7) 2. 简单的等差数列的初步渗透(P32) 3. 按规律填数(P37) 4. 等差数列的初步渗透(P42) 5. 加法竖式计算的规律(P73) 6. 得数是1 089的加减法规律(P82) 7. "石头、剪刀、布"游戏的规律(P95)
三年级上册	1. 计算中的规律(P27) 2. 反比例数量关系的初步渗透(P59) 3. 9的倍数的特征的初步渗透(P70) 4. 被除数或除数变化,商的变化规律的初步渗透(P99)	三年级下册	1. 一个因数不变,另一个因数变化,积的变化规律初步渗透(P16) 2. 积的变化规律的运用(P16) 3. 减法、除法的性质的初步渗透(P40) 4. 若干小正方形摆出的图形的周长的规律(P41) 5. 小数等差数列的初步尝试(P95)
四年级上册	1. 商不变的规律的初步渗透(P11) 2. 商不变的规律(P23) 3. 商不变、余数的变化规律(P26) 4. 经过若干个点可以画多少条直线的规律(P83) 5. 平行线之间的垂线段长度相等的规律(P94) 6. 简单的周期的运用(P105)	四年级下册	1. 积的变化规律(P33) 2. 用计算器计算发现规律(P42) 3. 加法交换律、结合律(P55) 4. 减法的性质(P59) 5. 乘法交换律、结合律(P60) 6. 乘法分配律(P62) 7. 乘法分配律的运用(P74) 8. 三角形三边关系的规律(P77) 9. 三角形的内角和(P78)
五年级上册	1. 小数的性质(P37) 2. 小数点位置移动引起小数大小变化的规律(P56、P60) 3. 用计算器计算寻找规律(P75) 4. 除以一个数等于乘这个数的倒数的初步渗透(P80) 5. 用计算器计算寻找规律(P81) 6. 寻找规律并用字母表示(P104)	五年级下册	1. 连续自然数的平均数的规律(P20) 2. 2、3、5的倍数的规律(P33) 3. 分数的基本性质 4. 连续奇数相加和的规律(P110)
六年级上册	1. 一个数乘">1、<1、=1"的数,积与原数相比大小的规律(P38) 2. 分数等比数列的初步渗透(P42) 3. 裂项法的初步渗透(P42) 4. 比的基本性质(P55)	六年级下册	1. 比例的基本性质 2. 长方形框出的各数之和的规律(P82) 3. 正方形与其内部画最大的圆的面积关系的规律(P91) 4. 靠墙围出面积最大长方形的规律(P91)

由上表可以看出,苏教版教材将探索规律的活动穿插在数、式、运算、图形等数学知识的学习过程中,并以例题、习题的呈现方式,有计划地分散安排。通过相机渗透、持续强化,让学生不断感受和体会数学规律的价值与数学探索的魅力。

为了让学生对规律的探索更聚焦、更深入,教材从三年级开始,每学期都结合单元内容专门安排相关的规律探索专题,让学生在专注的、完整的规律探索过程中,积累探索规律的经验,感悟探索规律的方法,体验探索成功的喜悦。表 5-3 是苏教版教材专门安排的规律探索专题。

表 5-3　规律探索专题

教材册次	课题名称	探索规律的具体内容
三年级上册	间隔排列	间隔排列的两种物体个数之间的关系
三年级下册	有趣的乘法计算	两位数乘 11 积的规律及特殊两位数相乘积的规律
四年级上册	简单的周期	周期排列的物体排序及个数的规律
四年级下册	多边形的内角和	四边形、五边形、六边形等多边形内角和的规律
五年级上册	钉子板上的多边形	钉子板上围出的多边形面积与钉子数之间的关系
五年级下册	和与积的奇偶性	若干个非零自然数相加、相乘,和与积的奇偶性
六年级上册	表面涂色的正方体	正方体表面涂色后切开,每个小正方体涂色面个数的规律
六年级下册	面积的变化	图形放大、缩小后面积变化与边长变化之间关系的规律

上述专题安排从简单到复杂、从直观到抽象,由浅入深、由易到难,逐步过渡,呈现出阶段性和层次性,较好地体现了《课标(2011 年版)》关于"探索规律"的学段要求。

通过对苏教版全套教材探索规律相关内容的梳理,我们发现了一个有趣现象,即许多规律在不同年级教材中反复出现,但探索要求和深度不断提高。这种螺旋式的编排方式,既能使得规律探索的教学与相应学段学生的认知发展水平相适应,又能使得学生在规律探索要求、深度多次变化中获得对规律探索思路和方法的深度理解,以持续提升探索规律的能力。

案例研讨

◀◀ 案例 5-1:"间隔排列"教学设计 ▶▶

教学内容

苏教版义务教育教科书《数学》(三年级上册)第 78~79 页。

教学目标

1. 经历间隔排列的两种物体个数之间关系的探索过程,初步体会其中蕴含的简单数学规律。

2. 在探索活动中体会观察、比较、归纳是寻找和发现规律的基本方法,初步培养分析、比较、综合、归纳的能力。

3. 在发现规律的过程中,感受数学与生活的联系,培养用数学眼光观察周围事物,从数

扫码查看
教学内容

学角度分析生活现象的初步意识和能力,学会与他人合作交流,获得积极的数学学习情感。

教学重点

探索两种物体间隔排列的规律,感悟"一一对应"的数学思想。

教学难点

理解不同情况下间隔排列的两种物体数量之间的关系。

教学过程

一、观察活动,明确"间隔排列"的意义

1. 画珠子活动,揭示概念。

谈话:同学们喜欢画画吗? 那就跟老师一起画画吧。拿出红绿两种颜色的水彩笔,先在作业纸上绳子的左端画一颗红珠子,再画一颗绿珠子,再画一颗红珠子,再画一颗绿珠子……猜猜看,接下来画什么颜色的? 再接下来呢?

提问:你能按照规律接着往下画吗? 学生继续画,教师喊停,收集3份作品,一起欣赏交流。

提问:这里的红珠子、绿珠子排列时,有怎样的规律?

指出:像这样,两种颜色的珠子一个隔着一个排列,数学上叫"间隔排列"(板书:间隔排列)。

2. 观察排列,提升理解。

提问:下面图中你能找到间隔排列的物体吗?

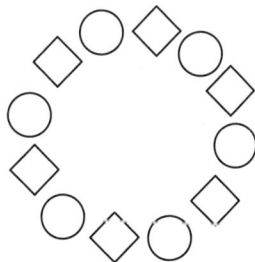

学生观察图片,小组讨论,集体交流。

小结:看来,两个物体不管排成直线,还是曲线,还是围成一个圈,只要是一个隔着一个排列的,这样的排列就是间隔排列。

提问:这些间隔排列的物体,有什么不一样的地方吗?(同桌交流,指名汇报。)

小结:同样是间隔排列,有些排列两端的物体是相同的,有些排列两端物体是不同的。看来,间隔排列还有着不同的类型呢(板书:两端相同,两端不同)。

【设计说明:探索间隔排列的规律首先要从认识间隔排列现象开始。本课选择学生熟悉的、感兴趣的画珠子的活动,引导学生在动手画、动脑想的过程中初步认识间隔排列的现象。再通过对一组图片的观察比较,归纳出间隔排列现象的共有特征,并且丰富对不同的间隔排列方法的具体认识。】

二、比较分类,明确几种间隔排列的类型

提问:如果把我们课前画的珠子图和刚才判断的3组物体分分类,你觉得每一幅图属于哪种类型?

小组讨论,全班交流想法。重点讨论围成一个圈的图形。指出:围成一圈的情况与两端不同的情况有着密切的关系,它们之间可以互相转换。

【设计说明:通过小组讨论,自主交流,让学生发现3种不同的间隔排列的类型。并且在交流讨论中将围成一圈的情况与两端不同的情况进行有效转换,沟通联系,在知识体系中整体建构间隔排列的各种情况。在小组研究中有效培养学生自主探究、合作交流的能力。】

三、自主探究,寻找间隔排列物体数量间的关系

提问:这些间隔排列中,两个物体或者两个图形数量之间有什么关系呢?两端相同时、两端不同时,谁多谁少,围成一圈的情况呢?你们准备怎么研究?(数一数、圈一圈、画一画等)

学生在作业纸上选择用数一数、画一画、圈一圈的方法,研究间隔排列的两个物体的数量多少的情况。

交流研究方法,重点展示学生圈一圈的方法。提问:两端相同时,圈一圈发现什么?两端不同时,圈一圈又发现什么?由此你得出什么结论?

小结:通过圈一圈,同学们发现当两端物体相同时,圈到最后,终点物体没有后续物体和它配对,于是两端物体比中间物体多一个(板书:数量相差1);当两端物体不同时,圈到最后,每一个起点物体都有一个后续物体和它配对,于是两种物体数量相等(板书:数量相等)。画圈的过程其实就是为了让它们一一对应,便于比较数量的多少(板书:一一对应)。

【设计说明:掌握间隔排列中两种物体数量之间的关系是间隔排列教学的重点,也是教学的难点。本环节,教师从学生的角度出发,设计了开放的研究活动,引导学生数一数、圈一圈、画一画,在寻找到两种物体数量之间的关系后,教师因势利导,借助学生的研究过程渗透一一对应的数学思想,使学生从本质上理解间隔排列物体数量之间关系的内在奥秘。】

四、实践运用,提升对间隔排列规律的理解

1. 上图中圆柱有 7 个,正方体有几个?

2. 寻找校园里的间隔排列,说说两种物体的个数之间的关系。

3. 绳子上红珠子和绿珠子间隔排列,一共串了 100 颗红珠子,猜一猜串了多少颗绿珠子?有几种不同的情况?

4. 一根木头锯一次变成几段?锯 2 次、3 次呢?锯木头和间隔排列有什么联系?

【设计说明:本环节带领学生走近生活中的间隔排列现象,运用寻找到的规律解决生活中间隔排列的问题,让学生学以致用,以用促学,既可加深学生对间隔排列规律的理解,又可培养学生解决实际问题的能力,增强学生的应用意识,训练学生的多向思维能力。】

五、全课总结

【设计总评:"间隔排列"是苏教版三年级数学上册安排的探索规律专题教学内容。间隔排列的规律是第一学段学生可以进行探索的简单的规律,本节课老师借助画珠子、看图片等活动,逐步揭开间隔排列的神秘面纱。接着老师引导学生思考间隔排列的物体的几种不

同类型以及每种类型中两种物体数量之间的关系。在探索间隔排列物体个数规律的核心环节,老师放手让学生用自己的方式去寻找规律,并解释这一规律的内在道理。在自主探索、合作交流的过程中,自然而然地渗透"一一对应"的数学思想。最后将学生的视角引领到广阔的生活世界,寻找身边的间隔排列现象,运用发现的规律解决生活中间隔排列的问题。可以说,整节课的设计如行云流水,自然展开,在探索规律的过程中发展了学生的符号意识、推理能力和应用意识。】

【问题与讨论】间隔排列现象有 3 种不同的类型,请尝试阐述"一一对应"数学思想对于沟通三种不同类型中两种物体个数的规律所起到的作用。

◀◀ 案例 5－2:"和与积的奇偶性"教学设计 ▶▶

教学内容

苏教版义务教育教科书《数学》(五年级下册)第 50～51 页。

教学目标

1. 经历探索和与积的奇偶性规律的过程,发现并理解和与积的奇偶性规律,能判断多个整数的和与积是奇数还是偶数。

2. 通过举例、观察、比较、猜想与验证,发现和与积的奇偶性规律,积累探索规律的经验,发展观察、比较、分析、概括等思维能力。

3. 主动参与探索规律的活动,体会数学知识是具有规律的,获得探索规律成功的体验,树立学好数学的自信心并产生对数学规律的好奇心,产生对数学学习的兴趣。

教学重点

探索并发现和与积的奇偶性规律。

教学难点

归纳和理解和与积的奇偶性规律。

教学过程

一、创设情境,引入课题

谈话:今天是 4 月 23 日,是世界读书日。考你们一个关于读书的问题。知道阿瑟·柯南道尔这个人吗? 那听说过或者看过这部小说吗?(屏幕出示:《福尔摩斯探案集》)

长篇侦探小说《福尔摩斯探案集》的作者就是英国作家阿瑟·柯南道尔。今天的数学课,我想先请同学们做一回福尔摩斯,帮我"破个案":

一天,图书管理员小周发现班级图书角刚添的一本新书有一页被人撕掉了,他很气愤,这本书目前只有小马和小杰两人借阅过,肯定是他们两人中的一个人撕的。于是他带着被撕的书找到了小马和小杰询问情况。

小马说:我借这本书看的时候,中间这一张好像已经被撕掉了,我也没太在意,反正我没有撕。

小杰说:这本书我确实很喜欢,被撕掉的那张的内容我都能背下来了,我还清楚地记得被撕掉的那一张正反两页的页码和是 138。我完全没必要把它撕下来。

学生发表自己的观点,教师引导学生从页码和的奇偶性的角度进行判断发言,复习奇偶数的特点并引入课题。

小结：看来,两个自然数的和是奇数还是偶数,其中还蕴藏着一些规律呢,今天这节课我们就一起来研究和与积的奇偶性。板书课题：和与积的奇偶性。

【设计说明：如何让学生由表及里、自然而然地生发探索规律的欲望,往往是探索规律教学缘起的关键。本节课之前,学生对于加法和乘法算式,更多关注的是和与积的结果,而很少关注和与积的奇偶性,更不会发现奇偶性存在的规律。课的开始,通过创设悬疑情境,既激发学生的学习热情,又引入本节课的探究,让学生的注意力很自然地从对于具体结果的关注转移到对于结果奇偶性的关注上来。】

二、探索和的奇偶性规律

谈话：看到这个课题,你有什么问题想问吗?(例如,什么是和的奇偶性;和的奇偶性与什么有关,有什么关系;和的奇偶性有什么作用。)

1. 提出猜想。

屏幕出示：□＋□＝□。

(1)你们觉得,两个自然数相加的和是奇数还是偶数,与什么有关?(两个加数的大小? 质数或合数? 奇数或偶数……)

(2)两个自然数相加,根据两个加数的奇偶性,算式一共分为几种情况?

板书：奇数＋奇数＝　　　偶数＋偶数＝　　　奇数＋偶数＝

(3)对于每种情况,你能提出你的猜测吗?

板书：奇数＋奇数＝偶数　　　偶数＋偶数＝偶数　　　奇数＋偶数＝奇数

指出：这些是同学们在平时练习当中积累和总结出的经验,在验证之前,我们暂且把它们作为我们提出的猜想。那如何验证呢?

【设计说明：牛顿曾说,没有大胆的猜想,就做不出伟大的发现。猜想和验证是一种很重要的数学研究方法,也是培养学生合情推理能力和初步的演绎推理能力的重要途径。对于两个自然数和的奇偶性,学生可以借助之前学习所积累的经验,很轻松地提出自己的猜测,并以一些加法算式为例,初步验证自己的猜测。教师在学生充分交流并初步肯定了自己的猜测之后,带领学生深入思考和的奇偶性规律背后的道理。】

2. 验证猜想。

提问：你们觉得如何验证我们的猜想?

(1)指出：我们可以任意举几个例子看一看,每次任意选两个不是0的自然数,算出它们的和,看看和是奇数还是偶数。

(2)提问：刚才我们通过举例初步验证了我们的猜想。为什么两个数相加,和的奇偶性会存在这样的规律呢? 我们能不能想办法找到它的内在原因呢? 老师给大家提供了一些证明的思路,请看大屏幕。

A. 利用奇数和偶数的特点进行验证。

根据奇数、偶数的特点,可以知道奇数是一个单数,偶数是一个双数,可以用点子图分别表示如下：

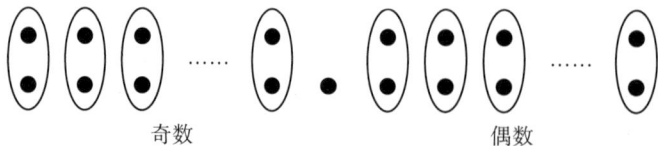

奇数　　　　　　　　偶数

将这两幅图合并后就得到奇数与偶数之和的点子图:

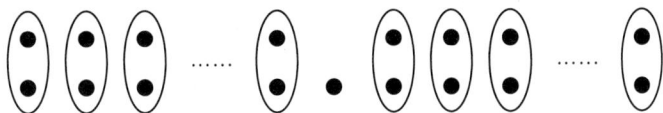

显然它表示一个奇数,即奇数与偶数之和是奇数。其他情况你能像这样进行验证说明吗?

B. 借助字母式子进行验证。

我们可以用 $2a$、$2b$……表示偶数,用 $2m+1$、$2n+1$……表示奇数,那么……

前后四人小组讨论,然后指名交流。

(3) 解决破案问题。

现在,你能用和的奇偶性的知识,解决刚才的撕书问题了吗?

指出:一张为相邻的两页,一个是奇数,一个是偶数,它们的和一定是奇数,不可能是 138 页,所以小杰说谎了。

【设计说明:学生并不难发现两个自然数和的奇偶性规律是什么,但为什么会存在这样的规律?和的奇偶性规律的内涵则需要学生通过多种方式进行领悟,只有学生真正悟出了规律的内在道理,学生所发现的客观存在的规律才能真正内化为学生思维内在的规律。本环节,先让学生讨论交流,充分体验举例说明、抽象、演绎等方法描述规律的过程,再带领学生从奇数、偶数特点的角度领悟和的奇偶性规律的本质,从而让学生真正领悟规律的内涵。】

3. 发现 3 个数相加的规律。

刚才我们发现了两个自然数的和的奇偶性的特征,请你判断下面算式的结果是奇数还是偶数?(不用计算)

1 024＋2 048　　　　1 357＋731　　　　246＋119

学生判断这个算式的结果是奇数还是偶数,并说明理由,出示:23＋16＋35。

A. 算出结果再判断;B. 运用两个数相加奇偶性的规律来判断。

指出:3 个数相加,也可以运用两个数和的奇偶性规律,把 3 个数相加转化成两个数相加,从而判断和的奇偶性。

继续看屏幕,出示:68＋104＋26　　　　171＋93＋245。

提问:对于和的奇偶性的研究,你觉得可以到此结束了吗?你还联想到什么?更多个数相加,和的奇偶性如何判断?

请发言同学出一道 5 个数相加的算式,教师板书,别的同学们想办法判断和的奇偶性。然后,指名说一说判断的思路。

4. 探索 n 个数相加的规律。

屏幕出示:1＋2＋3＋……＋99＋100。

前后 4 人讨论,教师指名汇报。

A. 运用高斯求和公式算出结果 5 050,是偶数。

B. 两两相加判断和的奇偶性,直至最终判断出整个算式的结果的奇偶性。

C. 先将奇数和偶数进行分类,然后 50 个奇数两两配对和是偶数,50 个偶数的和肯定是偶数,最终得出偶数＋偶数＝偶数。

总结：看来，无论加数个数有多少个，只要我们开动脑筋，总能把它转化成两个数和的奇偶性，从而判断出若干个数和的奇偶性。

终极挑战：奇数＋奇数＋……＋奇数＋偶数＋偶数＋……＋偶数＝

$$\underbrace{\text{奇数＋奇数＋……＋奇数}}_{m\text{个}}\underbrace{\text{＋偶数＋偶数＋……＋偶数}}_{n\text{个}}＝$$

学生讨论，教师指名交流，得出结论：

A. 若 m 为奇数，那么 m 个奇数的和就是奇数，n 个偶数的和一定是偶数，所以 m 是奇数时，这个算式的和是奇数；

B. 若 m 为偶数，那么 m 个奇数就可以配成（$m÷2$）对，和是偶数，n 个偶数的和一定是偶数，所以 m 是偶数时，这个算式的和是偶数。

小结：看来，若干个数相加，和的奇偶性主要由加数中奇数的个数决定。加数里奇数的个数是奇数，和就是奇数，奇数的个数是偶数，和就是偶数，这就是和的奇偶性规律。

【设计说明：探索规律的教学绝不会止步于总结出规律，必须让学生运用规律解决问题，而在运用规律的过程中，往往会有新的发现，从而丰富原有规律，发现新的规律。这一环节教师设计的 3 个连加算式23＋16＋35、68＋104＋26、171＋93＋245，看似平淡、随意，实际上暗藏玄机。第一道算式让学生明白只要掌握了两个数和的奇偶性规律，就可以通过多次运用，判断多个数和的奇偶性规律。第二道算式让学生自主总结发现，无论多少个偶数相加，和一定是偶数。第三道算式让学生先由第二道算式负迁移，发现错误结论，再通过深入研究得出若干个奇数和的奇偶性规律。在此基础上，学生很顺利地总结出任意个数和的奇偶性规律。学生在用中学，在学中用，教学过程由学生的思维过程推动，规律也在运用的过程中不断完善和丰富。】

三、探索积的奇偶性规律

谈话：刚才我们通过观察、比较，发现了和的奇偶性规律。由此你还有什么联想吗？（积是不是也有类似的规律？）

请同学们按照刚才的办法，自己举例子，任意写出乘法算式，计算结果看看是奇数还是偶数，然后观察、比较，自己寻找积的奇偶性的规律。

交流汇报：你举出了哪些例子？积分别是奇数还是偶数？（根据学生交流，按积是奇数还是偶数分类板书算式）

你发现积是奇数还是偶数与什么有关系？你发现什么规律？

小结：乘数都是奇数，积就是奇数；乘数中只要有偶数，积就是偶数。

追问：看乘法的积是奇数还是偶数，只要看什么？

判断：$1×2×3×……×99×100$ 的积是奇数还是偶数。

【设计说明：在课的最后环节，教师不再步步陪同，而是放手让学生自己去探索积的奇偶性规律。规律只有是学生自己"找"出来的，才是真正属于学生自己的规律。】

四、回顾反思，交流收获

提问：回顾今天探索和发现和与积的奇偶性规律的过程，你有哪些体会和收获，和大家交流。

小结：通过举例、观察、比较，寻找不同算式的共同的特点，可以发现其中的规律，通过对规律的进一步研究，我们还能发现更多的规律。

【设计总评：数学学习的过程离不开对于数量关系和空间形式的规律的探寻。探索规律的过程是明晰数学思想方法、不断逼近数学本质的过程,是培养合情推理和演绎推理能力、发展创新意识和品质的过程。探索规律理应是充满探索味道的。探索规律的教学必须首先明确规律的隐蔽性,通过激趣、猜测、验证、领悟、运用、探寻等多个环节的"光合作用",才能让规律在学生心中生根、发芽,也才能让探寻规律的过程在学生以后的学习生活中开花、结果。】

【问题与讨论】

从教材内容安排的篇幅看,探索和的奇偶性内容占了大半篇幅,而探索积的奇偶性只是寥寥数语,这样安排的原因有哪些?

◀◀ 案例 5-3:"钉子板上的多边形"教学设计 ▶▶

教学内容

苏教版义务教育教科书《数学》(五年级上册)第108～109页。

教学目标

1. 利用格点图探索钉子板上围成的多边形的面积与多边形边上的钉子数、多边形内部钉子数之间的关系,并尝试用字母式子表示关系。

2. 经历探索钉子板上围成的多边形面积与相关钉子数间的关系的过程,体会规律的复杂性和全面性,感悟归纳推理和演绎推理,体会用字母表示关系的简洁性,发展观察、比较、推理、综合和抽象、概括等思维能力。

3. 获得探索规律成功的体验,树立学习数学的自信心,感受数学规律的奇妙,激发学习数学的兴趣。

教学重点

探索钉子板上多边形的面积与多边形边上的钉子数、内部钉子数之间的关系。

教学难点

全面总结多边形的面积与多边形边上钉子数、内部钉子数之间的关系。

教学过程

一、介绍格点多边形,揭示课题

出示钉子板,引导学生思考:用钉子板怎么玩?

介绍格点和格点多边形:在一张纸上纵向、横向画上一些平行线,相邻平行线之间的距离都是1厘米,这些平行线的交点称为格点。在格点图上,像这样依次连接一些格点,得到的封闭图形,称为格点多边形(课件中在格点图上画出一条金鱼形多边形)。

谈话:老师不用数方格或者面积公式,就能知道格点多边形的面积,你们相信吗?

学生任意在方格纸上画一个多边形,老师迅速报出格点多边形的面积,学生计算验证。

提问:你们想知道老师是怎么算格点多边形面积的吗?是老师直接告诉你们呢?还是你们自己探究?

提问:你觉得格点多边形的面积和它的什么有关?(周长、边上的格点数、内部格点数……)

这个图形比较复杂,让我们首先从比较简单的多边形开始研究。

【设计说明:课始将钉子板围多边形转移到在方格纸上画多边形,既节省围的时间,提

扫码查看
教学内容

高学习效率,也避免了学生有时难以区分围出多边形的钉子是在多边形内部还是多边形边上。通过学生任意画一个格点多边形,教师迅速报出其面积的过程,激起学生探究格点多边形面积计算技巧的兴趣。兴趣是最好的老师,当学生探究的热情被点燃,后续的研究就会变得积极主动,全情投入。】

二、探索格点多边形(内部格点数为 1)面积与边上格点数的关系

1. 计算面积,填写表格。

课件出示 4 个格点多边形(内部格点数均为 1),学生计算它们的面积。

谈话:刚才同学猜测面积和多边形边上的格点数有关,你能数一数多边形边上格点数,然后将数据填在表格中,并找出多边形面积和边上格点数的关系吗?

学生计算并填表,寻找面积与边上格点数的关系。

2. 寻找规律,交流发现。

提问:你发现这里的多边形面积和边上的格点数有什么关系?

学生交流:多边形的面积=多边形边上的格点数÷2,也即多边形的面积是多边形边上的格点数的一半。

提问:数学追求简洁美,如果面积用 S 表示,多边形边上的格点数用 n 来表示,那刚才发现的这个规律可以怎样表示?(板书:$S＝n÷2$)

3. 运用规律,反思质疑。

出示 3 个格点多边形,前两个内部格点数为 1,最后一个内部格点数为 2。学生运用刚才的发现计算多边形的面积并验证发现是否正确。

提问:前两个图形都可以用这个规律来计算面积,第 3 个图形怎么不对了? 它和前面的图形有什么不一样的地方吗?

小结:看来,多边形的面积不仅和多边形边上的格点数有关,还与多边形内部的格点数有关。这个规律要成立,得有个前提,那就是多边形内部的格点数是 1。

说明:我们可以用 a 表示多边形内部的格点数,也就是说当 $a＝1$ 时,$S＝n÷2$(在刚刚得出的关系式前补充板书:$a＝1$)。

提问:格点多边形内部点数的情况有多少种可能? 为什么偏偏内部点数为 1 的时候有这个规律呢? 老师这儿有个示意图,希望能给你们一点儿启示。

学生看图,小组内交流自己的发现,然后全班交流。

【设计说明:内部格点数为 1 的多边形面积与边上格点数的关系是学生最容易发现的,

在这个环节,老师没有花过多的时间去指导和交流。在此发现的基础上,教师通过运用发现计算多边形面积的练习,让学生关注到多边形面积不仅与边上格点数有关,还与内部格点数有关。只有当内部格点数为 1 时,多边形面积才是边上格点数的一半。教师还借助内部格点为 1 的多边形切成若干个三角形的示意图,帮助学生理解这一规律的内在原因,让学生知其然且能体会其所以然。】

三、探究内部格点数不为 1 的多边形面积与格点数的关系

1. 运用归纳法研究内部格点数为 2 的多边形的面积。

提问:刚才我们发现了内部格点数是 1 的多边形面积与边上格点数的关系。那接下来我们该研究什么样的多边形?(板书:$a=2$)

课件出示 2 个内部格点数为 2 的多边形,提问:我们可以怎样研究内部格点数为 2 的情况?

学生运用 $a=1$ 时的方法,从数据当中找规律,发现内部格点数为 2 的多边形面积与边上格点数、内部格点数之间的关系。

2. 运用演绎法研究内部格点数为 2 的多边形的面积。

提问:我们已经知道了内部格点数为 1 的多边形面积与边上格点数的关系,我们能不能想办法把内部格点数为 1 的多边形在边上格点数不变的情况下,拉伸成内部格点数为 2 的多边形? 让我们观察一下,在多边形内部格点数增加的过程中,面积到底是怎么变化的?

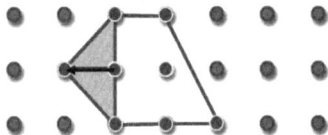

提问:在边上格点数不变的情况下,内部格点数增加 1 个,多边形的面积增加多少?以小组为单位,用这样的方法再研究一下这 2 个多边形,在小组内交流各自的发现。

指名同学汇报,教师板书:$S=n\div2+1$。

3. 运用规律计算面积。

出示 2 个内部格点数为 2 的多边形,运用公式算出它们的面积。

【设计说明:对于内部格点数为 2 的多边形的面积与格点数的关系,学生一般都是通过继续举例寻找规律的方法得出结论。本环节的教学,教师在学生运用归纳法得出结论之后,继续带领学生向更深处思考,内部格点数增加 1 多边形的面积会怎样变化? 能不能抓住这个变化,直接从内部格点数为 1 的面积公式推导出内部格点数为 2 的面积公式?学生在观察、操作、思考的过程中,不仅发展了合情推理能力,也发展了演绎推理能力。】

四、探究一般情况下多边形面积与格点数的关系

1. 提出猜想,进行验证。

提问:请同学们猜一猜,当 $a=3$ 时,$S=?$ 当 $a=4$ 时,$S=?$ ……

你是怎么想的? 根据学生的回答进行课件演示。

板书:$a=4$,$S=n\div2+3$,

　　　$a=5$,$S=n\div2+4$,

　　　……

如果 $a=0$ 呢? 板书:$a=0$,$S=n\div2-1$。

2. 归纳发现,建模。

提问:同学们发现了这么多公式,非常厉害! 但是数学家皮克在描述这些规律时却只用了一个公式,你们能把这些规律概括成一个公式吗?

学生讨论,交流汇报。然后教师板书:$S = n \div 2 + a - 1$。

五、运用规律解决问题

谈话:有了这个皮克定理,我们再回头看看课一开始的格点图上那个小鱼,你们能迅速求出它的面积吗?

六、课堂总结,拓展延伸

提问:今天这节课,我们一起研究了什么? 你有什么收获?

延伸:这个公式得出以后,数学家又对其进行了推广,还进一步研究了长方形格点图、三角形格点图中格点多边形的面积公式,感兴趣的同学可以自己探究。

【设计总评:钉子板上的多边形一课所研究的规律与学生已有的面积计算的经验相去甚远,学生学习这一内容有一定的难度。本节课一开始教师通过快速计算不规则多边形的面积的展示,激起学生探究格点与面积的关系的欲望。在研究规律的过程中,教师除了带领学生经历教材所安排的举例、列表、观察、猜想、验证过程,运用归纳法发现规律外,还借助多媒体课件动态展示内部格点数变化过程,引领学生发现内部格点数增加多边形面积随之如何变化的规律。归纳与演绎穿插进行,相映成辉,学生的推理能力在充分的探究中得到很好的提升。】

【问题与讨论】《义务教育数学课程标准(2011 年版)》要求将推理能力的发展贯穿在整个数学学习过程中,推理一般包括合情推理和演绎推理,你觉得小学阶段应如何处理合情推理与演绎推理的关系?

要点提炼

下面仅就教材单独安排的探索规律专题,提出 3 个方面的教学设计要点。

1. "探索规律"专题的教学设计应以规律为载体

探索规律专题所研究的规律是由小学数学中的某些主干知识生发出来的,它本身并不属于小学数学主干知识范畴。对大多数小学生来说,这些规律也许一生中也再难用到。因此,探索规律专题教学的主要目的不是掌握规律本身,而是以规律为载体,让学生经历数学探索的过程,感受数学探索的方法,积累数学探索的经验。要圆满实现这些教学目标,教师首先必须对专题教学所研究的规律进行深度解读,在理解规律本质的基础上厘清规律的探索过程,并站在儿童学习的视角,协调统筹儿童特点和学科本质两大要素,设计科学合理、生动有趣的教学过程。

以"表面涂色的正方体"这一教学内容为例,在设计时教师首先要把握表面涂色正方体个数规律的本质,遵循儿童理解正方体表面涂色切开这一问题情境的思维特点,寻找到学生理解三面涂色、两面涂色、一面涂色、没有面涂色的各种正方体与原有正方体顶点、面、棱位置之间的关系的诀窍。以规律本质作为探索规律教学设计的前提和基础,教学过程才能抵达核心层面,学习过程才能做到生动且深刻。

2. "探索规律"专题的教学设计应以探索为主线

探索规律教学设计的一个显著特点,就是要以规律的探索过程为主线,即让学生经历发现问题、提出猜想、验证猜想、得出结论、实践运用等规律探索的全过程,并据此安排课堂教学环节。因为只有这样,学生才有机会经历完整真实的数学探究过程,进而理解和掌握规律探索的密码。如果教师在设计教学时"剪枝去叶留主干",即让学生只在探索规律的"主要"环节按照教师下达的一个个指令进行连续的"高效"操作,那么学生就无法提起探索兴趣,无法深度参与探索过程,难以了解隐藏在规律背后的缘由,难以体会规律探索的真谛,难以获得独立探索新规律的能力。因此,在进行探索规律的教学设计时,必须以完整真实的规律探索过程为主线,让学生有足够的时间和空间理解或提出问题,寻求解决问题的思路,概括提炼规律,运用和拓展规律,在艰难曲折的探索活动中获得对规律本质内涵的深度理解和数学探索过程的理性认识。

例如,"和与积的奇偶性"一课的设计中,如果我们站在"高处"看这节课中学生活动的过程,我们会发现,学生在一节课中经历了探索规律的全程活动。课始从页码之和问题的引入,感受规律肯定是"藏"起来的;通过对几种加法算式结果奇偶性的分析,凭借已有经验提出猜想,感受规律首先是"猜"出来的;从举例验证、实例解释、数形结合等过程,感受规律应该是"悟"出来的;从运用两个数和的奇偶性规律解决连加问题,发现 3 个数相加乃至若干个数相加和的奇偶性规律,感受规律可以是"用"出来的;到最后运用探索和的奇偶性规律的经验,独立探索积的奇偶性规律,感受规律必须是自己"找"出来的。学生在这样的完整探索活动中,全情投入,思维专注,活动充分,不仅掌握了和与积的奇偶性规律,更掌握了知识性规律背后的探索规律的策略与方法。

3. "探索规律"专题的教学设计应以过程为目标

数学课程目标包括结果目标和过程目标,就探索规律的专题教学而言,过程目标也许比结果目标更重要。在设计探索规律专题的教学目标时,教师绝不能将目标仅仅定位于掌握规律本身,应将积累数学探索经验、感悟数学探索思想、体验数学探索魅力,甚至探索规律过程中的各种经历、体验、感悟视作更为重要的目标。《论语》有云:取乎其上,得乎其中,取乎其中,得乎其下,取乎其下,则无所得矣。对于探索规律的教学目标定位,教师只有站得更高,才能看得更远,学生也才能收获更多。

以前面讲到的"钉子板上的多边形"一课为例,如果教学目标仅仅定位于让学生发现、总结、表达规律,那么教学中只需要带学生分类举例,从内部格点为 1 的多边形开始,举例、计算、验证,通过不完全归纳法先得出多边形面积与边上格点数的规律。再用类似的方法,让学生继续举例、计算、验证,发现内部格点数是 2、3、4 时多边形面积与边上格点、内部格点的关系。当学生总结出各种情况下多边形面积与格点数的关系后,教学目标也就基本达成了。如果我们的教学目标定位更高些,我们的教学也就不会止步于此了。我们会在学生探索规律的过程中引导学生感受合情推理和演绎推理的不同之处,感受探索规律从具体到抽象、由特殊到一般的推理过程,感受蕴含于推理过程中的符号意识、模型思想等。于是,学生的数学核心素养也就在这样的学习过程中得到了最大的发展。

实践操作

1. 学生的数学学习是一个再发现的过程,探索规律的活动也是在教师引导与帮助、同伴相互配合下的再创造的活动。请谈谈你对这一观点的理解。

2. 以下是苏教版《数学》(四年级下册)"多边形的内角和"的教材内容,请完成一篇本课的教学设计。

探索规律

多边形的内角和

三角形 3 个内角的和是 180°,四边形、五边形、六边形等多边形的内角和呢?

你能想办法求出上面四边形 4 个内角的和吗? 与同学交流。

先量出每个角的度数,再求和。

把四边形分成 2 个三角形,算出内角和是 360°。

140°
40°

把五边形、六边形各分成几个三角形后,就能方便地算出它们的内角和。分一分,算一算。

五边形可以分成 3 个三角形。

$180° \times 3 = 540°$

六边形可以分成 4 个三角形。

$180° \times 4 = 720°$

其他多边形也可以像这样分成几个三角形来计算内角和吗?小组合作,任意画出一些多边形,试一试。

把得到的结果填入下表:

图形名称	边 数	分成的三角形个数	内角和
三角形	3	1	180°
四边形	4	2	180° × 2
五边形	5		
六边形			
七边形			
八边形			
......	......	......	......

观察表中的数据,你有什么发现?

可以把多边形分成若干个三角形,计算它的内角和。

分成的三角形个数都比多边形的边数少 2。

分成了几个三角形,多边形的内角和就有几个 180°。

你能用一个式子表示多边形内角和的计算方法吗?

多边形内角和 = _____

回顾探索和发现规律的过程,说说自己的体会。

多边形的内角和可以根据三角形的内角和推算出来。

从简单的问题想起、有序思考,是探索规律的有效方法。

可以把新的问题转化成能够解决的问题。

第六章

图形的认识

第一节　平面图形的认识

在小学数学课程的 4 个学习领域中,"图形与几何"占据着重要地位。图形是"图形与几何"领域研究的基本对象,认识平面图形是小学生学习"图形与几何"内容的基础。

内容透析

◆ 学科维度

小学数学中的平面图形包括两类:一类是直线、射线、线段、角等不封闭平面图形;另一类是长方形、正方形、三角形、平行四边形、梯形、圆、扇形等封闭平面图形。小学生常对下列问题产生困惑,需要从学科层面解析。

1. 关于直线与射线的无限延展性

直线、射线以及线段都是不定义概念,小学生只能通过对其特性的把握来理解。直线、射线、线段有两个共同特性:一是"直",可通过与"曲"的对比来理解;二是"没有宽度",可通过观察两面墙壁的交线来领会。除此以外,直线与射线还有一个特性,即"无限延展性"。因为小学生难以在周围生活世界中找到"无限延展性"的直观原型,所以他们对"无限延展性"感到茫然。造成这一现象的根本原因是认识视野的局限性,一般人们习惯于将观察范围固定在有限的生活世界中,当要解释具有无限特性的现象时就产生困难。如果将观察对象扩展到无限的浩瀚宇宙,就会找到许多"无限延展性"的实物原型。如宇宙中的发光体发出的光线,在宇宙空间传播时就具有无限延伸的特性,它们可以作为直线与射线的直观原型,据此可以获得对直线与射线特性的深度理解。事实上,只要借助合理想象,也不难在有限生活世界中找到具有"无限延展性"的实物原型,如设想把汽车前照灯发出的光线在传播过程中遇到的障碍物全部移走即可。

2. 角的定义方式

在小学数学教材中,关于角的定义一般有两种方式:在初步认识角时,将它定义为从一点出发的两条射线组成的图形;再次认识角时,将它定义为一条射线绕着它的端点从一个位置旋转到另一位置组成的图形。两种定义方式实质上都将角视为同一端点的两条射线组成的图形,这是不恰当的。若这样,则角在无穷远点可视为一个不封闭平面图形,它的大小即面积应为无限大量,这是非常荒谬的。事实上,在说到角的大小时,往往会说:角的大小只与两边叉开的程度有关，与所画边的长短无关。这说明，关心的是"两边的叉开程度"而非"边的长度"，即前者是角的本质属性，后者是角的非本质属性。根据《几何原本》的观点，角是在一个平面内但不在一条直线上的两条相交线相互的倾斜度，因此，从本质上讲，角是刻画两个方向差异的度量。[①] 这个观点也可由角的旋转定义得到印证：根据角的旋转定义，角是因射线方向的改变而生成。由上可知，角的两条边只是表征方向的工具，只要是带方向的线段即可，在长短上没有要求，更不必限定为射线。因此，在小学数学中，可采用下列方式给出角的发生式定义：从一点出发沿两个方向各画一条线段形成的图形叫做角。在此基础上，通过画角活动让小学生明白：表示边的线段画多长都可以，只要两条边的方向不变，角的大小就不会变。

3. 平行的本质属性

在现行小学主流教材中，将平行定义为"在同一个平面内不相交的两条直线叫做平行线，也可以说这两条直线互相平行"[②]。在小学阶段，将"在同一平面内""不相交"视为本质属性，并用它定义平行概念是值得商榷的。其一，两条直线是否在同一平面内，对小学生来说是很难判断的，如判断正方体两个面对角线是否在同一平面内对小学生来说就很困难；其二，小学生往往是通过有无交点来判断两条直线是否相交的，因为直线具有无限延伸性，因此，两条直线在可视范围内没有交点不代表它们在视域外不相交，小学生判断两条直线是否相交有时是困难的；其三，小学教材画平行线的方法主要有平移直尺、用直尺两边画线、让三角板直角边沿直尺移动3种方法，因为它们与教材中给出的平行定义缺乏内在的关联，小学生不理解其中的道理，所以只能依样画葫芦。事实上，在正式学习平行概念前，小学生对平行概念已经有了直观认识：如果两线中间地带宽窄一致，他们就会做出两线平行的直观判断；如果两线中间地带有宽有窄，根据经验直觉，沿着由宽到窄的方向延长后两线一定会相交，他们就会断定两线不平行。由此可见，两线之间"宽度"处处相等，是小学生头脑中存储的原初平行模型；[③]经数学规范化表达得到的"两线之间距离相等"也是平行线的本质属性。因此，有教材用铅笔在方格纸上平移相同格数的方法来描述平行概念，这种直观方法具有明显的优越性：不仅因为教材认知模式和学生原初认知模型实现了有效对接使得小学生对平行的认识更深入，而且因为教材介绍的平行线各种画法都以"等距"为依据使得小学生理解起来更方便。

4. 三角形三边长度关系的理解

三角形任意两边长度之和大于第三边，这是三角形的一个重要特性。现行小学数学教材基本都是采用实验的方法得出这一特性的，因为过程繁琐、冗长，所以小学生往往不得要领；因为实验操作的对象是给定的三角形，所以小学生对该结论能否适用于任意一个三角形心存疑虑。如果运用小学生之前学习的线段公理"两点的所有连线中，线段最短"，上述问题便迎刃而解。对于任何一个三角形，因为任意两边构成的折线是连接第三边两个端点的一条连线，第三边是其两个端点之间的线段，所以根据线段公理，三角形任意两边构成的折线长度大于第三边的长度。因此，所有三角形都有：任意两边长度之和都大于第三边。据此，

① 章飞等. 小学数学研究与教学指引[M]. 南京：南京大学出版社，2016：226.
② 课程教材研究所数学课程教材研究开发中心. 数学（四年级上册）[M]. 北京：人民教育出版社，2014.
③ 孙国春. 小学数学教材解读集体偏差现象探析[J]. 中国教育学刊，2016(3)：82.

还可以进一步推出:多边形的任何一条边的长度小于其他边的长度之和。

5. 360°的扇形和圆的关系

用量角器以圆心为顶点画一个60°的角,就把这个圆面分成了两个部分:一个是60°的扇形,另一个是300°的扇形。

考察极端情形,即以圆心为顶点画一个360°的角,则得到360°的扇形,该扇形与圆所表述的图形相同吗?运用集合的观点,不难得出结论。任何图形都可以看做"点的集合",如果两个图形相同,则对应的两个"点的集合"必然相等。比较一下图6-1中的两幅图(半径为r的圆和半径为r的360°扇形),两个"点的集合"显然不等,两者相差一个半径上的所有点,所以360°的扇形和圆就不是相同的图形。

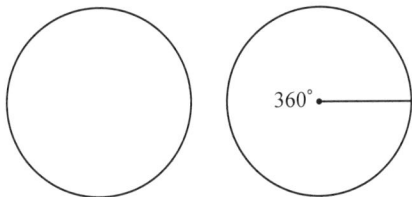

图6-1 圆与扇形

◆ **课标维度**

《课标(2011)年版》关于平面图形认识的课程内容如下:

第一学段(1~3年级):

能辨认长方形、正方形、三角形、平行四边形、圆等简单图形。

通过观察、操作,初步认识长方形、正方形的特征。

会用长方形、正方形、三角形、平行四边形或圆拼图。

结合生活情境认识角,了解直角、锐角和钝角。

第二学段(1~3年级):

结合实例了解线段、射线和直线。

体会两点间所有连线中线段最短,知道两点间的距离。

知道平角与周角,了解周角、平角、钝角、直角、锐角之间的大小关系。

结合生活情境了解平面上两条直线的平行和相交(包括垂直)关系。

通过观察、操作,认识平行四边形、梯形和圆,知道扇形,会用圆规画圆。

认识三角形,通过观察、操作,了解三角形两边之和大于第三边、三角形内角和是180°。

认识等腰三角形、等边三角形、直角三角形、锐角三角形、钝角三角形。

上述条目较多,内容丰富,本书中从以下3个方面整体理解和把握。

1. 关于认识的对象

主要包括常见的7种封闭平面图形(长方形、正方形、三角形、平行四边形、梯形、圆、扇形)和构成封闭平面图形的两大基本元素(线和角)。

2. 关于认识的要求

在7种封闭平面图形中,三角形是最简单、最常用的,对它的认识要求最高,既要求认识其特性又要求认识它的边角关系以及分类;长方形、正方形、平行四边形、梯形、圆这5种图形比较常用,因此要求在辨认基础上认识它们的特征;扇形是用得最少的图形,故只要求了解即可。平面图形的两大构成要素看似简单实则比较抽象,因此,对于线,只要求了解线段、射线、直线、线段公理以及两条直线的平行和相交关系;对于角,只要求了解 5 种常见角(周角、平角、钝角、直角、锐角)及其大小关系。

3. 关于认识的方法

对 7 种封闭平面图形的认识方法有两种:一种是分两次认识,第一次先辨认形状,第二次通过观察、操作认识其特征,如长方形、正方形、三角形、平行四边形、圆;第二种是一次完成认识,如梯形、扇形。对线相关内容的认识,则是通过实例或生活情境一次完成的。对角相关内容认识,则分了两个阶段:第一阶段结合生活情境认识角以及 3 种常用角(直角、锐角、钝角);第二阶段结合具体情境认识另外 2 种常见角(周角、平角)以及常见角的大小关系。

按以上思路梳理,可以形成对"平面图形的认识"课程内容的整体认知。

◆ 教材维度

以苏教版义务教育教科书《数学》为例,关于"平面图形的认识"分布情况见下表。

"平面图形的认识"分布情况

正方形、长方形、三角形、圆的初步认识	一年级下册
平行四边形的初步认识	二年级上册
角的初步认识	二年级下册
长方形、正方形的认识	三年级上册
垂线和平行线	四年级上册
三角形、平行四边形、梯形的认识	四年级下册
圆的认识	五年级下册

在教材内容的具体编写上,教材力求体现以下意图:

1. 充分感知,建立图形表象

小学生正处于以直观形象思维为主,并逐步向抽象逻辑思维过渡的阶段。初次接触平面图形,小学生感到有些抽象,理解它们需要实际背景。因此,教材精心选择小学生日常生活中经常看到的物体作为学习素材,揭示与所学平面图形相关的现实背景,展现与所学平面图形相似度较高的生活原型,通过充分感知,帮助小学生建立所学平面图形的表象。如在初步认识正方形、长方形、三角形、圆时,教材中选择了正方体、长方体、三棱柱、圆柱四种形状的积木为学习素材,给小学生揭示了与上述图形相关的实际背景。通过在纸上画出积木面的轮廓线过程,帮助小学生建立四种平面图形的清晰表象。

2. 注重操作,把握图形特征

小学生的心智发展尚处在初级阶段,他们对事物特征的认识主要不是通过抽象的逻辑推理,而是源自观察和操作。因此,教材在探索平面图形特征时,设计了"看一看""摸一摸""比一比""量一量""画一画""折一折""剪一剪""摆一摆"等多种操作活动,给小学生提供了"做数学"的机会。在"做数学"的过程中,小学生不仅能够感受到数学学习的乐趣,而且可以在多种感官的协同活动中把握平面图形的特征。

3. 练习应用,发展空间观念

空间观念,是平面图形的认识中必须注重发展的核心素养。在建立平面图形表象、把握平面图形特征的基础上,教材趁热打铁,通过多种形式的应用练习,让图形表象与对应实物在小学生头脑中多向转换,由具体实物想象出几何图形,或由几何图形想象出实物形状,抑或平面图形之间拼接分合,对图形的认识就在转换中得到发展,空间观念就在想象中得到提升。

案例研讨

◀◀◀ 案例 6-1:"三角形边的关系"教学设计 ▶▶▶

教学内容

苏教版义务教育教科书《数学》(四年级上册)第 77～78 页。

教学目标

1. 让学生通过观察、操作、画图和实验等活动,感受并发现三角形的一些基本特征,知道三角形各部分的名称,知道三角形两条边长度的和大于第三边。

2. 让学生在由实物到图形的抽象过程中,在探索图形特征以及相关结论的过程中,进一步发展空间观念,锻炼思维能力。

3. 使学生体会到三角形是日常生活中常见的图形,并在学习活动中进一步产生学习、研究图形的兴趣和积极性。

扫码查看
教学内容

教学重点

三角形的基本特征以及三角形两条边长度的和大于第三边。

教学难点

引导探究三角形三边的关系,并发现三角形两条边长度的和大于第三边。

教学过程

一、生活激趣,引入新课

提问式谈话:同学们,看!一个绿草茵茵的公园里有块漂亮的花圃。一只调皮可爱的机灵狗在 A 点玩耍,如果它要跑到 C 点,有几种不同的走法?

小狗在玩耍中,忽然闻到从 C 点飘来的阵阵骨头香味,它会按怎样的路线马上扑向骨头?

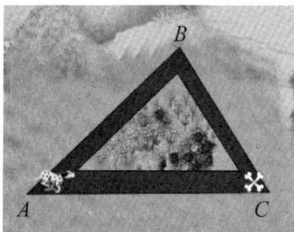

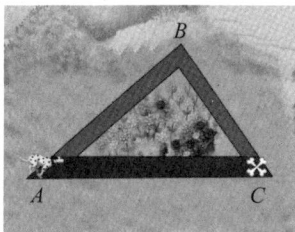

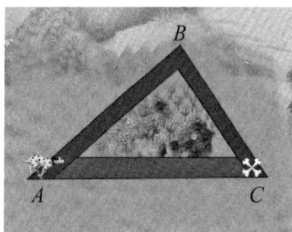

不错!机灵狗这么走(直接走)马上吃到了香喷喷的骨头!为什么走这条路线?

大家说得都很有道理,直接走比走这两条路的总长度近一些。其实,这个花圃可以看作

什么形状的图形?(三角形)

谈话:上次课我们已经认识了三角形,它真是一个很奇特的图形,有很多有趣的数学问题等着大家去研究。今天这节课,就让我们继续走进三角形的世界,看一看其中还有什么奥秘值得去探究?

提问:想一想,日常生活中,你在哪里还看到过三角形?

【设计说明:生动有趣的情境,使学生眼前一亮。为了让小狗较快地吃到香喷喷的骨头,学生不由自主地、非常自然地展开思维活动:走一条近路!哪一条路近一些?直觉告诉孩子:走 AC 这条路比走 AB 与 BC 两条路的总长度近一些。这样的情境有效地激发了学生研究三角形的兴趣,为后续学习奠定了基础。】

二、合作探究,体验感悟

1. 感知三角形的特征。

谈话:大家在生活中找出了这么多的三角形,真棒!其实我们自己的双手也能创造出一个三角形呢。任选一种材料,想办法做出一个三角形。

老师选取学生完成的一些作品,边展示边讨论做三角形的方法。

生 1:用皮筋围出了一个三角形。

生 2:在方格纸上画了一个三角形。

……

谈话:为了便于研究,我们一起来画一个三角形。

学生画三角形,老师提示画三角形的注意点,感知三角形的特征(三条线段首尾相接围成)。

展示学生所画的三角形,让他们自己在纸上标出三角形各部分的名称。

2. 探究三角形的三条边之间的关系。

谈话:这是用什么围成的三角形?(三根小棒)那么,给你 3 根小棒,是不是一定就能围成一个三角形呢?

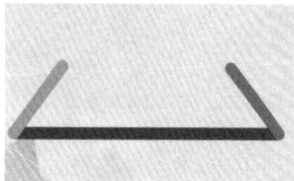

学生尝试用小棒围三角形,教师从中选择没能围成的情况,并向全班展示。

提问:为什么没围成呢?想一想,到底是什么原因呢?

学情预设 1:下面的一根小棒太长了。

学情预设 2:上面两根小棒太短了。

学情预设 3：上面两根加在一起都没有下面的一根长。

启发性点评：说得对！长和短是比出来的，下面一根太长，它比上面两根加在一起还长；上面两根太短，它比下面一根还短。看来，3 根小棒能否围成三角形和小棒的什么有关？

怎样才能使得 3 根小棒可以围成一个三角形呢？

学情预设 1：把下面的那根扳断，让下面那根变得短一点。

学情预设 2：把上面两根小棒的长度加长。

启发性点评：你们的想法都不错！如果缩短下面小棒的长度，是不是越短越好？我们如果加长上面两根小棒的长度，是不是越长越好？（带着这样的思考来进一步研究。）

谈话：看！每组桌上都有一些标有刻度的小棒，我们用小棒的红色和黄色部分表示上面的两根小棒，用绿色部分表示下面的一根小棒，红色都是长 6 厘米，黄色都是长 3 厘米，绿色的长度不同。我们先把小棒按颜色沿着刻度折一折，分成红、黄、绿 3 段。然后再看一看这 3 段能不能围成一个三角形，并将每根小棒 3 种颜色的长度及围的结果记在纸上。

汇报：学生汇报结果，教师完成下表。

红色小棒长度/厘米	黄色小棒长度/厘米	绿色小棒长度/厘米	能否围成
6	3	12	否
		11	否
		10	否
		9	否
		8	能
		7	能
		6	能

提问：根据上述所围结果，你发现什么时候就能围成三角形呢？什么时候就围不成三角形呢？

学情预设 1：当红黄两根小棒长度之和大于绿色小棒的长度时，能够围成三角形。

学情预设 2：当红黄两根小棒长度之和小于绿色小棒的长度时，不能围成三角形。

学情预设 3：当红黄两根小棒长度之和等于绿色小棒的长度时，也不能围成三角形。

谈话：看来，只要将绿色小棒的长度缩短，使得它的长度小于红黄两根小棒的长度之和，就可以围成三角形了。这两根小棒的红色和黄色部分长度与刚才的小棒一样，绿色部分长度分别为 3 厘米、2 厘米，现在请大家用它们围三角形。

提问：两根小棒的红黄部分长度之和明明大于绿色部分的长度，为什么就围不成三角形呢？

学情预设 1：由 3＋3＝6 可知，当绿色部分长度为 3 厘米时，黄色与绿色部分长度之和等于红色部分长度，所以不能围成三角形。

学情预设 2：由 3＋2＜6 可知，当绿色部分长度为 2 厘米时，黄色与绿色部分长度之和小于红色部分长度，所以不能围成三角形。

启发性点评：看来，3 根小棒要围成一个三角形，只有两根长度大于第三根还不够，任意两根的长度之和都要大于第三根才行！由此,你发现了什么规律?

引导学生概括三角形的三边关系:三角形任意两条边长度的和大于第三边。

谈话:现在我们回到课前,那只调皮的小狗完全凭嗅觉走这条路线直扑骨头,同学们能用今天所学的有关三角形的知识,来解释生活中的这一现象吗?

【设计说明:小学数学课堂教学中重视引导学生自动探究,要注意首先摆正学生的主体地位,既承认小学生参与学习和主动发展的权利,又承认小学生学习数学具有潜在的探究能力及个性发展的可能性。其次在课堂教学中不断探索放手,让学生学会参与学习、主动探究,进而探索让学生学会学习、学会创新、学会合作乃至学会做人的教学方法,真正做到教师"探究性地教",学生"探究性地学",让学生思维的深刻性得以发展。】

三、解决问题,发展新知

1. 谈话:看看你们自己发现的这条规律,相信大家的心中一定充满了成就感。请看:这几组线段能围成三角形吗?

(1) 6厘米　　2厘米　　5厘米

(2) 5厘米　　5厘米　　5厘米

(3) 2厘米　　4厘米　　6厘米

(4) 2.1厘米　4厘米　　6厘米

(5) 2厘米　　3厘米　　8厘米

2. 练中启发:在判断时,要求学生说说理由(每两条边的长度之和都要大于第三边);启发学生得出简便的判断方法,即只要计算较短的两条边的和是不是大于长边即可;引导学生用手比划三角形的样子,通过不断改变线段的长度,体会三角形三边的长度与三角形的形状之间的对应关系。

【设计说明:一切有意义的学习都包括迁移,可以说,学生的学习是在迁移中实现的。因此教师在教学中要帮助学生顺利实现迁移,深刻理解所学新知,为学生的数学学习插上腾飞的翅膀。教师运用迁移规律,引导学生从多角度、多方位思考问题,养成多角度多方位思考问题的习惯,学会运用旧知掌握新知的本领。】

四、课内总结,课外延伸

(略)

◀◀◀ 案例6-2:"角的初步认识"教学设计① ▶▶▶

教学内容

苏教版义务教育教科书《数学》(二年级下册)第84~85页。

教学目标

1. 初步认识角,了解角各部分的名称;能初步比较角的大小。

2. 经历角的研究过程,发展抽象能力和想象能力。

3. 经历自主建构知识的过程,体会错误的价值,体验学习的成功感,初步感受学习的方法。

扫码查看
教学内容

① 此教学设计由海安市教师发展中心附属小学刘海玲老师提供。

教学重点

认识角,初步比较角的大小。

教学难点

比较角的大小。

教学准备

1. 笔记本、转换器、电源、鼠标、遥控笔。

2. 3个活动角、2根磁条、教棒、大三角尺。

3. 2人一个材料袋,每人一个小活动角,每人一张练习纸。

热身准备

看图片、听音乐(跷跷板、滑滑梯)。

教学过程

一、逐步生成,引入研究

今天我们将一起认识图形(板书:认识图形),一年级上学期咱们就已经认识过一些图形了。(出示长方体)瞧,这是长方体,这是正方体,还有圆柱、球。

这些都是立体图形(板书:立体图形),我们就说它是××体(板书:体)。

在这些立体图形上,你们能找到我们熟悉的图形吗?

这些物体的每一个面都是图形。这些图形是平面图形,我们就说它是××面(板书:面)。原来,体上是有面的。

我们学过的平面图形除了这些还有吗?仔细观察,你觉得在这些平面图形中谁最特别?(圆)为什么?(它上面没有角)

你所说的角是哪里?谁能来指一个?老师能明白你的意思,这儿就是一个角(描出角),除了圆之外,其他图形上都有角,而且还不止一个,咱们在每个图形上都描下一个角。今天这节课,咱们就一起来研究这一种新的图形:角(板书:角)。现在先仔细观察,把角的样子印到大脑里。

【设计说明:角是一种图形,学生已经学习过的图形包括立体图形、平面图形,将角与其勾连,将角的学习置于结构中,让知识连通起来。】

二、活动操作,提升认识

1. 在动手做中积淀感觉。

记住角的样子了吗?下面老师想请小朋友们自己动手做一个角。

出示活动要求:同桌合作从袋子中选择一种材料,用拼一拼或者拉一拉、折一折等办法,创造出一个角(材料:小棒、绳子、圆纸片)。

组织交流:

哪些小组是用小棒做角的?请展示。你们有没有发现,他们都把小棒怎么了?都把小棒的一头靠在了一起,分开行不行?分开还真不像角。看来不能分开,那一头得靠在一起。

哪些小朋友是用绳子做角的?两人合作得真好,掌声送给他们。老师发现他们有两个动作:捏住和拉。这两个动作中其中一个不做行不行呢?为什么要捏住?为什么要拉?

圆形纸片为什么要折两次,折一次行不行?做角还是有学问的,并不是随便怎么做都行。有些做法做出来的是角,有些就不是角了。

2．在总结中形成理性认识。

提问：仔细观察，怎样的就是角，怎样的就不是角呢？

揭示：靠在一起的点叫角的顶点，两条直直的线叫做角的边。

【设计说明：在学生初步形成对角的正确感知后，引导学生做出一个角，活动的设计以及交流的过程都旨在帮助学生关注角的特征：顶点、边，让学生在投入的活动中增强思维的灵敏性，在操作中体验、交流中思考、比较中提炼，让角的模型自然建构起来。】

3．在画角中抽象角的模型。

你能在纸上画出一个角吗？同桌间互相看一看，若不正确请纠正。

老师在黑板上画角，学生观察。

4．在找角中固化角的模型。

找角：回到图形中找角、数角、指角。圆里没有角，需创造角。

5．在比较中凸显角的特点。

比较：将角与其他图形比较，发现角不封闭的特点。

三、动态展示，洞悉本质

1．角的静动转换的多维视角。

出示教材第84页"试一试"中用钉子钉在一起的两张重叠纸条。

提问：你能从中看到角吗？（看不到）

将一张纸条固定，另一张纸条绕着钉子一端逆时针旋转。

追问：现在你能看到角了吗？（角慢慢出现了）

请小朋友们拿出活动角，把刚才角出现的过程再演示一下（学生操作，活动角的边比老师的短一些）。

提问：如果我想让这个角更大一点怎么办？（再把两条边张开一点）更小一点呢？（把两条边合拢一点）

将角贴在黑板上，追问：原来边转一转就可以形成角，你还能说出一些这样形成的角吗？（剪刀形成的角、钟面上的角）

教师分别用①②标注（①号角两边张开得大一些，②号角两条边张开得小一些）。

提问：这两个角哪一个大、哪一个小？（①号角大、②号角小）你是怎么判断的？（两边的张开程度越大，对应的角就越大；两边的张开程度越小，对应的角就越小。）

请你做一个角，比①号角小、比②号角大（学生到前面做）。

提问：用什么办法知道，做出的角比①号角小、比②号角大呢？（分别比较它与①号角、②号角两边张开的大小。）

2．角的大小变化的依存关系。

在生活中也有些角，一会儿变大、一会儿变小。（播放跷跷板的视频）

提问：你看到跷跷板运动过程中形成的一些角了吗？在什么时候形成的角最大？在什么时候形成的角最小？请说说理由。

【设计说明：对角的认识需要关注"质""量""关系"3个维度，质即形状和特征，量即大小，关系即两线之间的关系。教材中所提供的角多为静态的角，其观察的视角导向上更聚焦于线的长短，更多关注的是质。而动态的角则将关注的目光拉向了张开的大小，更多关注量和关系。因此本环节将动态生成的角放大处理，让学生先经历创造动态角、寻找动态角、制

作活动角的过程,然后再引出对角的变大、变小、角的相等的研究。强化了学生对角的本质的认识,增强了思维的灵活性。】

四、回顾总结,整体梳理

同学们,这节课我们一起认识了角,动手比了角、画了角,还在生活中找到了很多的角,其实,只要你善于观察,生活中处处都有数学。

要点提炼

1. 紧扣概念

平面图形的概念都比较精练、准确,是对事物本质属性的反映,既是思维的基础,又是思想的"细胞",是正确推理和判断的依据。所以教师要把握好每一个概念的内涵和外延,让学生"活理解"而不是死记概念或随意理解。可以抓住概念所包含的几个要点结合图形理解、记忆,比如垂线的概念:两条直线相交成直角时,这两条直线叫做互相垂直,其一条直线叫做另一条直线的垂线,相交的点叫做垂足。从直线外一点到这条直线所画的垂线的长叫做这点到直线的距离。结合垂足和两点之间的距离这些知识点,垂线的概念就会在学生脑海中既形象又准确地固定下来。

2. 选择方法

教学是师生间的共同活动,它要求教师的"教"和学生的"学"默契配合并结合科学的方法才能收到"播一收一"的效果。教学有法但无定法,要做到因题施法就必须平时注重培养学生发现问题、分析问题、解决问题的能力。

由特殊到一般再由一般到特殊。这可以说是研究一切问题的普通途径,只有这样才能有效地把学生从题海中"解放"出来从而避免过多地重复做题,进而节省大量的时间丰富自己的课余生活,获得全面的发展。通过同一类型题的不同解法,归纳总结出它们的共性从而得到这一类题的一般解法并上升到理论的高度,去掌握属于这一类型的其他特殊个体的解法。

3. 建构联系

可以通过"回忆整理—构建网络—实际应用"等环节的教学,让学生通过动脑、动口、动手、动眼,在自主探索和合作交流中厘清旧知、练习巩固并拓展提升,从而提高学生自主学习和解决问题的能力。在教学中,可以引导学生对知识进行梳理,帮助他们厘清知识脉络,构建知识网络,形成知识体系。同时借助形式多样、针对性强的不同层次的练习,训练学生思维,让不同学习水平学生的思维能力都得到发展,让每个学生自主学习能力都得到提高,从而实现课堂效率的最大化。

实践操作

1. "图形与几何"主要研究现实世界物体和几何物体的形状、大小、位置关系及其变化,它们是人们认识世界和描述生活空间、进行交流的重要工具。而在小学阶段,平面图形的教学活动是学生学习"图形与几何"的主要途径之一,请你围绕"在平面图形的教学活动中如何发展学生的空间观念"写一篇小论文,题目自拟。

2. 在"多边形的认识"一课的教学中,让学生经历从实际中抽象出图形以及观察、实践操作等数学活动,进一步感受分类的思想,积累学习平面图形的初步经验,体会不同图形边数的特点。下面是一位教师的教学设计片断,请你分析一下这位教师的教学设计有何优点?

教学片断:

师:看图片,你能在上面找出我们认识过的三角形吗? 谁来指一指?

为了看清楚,咱们借助直尺把它描出来。(用课件示范描边)一般以一个点为起点,用线依次描出,回到起点。

引导:为什么要请尺子帮忙?

师:这条直直的线就是三角形的一条边。三角形一共有几条边? 像这样有 3 条边的图形,是三角形。

小结:你找到的三角形和老师的三角形边数相同吗? 都是几条边?

过渡:下面,咱们就根据边的条数来研究图形。

(1)认识四边形。

谈话:窗格图上,你还能找到其他边数相同的图形吗?

请听活动要求:

找一找:边数相同的 2 个图形。

描一描:用同色水彩笔描出来。

说一说:找出的图形有几条边?

巡视、指导:两个图形,一定要边数相同哦,用直尺,这个小朋友边描得可真直。

追问:它们的边数相同吗? 都有几条边?

老师也带了一个 4 条边的图形。这些图形的形状相同吗?(不同)

仔细观察,它们有什么共同的地方?(都有 4 条边)

像这样有 4 条边的图形就叫做四边形。

(切换投影仪,出示长方形、正方形、三角形、圆)我们以前学过的图形中有四边形吗?

没错,长方形、正方形和刚才这些图形都是四边形这个大家族的成员(出示四边形集合圈……)。

追问:三角形和圆为什么不是四边形呢?

小结:判断一个图形是不是四边形,关键是要有 4 条直直的边。

(2)认识五边形。

谈话:刚才,老师看到小朋友们在窗格上还找到了这两个图形(课件显示:一般五边形和正五边形)。描的图形都是有几条边? 既然有四条边叫四边形,像这样有 5 条边的图形,应该就叫——五边形。

(3)认识六边形。

提问:老师在窗格图上还找到两个这样的图形(课件闪动),它们是四边形? 是五边形? 那它们叫什么名字?(六边形)凭什么说它是六边形呢?

指出:看来,这些图形的名字和边的条数有关,有 4 条边的图形叫四边形,有 5 条边的图形叫五边形,有 6 条边的图形,当然叫——六边形。

（4）深化认识。

照这样想下去，你还想到了几边形？有几条边？

如果有 12 条边，就叫十二边形；20 条边？小朋友们能说得完吗？

指出：对啊，有几条边就是几边形。其实这样的几边形，还有一个共同的名字叫多边形。

3. 请完成"垂线和平行线"一课的教学设计，教材版本自选。

第二节　立体图形的认识

内容透析

◆ **学科维度**

人类生活在三维的立体空间，现实世界中的物体大多呈现出立体状。立体具有多向性，无论选择哪个视点观察，都存在视角盲区。因此，数学上研究和描述物体的形状、大小以及相互关系不是单纯依赖于对物体本身的观察，而是在平面上画出物体的直观图，将对现实物体的研究转化为对其直观图的研究。这样，便得到了立体图形。从某种意义上说，立体图形是对现实物体形状、大小的抽象概括。

小学数学中研究的立体图形主要包括两类：一类是多面体的直观图，即由平面多边形围成的立体图形，小学数学中研究的长方体、正方体等都是多面体；另一类是旋转体的直观图，即由一个平面图形绕着它所在平面内的一条直线旋转一周所得到的立体图形，小学数学中研究的球、圆柱、圆锥等都是旋转体。多面体又分为凸多面体和凹多面体，上面提到的长方体和正方体是凸多面体，图 6-2 给出的立体图形是凹多面体。

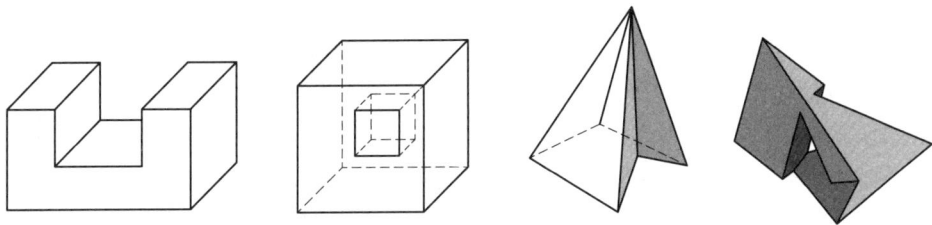

图 6-2　凹多面体

与认识平面图形相比，认识立体图形要复杂得多、困难得多。一方面，立体图形表达的是现实世界的三维物体，在二维平面上表达三维物体存在"失真"缺陷，容易导致认知偏差；另一方面，立体图形的多向性特征，使得从任何视点观察都无法看清它的全貌。为了突破认识障碍，数学上从以下四个方面入手分析。

1. 从形成过程中感知整体

通常情况下，立体图形都可以看成由平面图形经运动而成。例如，一条线段沿着与其垂直的方向平移可得到长方形；一个长方形沿着与其所在平面垂直的方向平移可得到长方体；

一个长方形绕它的一条边所在直线旋转一周可得到圆柱(圆柱也可以看成是由一个圆沿着与其所在平面垂直的方向平移得到的)。有时一个立体图形也可以由另一个立体图形经局部变化得到。例如,长方体的高不变,将长和宽伸长或缩短到与高相等,则长方体就变成了正方体;圆柱的下底面不变,将上底面缩成一点即上底面的圆心,则圆柱就变成了圆锥。从动态的形成过程考察,可以获得对立体图形的整体感知和概略把握。

2. 从构成要素中认识特征

立体图形由顶点、面、棱等几何元素构成。在整体认识的基础上,对立体图形的构成要素进行精细分析,可以把握各种立体图形的基本特征。

长方体有 8 个顶点,上面 4 个、下面 4 个;有 6 个面,前后、左右、上下各有 2 个相对面,每 2 个相对面都是全等的长方形,在三组相对面中有时有一组相对面是全等的正方形;有 12 条棱,分前后、左右、上下 3 个两两垂直的方向,每个方向有 4 条棱,它们相互平行且长度相等,三组棱的长度就是长方体的长、宽、高。

正方体是特殊的长方体,不仅有 8 个顶点、6 个面、12 条棱,而且它的 6 个面都是全等的正方形,它的 12 条棱都相等。

圆柱有 2 个底面,它们是两个全等的圆面,2 个底面圆心的连线与底面垂直,称之为圆柱的高;有 1 个侧面,它是一曲面,其展开图是一个长等于底面圆周周长、宽等于圆柱高的长方形。

圆锥有 1 个底面、1 个顶点,底面是一个圆面,圆面圆心与顶点的连线与底面垂直,称为圆锥的高;有 1 个侧面,它是一个曲面,其展开图是一个弧长等于底面圆周周长的扇形。

3. 从多向观察中把握全貌

为了把握立体图形的全貌,人们通常会选择不同的方向观察图形:从正前方观察得到的视图称为主视图,从正上方观察得到的视图称为俯视图,从正左方观察得到的视图称为左视图,从正右方观察得到的视图称为右视图。因为我们研究的立体图形左视图和右视图大多一样,所以在观察立体图形时,在正左方和正右方两个观察方向中只选择一个观察方向,一般选择正左方观察。数学上,通常把主视图、俯视图、左视图称为立体图形的三视图,通过对三视图的综合分析把握立体图形的全貌。有些立体图形,左视图和右视图不完全相同,通常将从左侧看到的图形用实线表示,从右侧看到而左侧看不到的部分用虚线表示,这样也能比较准确地看清立体图形的全貌。

需要注意的是,在实际观察时,人的视点很难处在立体图形的正前(上、左)方,因此得到的视图有时会发生失真现象,从而发生对立体图形的观察偏差。例如,图 6-3 中的 3 张照片都是以正方体盒子的前方为视点拍摄的,但只有第三张照片是正方体盒子的主视图。因

图 6-3　三视图

为前两张照片的拍摄视点与正前方稍稍偏离,所以拍到的照片与第三张照片的形状就不一样,如果用它作为主视图就会发生对正方体盒子的观察偏差。为了弥补这一缺陷,当实际视点不够理想时,需要通过适度想象画出正确的视图。

但对于圆柱(圆锥也有类似情况),当学生从正前方往后看时,他们直接看到的是半个圆柱面,很难理解为什么主视图是长方形。

另外,由几个小正方体组合而成的几何体,当从某个方向看,几个小正方体的面不在同一个平面上时,也会影响学生得到正确的视图。

4. 从图形转换中深化理解

图形转换包括截然相反的两个方向:一方面,将立体图形的各个面展开在同一个平面上,从而得到一个平面图形,我们称之为该立体图形的展开图,即实现从三维立体图形到二维平面图形的转换;另一方面,将一个平面图形折叠成一个立体图形,即实现从二维平面图形到三维图形的转换。要获得对立体图形形状和基本特征的认识,一般只要通过观察和简单归纳即可。但要实现三维立体图形与二维展开图之间的相互转换,就需要通过想象和推理获得对立体图形中面与面之间拓扑结构(直观地讲即关联方式)的透彻理解。

以正方体为例。要画出正方体的一个展开图对小学生来说并不难,只要按照自己容易想到的路径将正方体剪开摊平即可。但要得到正方体的所有展开图,对小学生来说是极其困难的。它不仅要知道正方体的形状和基本特征,还需要了解正方体 6 个面的拓扑结构。

在正方体中,每个面都有且只有一个与其相对的面(或前后相对、或左右相对、或上下相对),相对的两个面边界被另一个面完全隔开,因此,在正方体展开图中,每个正方形也应有且只有一个与它"相对"的正方形,它们被另一个正方形完全隔开。在正方体中,从每个顶点出发都有 3 个面,如从前面的右上角顶点出发有右面、前面、上面等 3 个面,因此,在正方体展开图中,从一个正方形顶点出发的正方形最多只能有 3 个。

以正方体面的拓扑结构为基础,可以得到正方体的全部展开图。因为正方体的展开图是由 6 个全等正方形组合而成的平面图形。所以先画出 6 个全等正方形的所有平面组合图形,再根据正方体面的拓扑结构,去掉不符合条件的组合图形,如从某正方形顶点出发的正方形超过 3 个(含田字型部分的图形就属此类),与某个正方形"相对"的正方形个数为 0 个或多于 1 个(可根据两个正方形是否完全分离、是否被另一个正方形在拓扑意义下"隔开"来判断它们是否"相对"),便得到正方体总共 11 种不同的展开图,如图 6 - 4 所示。

第一类是 1 - 4 - 1 型,共有 6 种。即展开图分 3 行,中间行有 4 个面,上下行各有 1个面。

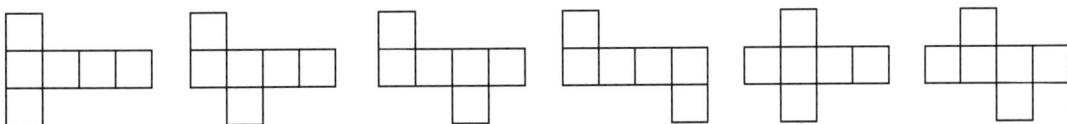

图 6 - 4　第一类展开图

第二类是 3 - 3 型 1 种和 2 - 3 - 1 型 3 种。如图 6 - 5 所示,3 - 3 型展开图有两行,每行 3个面;2 - 3 - 1 型展开图有 3 行,中间行有 3 个面,上下行分别有 2 个、1(或 1 个、2 个)个面。

第三类是 2 - 2 - 2 型,只有 1 种,即展开图分 3 行,每行有 2 个面,如图 6 - 6 所示。

图6-5　第二类展开图

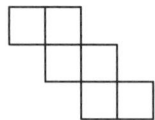

图6-6　第三类
展开图

同样,将6个全等正方形连接而成的平面图形折叠成正方体,实现从二维到三维的图形转换,也需要对所给平面图形的拓扑结构和正方体展开图进行比对分析,从而得出是否可能的判断和如何折叠的路径。例如1-4-1型,先将中间一行的4个正方形沿公共边折叠(每两个相邻的正方形互相垂直)围成一圈,再将上下2个正方形沿公共边折叠后围成封闭图形。

因此,通过三维与二维之间的图形转换,借助想象、推理和操作等数学活动,可以加深对立体图形内涵的理解。

◆ **课标维度**

《课标(2011年版)》关于"立体图形的认识"的课程内容共有5条:

第一学段:

1. 能通过实物和模型辨认长方体、正方体、圆柱和球等几何体。

2. 能根据具体事物、照片或直观图辨认从不同角度观察到的简单物体。

3. 能对简单几何体和图形进行分类。

第二学段:

1. 能辨认从不同方向(前面、侧面、上面)看到的物体的形状图。

2. 通过观察、操作,认识长方体、正方体、圆柱和圆锥,认识长方体、正方体和圆柱的展开图。

对上述所列条目,我们可做如下分析:

首先,《课标(2011年版)》将立体图形的认识分为两个阶段:第一阶段即第一学段,要求从整体上认识,即"能通过实物和模型辨认""能对简单几何形体和图形进行分类";第二阶段即第二学段,认识的要求更为精细,要求在观察、操作立体图形的顶点、面、棱等构成要素基础上把握其特征,并从三视图、展开图的角度进一步认识立体图形的本质属性。

其次,《课标(2011年版)》对立体图形的认识提出了3个层次的学习要求:第一层次是辨认,即能在一些实物、模型或图形中找出符合要求的某个立体图形,或对其进行分类。第二层次是认识,即能描述相应立体图形的特征和由来,阐述此图形与相关图形之间的区别和联系。如认识正方体,就必须知道正方体由6个全等正方形围成,它有8个顶点、6个全等正方形面、12条相等的棱,它是一种特殊的长方体等。第三层次是能在三维与二维之间自然转换,即根据立体图形可以画出它的三视图和平面展开图,由三视图和平面展开图可以想象出对应的立体图形。

再次,空间物体是立体图形表达的对象,《课标(2011年版)》也安排了观察物体的内容:第一阶段是"能根据具体事物、照片或直观图辨认从不同角度观察到的简单物体"。这里的观察点主要指物体的前、后、左、右4个大致方位点,不是严格的正前面、正后面、正左面、正右面;观察的物体主要是茶壶、玩具小猴、玩具汽车等形状差异明显、容易辨认的简单物体。这个阶段的观察比较粗糙,不要求过分精细,观察难度较低。第二阶段是"能辨认从不同方向(前面、侧面、上面)看到的物体的形状图"。这里观察点的选择比较严格,要求是物体的正前面、正左(右)面、正上面;这个阶段观察的物体以抽象的几何形体为主,如由若干个小正方体搭成的组合形体,不再是图案差异明显、容易辨识的简单物体。这个阶段的观察,要求比较精细,观察难度较大。要确保视点在物体的正前面、正左(右)面、正上面,实践中往往做不到,因此容易出现观察偏差。

比如,由4个完全一样的小正方体搭成一个长、宽、高分别为2、1、2的长方体(如图6-7),从正前方观察得到的主视图应为图6-8。但只要视点稍有偏差即不在正前方,就会得到错误的主视图:如视点只要偏上一点,得到的主视图就是图6-9;视点偏右一点,得到的主视图就是图6-10。

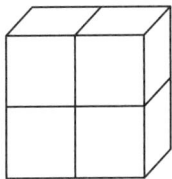
图6-7 长方体

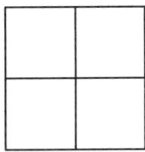
图6-8 正前方观察的视图

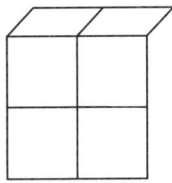
图6-9 偏差观察的视图

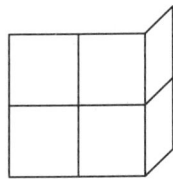
图6-10 偏上观察的视图

◆ **教材维度**

对于"立体图形的认识",各种版本教材的编写思路大同小异。各版本教材都在一年级上册通过"认一认""分一分""摸一摸""连一连""做一做""搭一搭"等活动,让小学生直观辨认长方体、正方体、圆柱、球等几何体,形成对常见立体图形的整体认识;都在五、六年级通过观察、操作等活动,让小学生依次探索长方体、正方体、圆柱、圆锥等几何体的特征,以把握常见几何体的本质属性。

在认识长方体和正方体时,各种版本教材都没有给出明确定义,而是引导小学生从面、棱、顶点等构成要素方面去把握它们的本质特征。关于长方体和正方体的关系,各种版本教材的处理方法有所区别:有的版本并没有直接给出结论,而是把两者的联系与区别作为问题留给学生去探究;有的版本则在认识了两者的特征之后,直接给出两者关系的结论,并在结论旁边用韦恩图直观表示。长方体和正方体的展开图对小学生具有一定挑战性,虽然《课标(2011年版)》有此内容,但有些版本的教材并未涉及。

在认识圆柱和圆锥时,各种版本教材大多给出了定义,但处理思路不尽相同:大多数版本都采用由实物引出的描述性定义,但也有个别版本教材采用"点动成线、线动成面、面动成体"的思路,用平面图形绕特定旋转轴旋转而生成的图形定义立体图形。

圆柱与圆锥特征的认识,各版本教材通常有两种编排方式:第一种,集中编排,这有利于将两种立体图形进行联系和对比;第二种,分开编排,即在"圆柱的认识"之后学习圆柱的表面积和体积,然后是圆锥的认识和圆锥的体积。

对于圆柱、圆锥的基本特征,各版本教材基本上都是引导学生动手操作,自己探索去获得。

各版本教材关于"观察物体"的内容基本上都被安排在二年级到五年级,通常安排两次,一个学段安排一次(个别教材由于将第二学段"观察物体"的内容分为两次编写,因此就出现了总共安排3次的情形)。第一学段,一般都从对生活中的具体实物(如玩具猴、汽车、电视机等等)的观察入手,逐步加深内容难度。第二学段"观察物体"的内容通常安排在四年级,以多个小正方体拼成的组合体为观察对象,考虑到学习难度,组合体中小正方体模型的个数以4个为主。

为了将两个学段"观察物体"的内容有机衔接起来,部分教材还出现了"有颜色的正方体纸盒"这样的介于具体实物和抽象几何体之间的观察对象,如此精心安排的过渡会让学生在学习时感觉更加平顺。

案例研讨

◄◄ 案例6-3:"认识图形(一)"教学设计 ►►

教学内容

人教版义务教育教科书《数学》(一年级上册)第34~35页。

教学目标

1. 初步认识长方体、正方体、圆柱、球,知道它们的名称;会辨认这4种形体,并在头脑中建立表象。

2. 经历观察比较、动手操作、尝试分类、抽象概括的过程,形成对4种形体的整体感知,初步发展空间观念。

3. 体会数学与生活的联系,培养学生学习数学的兴趣。

教学重点

初步认识长方体、正方体、圆柱和球的实物、图形及名称。

教学难点

从实物、模型抽象出4种几何图形;建立几何图形的表象和概念。

教学准备

墨水盒、骰子、接力棒、玻璃弹珠等。

扫码查看
教学内容

教学过程

一、创设情境,提出问题

谈话:在生活中有各种各样的物品,现在讲台上就放着4种生活中常见的物品,请说出它们分别是什么?(墨水盒、骰子、接力棒、玻璃弹珠)

现在请大家拿出昨天叫你们准备的物品(文具盒、易拉罐、魔方、乒乓球……),同桌之间互相说一说,都带了些什么物品?它们各自是什么样子的?形状一样吗?

【设计说明:从学生熟悉的日常生活物品入手,能吸引学生的注意力,激发学生的学习兴趣。先接触丰富的实物,并发现它们各有各的形状,这就为下面的分类学习打好了基础。】

二、动手操作,探索新知

1. 观察物品,尝试分类。

(1)分一分。

下面请大家仔细观察这些物品,并摸一摸、滚一滚、比一比,然后把形状相同的放在一起(小组讨论后大组汇报)。

方法1：分成两类。第一类：文具盒、牙膏盒、数学书、魔方、方块橡皮。第二类：易拉罐、茶叶罐、笔筒、乒乓球、皮球。

方法2：分成4类。第一类：文具盒、牙膏盒、数学书。第二类：魔方、方块橡皮。第三类：易拉罐、茶叶罐、笔筒。第四类：乒乓球、皮球。

（2）议一议。

大家的分类出现了两种情况，请大家想一想，刚才是怎么分类的？为什么把这几样物品放在一起？先在小组内讨论，然后各小组派代表向全班同学汇报讨论的结果。

（3）讲一讲。

提供方法1的小组派代表汇报讨论结果：文具盒、牙膏盒、数学书、魔方、方块橡皮等，它们摸上去都是平平的，有棱角，且不易滚动，所以归为一类；而易拉罐、茶叶罐、笔筒、乒乓球、皮球，它们摸上去都是圆圆的，没有棱角，且很容易滚动，它们是另一类。

提供方法2的小组派代表汇报讨论结果：应该把不易滚动的再分成两类，一类是长长方方的，另一类是方方正正的；易滚动的也应该分成两类，易拉罐、茶叶罐、笔筒是一类，它们的两头是平平的，身体是直直的，像圆形的柱子；而乒乓球、皮球等，它们到处都是圆圆的。

小结：同学们说得都非常好。根据是否容易滚动，可以分成两类。如果对形状的考虑再细致一些的话，就可以分成四类。

【设计说明：先让学生通过多种活动，充分感知日常物品的形状特点，积累感性经验，然后在直观感知的基础上进行分类、小组汇报，并要求学生说出分类的理由。经历这样的过程，学生的分类就不是随意的，而是已经找到了4类物品各自的本质属性，接下来的抽象概括就水到渠成了。另外，要允许学生有不同的分类方法，从而保护学生学习的积极性，但对不同的分法，也要进行比较与沟通。】

2. 抽象概括，形成概念。

（1）想一想，建立物品的表象。

请大家闭上眼睛，在头脑中想象刚才4类物品各自的形状。下面，老师说一个物品，大家就想象出它的样子（文具盒、魔方、茶叶罐、皮球……）。

（2）画一画，结合图形尝试命名。

现在请大家睁开眼睛看大屏幕，这里有4个立体图形，它们像我们刚才想象的物品吗？

通常我们就将文具盒等这一类物品用这样的图形表示，给它取一个数学名字，叫做长方体。将魔方等这一类物品用这样的图形表示，给它取一个数学名字，叫做正方体。

思考：还有两个图形分别是表示哪些几何体的？能尝试给它们起一个数学名字吗？

（3）想一想，建立一般性表象。

刚才我们学习了4种立体图形，现在请再次闭上眼睛，想一想它们各自的形状。

【设计说明：从具体物品迁移到数学上抽象的图形及图形名称是本节课的重点和难点。因此，在前面直观感知、正确分类的基础上，要进行充分的想象活动，帮助学生在头脑中建立表象——先分别建立实物表象再建立一般性表象，有助于4种形体抽象概念的建立。在实物、图形与名称之间互相建立双向联系，能有效培养学生的空间观念。】

三、练习巩固，加深认识

1. 基础练习。

（1）分别出示长方体、正方体、圆柱、球形的物体，请学生辨认。

177

（2）请学生按要求拿出自己身边的 4 种不同形状的实物。

（3）请学生列举在日常生活中见过的四种形状的物体。

（4）完成"做一做"第 1 题、第 2 题。

2. 变式练习。

回到生活中找各种怪怪的物品，如扁扁的长方体、细长的圆柱体等形状的物品，请学生辨认。

在形成概念后，再将刚才的各种物品分类（从形到物），物、形对接，加深理解。

【设计说明：从具体物品抽象出概念后，还要再经历从抽象的概念回到具体实物的过程。其中的具体实物，不仅要有常见的、易辨认的，还要有一些怪怪的、不易辨认的。通过这一过程，学生在运用概念进行辨认的同时，进一步扩充了概念的外延，从而能加深对概念的认识与理解。此时，学生再观察实物，就已经带有了数学的眼光，在潜移默化中培养了学生的数学素养。】

四、全课总结，拓展延伸

1. 今天我们都认识了哪些新朋友？它们的样子你们都记下来了吗？

2. 你们认识这个物品（出示一个漏斗）吗？它的数学名字叫什么呢？生活中有各种各样的物品，在以后的学习中我们会继续研究。

【设计说明：今天是认识图形的第一次课，不仅要掌握本节课的知识，还要埋下伏笔，让学生对以后的图形学习充满期待和兴趣。】

▶▶ 案例 6 - 4："观察物体"教学设计 ◀◀

教学内容

苏教版义务教育教科书《数学》（二年级上册）第 90～91 页。

教学目标

1. 初步体会从不同角度观察同一物体看到的形状可能不一样。

2. 能正确辨认从某个位置观察到的简单物体的形状，能根据看到的形状正确判断观察者的位置。

3. 经历从不同角度观察物体的过程，在想象、比较、交流等活动中丰富对现实空间的认识，培养形象思维能力，发展初步的空间观念。

4. 体会数学与生活的联系，感受数学学习的兴趣。

教学重点

体验从不同角度观察物体看到的形状不同。

教学难点

根据看到的形状判断观察者的位置。

教学准备

多媒体课件、玩具猴、飞机模型。

教学过程

一、故事引入，激发兴趣

播放故事《盲人摸象》后，提问：这几个盲人摸的是同一头大象，为什么他们描述的样子

扫码查看
教学内容

却不一样呢?

预测学生的回答:因为有人摸的是大象的头,有人摸的是大象的腿,有人摸的是大象的身子……

启发学生得出结论:摸到大象的不同部位,会得出大象不同的样子。

小结:我们在观察物体的时候,千万不能像盲人摸象一样,只看到(或摸到)一部分就作出判断,得出结论。

揭题:今天这节课我们就来学习如何"观察物体"。

【设计说明:低年级的学生爱听故事,从《盲人摸象》的故事入手,既能吸引学生的注意力,激发学生的学习兴趣;又能直观体会"同一头大象,摸到什么与摸的部位有关",为下面的学习"同一个物体,看到什么与看的位置有关"埋下伏笔。】

二、从前、后观察教室,初步感知

1. 观察教室的前面和后面。

请观察我们所在的教室,看到教室的前面有什么? 教室的后面呢?

预测学生的回答:教室的前面有黑板、电视机、讲台、国旗……教室的后面有黑板、奖状、图书角……

请再闭上眼睛想一想,教室的前面和后面各有什么?

【设计说明:先请学生观察现实中的教室,在头脑中留下表象,在此基础上再看照片辨认,会比较容易,因为学生在看照片时可以联系自己刚才的观察。】

2. 观察例1中的两张照片。

请观察两张教室的照片,提问:哪一张是在教室前面拍的? 另一张是在教室的哪一面拍的? 为什么?

预测学生的回答:从第一张照片上能看到教室后面的样子,所以是在教室前面拍的;从第二张照片能看到教室前面的样子,所以是在教室后面拍的。

反思:观察的是同一间教室,为什么看到的样子不一样呢?

结论:同一间教室,分别从前面和后面观察,看到教室的样子不一样。

【设计说明:先从前、后两个相对位置观察,感知观察到的形状与位置有关,为接下来从前、后、左、右观察奠定基础。】

三、从前、后、左、右观察玩具猴,进一步感知

1. 观察玩具猴,找出对应照片。

先拿出玩具猴的教具,放在讲台上,请4名学生上来示范观察的方法,并通过师生谈话使学生明确从前、后、左、右观察玩具猴的方法。再4人一组,各组拿出玩具猴,从前、后、左、右观察。

小组活动1:将玩具猴放在课桌中间,4名学生分前、后、左、右4个位置坐好,仔细观察后,先在小组内分别说一说:自己在玩具猴的什么位置? 看到的玩具猴是什么样子的? 是老师发的4张照片中的哪一张? 在全班再指几名学生回答:你在什么位置? 看到的是哪一张?

小组活动2:通过四名学生换位置(或转动玩具猴),让每位学生分别从前、后、左、右4个位置观察玩具猴,并找出相应的照片。

然后在全班指着任意一张照片,指几名学生回答:是从哪一面观察的?

组织交流:哪些位置观察的样子比较难以区分?(生:左面和右面。)那从左面和右面看到的玩具猴的样子有什么不同? 该如何区分呢?

提问：从不同位置观察玩具猴，你们发现了什么？

结论：观察的位置不同，看到的玩具猴的样子也不同。

2. 根据情境图确定观察者与照片之间的对应关系。

将桌上的玩具猴收起来，看书上的 4 个小朋友，他们各自在为玩具猴拍照片，你能将每位小朋友与他拍的照片连一起吗？

提问：在连的时候是怎么想的？ 小梅和小明拍的照片又是怎样区分的？

【设计说明：对学生来说，从两个位置粗略地观察教室要求较低，而从 4 个位置比较精细地观察玩具猴要求相对较高，所以先请 4 名学生上台示范观察，通过师生谈话明确观察方法。4 人一组观察实物玩具猴后，先根据观察结果找相应的照片，再根据照片确定观察者的位置；最后舍弃玩具猴，只是根据情境图确定观察者与视图之间的对应关系。安排这样一系列的有层次的活动，从具体到抽象，不仅能帮助学生学会从前、后、左、右观察物体并辨认看到的视图，而且能积累观察活动的经验，发展初步的观察能力和空间观念。】

四、巩固练习，深化认识

1. 做"想想做做"第 1 题。

思考：你们每天都要进出校门，有没有注意过校门内外有什么区别呢？请想一想。

提问：这两张照片分别是在学校的什么地方拍的？

2. 做"想想做做"第 2 题。

思考：如果让你观察一辆汽车，你准备如何观察？想象一下从不同的位置看到的汽车形状会有什么区别？

要求：根据图中 3 个小朋友的观察位置，把每个小朋友与相应的汽车图连一起。

3. 做"想想做做"第 3 题。

思考：如果让你观察一架飞机，你准备如何观察？想象从不同的位置看到的飞机会有什么区别？

要求：每个小组拿出飞机模型，照样子摆放好后，观察。观察后先说说自己看到的飞机模型是什么样子的，并在 4 幅图中找到自己看到的那一幅图，再说出其他 3 人看到的各是哪幅图。

【设计说明：继续选择学生熟悉的生活场景和玩具模型进行观察。在观察前要求学生先思考观察方法并想象从不同位置看到的形状有什么区别，再进行观察，能促使学生掌握观察物体的方法并正确辨认从不同位置看到的视图，进一步深化了学生的认识。】

五、回顾总结

谈话：今天我们学习了什么内容？通过今天的学习你有哪些收获？

◀◀ 案例 6 - 5："长方体、正方体的展开图"教学设计 ▶▶

教学内容

苏教版义务教育教科书《数学》（六年级上册）第 3～5 页。

教学目标

1. 认识长方体、正方体的展开图，能在展开图中找出长方体、正方体相对的面，能判断一些平面图形经折叠后能否围成长方体或正方体，进一步加

扫码查看
教学内容

深对长方体、正方体特征的认识。

2. 经历观察实物、动手操作、头脑想象等过程,初步体会平面图形与立体图形的相互转换,进一步积累图形与几何的学习经验,增强空间观念。

3. 进一步感受图形学习的乐趣,培养学习数学的兴趣。

教学重点

认识长方体、正方体的展开图。

教学难点

探究展开图的不同剪法;判断展开图能否围成长方体、正方体。

教学过程

一、复习旧知,引入新课

谈话:前面我们研究了长方体、正方体的特征,请大家一起来回忆一下都有什么?

思考:某制造纸箱的厂家想在仓库里放尽可能多的长方体或正方体纸箱,该怎么办呢?如何才能节省空间?

引入:当长方体或正方体的 6 个面铺开在同一个平面上,会是什么样子? 能在头脑中想象出来吗?

将长方体或正方体的 6 个面展开在一个平面上,得到的平面图形称为长方体或正方体的展开图。今天我们一起来研究长方体、正方体的展开图。

【设计说明:长方体、正方体展开图的学习是建立在认识它们特征的基础之上的,因此先复习旧知。设计一个生活情境,引发学生的思考,既体现了数学与生活有着紧密的联系,同时也自然而然地引入了新课。】

二、操作演示,初步感知

1. 教师操作演示,学生仔细观察。

拿出一个正方体模型,请学生指出前后、左右、上下 3 组相对的面,并在 6 个面上分别标注"前、后、左、右、上、下"。

请大家仔细看老师操作:先沿着左图中的这 3 条加粗的棱剪开,展开的是前面,然后剪开中间图中的这两条加粗的棱,展开的是右面。

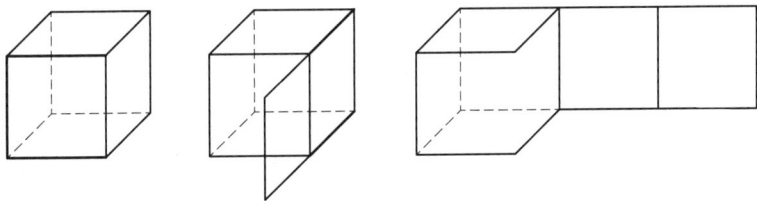

思考:在右图中,还要再剪开哪几条棱才能全部展开?

注意:每个面都要完整保留,而且 6 个面要连在一起。像这样由正方体展开后得到的图形就是正方体的展开图。

思考:正方体的展开图是由什么图形组成的? 可以将刚才的展开图再复原成原来的正方体吗? 如何复原?

【设计说明:正方体比较特殊,因此先研究正方体的展开图。由于学生以前没有将三维的立体图形展开在二维平面上的经验,而且展开图要求剪开后 6 个面还要连在一起,因此,直接让学生自主探究剪法,难度较大,所以先由教师示范操作,学生仔细观察并思考剪的过程。为后面学生自己动手操作并发现展开图与原正方体的面之间的关系打下基础。】

2. 观看电脑动画,学生仔细回味。

刚才同学们看清楚老师剪开正方体模型展开图的过程了吗? 请再仔细观看电脑动画里连贯的剪开及复原过程,并在头脑里想象这一过程。

【设计说明:虽然学生已经仔细观察了教师的示范操作,但只是大概知道了得到展开图的过程,可能并没有在头脑里留下整体的、深刻的印象。此时,借助直观形象、生动活泼的电脑动画,能加深对展开过程与展开图的认识,并能清楚看到三维与二维之间的相互转换过程。】

三、动手操作,构建新知

1. 研究正方体的展开图。

(1) 模仿教师操作,得到展开图。

请拿出课前准备的正方体纸盒,模仿老师刚才的做法:展开—复原—展开。

(2) 在展开图中找出 3 组相对的面。

仔细观察下面展开图中 6 个正方形上写的字,发现了什么?

指着自己得到的展开图说一说,哪两个面是相对的面,并用折一折的方法加以说明(小组交流、汇报)。

(3) 尝试其他展开方法。

① 自主探索。

按下列要求完成:剪(沿棱剪开,各个面互相连在一起)、观察(原来的 6 个面,在展开图中的关系)、想(看着展开图,想象怎样复原成正方体)、验证(再动手围一围)。

② 请剪出不同展开图的同学汇报交流。

交流时电脑显示不同的剪法,学生根据不同的展开图找相对应的面,通过围成正方体验证(在头脑中想象着围,或借助手势围)。

(4) 观察发现正方体中相对面的位置规律。

请比较刚才几种不同的展开图,它们有什么相同和不同的地方?

小结:把一个正方体的表面展开,可以得到不同的展开图。但无论展开图的形状怎样,它们都是由 6 个完全一样的正方形组成。

【设计说明:有了前面的教师示范操作及动画演示后,再放手让学生自己动手操作,不仅可行而且高效。除了模仿教师示范的展开方法,还应鼓励学生自主探索其他方法。】

2. 研究长方体的展开图。

(1) 动手操作。

仿照正方体,拿一个长方体纸盒,沿着它的一些棱剪开,得到它的展开图。

(2) 自主探索。

观察长方体的展开图,与正方体的展开图有什么相同与不同的地方?

展开图的形状;6 个面的形状、大小;相对面的形状、位置。

(3) 在长方体的展开图中找 3 组相对的面。

【设计说明:在重点探索了正方体的展开图后,可引导学生类比研究长方体的展开图,

并以学生的自主探索为主,能培养学生的类比迁移能力和探究能力。】

四、巩固强化,加深认识

1. 下图是每个面上都有一个汉字的正方体的一种展开图,那么在原正方体的表面上,与"前"相对的面上的汉字是什么?

2. 完成"练一练"第 2 题。

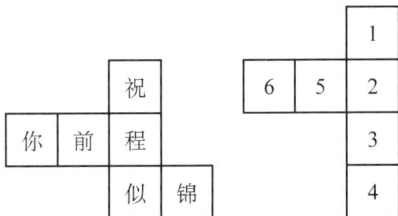

		祝					1
你	前	程		6	5	2	
		似	锦			3	
						4	

其中"练一练"第 2 题中的第二个图形不能围成正方体(为了叙述方便,先在 6 个正方形上分别标上数 1～6,因为与"2 号面"相对的面有两个,分别是"4 号面"和"6 号面",这就不符合"每个面都有且只有一个与其相对的面"的原则;第四个图形也不能围成正方体,原因与之相同。

【设计说明:这是将展开图复原成正方体、长方体的练习,第 2 题要求学生先在头脑中想象复原过程,然后再动手操作,验证判断。可以更好地让学生体会三维图形与二维图形之间的相互转换,从而加深对正方体、长方体特征的认识并培养空间想象能力。】

五、总结回顾

要点提炼

1. 准确把握学段要求

在认识立体图形时,《课标(2011 年版)》将它分解为第一学段和第二学段两个阶段。这是基于小学生认知发展阶段和立体图形特点做出的合理安排,对于每一个立体图形,在不同学段有着不同的认识要求。因此,在认识立体图形的教学设计时要准确把握学段要求,一方面,要防止超越小学生的认知发展阶段,盲目拔高第一学段的学习要求,人为制造学习困难;另一方面,要避免第二学段教学过多重复第一学段已经习得的内容,造成教学时间的耗散。

2. 注重变换辨认情境

在第一学段,认识立体图形的主要目标是完成"辨认",即在实物和模型中辨认出目标几何体,根据实物的直观视图辨认出观察者的观察角度。这对成人来说非常简单,只要根据几何形体和实物的表象逐个比对即可。但对低年龄段儿童来说并不轻松,虽然他们能在教师的引导下感知到常见几何体和简单实物的大概样子,但是因为低年龄段儿童缺乏描述和支撑立体外形的确切语词及匹配原型,所以在头脑中形成的立体图形和实物表象是不清晰、不稳定的,因而容易导致辨认错误。

因此,在教学设计时应根据低学段儿童的认知特点,设计"连一连"(即通过连线在一组实物图形中找出与立体图形匹配的好朋友,在从不同角度拍摄的某一实物照片中找出与其观察角度相一致的观察者)、"数一数"(即在无序摆放的实物图形中数出各种立体图形的个数）、"指一指"（即在一行实物图形中指出某一立体图形的位置序数,在给出的实物照片中指出它的拍摄方位）等辨认练习,通过不断变换辨认情境,让小学生逐渐形成立体图形（实物）的清晰表象。

3. 循序拓展认识方法

小学数学中认识的立体图形在高中阶段都会进行系统研究,在小学阶段安排相关内容,主要目的不是让小学生获得多少关于立体图形的相关知识,而是使其学会立体图形（实物）的认识方法。因此,在进行教学设计时,应该按照课程内容循序拓展,逐渐学会"整体感知获得初步表象""局部研究把握结构特征""多维观察概括形体全貌""维数变换认识内涵本质"等多种认识和研究三维形体的有效方法。

实践操作

1. 在大部分教材中,对于长方体、正方体和圆柱的认识都安排了两次,其中第一次在一年级,第二次在五、六年级,教材为什么这样安排? 请谈谈你的理解。

2. 以下是苏教版义务教育教科书《数学》（六年级上册）"长方体和正方体"第一课时的教材内容,请完成本课的教学设计。

长方体和正方体

①

生活中还有哪些物体的形状也是长方体？

长方体有几个面？从不同的角度观察一个长方体，最多能同时看到几个面？

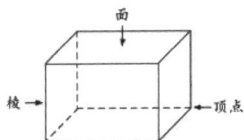

两个面相交的线叫作棱，三条棱相交的点叫作顶点。

长方体有几条棱和几个顶点？它的面和棱各有什么特点？看一看，量一量，比一比，并与同学交流。

长方体有6个面、12条棱和8个顶点。

长方体的6个面都是长方形，上面和下面完全相同……

长方体的棱有3组，每组的4条棱长度相等。

长方体的面是长方形（也可能有2个相对的面是正方形），相对的面完全相同，相对的棱长度相等。

长方体相交于同一顶点的三条棱的长度，分别叫作它的长、宽、高。

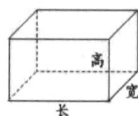

2 正方体有几个面、几条棱和几个顶点？它的面和棱各有什么特点？与同学交流。

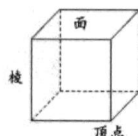

正方体也有 6 个面、12 条棱和 8 个顶点。

正方体的 6 个面是完全相同的正方形。

正方体具有长方体的所有特征吗？

正方体的面、棱和顶点的个数都与长方体相同。

和长方体一样，正方体相对的面完全相同，相对的棱长度相等。

正方体是特殊的长方体。可以用右图表示正方体和长方体的关系。

长方体
正方体

练一练

选择一个长方体实物，指出它的面、棱和顶点，量出它的长、宽、高。再选择一个正方体实物，量出它的棱长。

2

第七章　测　量

第一节　长度测量与角的度量

内容透析

◆ **学科维度**

1. 度量思想

物体的长短、大小、轻重等量是可以度量的。所谓度量,是指把待度量的量与一个作为标准的同类量进行比较的过程,也就是要得出待度量的量中含有多少个作为标准的同类量。可见,度量是用一个数值来表示物体的某一属性。度量的关键是标准量即度量单位(也叫计量单位)的选择。对于线段度量,通常选择某条线段作为度量标准,以它的长度作为计量单位来测量线段的长度。在度量物体时,可以自定标准或度量单位,例如,度量一张课桌的长度时,可以用某个文具盒的长度作为标准,也可以把某支铅笔的长度作为标准。但为了便于交流,需要统一度量单位。在确定了度量单位以后,度量的实际操作就是测量。小学数学中图形的测量包括长度、角度、面积与体积的度量。

2. 长度测量

小学数学里,图形与几何领域关于测量的教学是从长度开始的。常用的长度单位有千米、米、分米、厘米和毫米。其中,米是测量长度的基本单位,其余的都是由它派生出来的。

直接用长度单位去测量物体的长度有时并不方便。比如,要测量铅笔的长度,一般用厘米作单位,也就是用 1 厘米的线段去量,看一共量多少次,如果是 12 厘米的话,就要量 12次,这样既不方便也不准确,所以人类创造了各种测量长度的工具。

常用的测量长度的工具有游标卡尺、刻度尺、卷尺、螺旋测微器等,而刻度尺是测量物体长度的基本工具。

使用刻度尺测量物体长度前,应做到"三看"。即首先看刻度尺的零刻度是否磨损,如已磨损则应重选一个刻度值作为测量的起点。其次看刻度尺的测量范围(即量程)。原则上测长度要求一次测量,如果测量范围小于实际长度,势必要移动刻度尺测量若干次,否则可能会产生较大的误差。最后应看刻度尺的最小刻度值。最小刻度代表的长度值不仅反映了刻度尺不同的准确程度,而且还涉及测量结果的有效性。量程和最小刻度值应从实际测量要求出发兼顾选择。

在用刻度尺具体测量时,则应做到 4 个正确,即正确放置、正确观察、正确读取、正确记录。

正确放置的关键是做到:尺边对齐被测对象,必须放正重合,不能歪斜;尺的刻面必须紧贴被测对象,不能"悬空"。

正确观察的关键是视线在终端刻度线的正前方,视线与刻面垂直,看清大格及小格数。

正确读取。一般情况下应估读到最小刻度值的下一位,估读到最小刻度值的下一位也是为了使结果更精确。如学生用的三角尺最小刻度是 mm,用它测量长 2 cm 的长度,若正好对准在刻度线上时,正确记录应为 2.00 cm,其中 2.0 cm 是尺面准确读出的数,由于无估读数,所以需在尺面读数 2.0 末尾加 0。

正确记录。值得注意的是记录测量结果时必须写上相应的单位,数据和单位共同组成了测量结果,没有单位的数据是没有意义的。

在很多场合,没有测量工具或不需要得到精确值,这时可以利用人体某些部位的长度作为度量单位来对一些物体的长度进行估测。例如,一拃(张开大拇指和中指两端的距离)、一庹(成人两臂左右平伸时两手之间的距离,约合 5 尺)、一脚、一步等。

3. 角的度量

重合的两条射线中的一条绕着端点旋转,旋转到一定位置后,与未旋转的一条射线组成的图形叫做角。按逆时针方向旋转所得角为正角,按顺时针方向旋转所得角为负角,不作任何旋转的角为零角。根据旋转的方向及圈数的不同,可以得到任意大小的角。

表示角的大小的量叫做角度,通常用度或弧度表示。将圆周角平均分成 360 份,每一份就是 1 度的角,将 1 度的角再平均分成 60 份,每一份就是 1 分的角,继续将 1 分的角平均分成 60 份,每一份就是 1 秒的角。即:$1°=60'$,$1'=60''$。以度、分、秒为度量标准去度量角的大小的制度,叫做角度制。在同一个圆中,将弧长等于半径的圆弧所对的圆心角叫做 1 弧度的角。以 1 弧度为度量标准去度量角的制度叫做弧度制。在建立了弧度制之后,根据关系式 $\pi=180°$,角的集合与实数集之间就能建立起一一对应关系(即任何一个角所对应的弧度必定是一个实数;任一实数对应的一个弧度,必定是某个角的弧度数)。

与长度的测量一样,直接用角度单位去测量角的大小并不方便。于是人类创造了测量角度的工具。在小学,最常见的量角工具是量角器。

如下图所示,量角器是一个半圆形,底部直径中点是量角器的中心,圆弧边区有两圈刻度线。从中心到直径右端点的半径是内圈刻度的零刻度线,内圈刻度按逆时针方向依次从 0 到 180;从中心到直径左端点的半径是外圈刻度的零刻度线,外圈刻度按顺时针方向依次从 0 到 180。

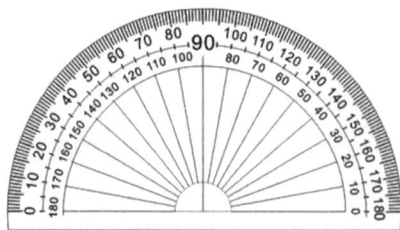

量角器

怎样用量角器量角？首先把量角器放在角的上面,然后将量角器的中心和角的顶点重合,一条零刻度线和角的一边重合,再看角的另一边落在与该零刻度线同圈的哪一个刻度线上,该刻度线的刻度就是这个角的度数。

怎样用量角器画一个指定角度的角呢？

首先任意画一点作为角的顶点,然后以该点为端点画出角的一边,把量角器中心和所画角的顶点重合,一条零刻度线和角的一边重合,再在与该零刻度线同圈的刻度线上找出与指定角度等值的刻度线,在该刻度线与量角器圆弧边线的交点位置点一点,从角的顶点经过该点画一条射线,就得到角的另一条边。

◆ **课标维度**

《课标(2011 年版)》关于长度测量与角的度量部分的课程内容包括以下 4 条:

(1) 结合生活实际,经历用不同方式测量物体长度的过程,体会建立统一度量单位的重要性;

(2) 在实践活动中,体会并认识长度单位千米、米、厘米,知道分米、毫米,能进行简单的单位换算,能恰当地选择长度单位;

(3) 能估测一些物体的长度,并进行测量;

(4) 能用量角器量指定角的度数,能画指定度数的角,会用三角尺画 30°、45°、60°、90°角。

从以上条款不难看出,《课标(2011 年版)》对长度测量与角的度量教学提出了如下要求。

1. 经历测量过程,体会度量思想

测量本质上就是被测对象与度量单位之间的比较,用度量单位去度量被测对象。因此,测量的首要任务就是选取度量单位。度量单位是测量教学的核心所在,度量单位的统一是使度量从个别的、特殊的测量活动成为一般化的、可以在更大范围内应用和交流的前提。因此,在课堂教学中,应该为学生提供必要的机会,鼓励学生选择不同的方法测量,并在相互交流的过程中发现单位的选择对测量结果的影响,进而体会建立统一度量单位的重要性。

2. 理解长度单位、角度单位的实际意义,建立良好的量感

长度(面积、体积、角)单位是一个抽象的概念,必须通过实践活动才能使小学生体会并认识它的实际意义。例如,可通过测量寻找生活中哪些物体的长度大约为 1 米、哪根手指指甲的宽度大约为 1 厘米等实践活动,帮助小学生理解米、厘米等长度单位的实际意义。

理解长度与角的度量单位的实际意义,对"长度测量与角的度量"学习至关重要。只有把握了各个度量单位的实际意义,才能对具体实物进行"量"的估计,进而根据具体情境选择适当的度量单位。比如,把握了厘米、毫米的实际意义后,在测量成人身高时小学生就会选择厘米而不是毫米。在度量单位的换算教学中,仅仅套用公式得到正确结果是不够的,只有真正理解了相关度量单位的实际意义,才能体会度量单位之间的大小关系。

3. 能恰当选择度量单位、测量工具,形成长度与角的测量技能

学习测量的目的是为了实际应用,因此形成长度与角的测量技能是"长度测量与角的度量"教学的重要目标。能否根据具体的测量对象选择恰当的度量单位、合适的测量工具及合理的测量方法,是衡量小学生是否形成测量技能的主要标志。比如,用直尺测量黑板的长度是合适的选择,但用它测量一栋大楼的长度就很不合适;用米测量跑道的长度是恰当的,但用米测量课桌的长度就不恰当。

4. 能根据具体情境物体长度的估测,沟通数学测量与现实生活的联系

估测对"长度测量与角的度量"的学习而言不可或缺。一方面,在现实生活中,长度与角度的估测结果已能满足需要。如从家到学校的距离大约有多远?另一方面,测量结果正确与否,有时通过估测就可以大致判断。如根据估测,单人课桌长度不足 1 米,如果测得单人课桌的长度为 1.2 米,就可根据估测断定测量有误。

◆ **教材维度**

1. 长度测量

例如,苏教版教材中,关于长度测量的内容,以长度单位的认识为主线分 3 次安排:第一次是在二年级上册认识"厘米和米"。在小学生经历自选测量单位测量课桌长度的过程后,引导他们思考"为什么得到的量数不同",从而让他们体会测量物体长度时统一长度单位的必要性;在引入了长度单位厘米和米后,通过"看""比划""找"等实践活动让小学生体会并认识所学长度单位的实际意义,并运用直尺测量指定物体长度、画出指定长度的线段等操作活动让小学生掌握长度测量的方法。第二次是在二年级下册认识"分米和毫米"。除了继续通过"看""比划""找"等实践活动让小学生体会分米和毫米的实际意义外,教材通过研究分米、毫米与过去所学长度单位厘米、米的数量关系,深化对分米和毫米的认识。第三次是在三年级下册认识"千米"。教材重点通过千米与米数量关系的研究让小学生理解千米的实际含义。

2. 角的度量

苏教版教材关于"角的度量"安排在四年级上册"垂线和平行线"单元。教材首先通过三角尺上的 3 个角分别度量同一个角得出的不同测量结果,让小学生体会建立统一角度单位的必要性。接着分 3 个层次学习角的测量:第一层次是在认识量角器的基础上,要求学生用量角器度量指定角的度数;第二层次是通过测量得出直角、平角、周角分别为 90°、180°、360°,锐角小于 90°、钝角大于 90°;第三层次是用量角器画指定度数的角。角的度量的关键是正确认识和使用量角器,对《课标(2011 年版)》中提到的"会用三角尺画 30°、45°、60°、90°角",操作相对简单,只要知道两种三角尺各个角的度数即可轻松完成,故教材中未曾提及。

案例研讨

◀◀ 案例 7 - 1:"认识厘米"教学设计 ▶▶

教学内容

苏教版义务教育教科书《数学》(二年级上册)第 61～63 页。

教学目标

1. 经历用不同方式测量物体长度的过程,体会建立统一长度单位的必要性。

2. 在实践活动中,体会并认识长度单位厘米的实际意义。

扫码查看
教学内容

3. 会用直尺和长度单位厘米测量物体的长度、画出指定长度的线段,会用厘米估测物体的长度,发展初步的空间观念。

4. 在具体操作活动中积累长度测量的经验,培养认真细致的学习态度。

教学重点

建立1厘米的长度观念;掌握运用长度单位厘米和直尺测量物体长度的方法。

教学难点

在建立1厘米长度概念的基础上,较正确、灵活地估测出较小物体的长度。

教具学具

多媒体课件、学生尺、1厘米长的小棒、方格纸、小方块等。

教学过程

一、创设情境,用不同方式测量物体长度

谈话:我们班上的课桌使用了很长时间,学校想帮我们换成新的课桌。需要知道课桌有多长,你打算怎样量呢? 先和同桌交流一下,再量一量(学生交流并进行实际测量)。

估计学生想到以下几种量法:

(1) 用数学书的长边来量,大约有5个长边长;

(2) 用铅笔量,大约有8支铅笔长;

(3) 用拃来量,大约有9拃长。

反思:量的都是课桌的长度,为什么大家量出的结果不一样?(因为测量的方式不同,所以需要统一测量工具和长度单位。)

提问:要测得统一标准的物体长度应该使用什么测量工具和长度单位呢?(在测量物体长度时,人们使用的测量工具通常是直尺,使用的长度单位是厘米、米等。)

揭示课题:这节课我们先来认识其中的一种长度单位——厘米(板书:认识厘米)。

【设计说明:安排测量课桌,一方面创设了小学生感兴趣的生活情境,可以激发学习动机;另一方面,让小学生在经历用不同方式测量物体长度的过程中,发现用不同方式测量同一个长度得到的结果各不相同,从而体会到统一测量工具、测量单位的必要性。】

二、认识1厘米

1. 初步了解直尺的形成过程。

提问:在测量长度时,通常用直尺作为度量工具。在直尺还没有发明的时候,人们是怎样测量长度的呢?

出示"你知道吗"(图文结合,录音播放):3 000多年前,古埃及用人的前臂作为长度单位,叫做腕尺;我国大禹治水时,禹用自己的身体长度作为长度标准进行治水工程的测量;唐太宗李世民规定以他的左右脚各走一步作为长度单位,叫双步。

提问:古代人是怎样测量长度的? 用身体上的尺来测量长度,就像刚才我们用不同的工具来测量课桌的长度一样,准确吗? 怎么办呢?

说明:人们想到,可以先规定一个长度单位(出示1厘米长的细纸条),比如以这根纸条的长度作为单位,并且给它取名为1厘米,于是,跟它一样长的物体长度就是1厘米。

提问:量比它长的物体,比如铅笔,如果用1厘米的纸条去量,怎么量?(一次一次地量)

引导:当物体较长时,这种逐次测量的方法方便吗?

所以，人们想到把几根 1 厘米的长度接在一起（演示：1 厘米的纸条拼接在一起）。我们一起数，纸条的长度分别是几厘米？为了测量方便，人们想到将软的纸条改成塑料，做成现在我们用的直尺。

【设计说明：介绍长度测量的数学史内容，既可增加数学课堂的趣味性，又可让小学生进一步体会到"统一测量工具的必要性"。结合物体长度的测量操作过程体验直尺的形成过程，既可展示测量工具的实践价值，又可培养小学生的创新意识。】

2. 认识直尺。

大家把自己的直尺拿出来看一看。你发现了什么？（估计学生说看到一些数，刻度 0，许多小格……）

相机说明：

(1) cm 表示厘米，读作厘米，就是我们刚才说的，国际上统一的一个长度单位。

(2) 许多长长短短的线叫做刻度线。刻度从 0 开始，从左往右依次变大。

3. 体验 1 厘米。

谈话：看着直尺，说说 1 厘米有多长（0 到 1 之间的一段长 1 厘米）。看老师手中的纸条，你们每人也都有一根，长度都是 1 厘米，先看一看。

要求：用左手拿住纸条，右手大拇指和食指比划一下 1 厘米的长度。（片刻后）抽掉纸条，看看两根手指之间的那一段长度，就是 1 厘米。

提问：直尺上还有哪些数之间的长度也是 1 厘米？你能概括地说一说吗？（相邻的两个长刻度线之间的长度都是 1 厘米。）

比较：老师看到有的小朋友的尺长，有的尺短，但是比比尺上的 1 厘米，都是一样长的吗？

启发：生活中哪些物体的长度大约是 1 厘米？

学生交流后汇报，教师对学生的回答进行判断。相机说明：学生大拇指的宽度、图钉的长度、田字格的边长等大约是 1 厘米。

谈话：认识了 1 厘米有多长，在尺上你能找到 2 厘米和 5 厘米各有多长吗？你是怎样想的？

小结：刚才我们认识了 1 厘米，量比较短的物体长度时用它作为长度单位，就会得到统一的结果，大家交流起来也就方便了。

【设计说明：从观察直尺上的 1 厘米有多长到夹住 1 厘米长的纸条后用两根手指比划 1 厘米，再到寻找生活中 1 厘米长的物体，通过多感官强化体验，让小学生头脑中形成 1 厘米长度的清晰表象，体会 1 厘米的实际含义，发展小学生的量感。】

三、量长度

1. 在尝试中掌握量长度的方法。

提问：拿出课前老师发给你们的书签，量一量长边的长。

反馈：你是怎样量的？

展示学生的各种量法，教师相机示范正确量法：把直尺的 0 刻度线和书签长边的一个端点重合，让直尺带有刻度线的一边紧贴书签长边，书签长边的另一端点刚好对准直尺的 4 刻度线，所以书签长边的长度是 4 厘米。

2. 通过测量练习巩固长度测量方法。

(1) 完成"想想做做"第 1 题。

长方形的长边长几厘米? 另外两幅图错在哪里?

(2) 量一量书签短边的长。

(3) 测量下面三条线段的长度(分别长 8 厘米、不到 8 厘米、8 厘米多)。

指出: 比 8 厘米少一些或者比 8 厘米多一些都可以说成大约 8 厘米。

【设计说明: 先放手让学生去尝试,通过反馈纠错强化正确方法,再通过测量练习巩固长度测量方法,训练长度测量技能。】

四、画指定长度的线段

1. 要求: 画一条长 4 厘米的线段,先说说你准备怎么画。

指名回答后用课件演示正确的画法。

2. 做"想想做做"第 6 题。

独立完成,之后同桌互相用直尺量。

五、巩固练习

1. 谈话: 本课开始量课桌长度时,有的学生用自己的柞去量,"柞"就是藏在自己身上的"尺"。其实身上还有很多"尺"。你能分别量一量食指的宽、手掌的宽、食指的长和一柞的长吗? 量好后记录下来,与同桌交流。

2. 完成"想想做做"第 5 题。

交流: 你是怎么估计的?

指出: 估计中指的长,可以以食指的长为参照;数学书短边的长,可以想约有几个 1 厘米那么长?

【设计说明: 估测是长度测量的重要学习目标,测量并记住身上一些"尺"的长度,不仅可以根据实际需要随时随地进行长度估测,而且可以强化小学生对长度单位的认知,发展空间观念。】

六、拓展与应用

1. 选择长度。

依次出示: 5 厘米、15 厘米、50 厘米。

要求: 先比划一下大约有多长,然后选择相应的长度。

(1) 铅笔的长大约是( )。

(2) 小刀的长大约有( )。

(3) 课桌的宽大约是( )。

2. 辨认图形。

出示一个长方形和正方形,提问: 这两个图形分别是什么图形? 你能选择一个图形量一量四条边的长度吗?

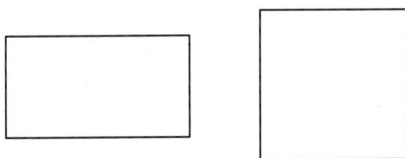

【设计说明：第1题选择长度，旨在丰富小学生对长度经验的积累。第2题选择测量长方形和正方形的边长，一方面是为了发展长度测量的技能，另一方面也是为在三年级探索长方形和正方形的特征提前孕伏。】

七、回顾总结

谈话：同学们，今天我们主要学习了什么内容？量长度时要注意什么？如何估计物体或线段的长度？还有什么问题吗？

◄◄ 案例7－2："角的度量"教学设计 ►►

教学内容

苏教版义务教育教科书《数学》（四年级上册）第79~80页。

教学目标

1. 使学生通过观察和交流，认识量角器，了解量角器的基本构造，知道角的计量单位，初步学会用量角器量角。

2. 使学生在用三角尺上的角尝试量角的过程中，产生统一角的度量工具以及计量单位的需要；通过用量角器量角，进一步认识角的大小，初步形成角的大小的空间观念。

3. 使学生在认识量角器和探索量角方法的过程中，获得成功的体验，进一步产生对数学学习的兴趣。

教学重点

掌握量角方法。

教学难点

正确使用量角器量角。

教具准备

教师准备活动角、量角器等教具，并为所有学生各准备一张画有60°角的练习纸，让学生每人自己准备三角尺、量角器等。

教学过程

一、复习导入

（出示一个活动角）谈话：同学们，二年级时我们曾经初步认识了角。这是一个活动角，旋转它的一条边可以得到大小不同的角，谁愿意上来试一试？

学生操作后，教师说明：角是有大小的，把角的两条边叉开得大一些，角就大一些；叉开得小一些，角就小一些。怎样度量角的大小呢？今天我们就来学习"角的度量"（板书课题：角的度量）。

【设计说明：通过转动活动角的边让学生进一步感知角的大小，并顺势引出度量角的大小的问题，一方面使学生体会到新知学习是对已有认识的深化，同时操作活动也有利于激发学生的学习兴趣。】

二、认识量角器

1. 引入量角器。

请学生拿出课前印发的练习纸（上面画有一个60°的角），然后谈话：大家能用自己三角

尺上的角量出练习纸上的角有多大吗？先自己试着量一量,再和同学交流。

通过交流比较,使学生体会到用三角尺上的角去量,只能知道被量的角与三角尺上的某个角之间的大小关系,不能得到统一的测量结果。

说明:为了准确测量角的大小,要有统一的度量工具和计量单位。量角器是人们专门用来量角的工具。

【设计说明:指定一个角让学生尝试用三角尺上的角去量,由于没有规定用哪个角去量,所以会得到不同的测量结果,由此引发学生要用统一的度量工具和计量单位进行测量的需求。在此基础上,顺势说明量角器是专门用来量角的工具,可谓水到渠成。】

2. 认识量角器。

(1) 粗略了解量角器的基本构造。

请每个学生拿出自己的量角器,要求仔细观察量角器,然后说一说从量角器上看到了什么。

预设:量角器是半圆形的;上面有很多刻度线,所有的刻度线都指向量角器的中心;上面有两圈数,外圈读数按顺时针方向依次增大,内圈读数则按逆时针方向依次增大。

(2) 认识 $1°$ 的角。

提问:大家能看懂量角器上面的刻度吗?

预设:把半圆分成 180 等份,每一份所对的角都是 1 度的角。度是角的计量单位,用符号"°"表示,如 1 度记作 $1°$。

(3) 请学生在量角器上找出指定度数的刻度线。

要求:在量角器上找出 $0°$、$10°$、$90°$、$135°$、$180°$ 的刻度线。

学生在找出指定度数的刻度线的过程中逐步明确量角器的中心、零刻度线、内外圈读数的意义。

【设计说明:指导学生认识量角器的基本构造是学习用量角器量角的重要基础。由于量角器的构造相对复杂,需要引导学生通过观察和交流逐步加深认识。这里对量角器的认识分两个层次进行:先整体了解量角器的构成要素,再利用量角器认识 $1°$ 的角,并了解量角器的内、外两圈读数及它们的排列顺序。】

三、用量角器量角

1. 尝试量角。

(1) 让学生尝试用量角器量练习纸上的 $60°$ 角,并交流量角的方法。

(2) 再出示两个角(一个开口朝右、一个开口朝左),学生尝试量,并交流量角的方法。

2. 示范量角。

教师示范量角的方法,并把测量结果记录在角中弧线的旁边。

3. 归纳并板书量角方法。

师生交流总结量角的方法,教师板书:

点对点——量角器的中心点与角的顶点重合;

线对边——$0°$ 刻度线与角的一条边重合;

看刻度——看角的另一条边所对的刻度是多少,这个角就是多少度。

【设计说明:在完整地认识了量角器后,量角的方法由学生自己去探索,交流后教师示范,接着引导学生归纳正确的量角方法,进一步深化对量角的认识;最后教师再板书,促进学

生内化量角的原理与方法。】

四、巩固练习

1. 做"练一练"第 1 题。

出示左边的一幅图,提问:这是某同学在量一个角的度数,他量角的方法对不对?

再问:这个角是多少度?怎样看出来的?

追问:为什么读这个角的度数要看内圈刻度?

让学生在书上填出这个角的度数。

出示右边的两幅图,让学生填写角的度数,并说说是怎样看出角的度数是多少的。

2. 做"练一练"第 2 题。

让学生独立量角,并把结果记录在角中弧线的旁边。

组织交流,重点关注第二个角的测量方法,并通过对比使学生明确正确选择内、外圈读数的方法。

3. 做"练一练"第 3 题。

学生按照题目要求先估后量,确认两个角相等。

设疑:这两个角,一个角的边画得很长,另一个角的边画得很短,它们的大小怎么会相等呢?

指出:由于角的两条边都是从顶点引出的两条射线,而射线是向一端无限延展的,所以角的两条边想画多长都可以,但画得长些或短些都不改变角的大小。角的大小是由两条边叉开的程度所决定的。

五、课堂总结

提问:今天这节课学了什么?你是怎样认识量角器并学会用量角器量角的?用量角器量角时有哪些注意点?你还有哪些收获和体会?

六、布置作业

练习十三中第 4、5、6 题。

要点提炼

1. 设计多形态测量过程,渗透提炼度量思想

人们在测量物体长度和角的大小时,首先需要选择度量单位,即作为测量标准的同类量。由于个人偏好和生活经验的差异,古时候,人们在测量长度和角度时选择的度量单位各不相同,导致测量同一个物体得到的量数也不一样,给彼此间的交流带来了困难,于是就形成了以统一度量单位为核心的度量思想。虽然小学数学课堂上不可能完全重现历史上度量思想形成的漫长过程,但应该设计出多形态测量过程,引导学生进行度量思想的"再创造"。

以长度单位"厘米"的教学设计为例:课一开始,就让学生"想办法量一量课桌有多长",然后全班交流。由于学生还没有学习长度单位,一般难以想到用直尺测量课桌的长度,他们可能会用一拃、一拳等身体的某个部位作为长度单位来量,也可能会选用橡皮、铅笔、文具盒、数学书等学习用品的长度作为长度单位来量。这样,各人选择的标准不同,导致测量的结果也不完全相同。经历上述多形态的课桌长度测量过程,学生能体会到:一方面,课桌的长度是一个是可以测量的具体量;另一方面,选择不同的单位测量不能得到一个确定的、一致的结果。因此,需要采用统一的长度单位来测量,进而引入"厘米"。接着让学生用1厘米长的纸条量铅笔的长度,方法是用1厘米长的纸条从铅笔的一端开始量起,一次接一次地量,量完后数出测量的次数就是该铅笔长度包含的厘米数,也就是用厘米作单位测量铅笔长度的结果。

这样的教学设计,与直接要求小学生"拿出直尺量一量课桌有多长"不同,因为经历了自选工具测量课桌长度得到各种不同量数的过程,小学生亲身体验了测量单位不同给交流带来的诸多不便,从而体会到"统一度量单位"的必要性;因为经历了用1厘米长的纸条测量铅笔长度的过程,小学生亲身体验了将待测长度与单位长度多次量比的长度测量过程,从而认识到长度测量的本质就是测得目标物体长度所包含的长度单位个数。

2. 联系周围生活场景,强化对常见测量单位的直观感悟

认识各种长度单位,不仅要知道它们之间的进率,更重要的是要形成正确、清晰的实际长度的表象。有了这样的表象,学生对长度单位的认识才会有可靠的支撑,才有可能正确合理地选用长度单位进行具体的测量和估计。因此,在教学时要注意联系学生熟悉的生活现象或场景,通过多种方式强化对常见长度单位的直观感悟,从而帮助学生建立表象。

例如,认识1厘米的教学可以分这样几步:(1)准备一根长度为1厘米的小棒,让学生看1厘米的长度;(2)闭上眼睛,在头脑中想象刚才看到的小棒;(3)睁开眼睛,用两根手指比划出1厘米的长度,再用小棒检查;(4)联系周围生活场景,找出生活中长度大约是1厘米的物体。在认识了几厘米后,可以找一些学生身边熟悉的物体,请他们估计长度大约是几厘米,培养估计的能力。

3. 注重测量工具的教学,提高长度与角度测量的技能水平

对度量而言,测量工具不是必需的,它是在人类文明发展到一定的阶段时被创造出来的,有了测量工具后,测量变得方便易操作。在教学测量工具前,可以设计具体的测量活动,让学生体会直接用度量单位测量不方便,从而体会引入测量工具的必要性,并在理解测量原理的基础上使用测量工具,以提高测量的技能水平。

实践操作

以下是某版本三年级下册"认识千米"的教材内容,请完成本课的教学设计。

千米和吨

计量路程或测量铁路、公路、河流的长度，通常用千米作单位。千米可以用字母"km"表示。千米又叫公里。

1 千米有多长？

先到操场看看 100 米的跑道有多长。

10 个 100 米是 1000 米，就是 1 千米。

$$1 千米 = 1000 米$$

你们学校的环形跑道一圈是多少米？几圈是 1 千米？

一圈 200 米，5 圈是 1 千米。

一圈 250 米，4 圈是 1 千米。

一圈 400 米，2 圈半是 1 千米。

20

千米和吨

想想做做

1. 每小时各行多少千米？连一连。

15千米　　250千米　　4千米　　80千米

2. 在( )里填合适的单位。

天安门城楼大约高35( )。	南京长江大桥铁路桥大约长7( )。	京沪高速公路大约长1262( )。

3. 4千米 = ( )米　　　　　3000米 = ( )千米

   9千米 = ( )米　　　　　6000米 = ( )千米

4.

（1）太原到青岛的铁路长多少千米？

（2）南京到上海的铁路大约长300千米，估一估南京到济南、南京到北京的铁路大约各长多少千米。（口答）

5. 沿100米长的跑道走一走，数数走了多少步，看看大约用了多长时间。照这样计算，走1千米大约有多少步？要用多长时间？

21

第二节　平面图形的周长与面积

"平面图形的周长与面积"是小学生最初接触到的有关图形的计算，是小学数学"图形与几何"学习领域的重要组成部分，在小学数学"图形与几何"版块的教学中占有重要的地位。"周长与面积"不仅是学生今后学习平面几何、立体几何等内容的重要基础，同时这部分内容包含了等积变形、转化、以直代曲、极限等数学思想，是培养学生数学思维的重要载体。

内容透析

◆ 学科维度

"平面图形的周长和面积"主要包括"周长"和"面积"的概念、长度单位和面积单位以及常见平面图形面积的计算等内容。其中"长度单位与面积单位"在"常见的量"一节已做过讨论,本节不再重复。

平面图形的周长是指物体表面或平面封闭图形一周边线的长度。研究平面图形的周长计算问题需要分成两类:一类是多边形,只要测得各边长度再逐边相加即可求得多边形的周长,对于长方形和正方形等特殊多边形则通过由特征导出的周长公式间接计算;另一类是曲边图形,因为曲边图形的周长计算比较复杂,所以在小学阶段只研究最简单的情形——圆的周长计算。即使对于圆这样的简单曲边图形,也很难在小学阶段完全探索它的周长公式。一个务实做法是,首先运用绕线法或滚边法将圆的边线拉直成为线段,测量线段的长度间接得到圆的周长;接着考察几个大小不同的圆,运用绕线法或滚边法依次测到它们的周长,并逐个计算周长与直径的比值;然后借助归纳获得"圆的大小虽然不同,但其周长与直径之比约等于某个固定值"的直观经验;最后在此基础上,直接告知"圆的周长与直径的比为定值(圆周率)",从而得出圆的周长公式。

平面图形的面积,是物体的表面或平面封闭图形所围的平面部分的大小。它具有两个基本特征:一是全等形等积,即可以完全叠合的两个平面封闭图形的面积相等;二是面积的可加性,即把一个平面部分分成两块,这个平面部分的面积等于两块面积之和。同样,研究平面图形的面积计算问题也需要分成多边形和曲边图形两类。

多边形面积的计算方法有直接测量法与间接测量法两种:直接测量法就是用面积单位直接与多边形比较得出其面积,计算不规则多边形的面积一般用直接测量法;间接测量法是通过由多边形特征导出的面积公式间接计算,长方形、正方形、三角形、平行四边形、梯形等常见的规则多边形面积计算都用间接测量法。长方形是小学阶段研究的第一个常见的规则多边形,它的面积公式是运用直接测量法推出的。其基本思路如下:先将长方形分割成若干个单位正方形(或用单位正方形摆满长方形内部)(限定边长为整数),再按群点数(先数一行有几个单位正方形,再数有几行)得出长方形包含的单位正方形个数即长方形的面积,然后寻找一行正方形个数和行数与长方形边长的对应关系,最后得出长方形的面积公式。在推导长方形之后的常见多边形面积公式时,运用的是间接测量法,即通过割拼法将其转化为已知面积公式的多边形,然后借助已知多边形的面积公式间接推出。

圆的面积公式探索思路虽然与多边形面积公式的探索思路大致相同,都是通过割拼法来实现图形的转化,但理解其探索过程则非常困难。一是因为以前所学图形的面积计算都是直线图形的面积计算,对求圆这样的曲线图形的面积,学生缺乏经验积累;二是因为将圆平均等分若干份后拼成一个近似的长方形,涉及"化曲为直"的思想,学生不易想到;三是因为随着圆等分的份数越来越多,拼成的图形越来越接近一个长方形,涉及朴素的"极限"思想,学生理解上存在难度。因此,理解并探究圆的面积公式,对小学生来说是一个大挑战。

◆ 课标维度

《课标(2011 年版)》关于"周长与面积"的课程内容如下:

第一学段(1～3 年级):

1. 结合实例认识周长,并能测量简单图形的周长,探索并掌握长方形、正方形的周长公式。

2. 结合实例认识面积,探索并掌握长方形、正方形的面积公式,会估计给定简单图形的面积。

第二学段(4～6 年级):

1. 探索并掌握三角形、平行四边形和梯形的面积公式,并能解决简单的实际问题。

2. 通过操作了解圆的周长与直径的比为定值,掌握圆的周长公式;探索并掌握圆的面积公式,并能解决简单的实际问题。

3. 会用方格纸估计不规则图形的面积。

由课标内容可以看出,在面积的学习要求上,各种平面图形大致相同,即对长方形、正方形、三角形、平行四边形、梯形和圆的面积公式都要求"探索并掌握"。在周长的学习要求上,各种平面图形之间存在差异:对长方形、正方形的周长公式要求"探索并掌握",对圆的周长公式只要求"掌握",对三角形、平行四边形、梯形的周长公式甚至没有提及。

"探索"是过程性目标的最高等级,即对于长方形、正方形、三角形、平行四边形、梯形和圆的面积公式和长方形、正方形的周长公式,不仅要让学生理解公式引进的必要性,主动积极地参与公式的探寻过程,发现各种面积公式、周长公式的特征,以及相关平面图形面积、周长公式之间的区别和联系,还要通过公式的探索过程获得研究平面图形面积公式、周长公式的理性经验,即让学生不仅要知其然还要知其所以然。"掌握"是结果性目标,即对于长方形、正方形、三角形、平行四边形、梯形、圆的面积公式和长方形、正方形、圆的周长公式,不仅要让学生能够描述这些公式的特征和来龙去脉,说明公式之间的区别和联系,而且在面对变化的问题情境时要能熟练运用上述公式。

对于圆的周长公式,课标为什么不要求"探索"? 主要原因是圆的周长公式的探索已经超出了小学生的认知水平;对于三角形、平行四边形、梯形的周长公式,课标为什么没有提及? 可能的原因是这些平面图形的周长计算与长方形、正方形相比在日常生活中用得相对较少,而且需要运用时也能很快求出。在实施教学时,应正确理解与把握课标要求,避免盲目拔高或随意降低教学难度。

◆ **教材维度**

现行各种版本的小学数学教材关于"平面图形的周长与面积"内容的编写差别不大,下面列举现行苏教版小学数学教材关于"平面图形的周长与面积"的内容编排情况:

三年级上册:认识周长,长方形、正方形的周长公式。

三年级下册:面积的意义,长方形、正方形的面积公式。

五年级上册:平行四边形、三角形、梯形的面积公式,面积的估算。

五年级下册:圆的周长公式,圆的面积公式。

六年级下册:平面图形的周长与面积(总复习)。

从教材的编排来看,认识周长、面积以及长方形和正方形的周长公式、面积公式等相关内容安排在三年级。鉴于这个学段学生的思维特点,对于平面图形的周长和面积概念,教材没有给出规范定义,而是借助情境图中具体物体进行了描述,如书签一周边线的长就是它的周长,黑板面的大小是黑板面的面积,课本封面的大小是课本封面的面积,等等。对于长方形的周长公式,教材中是让学生在算篮球场周长过程中,通过选择简便计算方法得出,并在此基础上通过计算正方形手帕的周长类推出正方形的周长公式。在探索长方形的面积公式时,教材先用几个单位正方形摆出几个不同的长方形,通过这些长方形长、宽与面积的比较分析,引导学生发现长方形的面积与它的长和宽的相关性;接着用单位正方形量两个指定的长方形面积,引导学生通过按序量放、按群点数,得出长方形面积等于每排包含的单位正方形个数与排数的乘积;然后由此推出,当长方形的长和宽的厘米数为整数时,长方形的面积等于它的长与宽的乘积;最后通过直观推理得出长方形的面积计算公式,作为长方形的特例直接给出正方形的面积公式。

平行四边形、三角形、梯形的面积和圆的周长与面积等课程内容安排在五年级,这个学段学生已经具备初步的逻辑推理和抽象思维能力,故教材中在探索相关面积公式时,采用了分割、拼补这些等积变形方法,并在圆的面积公式探索过程中渗透了朴素的极限思想,以实现从待研究图形向已研究图形的转化。

圆的周长公式是该部分的教学难点,因为该公式是由圆周长与直径的关系直接推出的,圆周长与直径的比值不是通过推理得到的,而是直接告知的,因此学生难以从心理上认同,于是产生了认知障碍。为此,苏教版教材做了这样的处理:第一步,观察生活中熟悉的自行车车轮,引导学生发现车轮周长与车轮直径之间的相关性。通过比较 3 个直径不等的车轮滚动一周的路程长短,发现直径越大对应的周长也越大,直径越小对应的周长也越小。第二步,画出圆的外切正方形和内接正六边形,引导学生估算圆的周长与其直径的比值范围。因为圆的外切正方形边长等于圆的直径,所以它的周长就等于圆直径的 4 倍;因为圆的内接正六边形边长等于圆的半径,所以它的周长就等于圆半径的 6 倍,也就是直径的 3 倍。又因为圆的周长介于内接正六边形周长和外切正方形周长之间,所以圆的周长就大于圆直径的 3 倍,小于圆直径的 4 倍,即圆周长与其直径的比值介于 3 与 4 之间。第三步,剪出 3 个大小不同的硬纸板圆,引导学生测算圆的周长与直径的具体比值。运用绕线法和滚边法化曲为直测得 3 个硬纸板圆的周长,逐个计算 3 个圆周长与其直径的比值,得出各个圆的周长与其直径的比值非常接近,都是比 3 多一点。第四步,告诉学生任何一个圆的周长除以直径的商都是一个固定的数,再引入圆周率概念,由此得出圆周长的计算公式。随着上述过程的推进,学生对圆周长与直径关系的认知心向不断向目标靠近:从圆周长可能与直径有关,到不同圆的周长与直径的比值差距不可能超过 1,再到不同圆的周长与直径的比值几乎没有差距,最后到不同圆的周长与直径的比值之间没有差距。循着这样的思路,学生在心理上逐渐接受了圆的周长与直径比值为定值这个事实,从而顺利地对圆的周长公式产生了心理认同。

案例研讨

◀◀ 案例 7-3:"认识周长"教学设计① ▶▶

教学内容

苏教版义务教育教科书《数学》(三年级上册)第 39~40 页。

教学目标

1. 通过观察、操作等活动使学生感知周长的含义,知道物体表面或平面图形一周边线的长度就是它们的周长。

扫码查看
教学内容

---

① 该案例由刘云峰设计,选自 2011 年江苏省小学数学教师远程培训优秀教案集,收入本书时笔者略作了改动。

2. 使学生通过围、量、滚等具体的活动,探索测量、计算平面图形周长的多种方法,渗透"化曲为直"的数学思想。

3. 使学生在学习活动中进一步体会数学与生活的密切联系,增强学生学习数学的兴趣,培养学生的自主学习能力、合作意识和科学探究精神。

教学重点

认识理解周长的含义,会测量图形的周长。

教学难点

周长意义的理解,培养学生的空间观念。

教学过程

一、创设情境,感受周长

1. 看一看。

播放4个动画:

(1) 小火车沿着轨道跑了一周;

(2) 小朋友围着人工湖跑了一周;

(3) 霓虹灯沿着牌匾闪亮了一周;

(4) 老爷爷沿着菜地围了一圈的栅栏。

小火车和小朋友跑的路线、围成的栅栏、闪烁的霓虹灯他们有什么共同特点?(师小结并板书:一周。)

2. 剪一剪。

谈话:今天老师还给大家带来了一些平面图形,认识它们吗?(逐张出示图形贴在黑板上:长方形、正方形、三角形、圆形、月牙形、阶梯形、五角星、树叶形。)

剪一剪:在这些图形中,你最喜欢哪一个就把它从纸上剪下来,看谁剪得又快又好(学生拿出图纸剪出自己最喜欢的图形)。

3. 议一议。

讨论:你是怎样剪的?(板书:边线)今天这节课,老师和大家一起来研究这些平面图形的周长,你们听说过周长吗?(板书:认识周长)

【设计说明:现实中,很多学生对周长的认识都有一个模糊的概念,知道那是什么,但却无法清晰地描述,所以从学生熟悉的生活场景引入,既贴近学生的兴趣,又自然引出边线的概念,帮助学生在脑海中初步建立起"边线"和数学中"周长"的联系。】

二、探索体验,认识周长

1. 猜。

猜一猜周长大概会是什么意思?

指一指游泳池图和树叶图的周长:游泳池图池口黑色边线的长就是池口的周长,树叶四周边线的长就是树叶的周长。

2. 摸。

(1) 找一找、摸一摸身边物体表面的周长。

(2) 摸一摸这些平面图形的周长。

(3) 议一议为什么从不同起点开始都能表示表面的周长?

(4) 再议如果是从这里开始呢(中间)? 怎么才是一周? 谁来演示一下?

3. 描。

用水彩笔描一描"想想做做"第2题中图形的周长,看谁描得又快又漂亮。

小议:在描周长的时候,要注意什么?

小结:不管从哪里描起,都要从起点开始又回到起点。

4. 想:(画一个角)这个角有周长吗? 为什么?(小组先讨论再交流)

小结:物体表面或平面图形一周边线的长度就是它们的周长。

【设计说明:让学生通过猜、摸、描等体验活动引导学生建立周长的空间观念,发展形象思维。】

三、合作探究,测量周长

1. 小组合作。

谈话:我们已经认识了周长,怎样测量物体的面或平面图形的周长呢?(出示长方形的名片、树叶形书签和1元的硬币。)

(1) 先在小组里讨论怎样测量它们的面的周长,你能想到哪些好方法?

(2) 从老师提供的测量工具中选择恰当的工具,采用合适的方法,测量出周长(提供软尺、一根棉线、软铁丝、直尺)。

(3) 把测量出的结果记录在白纸上。

2. 小组汇报。

(1) 长方形名片的周长(板书:先量再算)。

预设:①量出4条边的长,再相加;②量出名片的长和宽,再计算;③用一根细线沿名片的边线围一周,再量细线的长。

比较:大家用不同的方法得出了名片的周长,在这些方法中,你比较喜欢哪一种方法? 为什么?

(2) 树叶形书签的周长(板书:先围再量)。

预设:先用一根细线沿一周围起来,然后再用尺子量出这段线的长度。

追问:先用线围一围再量一量,可以算出树叶的周长。为什么不能直接量出书签的周长呢?

小结:大家的思考很有深度,"用线围一围、再量一量"就达到了"化曲为直"的目的。

(3) 1元硬币的周长(板书:边滚边量)。

(不少学生可能仍用围的方法测量1元硬币的周长)追问:除了围的方法,还有什么方法能够"化曲为直"呢?

预设:可以在圆形硬币边线上做一个记号,然后以这个记号为起点,将硬币在尺子上滚一圈。

小结:我们可以先在圆形硬币上做一个记号,然后在尺子上滚,这也是一种"化曲为直"的好方法。

3. 探究小结。

提问:你学到了哪些测量周长的好方法? 在测量周长的活动中你有什么收获?

小结:不同形状的物体,使用的工具、测量的方法都是不一样的,大家要根据物体的形状选择合适的测量方法。

【设计说明:在了解平面图形周长含义的基础上,让学生用不同方法测量一些物体的周

长,深化了学生对周长概念的理解和应用,并渗透"以直代曲"的数学思想方法。】

四、联系实际,拓展应用

1. 算一算。

（1）"想想做做"第 3 题。

提问：你能用不同的方法算出下面每个图形的周长吗?（学生抢答,并说说是怎样计算的。）

（2）"想想做做"第 4 题。

① 学生独立思考。

② 交流：数边线与数格子哪种方法更好? 怎样数、怎样算更加简便?

2. 量一量。

提问：在我们的身上也有很多周长,你能找一找、量一量吗?

操作：同桌合作量腰围。

3. 弹性练习：下图中每个小方格的边长表示 1 厘米,求长方形的周长。

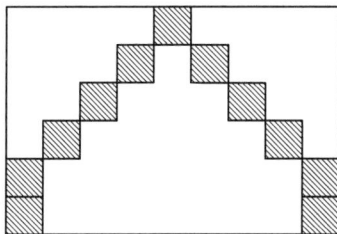

【设计说明：安排"算一算",目的是培养学生选择合适方法计算平面图形周长的灵活性;设计"量一量"以及"弹性练习",旨在让学生感受数学与生活的联系,增强学习的趣味性,培养学生的应用意识和创新意识。】

五、全课总结,课外延伸

谈话：今天我们一起学习了一个新的数学知识：周长。如果用一句话表达你对周长的认识,你想说什么? 周长在我们生活中的应用是极为广泛的,你发现了吗?

让我们一起去生活中看看吧! 配音短片欣赏《周长在我们身边!》。

【设计总评：本节课的教学设计,在尊重教材的基础上,灵活使用教材,把对周长概念的建构过程分解为认识边线、认识周长两个阶段,使学生的认识经历了丰富的感知过程。剪一剪、指一指、说一说、描一描等环节的设计,使学生在环环相扣的探索活动中充分地实践着、思考着、感受着……如此丰富的感受之后,周长的概念也就呼之欲出了。在初步建立周长的概念之后,教师设计了一个小组活动,要求小组成员讨论如何测量长方形名片、树叶形书签和 1 元硬币的面的周长,鼓励学生利用现有的工具思考测量周长的不同方法。在这样开放的探索空间中,教学过程呈现出双向的交流、动态的建构,师生分享着发展的快乐,成长的愉悦。结束环节,教师安排了《周长在我们身边!》的短片欣赏,一个个鲜活的画面,使学生对周长的理解进一步得到深化,学习数学的情感也由此被进一步激发。】

【问题与讨论】试分析小学生对周长与面积这两个概念容易混淆的缘由,应采取什么有效的教学策略避免这一问题?

◄◄ 案例 7–4："平行四边形的面积"教学设计 ►►

扫码查看
教学内容

教学内容

苏教版义务教育教科书《数学》(五年级上册)第7~8页。

教学目标

1. 理解并掌握平行四边形面积的计算公式,能正确求出平行四边形的面积。

2. 让学生经历尝试、探索平行四边形面积公式的推导过程,通过观察、操作、测量、填表、比较和推理等数学活动过程,发展学生的空间观念,渗透转化的数学思想方法。

3. 培养学生动手操作和思维能力,养成善于观察、勤于思考的良好习惯。

教学重点

探究发现平行四边形面积的计算公式,并能正确运用公式计算。

教学难点

运用转化思想推导平行四边形面积的计算公式。

教学过程

一、复习回顾

1. 我们以前学过哪些平面图形?(长方形、正方形、三角形、平行四边形、梯形。)

2. 你会计算哪些图形的面积?(长方形的面积＝长×宽,正方形的面积＝边长×边长。)

【设计说明:通过复习已认识的平面图形和长方形、正方形的面积计算公式,为下一步推导平行四边形面积计算公式作铺垫。】

二、尝试比较

1. 用课件出示教材中的情境图,请同桌间讨论下列每组图中的两个图形的面积是否相等。

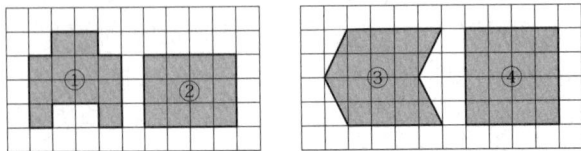

2. 在学生讨论的基础上,指名学生回答,并说出理由。然后教师通过课件动态演示图形的割补过程,使学生直观地得出每组图中的两个图形的面积是相等的。

【设计说明:通过图形的割补将一个平面图形进行等积变换,为学生用割补法推导平行四边形的面积打下基础。】

三、提出问题

1. 如何计算下面这个平行四边形的面积?(学生可能的答案:8×5,8×4,5×4。)

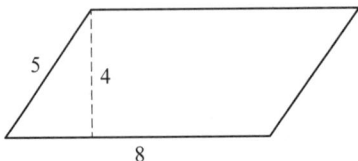

2. 你认为哪一种答案是正确的? 请说出你的理由。

【设计说明：猜想是直觉思维的一部分,猜想的过程就是发现问题和提出问题,同时激起学生验证和探究的欲望。】

四、操作探究

1. 以前后两桌 4 位同学为一个小组,将课本第 115 页中底为 8、高为 4 的那个平行四边形剪下,把它转化成长方形,并求出长方形和平行四边形的面积,将教材第 8 页中的表格填写完整。

2. 各小组派代表回答验证结果,并说明你们是如何将平行四边形转化成长方形的。

3. 在学生回答的基础上,教师再用课件,动态演示将平行四边形转化成长方形的方法。

(1) 沿平行四边形的一条高将左侧的一个直角三角形剪下,移到右侧拼成一个长方形。

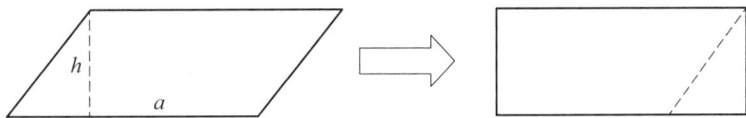

(2) 沿平行四边形的一条高将左侧的一个直角梯形剪下,移到右侧拼成一个长方形。

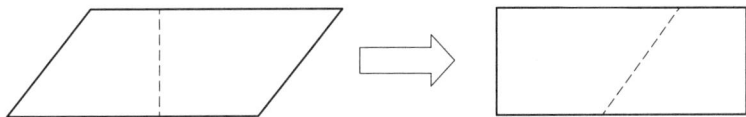

(3) 沿左侧的虚线(过左边的中点)将左下角的一个直角三角形剪下,拼在左上角,沿右侧的虚线(过右边的中点)将右上角的一个直角三角形剪下,拼在右下角,拼成一个长方形。

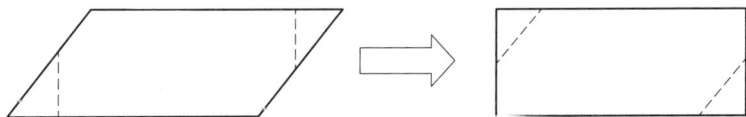

4. 引导学生推导出平行四边形的面积公式：

$$长方形的面积 = 长 \times 宽$$
$$\Uparrow \quad \Uparrow$$
$$平行四边形面积 = 底 \times 高$$
$$S = a \times h$$

【设计说明：有了尝试比较中用割补法比较两个图形面积大小的基础,通过类比迁移学生能比较自然地想到通过剪、拼将一个平行四边形转化成一个长方形。让学生在操作中探究、在探究中发现,培养学生合作学习、探究发现的能力。】

五、巩固应用

1. 试一试。

计算下面平行四边形的面积(课本第 11 页练习二第 2 题)。

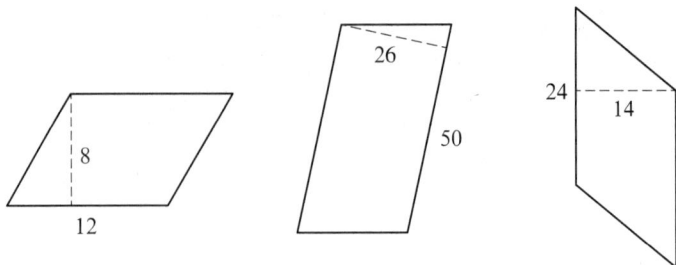

【设计说明：这个练习旨在训练学生在计算平行四边形的面积时一定要找准对应的底和高。】

2. 求一求。

一个平行四边形停车场底 63 米,高 25 米,如果平均每个车位占地 15 平方米,这个停车场一共可以停多少辆车?

3. 练一练。

学生课堂练习教材第 8 页"练一练",然后指名回答,教师点评。

4. 想一想。

在上题中,可以画多少个夹在两条平行线之间底为 15 厘米、高为 6 厘米的平行四边形?你发现了什么?

【设计说明：这是一道训练学生发散性思维的练习题,让学生通过观察、比较、计算,从"变化中寻找不变",在运动中生成,在辨析中明理,自己发现"等底等高的平行四边形的面积相等"这个结论。】

六、课堂总结

1. 今天这节课我们学习了平行四边形面积的计算公式,我们采用了什么方法推导出平行四边形面积公式的?

2. 通过今天的学习我们还知道了一个关于平行四边形面积的什么结论?

【设计总评：第一,组织学生自主探究、合作交流是本节课的重点环节,本教学设计为学生创设了一种民主、宽松、和谐的学习氛围,给了学生充分思考问题的时间与空间,在这样的课堂学习中学生乐想、善思、敢说,他们可以自由地思考、猜想、验证,教师始终是学生学习活动的组织者、指导者、合作者。第二,本节课设计了复习回顾—尝试比较—提出问题—操作探究—巩固应用等教学环节,环环相扣,结构严谨,学生的求知欲可被充分激发。第三,应用多媒体课件辅助教学,用计算机动态地呈现图形的分割、拼补的过程,可以调动学生的学习兴趣,有效提高课堂教学效果。】

【问题与讨论】分析平行四边形面积公式探究过程的关键步骤,概括蕴含其中的数学思想方法。

案例 7-5："平面图形的周长与面积"教学设计 ▶▶

教学内容

苏教版义务教育教科书《数学》(六年级下册)第 89～90 页。

教学目标

1. 引导学生回忆、整理平面图形的周长和面积的意义及其计算公式的推导过程,并能熟练地应用公式计算。

扫码查看
教学内容

2. 引导学生探索平面图形的知识间的相互联系,构建平面图形的知识网络,从而加深对平面图形知识的理解,并从中领会整理知识的方法。

3. 渗透"事物之间是相互联系"的辩证唯物主义观点和"转化""推理"等思想方法,体验数学与生活的联系以及数学在实际生活中的运用。

教学重点

理解并掌握平面图形周长、面积的计算方法;应用周长和面积的计算公式解决简单的实际问题。

教学难点

理解平面图形周长、面积计算公式之间的内在联系;进一步体会转化的策略,发展学生的数学思维。

教学过程

一、提出问题,再现旧知

1. 我们前面已学过了哪些平面图形?

2. 想一想:平面图形的周长和面积的意义。

3. 写一写:平面图形的周长和面积公式。

将具体讨论结果填入下列表格中(学生回答,通过课件呈现)。

图形	周长	面积
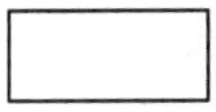		

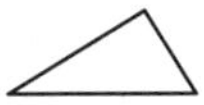		
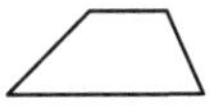		
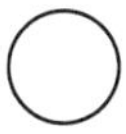		

二、回顾整理,建构网络

1. 议一议(平面图形面积公式的推导过程)。

(1)前后桌 4 人一组合作探究,从面积公式的推导角度想一想:哪个图形的面积公式最基础? 把你们认为有联系的图形用线连一连。

（2）展示学生的作品,并请学生说出这样连线的理由。

（3）教师引导并结合课件展示,帮助学生形成合理、完善的知识网络。

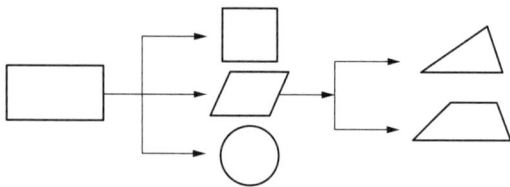

【设计说明:这节课是平面图形周长与面积的整理复习,故不应是旧知的简单重复,而应引导学生自主将分散的知识点"串珠成链",形成网络。】

2. 思一思。

上面复习的面积公式是以长方形面积为基础,通过剪拼将其他图形转化为长方形来进行推导的。那么根据图形间的关系,我们能否从梯形的面积公式出发,导出其他图形的面积公式呢?

教师引导:三角形可看成上底长为 0 的梯形,由此由梯形面积公式得出三角形面积公式,以此类推,可得出下列各图形面积之间的关系图。

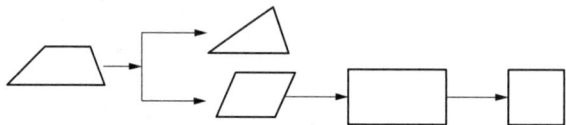

$$S_{梯形} = \frac{1}{2} \times (上底 + 下底) \times 高$$

$$\xrightarrow{\text{上底为0}} S_{三角形} = \frac{1}{2} \times 底 \times 高$$

$$\xrightarrow{\text{上底等于下底}} S_{平行四边形} = 底 \times 高 \xrightarrow{\text{有一角为直角}} S_{长方形} = 长 \times 宽 \xrightarrow{\text{长宽相等}} S_{正方形} = 边长 \times 边长$$

【设计说明:六年级学生已具有初步的抽象逻辑思维能力,教学不应照本宣科,而应结合教学内容引导学生从不同视角观察问题、分析问题,培养其观察、分析、概括的能力,提高其数学思维品质。】

三、能力训练,巩固提高

1. 基础练习。

先让学生先独立完成课本"练习与实践"3、4 两题,再指名回答,适当点评。

2. 提高练习。

先让学生思考"练习与实践"5、6 两题,然后指名回答,说出具体解题思路。

第 6 题做完后引导学生得出如下结论:面积相等的图形周长不一定相等,周长相等的图形面积不一定相等。

请学生思考第 6 题中的第 3 张图:涂色部分的面积除了用梯形面积减去一个三角形的面积外,还有什么不同的解法?（设左边三角形的底为 a,右边三角形的底为 b,则涂色部分

的面积为 $S = \frac{1}{2} \times a \times 6 + \frac{1}{2} \times b \times 6 = \frac{1}{2} \times (a+b) \times 6 = \frac{1}{2} \times 9 \times 6 = 27$。)

3. 综合练习。

先让学生独立完成课本"练习与实践"7、8两题,再指名回答,适当点评。

四、课堂总结,拓展提升

1. 这节课我们复习了哪些知识? 你们有哪些收获?

2. 课后思考:求下图阴影部分的周长与面积。

4 cm

【设计总评:复习,重在发展,而发展则是夯实基础后的求异与创新。据此,本节课的教学设计一方面注重旧知的回顾与整理,构建知识网络;另一方面将复习重点放在学生的"发展"上,在学生的数学技能上求发展,在学生的思维品质上求发展。通过归纳整合,形成网络,培养学生的自主学习能力;通过逆向思维,一题多解,提升学生知识迁移的能力。】

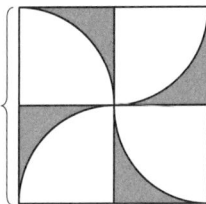

【问题与讨论】

1. 教师在进行教学设计时,很重要的一点是要进行教学预设,这样在课堂教学中遇到学生的质疑提问时才能处变不惊、从容应对。教材上圆的面积公式的推导,是将其平均分割后拼成一个近似长方形。请你思考一下,除了将其拼成一个近似长方形外,还可以拼成什么图形? 试将圆平均等分成16份,画出拼成后的图形,并据此推导出圆的面积公式。

2. 本案例是关于"平面图形的周长与面积"的复习课,能否据此提出一般复习课的教学过程?

要点提炼

下面分别从周长与面积概念、多边形的面积、圆的周长和面积3个方面提出教学设计要点。

1. "周长与面积概念"的教学设计

教学设计中应给学生充分的时间对实物或图形进行看、说、摸、剪、描等实际操作,在操作过程中感知和体验周长与面积的含义。教学素材的选择与呈现应注意面线(指平面图形与边线)分离、体面(指物体与物面)分离,凸显概念的本质特征,避免学生在实际应用中出现概念混淆的现象。

2. "多边形的面积"的教学设计

教学设计的关键是探索将未知图形转化为已知图形的思路方法。给学生充分的时间与空间合作探究,自主发现,教师只起一个组织者、引导者的作用,在学生困惑处释疑,在学生盲点处点拨,培养和提升学生的数学素养和数学思维水平。

3. "圆的周长与面积"的教学设计

圆周长、圆面积历来是一个教学难点,教学设计的关键是如何处理好"曲与直""有限与无限""近似与准确"的关系。为突破传统教学手段遇到的困局,教师应充分应用现代信息技术辅助教学,通过多媒体课件形象生动地向学生展示随着将圆平均等分的份数(圆内接正多边形边数)越来越多,拼成的图形(圆内接正多边形)越来越接近长方形(圆),更好地帮助学生理解极限思想以及圆面积(周长)公式的探索过程。

实践练习

1. "以直代曲"是一种重要的数学思想方法,根据你的数学学习经历,请你写一篇"以直代曲"在数学中应用的小论文,题目自拟。

2. 下面是苏教版义务教育教科书《数学》(五年级下册)"圆的周长"的教材内容,请完成一篇本课的教学设计。

圆

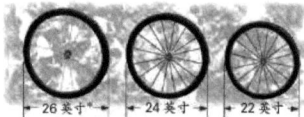

左边 3 个自行车车轮各滚动一周,哪个车轮行的路程比较长?

车轮一周的长度是车轮的周长。比较 3 个车轮的直径和周长,你有什么发现?

⑤ 如右图,在正方形内画一个最大的圆。你知道正方形的周长是圆直径的几倍吗?

在圆内再画一个正六边形,六边形的顶点都在圆上,六边形的周长是圆直径的几倍?

想一想:圆的周长大约是直径的几倍?

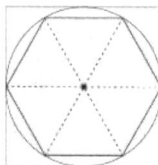

几人一组,用硬纸板剪出 3 个大小不同的圆,想办法量出它们的周长,再计算每个圆的周长除以直径的商,并把表格填写完整。

用线绕圆片一周,量出它的长度。

把圆片放在直尺上滚动一周,量出它的长度。

周长/cm	直径/cm	周长除以直径的商(得数保留两位小数)

通过测量和计算,你发现圆的周长和直径之间有什么关系?

一个圆的周长总是直径的 3 倍多一些。

* 英寸是英制长度单位。在生活中,人们习惯用英寸作单位来表示自行车车轮的规格。26 英寸≈66 厘米,24 英寸≈61 厘米,22 英寸≈56 厘米。

92

212

圆

实际上，任何一个圆的周长除以直径的商都是一个固定的数，我们把它叫作圆周率，用字母 π（pài）表示。π 是一个无限不循环小数。

$$\pi = 3.141592653\cdots$$

在计算时，一般保留两位小数，取它的近似值 3.14。

如果用 C 表示圆的周长，那么周长 C 与直径 d 或半径 r 的关系是：

$$C = \pi d \quad \text{或} \quad C = 2\pi r$$

试一试

例 4 中三种车轮的周长大约各是多少厘米？算一算。

练一练

一个圆形喷水池的半径是 14 米。它的周长是多少米？

6 一个圆形花坛的周长是 251.2 米。花坛的直径是多少米？

根据 $C = \pi d$，可以列方程解答。

解：设花坛的直径是 x 米。

$$3.14\, x = 251.2^*$$
$$x =$$
$$x =$$

还可以怎样求花坛的直径？

答：花坛的直径是 _____ 米。

练一练

先估计，再求出圆的直径。

$C = 12.56$ 米 $C = 15.7$ 厘米 $C = 62.8$ 厘米

---

* 今后遇到数据较大的计算，一般可以使用计算器。

第三节　立体图形的表面积与体积

内容透析

◆ **学科维度**

1. 立体图形的表面积

所谓立体图形的表面积，就是围成立体图形的各个表面的面积之和。在小学数学中，立体图形的表面积主要包括长方体的表面积、正方体的表面积和圆柱的表面积三种。

长方体是由 6 个长方形围成的,且 3 组相对面的面积相等,所以计算它的表面积时可先求出其中 3 个面(左面、前面、上面)的面积之和,然后再乘 2。正方体是特殊的长方体——6 个面是完全相同的正方形,因而其表面积为一个面(正方形)面积的 6 倍。圆柱是由两个等圆和一个曲面围成的,其中曲面沿着一条母线剪开可展成一个长方形,该长方形的长是底面圆的周长,宽是圆柱的高。因此,圆柱的表面积等于一个底面圆的面积的 2 倍加上侧面展成的长方形的面积。

2. 体积、容积及其单位

体积与容积是既相互联系又相互区别的两个概念。体积是指物体所占空间的大小,容积是指物体所能容纳其他物体空间的大小。如,用 0.1 分米厚的木板做一个长方体木箱,从外面量,木箱长 8.2 分米、宽 5.2 分米、高 4.2 分米,则得到这个木箱的体积是 $8.2 \times 5.2 \times 4.2 = 179.088$ 分米^3;从里面量,木箱长 8 分米、宽 5 分米、高 4 分米,则得到这个木箱的容积是 $8 \times 5 \times 4 = 160$ 分米^3。

有些物体只有体积没有容积,如石块、木头等;有些物体既有体积又有容积,如木箱、油桶等。一个物体如果既有体积又有容积,则它的体积和容积是不等的;有容积的物体,它的体积一定大于它的容积。在计量容器的容积时,一般用立方米、立方分米、立方厘米等体积单位,但在计量盛放液体的容器的容积时,常用升、毫升这些容积单位。

3. 立体图形的体积

在小学数学中,立体图形的体积主要包括长方体的体积、正方体的体积、圆柱的体积和圆锥的体积四种。

(1) 关于长方体和正方体体积公式的推导

基本思路是先在长方体中摆满单位正方体(棱长为 1 的正方体,规定其体积为 1 个立方单位),再求用去的单位正方体个数,即得到了长方体的体积公式,然后将正方体看作长方体的特例直接得到正方体的体积公式。具体步骤如下:假设长方体的长、宽、高分别为整数 a、b、c,先在长方体的底面上摆一层,就是沿着长方体底面的长摆单位正方体,可以摆 a 个;沿着底面的宽摆,可以摆 b 排;沿着长方体的高摆,可以摆 c 层,这样一共摆了 abc 个单位正方体,所以该长方体的体积为 $V = a \cdot b \cdot c = S_底 \cdot h$。当 $a = b = c$ 时,即得正方体的体积为 $V = a \cdot a \cdot a$。若长方体的长、宽、高是小数或无理数,则与度量线段长度、长方形面积的推导方法类似。

(2) 关于圆柱体积公式的推导

基本思路是把圆柱分割、拼接成"长方体",将圆柱的体积计算问题转化为长方体的体积计算问题。因为圆柱的侧面是曲面,用单位正方体无法摆满整个圆柱,所以不可能用长方体体积公式的推导方法去研究圆柱的体积。现行小学数学教材中,一般通过下列过程将圆柱的体积转化为长方体的体积:先将圆柱沿着一个轴截面切成两个半圆柱,再将每个半圆柱都沿着半轴截面分割成个数相等的若干等分,然后将它们拼成一个近似长方体。分的份数越多,其结果越接近长方体;当分的份数趋于无穷大时,拼成的几何体的极限状态就是长方体,且这个长方体的长、宽、高分别为圆柱底面圆的半周长 πr、底面圆的半径 r 和圆柱的高 h,所以圆柱的体积 $V_{圆柱} = \pi r^2 h = S_底 \cdot h$。

(3) 关于圆锥体积公式的推导

圆锥体积公式的推导是小学数学教学的难点之一,现行小学数学教材大多采用实验法,即将一个圆锥容器和与它等底等高的圆柱容器放在一起,用沙子灌满圆锥容器,然后将沙子倒入圆柱容器,这样倒了 3 次后圆柱容器正好充满。由此推出,圆锥的体积是与之等底等高的圆柱体积的三分之一,即 $V_{圆锥} = \dfrac{1}{3} S_底 \cdot h$。

　　上述方法虽然直观,但因结论的得出完全依赖于实物操作,缺少对蕴含其中的原因分析,导致小学生只知其然不知其所以然,如为什么圆锥容器灌满沙子后 3 次就能倒满圆柱容器? 因此,难以让小学生在心理上产生认同。虽然一些教材在开始实验前安排了估计等底等高圆锥与圆柱体积关系的思考环节,但因没有具体的教学设计,一线教师在实施教学时仍难以操作。对于这个问题,高俊生老师提供的教学思路值得借鉴:在猜测圆锥和与它等底等高的圆柱体积关系时,因为圆柱可以看成长方形旋转而成、圆锥可以看成三角形旋转而成,而三角形的面积等于与它等底等高的长方形面积的二分之一,受此经验的影响,一些小学生猜测圆锥的体积可能等于与它等底等高圆柱体积的二分之一;教师因势利导,拿出一个圆锥形的萝卜,把它平均分成了若干份,将它"插"在另一个和它形状相同、大小相等的萝卜上,让小学生观察得到的组合形体与圆柱的关系;小学生经过观察,发现新的组合形体是"上下两个等圆、中间向内凹陷"的不规则形体,大小明显小于与萝卜圆锥等底等高的圆柱,从而得出圆锥的体积小于与它等底等高圆柱体积的二分之一;小学生进一步猜测,圆锥的体积可能等于与它等底等高圆柱体积的三分之一,也可能介于四分之一与二分之一之间;在小学生众说纷纭、急于知道正确结果的情况下,教师开始用实验验证。[①] 上述教学设计,虽然也未能给出圆锥体积公式的严谨推导过程,但是,教师从基于小学生原初经验的猜测出发,通过教具演示和启发引导,小学生心甘情愿地进行自我否定、自我调整,使得猜测愈来愈接近正确结果。在一次次的"证伪"过程中,小学生头脑中的认识不断澄清,对圆锥与圆柱体积关系的认识不断明晰,为内心接受即将进行的实验结果提供了充分的认知和心理准备。

◆ **课标维度**

《课标(2011 年版)》对立体图形的表面积与体积的要求如下:

第二学段:

1. 通过实例了解体积(包括容积)的意义及度量单位(米³、分米³、厘米³、升、毫升),能进行单位之间的换算,感受 1 米³、1 厘米³ 以及 1 升、1 毫升的实际意义。

2. 结合具体情境,探索并掌握长方体、正方体、圆柱的体积和表面积以及圆锥体积的计算方法,并能解决简单的实际问题。

3. 体验某些实物(如土豆等)体积的测量方法。

关于"体积(包括容积)的意义及度量单位",课标要求"通过实例了解","立体图形的表面积和体积的计算方法"则要求"结合具体情境探索并掌握"。这说明表面积、体积和容积这些知识学生在日常生活中会经常接触到,教学中应创设问题情境,让学生在解决这些实际问题的过程中,加深对所学知识的理解,同时培养解决问题的意识。

由于"体积(容积)单位"在"常见的量"一节已做过讨论,此处不再重复。

估测或估计是《课标(2011 年版)》突出强调的内容,"体验某些实物(如土豆等)体积的测量方法"正是课标要求探索不规则图形体积的具体表现,通过这样的测量,学生不仅能进一步加深对度量意义的理解,而且能在运用所学知识解决问题的过程中体会学科之间的联

---

① 马云鹏. 小学数学课程标准与教材研究[M]. 北京: 高等教育出版社,2016.

系,感悟蕴含其中的数学思想。

◆ **教材维度**

1. 关于表面积的编排

立体图形表面积的学习内容分两个方面:一是理解表面积的意义,二是计算表面积。小学阶段通常只研究长方体、正方体和圆柱的表面积。

对于长方体、正方体的表面积,综观各种版本教材,通常都以探索长方体表面积的计算方法为重点,这主要基于以下两点考虑:第一,长方体表面积的概念和计算方法能迁移到正方体上去;第二,长方体表面积的计算相对于正方体来说也要复杂一些。

在圆柱的表面积中,先安排对侧面积的学习。各版本教材通常都借助生活中的实物去创设问题情境(比如计算圆柱形罐头侧面的商标纸的面积),引导学生动手操作、探索发现圆柱的侧面展开图面积的计算方法。在此基础上,介绍什么是圆柱的表面积并计算。

安排的练习基本上都是解决生活中的实际问题。例如,制作一个长、宽、高分别为 17 厘米、11 厘米、22 厘米的长方体饼干盒至少需要多少平方厘米铁皮;制作一个圆柱形的少先队队鼓至少需要多少平方分米的铝皮;制作一个上下都没有盖的圆柱形水桶大约需要多少平方分米的铁皮等。

2. 关于体积的编排

立体图形体积的学习包含 3 个方面:体积和容积的含义、体积和容积单位、4 种立体图形体积的计算。其中,4 种立体图形体积的计算通常分两次安排:第一次安排长方体和正方体的体积,第二次安排圆柱和圆锥的体积。

关于体积和容积的含义、体积和容积单位的安排,各种版本的教材略有差异。比如,人教版教材是将体积和容积一起安排在五年级下学期:先安排体积的含义、体积单位、长方体和正方体体积的计算,再安排容积的含义以及容积单位的教学。苏教版教材分两次安排,第一次在四年级上学期,安排学习容量的含义以及容量单位升和毫升;第二次集中在六年级上学期,先学习体积和容积的含义,再学习体积单位,然后沟通体积单位(立方分米、立方厘米)和容量单位(升、毫升)之间的关系,最后是长方体和正方体体积的计算。安排的练习都是与生活联系非常紧密的问题。

对于长方体体积计算公式,各种版本的教材都设计了相关的操作体验活动,并在操作之后让学生思考长方体的长、宽、高与所摆的单位正方体的个数之间的关系,最后归纳总结出长方体体积计算公式。对正方体的体积,则引导学生在长方体体积计算公式基础上,结合正方体的特征进行迁移总结。在学习了长方体和正方体体积公式之后,教材又进一步引导学生将两者概括为一个公式——"长方体(或正方体)的体积=底面积×高",这不仅有助于学生进一步沟通长方体和正方体之间的内在联系,同时也为今后学习圆柱的体积奠定了基础。

关于圆柱的体积计算公式,教材通常都是分两个层次进行编排的。第一层次,建立有关圆柱的体积公式的猜想;第二层次,验证前面所提出的猜想。具体来说,在此之前,学生已经学习了"长方体(或正方体)的体积=底面积×高",其实这也是柱体体积计算的通用公式。教材在出示底面积相等、高也相等的长方体、正方体、圆柱之后,提出问题:长方体、正方体的体积都可以用"底面积×高"来计算,那么圆柱的体积怎么计算?引导学生类比迁移,得出"圆柱的体积也应该等于底面积×高"的结论,初步建立圆柱体积计算方法的猜想。然后引导学生把探索圆面积公式的方法迁移过来,通过操作,验证前面所提出的猜想。

对圆锥的体积计算公式,教材通常都按照"提出猜想→实验验证→获得结论"的线索编排,引导学生经历探索并发现圆锥体积公式的过程。这样的编排方式,使学生再一次经历由建立猜想到实验验证,然后得到公式的完整过程,并在这个过程中体会数学的内在美,感受数学研究方法的独特魅力,有效激发学生学习数学的热情。

案例研讨

◀◀ 案例7-6:"长方体和正方体的表面积"教学设计 ▶▶

教学内容

苏教版义务教育教科书《数学》(六年级上册)第6~8页。

教学目标

1. 理解并掌握长方体和正方体的表面积的含义与计算方法,能运用长方体和正方体的表面积的计算方法解决一些简单的实际问题。

2. 在活动中进一步积累空间与图形的学习经验,发展空间观念和数学思考。

3. 进一步感受立体图形的学习价值,增强学习数学的兴趣。

教学重点

理解并掌握长方体和正方体的表面积的计算方法。

教学难点

运用长方体和正方体的表面积的计算方法解决一些简单的实际问题。

教学准备

长方体、正方体模型、纸盒等。

教学过程

一、猜测导入

1. 出示两个纸盒(长方体纸盒长20厘米、宽15厘米、高10厘米,正方体纸盒棱长15厘米)。

提问:长方体和正方体分别有哪些特征?

2. 提问:请你猜一猜,做这两个纸盒,哪个纸盒所用的硬纸板多一些?

追问:怎么证明你的猜测是正确的?(引出可以计算它们所用硬纸板的面积,然后再比较。)

【设计说明:长方体和正方体的特征是探究长方体和正方体表面积计算方法的基础,课始组织回顾,为下面的学习铺垫孕伏;接着让学生猜测哪个纸盒用的硬纸板多一些,能有效引发学生对表面积计算的需求,激发其探究的欲望,自然过渡到长方体和正方体的表面积探究活动中。】

二、探究新知

1. 引导探究长方体表面积的计算方法。

提问:如果告诉你这个长方体纸盒的长宽高,你能算出做这个长方体纸盒至少要用多少平方厘米的硬纸板吗?

追问:要求做这个长方体纸盒至少要用多少平方厘米的硬纸板,实际上就是要求什么?

怎样解决这个问题呢?

交流后,明确:只要算出这个长方体 6 个面的面积之和就可以了。

启发:请同学们借助自己手中的长方体模型思考,根据长方体的特征可以怎样计算长方体 6 个面的面积之和呢?

学生独立列式,教师指名汇报并根据学生回答进行板书。

思路 1:$20 \times 15 \times 2 + 20 \times 10 \times 2 + 15 \times 10 \times 2$

思路 2:$(20 \times 15 + 20 \times 10 + 15 \times 10) \times 2$

比较:观察这两种方法,想一想它们之间有什么联系?

归纳:两种方法列式的依据分别是什么? 在计算长方体 6 个面的面积之和时,最关键的是什么? (要根据长、宽、高正确找出 3 组面中相应的长和宽。)

谈话:用这两种方法计算长方体 6 个面的总面积都是可以的,下面请大家从中选择一种方法算出结果。

【设计说明:以上环节引导学生借助实物模型,通过看、想、算探索并发现计算长方体 6 个面的总面积的方法,充分体现了学生学习的主体性,有利于学生深刻理解长方体表面积的计算方法,体会解决问题的思考过程;引导学生比较两种思路的联系,交流解决问题的关键,有利于学生进一步理解长方体的面与它的长、宽、高的对应关系,为以后灵活运用长方体表面积的计算方法奠定基础。】

2. 探究正方体表面积的计算方法。

谈话:根据长方体的特征,我们解决了做一个长方体纸盒至少需要多少硬纸板的问题,(出示棱长 15 厘米的正方体纸盒)那么做这个正方体纸盒至少需要多少平方厘米的硬纸板呢? 你能想办法解决这个问题吗?

学生独立尝试解答,教师巡视。

组织反馈,着重让学生说一说是怎样根据正方体的特征思考的。

提问:现在你能回答开始上课时提出的问题了吗? 做这两个纸盒,哪一个用的硬纸板多一些?

【设计说明:学习正方体表面积计算方法,是让学生通过自主活动把长方体表面积计算方法迁移过来,并结合正方体的特征,获得正确的认识。这样安排,有利于培养学生的探究意识,发展数学思考和空间想象能力。】

3. 出示"试一试",让学生独立解答。

4. 揭示表面积的含义。

谈话:刚才我们在求做长方体或正方体纸盒至少要用多少硬纸板的问题时,都算出了它们 6 个面面积的和,即长方体(或正方体)6 个面的总面积,我们称它为长方体(或正方体)的表面积。

揭题:长方体和正方体的表面积(板书课题:长方体和正方体的表面积)。

三、应用拓展

1. 练习二第 1 题。

让学生看图填空,再要求同桌之间互相说说每个面的长和宽,并核对相应的面积计算是否正确。

2. 练习二第 2 题。

让学生依次独立完成其中的两个问题,适当提醒学生运用第1题的结果来解答第2题。

3. 练一练。

先让学生独立计算,再结合直观图具体说一说解题时的思考过程。

4. 练习二第3题。

出示题目让学生读一读、说一说,求做这个铁盒至少要用铁皮的面积就是求什么,为什么像这样的问题中常常要强调"至少"需要多少材料。

让学生自主选择方法算出得数,指名展示计算的过程和结果,并组织讲评。

5. 练习四第5题。

先让学生根据表中的数据判断,并说明判断的理由;再让学生独立计算,并将结果填入表中;最后,引导学生比较求长方体的表面积与正方体的表面积的过程和方法,说说求长方体和正方体的表面积各要注意什么。

【设计说明:一系列的练习让学生进一步巩固长方体和正方体表面积的概念和计算方法,练习中紧紧抓住对计算方法的理解让学生说自己的想法,特别是像第5题的解决,在没有直观图的情况下想象长方体或正方体的样子,既为问题的解决提供了方向,又很好地发展了学生的空间观念。】

四、全课小结

通过今天的学习你有什么收获? 对于长方体或正方体你又有了哪些认识?

◀◀ 案例7-7:"圆柱的体积"教学设计 ▶▶

教学内容

苏教版义务教育教科书《数学》(六年级下册)第15~16页。

教学目标

1. 结合具体情境,让学生探索并掌握圆柱体积的计算方法,并能运用计算公式解决简单的实际问题。

2. 让学生经历观察、实验、猜想、验证等数学活动过程,发展合情推理能力和初步的演绎推理能力,渗透数学思想,体验数学研究的方法。

3. 通过圆柱体积计算公式的推导、运用的过程,体验数学问题的探索性和挑战性,感受数学思考过程的条理性和数学结论的确定性,获得成功的喜悦。

教学重点

理解并掌握圆柱体积计算公式;能应用公式计算圆柱的体积。

教学难点

圆柱体积公式的推导过程。

教学过程

一、复习引入

1. 出示例4中长方体、正方体和圆柱的直观图,提问:这几种立体的体积你都会求吗? 你会求其中哪些立体的体积? 说说长方体、正方体的体积计算公式。

启发:圆柱的体积怎样计算呢?

2. 引入:今天我们就一起来探索一下圆柱的体积计算公式(板书课题:圆柱的体积)。

扫码查看
教学内容

二、新课教学

1. 观察比较,提出猜想。

引导学生观察例 4 中的 3 个立体图形,提问:这 3 个几何体的底面积相等,高也相等,它们的体积会有什么关系?

追问:长方体和正方体的体积一定相等吗? 为什么?(长(正)方体的体积＝底面积×高)

启发:猜测一下,圆柱的体积与长方体和正方体的体积相等吗?

通过启发,使学生意识到圆柱的体积与长方体和正方体的体积可能相等,也就是圆柱的体积也有可能等于底面积乘高,形成猜想——圆柱的体积＝底面积×高?(板书:圆柱的体积＝底面积×高?)

【设计说明:以上设计充分考虑到学生已有的认知水平,引导学生通过比较等底等高的长方体、正方体和圆柱体体积之间的关系,大胆提出猜想。经历这样的过程,不仅有助于学生初步感受数学发现的一般过程,发展合情推理能力和初步的创新意识,而且能有效激发学生的学习热情,使学生积极地参与到下面的验证猜想的活动中去。】

2. 实验操作,验证猜想。

(1) 谈话:大家都认为圆柱的体积与长方体、正方体的体积可能相等,也就是圆柱的体积＝底面积×高。那这一猜想对不对呢? 用什么办法验证呢? 请大家在小组里说说自己的想法。

教师深入小组参与学生的讨论、交流,再通过组织全班交流,让学生明白可以模仿把圆转化成长方形计算面积的方法,尝试把圆柱转化成长方体后计算体积。

(2) 教师呈现底面被分成 16 等份的圆柱模型,谈话:这里有一个圆柱,像这样被平均分成 16 等份,你能试着将它转化成一个近似的长方体吗?

(3) 指名两位同学上台,把底面被分成 16 等份的圆柱拼成一个近似的长方体。

(4) 启发:刚刚我们把圆柱的底面平均分成 16 份,切开后拼成了一个近似的长方体。现在请大家闭眼想象一下,如果把圆柱的底面平均分成 32 份、64 份……,甚至更多的份数,那拼成的图形会怎么样?

(5) 教师用课件演示把圆柱底面平均分成 32 份、64 份……,切开后依次拼一拼。

提问:和你想象的一样吗? 你发现了什么?

小结:把圆柱的底面平均分成的份数越多,拼成的几何体会越来越接近长方体。

【设计说明:引导学生把探索圆面积公式的方法迁移过来,尝试把圆柱分割转化,这一思维过程有利于学生逐步积累类比推理的经验。通过演示让学生明确具体的操作方法,有利于学生深刻体会圆柱如何被转化成一个近似长方体的过程。为了让学生充分感受平均分的份数越多拼成的物体越接近长方体,教师采用课件展示切拼过程,有效弥补了具体操作等分的份数太多而不易操作的缺陷。】

3. 观察比较,推导公式。

提问:拼成的长方体和原来的圆柱有什么关系?

预设:长方体的体积与圆柱的体积相等;长方体的底面积等于圆柱的底面积;长方体的高等于圆柱的高(若有些同学会发现表面积增加了,应给予肯定)。

追问:想一想,可以怎样计算圆柱的体积?(板书:圆柱的体积＝底面积×高。)

反思:请大家回顾一下探索圆柱体积计算公式的整个过程,想一想,我们是怎样想到用

"底面积×高"的方法来计算圆柱体积的？又是用什么方法来说明这一计算方法的？你还有哪些收获和体会？

【设计说明：引导学生回顾圆柱体积计算公式的探索过程，有助于学生进一步明晰公式的推导过程，梳理活动过程中所积累的经验，感悟转化的思想方法，加深对圆柱体积计算方法的认识。】

三、教学"试一试"

四、巩固练习

练习三第1题、第2题，练一练第1题、第2题。

五、课堂小结

谈谈这节课你有哪些收获？你能把圆柱体积公式的推导过程说给同桌听听吗？你还有什么疑问？

【设计说明：采用提问式小结，让学生畅谈本节课的收获，包括知识、能力、方法、情感等，通过对本节课所学知识的总结与回顾，培养学生的归纳概括能力，使学生学到的知识系统化、完整化。】

要点提炼

1. 要注重安排层次丰富的感知活动

以体积的教学为例，建立体积的概念对小学生来讲是一个难点，这是因为"物体所占空间的大小叫作物体的体积"这句话虽然不长，却含有"空间""物体占有空间""空间有大小"等比较抽象的语词，学生如果对这些语词的内涵感知不充分或者不准确，就难以理解体积的意义。为此，各版本教材都安排了观察、实验、操作等丰富且有层次的感知活动，让学生在充分感知的基础上体会"物体所占空间的大小叫作物体的体积"这句话的含义，并运用体积概念描述身边的具体物体，经历从抽象概念回到具体事物的转化过程，实现对体积概念的理解。

2. 要注重运用所学知识解决实际问题

以表面积的教学为例，立体图形的表面积知识来源于实际生活，因此教师在带领学生建构起各种立体图形表面积的计算公式之后，要让学生学会灵活应用表面积的有关知识去解决复杂多变的实际问题。在解决实际问题的过程中，有时需要计算侧面积，有时需要计算底面积，有时需要计算整个表面积。引导学生解决实际问题，可以加深对数学知识本质特征的理解，发展数学应用意识。

3. 要注重学生类比推理能力的培养

作为合情推理的重要形式，类比推理是小学生获得数学发现和数学猜想的有效手段，培养类比推理能力是小学数学教学必须高度重视的问题。长方体的体积计算公式和圆柱的体积计算公式是培养学生类比推理能力的极好素材。如在教学圆柱体体积时，教师可以有意识地激活二维图形中圆面积问题的研究经验，从把圆平均分割成众多小扇形进而拼镶组合成近似长方形的推导过程中形成类比性直觉，将圆柱体像圆那样分割拼镶组合成长方体，据此推导圆柱体体积计算公式。这种联想类推策略在几何图形教学中经常用到，教师应结合具体教学内容，有意识地激活小学生已有的相关活动经验和数学思维模式，通过类比联想实现数学旧知向数学新知的有效迁移。

实践操作

1. 推理能力是《课标(2011 年版)》提出的 10 个核心概念之一。类比推理是合情推理的重要形式,对于引发猜想、启迪思维和发现结论具有非常重要的作用。请结合小学数学中的相关实例,谈谈如何进行类比推理的教学,促进学生推理能力的发展?

2. 以下是某版本六年级"圆锥的体积"的教材内容,请完成一篇本课的教学设计。

圆锥的体积

我们已经会计算圆柱的体积,如何计算圆锥的体积呢?

圆锥的体积和圆柱的体积有没有关系呢?

圆柱的底面是圆,圆锥的底面也是圆……

下面通过试验,探究一下圆锥和圆柱体积之间的关系。

(1)各组准备好等底、等高的圆柱、圆锥形容器。

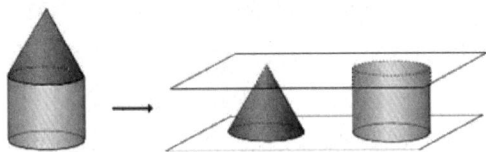

(2)用倒沙子或水的方法试一试。

(3)通过试验,你发现圆锥的体积与同它等底、等高的圆柱的体积之间的关系了吗?

$$V_{圆锥} = \frac{1}{3}V_{圆柱} = \frac{1}{3}Sh$$

33

3 工地上有一堆沙子，近似于一个圆锥（如下图）。这堆沙子的体积大约是多少？如果每立方米沙子重 1.5 t，这堆沙子大约重多少吨？（得数保留两位小数。）

（1）沙堆底面积：

$$3.14 \times \left(\frac{4}{2}\right)^2 = 3.14 \times 4 = 12.56 \text{（m}^2\text{）}$$

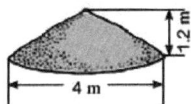

（2）沙堆的体积：

$$\frac{1}{3} \times 12.56 \times 1.2 = 5.024 \approx 5.02 \text{（m}^3\text{）}$$

（3）沙堆的重量：

$$5.02 \times 1.5 = 7.53 \text{（t）}$$

答：_____。

做一做

1. 一个圆锥形的零件，底面积是 19 cm²，高是 12 cm。这个零件的体积是多少？

2. 一个用钢铸造成的圆锥形铅锤，底面直径是 4 cm，高 5 cm。每立方厘米钢大约重 7.8 g。这个铅锤重多少克？（得数保留整数。）

◎ 生活中的数学 ◎

蚁狮会挖出圆锥形的洞穴作陷阱，躲在穴中等着取食掉进陷阱中的蚂蚁和其他昆虫。

我长大了就是蚁蛉。

蚁狮

蚁蛉有点儿像小个儿的蜻蜓。

蚁蛉

34

"图形的运动和位置"是"图形与几何"领域的重要组成部分。关于图形的运动,小学数学课程中有两种最基本的形式:一种是合同运动,即形状和大小保持不变,仅仅位置发生改变,如平面图形的平移、旋转和轴对称;另一种是相似运动,形状不变而大小变化,如平面图形的放大与缩小①。在小学数学中,确定位置有两种方法:一种是用数对确定位置,可以视为直角坐标系的雏形;另一种是用方向和距离确定位置,可以视为极坐标系的雏形。

内容透析

◆ 学科维度

1. 图形的运动

小学数学中的图形运动包括平移、旋转、轴对称、放缩四种基本形式,统称为变换。对于图形的运动,不仅要知道运动的结果,还需要**想象**运动的过程。

由于运动与静止是相对的,所以判断一个物体的运动需要参照物。借助参照物,4 种图形的运动定义如下:

以一条射线为参照物,如果图形上的所有点沿射线的方向移动相同的距离,则称图形的这种运动为**平移**。

以一个点为参照物,如果图形上的所有点绕这个点转动了相同的角度,则称图形的这种运动为**旋转**。

以一条直线为参照物,如果图形翻转到直线的另一侧后,图形上的所有点与其对应点的连线被这条直线垂直平分,则称运动前后的两个图形关于这条直线**轴对称**。

以一个点作为参照物,如果图形上的所有点按照其与参照点的距离以相同的比例放大或缩小,则称图形的这种运动为**放缩**。

图形运动的本质是点的运动,因为图形上点的运动导致了整个图形的运动,如图 8-1、图 8-2、图 8-3、图 8-4。

根据上述直观图示,对小学生来说,画出平面图形经过简单运动后的图形将不再是遥不可及的事情。绘制一个平面图形经过平移运动后的图形,只要满足对应点的连线相互平行且相等即可;绘制一个平面图形经过绕某个点顺时针(或逆时针)旋转 90° 后的图形,只要把线段的旋转转化为点的旋转即可;绘制经过轴对称运动后的图形和放缩后的图形,只要找出

---

① 徐友新. 图形运动的数学内涵及其教学价值[J]. 小学数学教育,2015(22):3—5.

特殊点(或关键点)运动后的对应点即可。

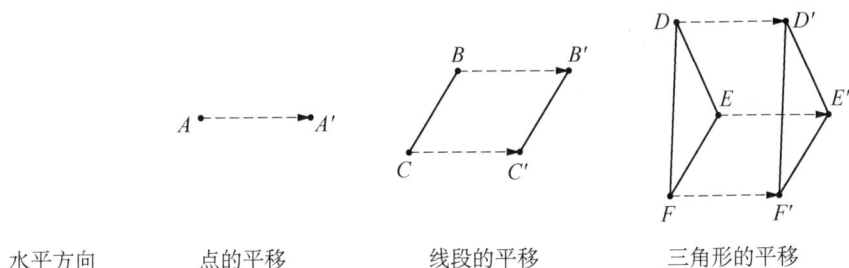

图 8-1　平移

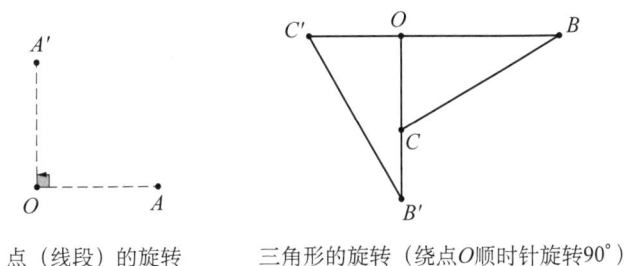

图 8-2　旋转

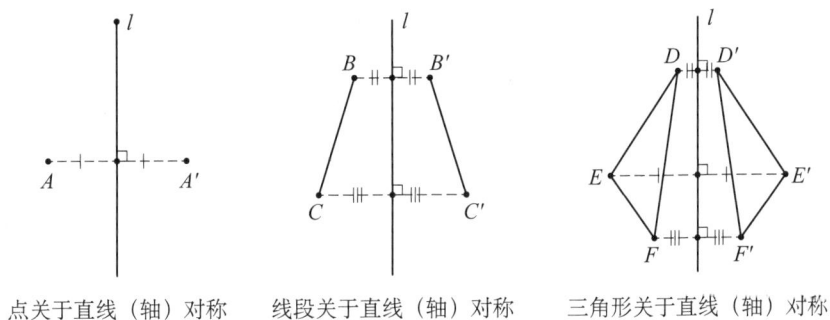

图 8-3　对称

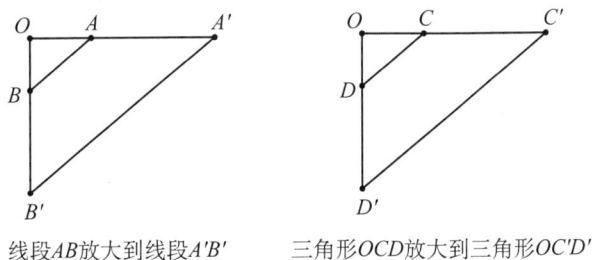

图 8-4　放大

2. 图形与位置

确定图形的位置需要一些知识储备:比如对方向的认识,首先会用上、下、左、右、前、后描述物体的相对位置,其中蕴含着参照物"我";其次熟知东、南、西、北 4 个方向,更为重要的是,知道其中的一个方向,会辨认其余的方向(如指南针、地图),"东南西北"是"上下前后左右"这几个空间基本概念的发展,是学生由具体形象思维向抽象逻辑思维转化的关键。引导学生从自身的方位出发来认识这4个方向,并知道东西是两个相对的方向,南北也是两个相对的方向,然后再把这些方位与地图联系起来,让学生进一步认识地图上的方向——上北下南左西右东[①](可以形象记忆,"向北站立,俯卧地面"对应"上北下南左西右东"),最后再应用方位的知识解决生活中的实际问题。

参照系(物)是建立坐标系的认知基础。在具体的情境中,习惯于用"我"作为参照物,然后去观察物体。如果参照物不同,那么描述的具体位置就会大相径庭。如在教室里,要描述某个同学的位置,从学生的角度和教师的角度描述的结果是不一样的。下面介绍与两种确定位置方法对应的坐标系。

(1)直角坐标系

用数对确定位置是直角坐标思想的雏形,人们用直角坐标刻画物体的位置大致经历了如下发展过程:直尺→数线→数轴→平面直角坐标系→空间直角坐标系;直尺是测量长度的实物工具,"数"按照规定起点和方向在直尺上有序排列;"数线"是对直尺的抽象,作为实物工具的"尺"有宽度,作为抽象概念的"线"无宽度;"数轴"是对"数线"概念的进一步规范化,它明确规定了起点、单位长度、方向等构成要素;从"数轴"到"平面直角坐标系",对确定位置来说是极为关键的一步,也是难度最大的一步,它需要经历"一排(或一行)人→座位图→点子图→方格图→直角坐标系"的逐步抽象过程,其中从"一排(或一行)人"到"座位图"是人们认识视域从一维到二维的拓展,"座位图"到"点子图"是人们认识对象从具体实物到数学符号(图形、点、方格)的符号化过程;"空间直角坐标系"是对"平面直角坐标系"的自然发展。循着以上的认识过程,直角坐标思想便逐步建立起来了。

(2)极坐标系

用方向和距离确定位置是极坐标思想的雏形,对此可作两种理解:一是先确定距离,再确定方向(如车载导航系统:前方200米,左转);另一种是先确定方向,再确定距离(如台风预报:目前台风中心位于本市东偏南30°方向、距离本市600千米的洋面上,正以20千米/时的速度沿直线向本市移动)。如图8-5、图8-6所示,必须已知方向和距离两个条件才能完全确定物体的位置。

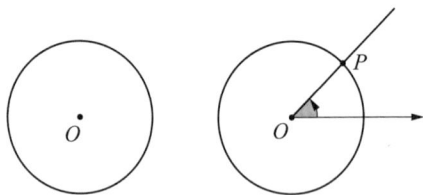

图8-5 确定距离再取定方向   图8-6 先确定方向再确定距离

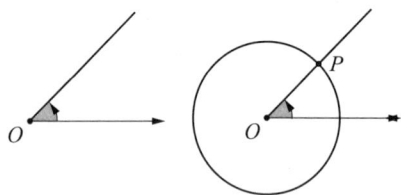

此处的点 O 为参照中心,圆的半径为距离,与水平参照线所成的角度即为方向。用方向和距离确定图形的位置则为极坐标系的雏形。

上述两种方法蕴含了朴素的交轨法思想:例如,先确定距离再确定方向,其中距离为定值的

---

① 王跃.把握方向 准确定位——对《位置与方向》教学的思考和研究[J].上海教育科研,2010(9):86—87.

点的轨迹是以 O 为圆心,以定值距离为半径的圆;而取定方向的点的轨迹是一条从 O 出发的射线,两个轨迹的交点即为所要确定的点的位置。这种思想在今后的解析几何学习中经常使用。

◆ **课标维度**

1. 图形的运动

《课准(2011 年版)》关于"图形的运动"课程内容如下:

第一学段:

(1)结合实例,感受平移、旋转、轴对称现象。

(2)能辨认简单图形平移后的图形。

(3)通过观察、操作,初步认识轴对称图形。

第二学段:

(1)通过观察、操作等活动,进一步认识轴对称图形及其对称轴,能在方格纸上画出轴对称图形的对称轴;能在方格纸上补全一个简单的轴对称图形。

(2)通过观察、操作等,在方格纸上认识图形的平移与旋转,能在方格纸上按水平或垂直方向将简单图形平移,会在方格纸上将简单图形旋转 $90°$。

(3)能利用方格纸按一定比例将简单图形放大或缩小。

(4)能从平移、旋转和轴对称的角度欣赏生活中的图案,并运用它们在方格纸上设计简单的图案。

由此可见,小学阶段"图形的运动"并不要求用严格定义来给出几何变换的概念,进而据此研究图形的运动性质。只要求通过实例感受、辨认、初步认识相应的几何变换及基本特征,能在方格纸上将简单图形按最简单的方式变换或画出变换后的图形,能从图形变换的角度欣赏生活中的图案或设计简单图案[1]。因此,在解读课标内容时,主要关注以下 5 点。

(1)紧密"结合实例"

图形的运动来源于生活,又高于生活。第一学段,结合丰富多彩的实例,让学生感受平移、旋转和轴对称现象。有些实例直接来自学生的实际生活体验,如乘坐电梯、开关窗户、拨动算珠等;有些实例间接来自学生的生活,如一些重要建筑物(如故宫、人民大会堂、埃菲尔铁塔等)图案、自然界中漂亮的彩虹、可爱的海星等。一方面它们的美丽、雄伟和壮观深深地吸引着学生,另一方面确确实实与生活密切相关,这些激励着学生想去探索。

(2)注重"观察与操作"

纸上得来终觉浅,许多知识需要通过操作活动,在亲历"做数学"的过程中获得。皮亚杰认为:"空间观念的形成不像拍照,要想建立空间观念,必须有动手做的过程。"这个做的过程,不仅是一个实践的过程,更是尝试、想象、推理、验证、思考、交流的过程。操作是儿童构建空间表象的主要形式,儿童的几何不是论证几何,更多的是属于直观几何。因此,儿童获得几何知识并形成空间观念,更多的是依靠他们的动手操作。动手操作是通过活动使学生获得丰富的空间与图形的感性经验,是学生实现几何图形由具象到抽象转化的桥梁。图形的运动只有通过实践操作来比较,才能将书本知识转化为学生的内在知识。

(3)重视"方格纸"

在第二学段的课程内容中,8 处出现"方格纸"一词,可见其作用之非同一般。方格纸是

---

① 李淑民等. 小学数学总复习指导策略[J]. 教育实践与研究,2018(4):21—36.

小学生熟知的材料,由水平和竖直方向间距相等的线段构成,它包含坐标系的雏形(只要取定一个交点作为坐标原点,在水平和竖直方向上分别添上 x、y 轴的箭头,则可创建一个直角坐标系,它的单位长度就是一个格子的边长)。借助方格纸可以比较方便地操作、验证自己的猜测。如平移教学中,到底平移几格两个图形才完全重合;旋转教学中观察对应点离旋转中心的距离有几格;画轴对称图形时,关键点到对称轴的距离是几格? 图形的缩放可以通过观察方格纸的格数来判断是否是数学意义上的缩放。借助方格纸,上述这些都清晰直观。

(4) 注重"水平与竖直"

图形的运动可以是平面的,也可以是空间的。空间的运动可以转化为平面的运动,而平面的运动又可分解为水平方向和竖直方向运动的合成,因此在小学阶段只研究最为基本的水平和竖直方向的运动。如在研究图形的平移时,我们可以先研究沿一个方向(水平或竖直方向)的平移,再研究既有水平方向又有竖直方向的平移;在研究图形的旋转时,我们只涉及简单的 90° 旋转,即从水平方向旋转到竖直方向或者从竖直方向旋转到水平方向,而对于其他角度的旋转不作详细的研究。但可以在旋转的过程中进行适当的暂停,让学生体会到这些也是旋转,只是角度不是 90° 而已;画轴对称图形时,我们也只研究补全一个关于水平或竖直方向成轴对称的图形;至于图形的缩放,我们研究的是水平和竖直方向同时放大或缩小相同的比例,对于只有单个方向缩放的不作深入研究。

(5) 重视"简单图形"

数学的一大特点就是简洁美,研究图形的运动也不例外。和研究方向只局限于水平和竖直方向类似,对于图形的平移、旋转、轴对称或放缩运动,在研究时把研究对象局限于小学生非常熟悉的三角形、长方形、梯形或者是它们的简单组合构成的图形。如图形的平移运动,对象可以是三角形、长方形或者两者组合而成的小木屋等;图形的旋转,对象则是直角三角形或者长方形;画轴对称图形时,对象可以是任意的三角形;研究图形的缩放运动时,对象为直角三角形或长方形等。

2. 图形与位置

《标准(2011 年版)》关于"图形与位置"的课程内容如下:

第一学段:

(1) 会用上、下、左、右、前、后描述物体的相对位置。

(2) 给定东、南、西、北 4 个方向中的一个方向,能辨认其余 3 个方向,知道东北、西北、东南、西南 4 个方向,会用这些词语描绘物体所在的方向。

第二学段:

(1) 了解比例尺;在具体情境中,会按给定的比例进行图上距离与实际距离的换算。

(2) 能根据物体相对于参照点的方向和距离确定其位置。

(3) 会描述简单的路线图。

(4) 在具体情境中,能在方格纸上用数对(限于正整数)表示位置,知道数对与方格纸上点的对应。

容易看出,课标关于"图形与位置"的课程内容在学段安排上具有明显的层次性。第一学段是"描述方位",即用 6 个方位词描述周围物体的相对位置,用 4 个偏方向词描绘周围物体所在的方向,根据 4 个正方向中的一个方向辨认其余 3 个方向;第二学段是"确定位置",即会按给定比例在图上表示实际距离,能根据具体情境选择直角坐标、极坐标确定物体的位置,会借助方位词、方向词、距离等表示位置的词语描述或画出简单路线。"描述方位"只要求指出物体的大致位置,接近生活经验,小学生的学习难度相对较小;"确定位置"要求刻画问题的准确位置,要求严谨规范,小学生的学习难度相对较大。因此,实施教学时,要准确把握学段要求,避免"拔高"和"降格"两种偏向。

◆ **教材维度**

苏教版教材关于"图形的运动"的内容编排如下:在三年级上册安排"平移、旋转和轴对称"单元,结合实例感知和辨认生活中的平移、旋转、轴对称现象;在四年级下册安排第二次"平移、旋转和轴对称"单元,通过观察、操作等活动,认识平移、旋转和轴对称运动的基本特征,进一步认识轴对称图形及其对称轴,在方格纸上画对称轴或补完整简单的轴对称图形,能从平移、旋转、轴对称的角度欣赏生活中的图案,并运用它们在方格纸上设计简单的图案①;在六年级下册安排"比例"单元,按照一定比例将简单图形放大或缩小。

苏教版教材关于"图形与位置"的内容编排跨度比较大。在第一学段,一年级上册安排"认位置"单元(前后左右)、二年级下册安排"认识方向"单元(东南西北、地图或平面图、东北、西北、东南、西南),主要是结合生活中的场景准确使用上、下、前、后、左、右描述物体的相对位置;学会从前面、后面、左面、右面、里面、外面观察物体;结合前、后、左、右认识东、南、西、北 4 个方向,结合上、下、左、右辨认东、南、西、北 4 个方向之间的关系;会辨认东北、西北、东南、西南 4 个方向。在第二学段,四年级下册安排"确定位置"单元(用数对确定位置)、六年级下册安排"确定位置"单元(用方向和距离确定位置),要求辨认从前面、右面和上面观察到的物体,用数对来确定位置,用方向和距离来确定物体的位置,等等。

关于"图形的运动""图形与位置",苏教版教材在编排上具有以下 3 个方面的特点。

在素材选择上,注意贴近学生的生活经验。例如,学习平移相关内容时,选择开关抽屉、推拉窗户、拨动算珠、电梯升降等小学生非常熟悉的生活场景;学习旋转相关内容时,选择操作方向盘、转动风车、螺旋桨的转动等小学生亲身经历的游乐场景;学习对称相关内容时,选择建筑物、交通标识、企业标识等小学生容易理解的实物图片。再如,学习图形与位置相关内容时,借助冰箱中的蔬菜摆放、茶壶与热水瓶的方位等来认识前后、左右、上下;从学生上学、放学等生活场景辨认东南西北 4 个方位,感受与前后左右的区别与联系(东南西北是客观存在的,而前后左右是相对的);结合操场、公交路线图、公园指示图等辨认实际生活中的东南西北与平面图上的东南西北的对应关系;借助教室的座位图来理解用数对表示位置。通过以上生动有趣的学习素材和生活场景,为"图形的运动""图形与位置"相关知识的学习提供丰富多样的现实背景。

在难度编排上,注意循序渐进,逐步抽象。如对"平移、旋转和轴对称"内容的处理,在三年级下册第一次学习时,教材借助 3 组生活场景"火车、电梯、升国旗""电风扇叶片、飞机的螺旋桨、钟面上的指针""蝴蝶、天坛、飞机"等生活场景,引导学生观察与感知平移、旋转现象,初步认识轴对称现象;在四年级下册第二次学习时,除了通过转杆运动加深对图形旋转的理解外,教材没有安排过多的直观场景,而是通过在方格纸上直接操作简单图形帮助小学生在更高的抽象水平上认识平移、旋转、轴对称等图形运动的特征内涵。再如对"图形与位置"内容的处理,第一学段教材大量提供丰富多彩的生活场景或画面,让小学生直观感知"图形与位置"相关内容;在第二学段教材从实际情景过渡到图形,再过渡到点阵图与方格图,让

---

① 郭桂秋等.小学数学总复习指导策略[J].教育实践与研究,2017(4):19—35.

小学生在逐渐抽象的过程中理解"图形与位置"的本质内涵。

在练习设计上,注意发展空间观念。教材在设计练习时,除了常规性练习外,还设计了综合运用图形运动的趣味性操作,让小学生在操作和交流中体会并描述图形的运动和变化过程,发展空间观念。例如下面的图 8-7 动手做,通过图片的还原操作可以加深小学生对图形的平移和旋转本质内涵的理解,通过记录交流还原步骤可以提高小学生描述图形综合运动和连续变化的能力。

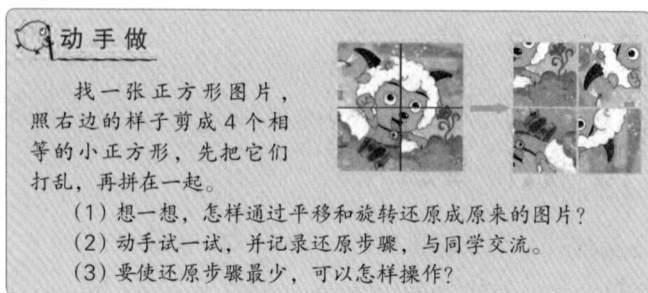

图 8-7 动手做

案例研讨

◀◀ 案例 8-1:"认识方向"教学设计 ▶▶

教学内容
苏教版义务教育教科书《数学》(二年级下册)第 18~19 页。

教学目标
1. 会辨认东、南、西、北 4 个方向,会根据其中的一个方向,说出其他 3 个方向。理解前后左右与东南西北方向的区别。
2. 经历实物观察、生活体验感知东南西北方向的过程,培养空间观念。
3. 体会数学与生活的密切联系,增强学习数学的积极性。

教学重点
会辨认东、南、西、北 4 个方向,会根据其中的一个方向说出其他 3 个方向。

教学难点
理解前后左右与东南西北方向的区别。

教学准备
房间布置的图画。

教学过程

一、故事激趣
介绍南辕北辙的故事、四大发明之一的指南针的作用,激起学生对认识方向的兴趣。点题:认识方向。

【设计说明:通过生动的有关东南西北方向的故事,激发学生的学习热情和探究欲望。

扫码查看
教学内容

尤其是我国古代四大发明之一的指南针,许多学生只是听说,至于为什么能够在航海中具有辨别方向的作用,了解很少。】

二、探究新知

师:大家知道太阳是从哪个方向升起的吗?

生:东方。

师:对,有个成语叫旭日东升,描述的就是这种自然现象。有关日落的成语,你们能说出来吗?

生:夕阳西下、日落西山、日薄西山……

在这些成语中都出现了一些描写方向的词,我们一起说说(东、西)。东(東)的字形是日在木中,含义为旭日初升,也就是太阳出来的一边;它和西相对。

请大家想想太阳升起的方向,然后面向太阳升起的方向站立。此时,前面是东,后面是——西。

【设计说明:如果条件允许,这节课可以在户外上,并且最好是早晨,这样能很好地观察太阳升起。然后面向太阳站立,学生的记忆会更为深刻。】

南的字形外框是"木"字的变形,里面的指方向。即草木接纳来自南方的充足阳光,就生育得枝繁叶茂。所以,向阳处就是南方①。人们在设计住房时,为了保证足够的采光,通常也把房屋的正门设计成朝南方向。

老师和学生一起朝东方向站立,指出左面是北,右面是——南(阳光经常透过南边的窗户照进教室)。

【设计说明:学生的感性认识很重要,其实东南西北四个方向中,如果记住东、南两个方向,那么其他两个方向也就容易记住。东是太阳升起的方向,南是教室中阳光经常照进的方向。】

试一试:

1. 在教室里,面向南站立,右手侧平举,说说右面是什么方向?(西)
2. 在教室里,面向西站立,右手侧平举,说说右面是什么方向?(北)
3. 在教室里,面向北站立,右手侧平举,说说右面是什么方向?(东)

教师板书:

面向	右面	后面	左面
东	南	西	北
南	西	北	东
西	北	东	南
北	东	南	西

你能说说有什么发现吗?

生1:站立时面向的方向不同,它的右面方向也不同。

生2:站立时面向的方向定了,那么它的右面方向也定了。

生3:东、南、西、北的方向不跟随我们站立的面向变化而变化。

生4:东一直是这个方向(用手指向太阳升起的方向)。

---

① 佚名.我国风俗的演变.http://m.fox2008.cn.

......

师：总结得非常好，我们能不能改变一下问题？在教室里，面向东站立，左手侧平举，说出左面的方向；再分别面向南、西、北，说说左面各是什么方向。有没有什么发现？（小组讨论）

生：和刚才的结论差不多，只是把生1和生2中的右面换成左面。

师：有没有同学想提出自己的问题？

生：在教室里，面向东站立，后面是什么方向？再分别面向南、西、北，说说后面各是什么方向？

师：我们不仅要善于解决问题，还要善于提出问题。你们能不能帮助他解答问题？

生：老师，不管面向哪里，我发现都能找到左面、右面和后面的方向。

师：面向哪里，也就是我们前面的方向。从刚才的讨论，我们发现前面的方向发生变化，左面、右面和后面的方向也随着发生变化。但是，不管前面的方向如何变化，东还是东，西还是西，南还是南，北还是北。东和西永远相对，南和北永远相对。

下面请大家思考一个问题：放学回家，小红的前面是西，她的右面、后面和左面各是什么方向？

生：后面是东，因为东和西相对。左面是南，右面是北。

【设计说明：借助生活场景，巩固对东、南、西、北4个方向的认识，并尝试快速说出其他3个方向。】

师：和你的好朋友在教室里面对面站立（可以是一个朝东站，一个朝西站，也可以一个朝南站，另一个朝北站等），先分别指一指各自的前、后、左、右，再指出东、南、西、北4个方向。你有什么发现吗？

生4：不管两个好朋友怎么站立，东、南、西、北4个方向永远不变。

生5：两个好朋友面对面站立，他们各自的前、后、左、右方向正好相反。

板书：东、南、西、北4个方向永远不变。给定一个方向，其他3个方向容易确定。

投影出小华住的房间：窗户朝南，说说房间里的东面和西面各有什么？

【设计说明：让学生设身处地，发挥想象，面向窗户站立，左面是东面，右面是西面。然后观察具体的实物。】

课后请同学们站在操场中间，看看操场的东、南、西、北面各有什么？

【设计说明：让学生借助经常进行体育锻炼的地方——操场，感知不同方向的建筑物，丰富对东、南、西、北方向的认识。】

请学生闭上双眼，用食指依次指出东、南、西、北4个方向。然后，完善指南针的方向。

【设计说明：借助食指的指向，来感知东、南、西、北4个方向之间的一个隐约的关系——呈顺时针方向排列。这为后面在地图或平面图上表示东、南、西、北服务。】

三、课堂总结

回忆这堂课的收获，用自己的语言来组织，也可以用动作来演示。

【设计总评：本节课是认识方向中最为重要的一节，学生通过本节课的学习，一方面能够结合具体情境，认识东、南、西、北4个方向，体会东、西是相对的一组方向，南、北是相对的一组方向，它们不因为观察者的朝向而发生改变。指南针方向的完善具有一定的挑战性，结合前面的食指指向练习，初步体会东南西北4个方向的顺序，容易完成。这极大地调动了学

生的学习兴趣,激发学生的求知欲望,起到首尾呼应的作用。另外,值得一提的是本课的板书,具有很好的示范作用。】

【问题与讨论】在野外,如何根据树的年轮或者北斗七星和北极星来辨别方向?

◀◀ 案例 8－2:"确定位置"的教学设计 ▶▶

教学内容

苏教版义务教育教科书《数学》(四年级下册)第98～99页。

教学目标

1. 结合具体情境了解"列""行"的含义,知道确定第几列、第几行的规则;理解数对的含义,能用数对表示物体在具体情境中物体的位置,根据数对找出相应位置的物体。

2. 经历由具体的座位图抽象成用列、行表示的平面图,再到用数对表示位置的过程,感受由具体到抽象的数学化过程,体会模型思想,培养符号意识;体会物体在平面上的位置关系,提高抽象思维能力,发展空间观念。

3. 感受数对方法表示位置的简洁性,体验数学与生活的密切联系,进一步增强用数学的眼光观察生活的意识。

教学重点

掌握用数对表示具体情境中物体位置的方法。

教学难点

数对与点的一一对应关系的理解。

教学准备

照相机,实物投影。

教学过程

一、设置情境,引入课题

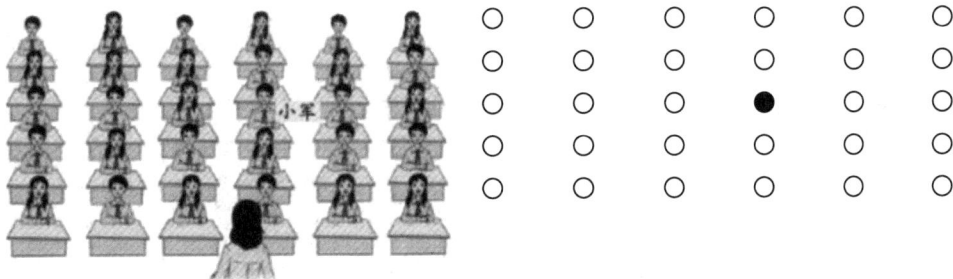

扫码查看
教学内容

观察左图呈现的教室座位图(当场用照相机拍摄,然后投影到大屏幕,效果更好),请学生在课堂记录本上用数学语言来描述小军的位置(学生各显神通,教师巡视,然后投影展示)。

老师板书学生们的想法:

1. 第三组第三个……

2. 第四组第三个……

3. 第三排第三个……

4. 第三排第四个……

……

激疑：请每个学生说说为什么这样描述？

提问：对于固定位置的小军，我们为什么会出现了多种描述位置的方法？在这些方法中有什么相同的描述？

【设计说明：此处为了点出课题——由于学生在描述小军的位置时数横排和竖排的顺序以及方向不一样，从而出现了多种不同的描述。】

二、充分体验，深入探究

抽象：为了能更好地描述位置，我们用小圆圈表示学生（呈现上图，从实际生活场景进行数学抽象）。

约定：通常把竖排称为列，横排称为行。

一般情况下，确定第几列要从左向右数，取定第几行要从前向后数（教师带领学生来认知第 1 列，第 2 列，第 3 列……，第 1 行，第 2 行……，配合多媒体演示），并且先说第几列再说第几行。然后请同学们重新来描述小军的位置（第 4 列第 3 行）。

老师在图中快速地再指几个小朋友的位置，请学生在纸上记录。

【设计说明：这里，老师故意把速度加快，从而有部分同学跟不上节奏，会少记或漏记，但有部分学生会创造出一些新的符号来快速记录。】

教师在黑板上呈现能快速记的学生的创意，如"4 - 3""4.3""4↑3→""4,3"。

评价：让学生充分讨论，来评价哪种记录方法好，好在哪里，最后指出数学家常用有序数对(4,3)来表示。具体含义：第一个数字表示第几列，第二个数字表示第几行，两边加上小括号，表示一个整体。

【设计说明：这个环节，是学生发散思维的重要一环，不同的学生会有不同的创意，教师需要的是倾听，听学生的合理解释，然后再提出创意不好的地方，如"4.3"，容易让别人产生误解，认为是小数。这里，是体现教师的聪明才智和激发学生创造欲的一个极佳时机。如果有学生提出(4,3)的方法，则给予充分的肯定，和数学家想到一起，前途无量；如果没有（通常是缺少小括号），则指出数学家想法的合理性。】

三、层层推进，探究新知

教师在图中再任意指出几个位置，让学生记录。

激疑：给出数对(3,4)，请学生说出它的含义，指出相应的位置，并提问与数对(4,3)的含义是否一样（加深对数对中有序的理解）。

【设计说明：通过学生写不完整的情况，引导学生主动改进方法，创造"数对"，让学生经

历数对产生的过程,体会到数对简洁明确的特点。在练习过程中,进一步明确数对与位置之间一一对应的关系①。】

应用:下图是红山公园平面图,请用数对表示大门和书报亭的位置。

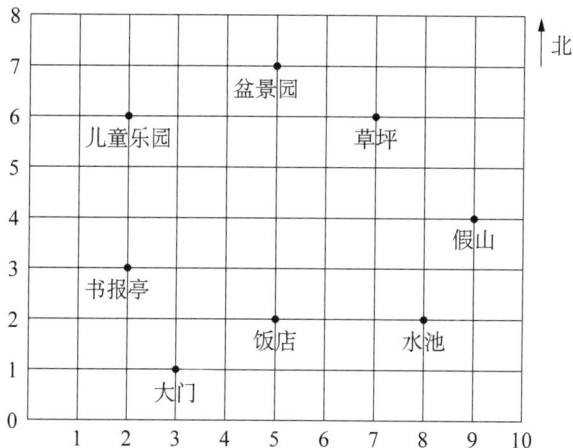

思考:这是一个方格图,和刚才的点阵图有什么区别?有没有见过类似的图形?(与数轴有点相似,水平方向数字从左往右依次增加1,竖直方向数字从下往上依次增加1。)

【设计说明:数学来源于生活,最终服务于生活。它通常经历一个"由低级的表象水平符号表征"到"高级的抽象水平符号表征"的探究过程:①让学生自己想办法表征"第4组第3个";②抽象概括上述表征的共同特征(即"都有数字4和3"。同时还可以从中发现数字4和3的排列顺序,即前面的数字4表示纵向方向的位置,后面的数字3表示水平方向的位置);③创造能表示上述3个特征的数学符号,即用数对(一对数字)表示位置。从学生现有的发展水平(知道自己的位置)到潜在的发展水平(用抽象的数学符号即数字表示位置)之间,是学生的"最近发展区";上述的三部曲,是为帮助学生达到潜在的发展水平所架设的"脚手架"②。】

校对:师生共同校对,然后说出其他景点的位置。

四、归纳总结,拓展延伸

故事:讲述笛卡尔发明坐标系所做的梦(三百多年前,法国著名的数学家笛卡尔有一天在床上休息,突然发现墙角一只蜘蛛在织网,看到这样的情境,笛卡尔一下就想到解决问题的方法,用直角坐标系中的有序数对与空间中的点一一对应),引出数对中的数字可以是3个或更多。

【设计说明:学生生活的空间是三维的,教师要善于打破学生的常规思维,向更高的维度发展。让学生体会数对背后朴素的坐标思想,为后续学习奠定基础。】

【设计总评:1. 教学始终没有从生活中走出来。学生始终没有脱离现实生活的束缚,学生的思维水平自始至终是局限在对"第4组第3个"的描述,而非对平面上"点"的位置分析,即学生的思维水平不是把握的空间平面上的"点"的位置,而是简单地用"第4组第3个"文字描述的浓缩所取代。

① 赵兆兵.《确定位置》教学设计[J]. 教学与管理,2012(35);57—59.
② 柏义伟,陶安才. 源于生活 高于生活——"确定位置"教学案例与反思[J]. 当代教育科学,2007(10).

2. 为什么学习要从生活中走出来,这是由数学学科教学的功能所决定的。数学教学的核心目标是培养学生的思维能力,也即通常所说的抽象思维[①]。抽象思维的显著特征是"思维过程的浓缩",这就决定了教学要实现由现实世界到数学世界的飞跃,即排除色彩斑斓的现实生活(即学生现成的座次排列)的影响,摆脱人文情感的制约,将注意力从无限广阔的现实世界定格到只有点、线、面组成的"数"的世界中;也即从对教室三维立体空间的描述转化为对由纵向、横向关系构成的平面空间(实际上就是二维平面空间坐标系的雏形)的刻画,从而很快地用数或数对确定点的位置特征。

3. 如何才能帮助学生从生活走进数学? 通过上述分析我们不难理解为什么学习要源于生活同时又要高于生活的意义:只有高于生活,才能走进真正的数学之中。走进数学是从数学问题开始的,事实上,"第4组第3个在数学上表示……"这一问题的探究过程,由于没有平面空间作为背景铺垫,这就决定了这一问题始终是一个现实生活问题。将这一现实生活问题转化为数学问题的关键,首先是要帮助学生建立起一个二维平面空间模型,也就是把学生的位置排列抽象为"点子图";也只有在这样的"点子图"模型中,上述的"第4组第3个"在数学上怎样表示也才能真正地转化为"用数字怎样表示这个位置"这一数学问题。用"数对"抽象学生的排列位置的过程,无疑是"数学化"学习过程,也是数学建模的过程(将每位学生的座位抽象成圆点,并在这幅图上认识行、列,掌握确定第几列第几行的方式;接着抽象成方格图,抽象成用点表示自己的座位,并用数对表示)。《课标(2011年版)》要求:在具体情境中,能在方格纸上用数对(限于正整数)表示位置,知道数对与方格纸上点的对应,表明教学目标的定位要准。

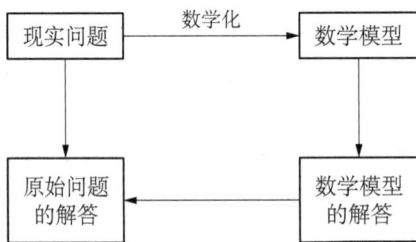

4. 为什么在实际生活中如棋谱(如马二进三)、动车票(如4C,借助数字和字母来确定位置)以及飞机票上描述位置时不用(4,3),有了上述的模型和前面的解释则会一目了然。】

【问题与讨论】如果绕开行列,引入数轴,接轨坐标,那么如何设计教学?

◄◄ 案例8-3:"图形的旋转"教学设计 ►►

教学内容

苏教版义务教育教科书《数学》(四年级下册)第3~4页。

教学目标

1. 通过观察、操作和画图等过程,进一步认识旋转及其三要素(旋转中

扫码查看
教学内容

[①] 柏义伟,陶安才.源于生活 高于生活——"确定位置"教学案例与反思[J].当代教育科学,2007(20):37—39.

心点、旋转方向和旋转角度),能判断方格纸上图形的旋转,能在方格纸上把简单图形(如直角三角形和矩形)按要求旋转。

2. 经历观察、操作旋转的过程,进一步体会图形的旋转,感知图形旋转的特点,培养观察、比较等思维能力,发展空间观念。

3. 借助平面图形的旋转,体会数学与生活的密切联系,学会用数学的眼光去主动思考问题,培养运动的观点,产生对图形变换的兴趣。

教学重点

在方格纸上把简单图形按要求旋转。

教学难点

理解旋转的三要素,正确画出旋转后的图形。

教学准备

三角尺、三角形、方格纸、几何画板软件。

教学过程

一、视频引入,激发兴趣

提问:下面将播放一段生活中的视频,请睁大眼睛,仔细观察转杆是怎样运动的?(播放汽车进入收费站和离开收费站时转杆打开和关闭的视频。)

【设计说明:对学生来说汽车进出收费站的现象已经不再陌生,可以说是司空见惯。在播放视频前,教师先设问,让学生带着问题去观察,能较好调动学生的积极性。】

收集答案:(1)转杆发生了旋转;(2)转杆在旋转过程中的方向不一样;(3)汽车进入收费站时,转杆从水平转到竖直位置,离开收费站时,转杆从竖直转到水平位置;……

二、逐层深入,理解本质

抽取:把转杆抽取成一条线段,端点分别标记为 O,A。在课件中播放线段 AO 绕点 O 旋转的两种动画过程(追踪了点 A,这样能借助多媒体手段,把动态过程表现出来)。

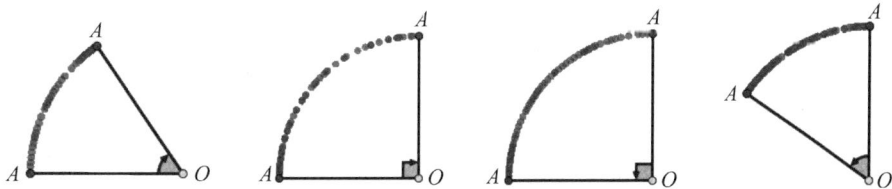

【设计说明:这个环节是非常重要的一环,把实际模型抽取成数学模型,才能把握数学的本质(这里体现为旋转的本质),并且加上了旋转的方向(角的标记)。】

再次提问:能不能用数学的语言来描述两次过程中旋转的相同点和不同点?

重新整理:(1)都是绕着点 O 作旋转;(2)打开过程中,线段 AO 顺时针旋转,合拢过程中,线段 AO 绕点 O 逆时针旋转;(3)不管是打开还是关闭,线段都绕点 O 旋转了 90°;……

(教师择机让学生把语言尽可能描述到位。如经常有学生把第 2 点说成"线段 AO 顺时针旋转",漏说"绕点 O"。)

【设计说明:促进学生对旋转的三要素有初步认识:①绕某个点(即旋转中心)转;②绕某个点转的方向可以是顺时针(通过观察时针的转动加深印象)或者是逆时针(即旋转方向);③绕某个点转了多少度(即度数)。】

自我探究：学生借助笔模拟转杆的打开和关闭过程，并尝试用语言描述（加深对三要素的理解）。

【设计说明：对旋转三要素的理解，在学生的亲身体验下变得比较容易。同时初步感受在旋转过程中，笔的长度和形状都没有发生变化，线段的长度和形状也没有发生变化，这是刚体运动的性质，和前面学习的平面图形的平移是一样的。这为即将进行的例题"在方格纸上画出直角三角形绕点 A 逆时针旋转 $90°$"作了铺垫。】

三、例题讲解，熟谙本质

例题 1：如下图，在方格纸上画出线段绕点 O 逆时针旋转 $90°$ 后的图形。

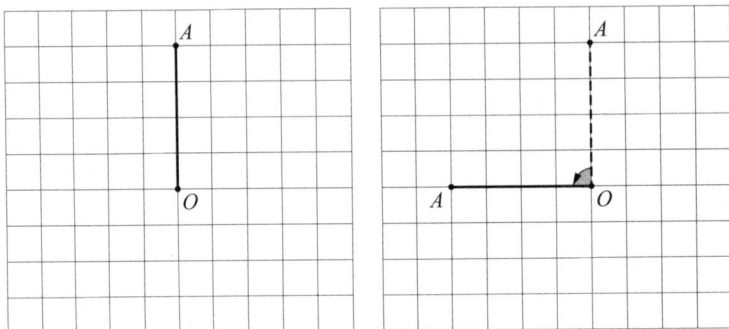

总结画图过程：原来线段 AO 是竖直方向，逆时针绕点 O 逆时针旋转 $90°$ 后变成水平方向，并且点 A 在点 O 左侧（用直尺从点 O 出发画一条水平射线）；线段 AO 长度没有变（从点 O 出发量出四个单位长度即可），最后成右图。

例题 2：如下图，你会在方格纸上画出三角形绕点 A 逆时针旋转 $90°$ 后的图形吗？

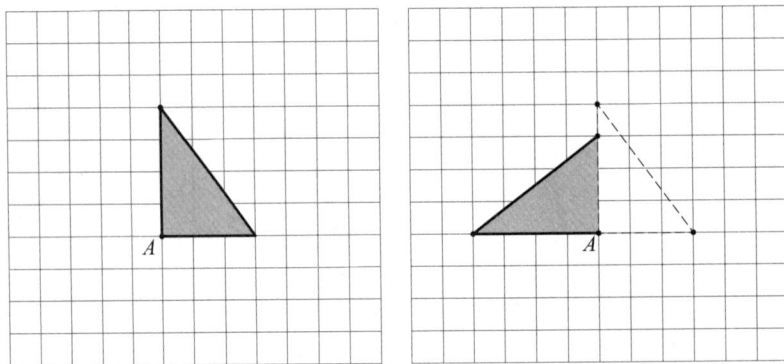

（此处有一定的难度，学生对于线段的旋转已经掌握得较好，并能闭上眼睛去想象旋转过程。对于三角形，大部分同学只有朦胧的感觉。）

动手实践：教师可以让学生拿出三角形学具，同桌合作完成。

【设计说明：合作理念是新课标提出的，学生在旋转过程中，继续体会三角形的形状和大小在旋转前后没有发生改变，也就是三角形绕点 A 逆时针旋转 $90°$ 后的图形仍然是三角形。这为在方格纸上最后画出图形埋下伏笔。这里提供的方格纸和书上提供的有一定的区别，把范围扩大了。因为书上的方格纸有时会给学生一个暗示：不要画到方格纸的外面。

不利于学生对旋转三要素的真正理解。另外,由于三角形旋转后原先位置的图形不存在了,如果两个同学合作,可以保留一个三角形在原来的位置,便于后续观察。】

画出图形:在方格纸上合作画出旋转后的图形。相互讨论:你是怎么画的?

通过刚才的动手实践,初步整体感知到旋转后的三角形位置,结合例1合作整理:要画旋转后的三角形,除了点 A(此处是旋转中心),只要再找出三角形的另外两个顶点即可,具体步骤类似例1。

【设计说明:这里整体感知非常重要,其实在整体感知旋转后的位置时,对旋转方向有了认识。这里,故意把方格图的范围扩大,就是用来判断哪些同学对顺时针和逆时针还没有熟悉。有了例1作为铺垫,学生在画(直角)三角形绕点 A 逆时针旋转 $90°$ 的图形时,比较容易想到两条直角边旋转后的位置,一旦两条直角边的位置确定,另外一条边就很快可以画出。另外,为了能清楚看出旋转前后的关系,通常把原来的图形画成虚线。】

分步展示:教师把画图过程通过多媒体(或方格纸教具)逐步展示,让学生比对。然后让学生通过想象,思考能否快速找出旋转后三角形的另外两个顶点位置。

四、练习巩固,提升认识

画出长方形(下图)绕点 A 顺时针旋转 $90°$ 后的图形。

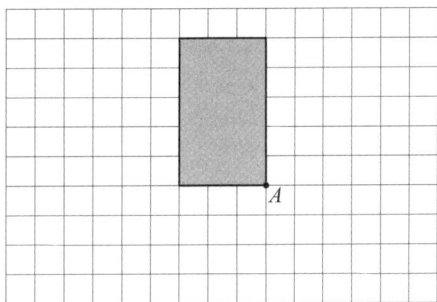

学生独立思考:(1)旋转后的图形是什么图形? (2)哪两条边旋转后的位置容易找到? (3)还缺什么,怎么办?

【设计说明:第三问的目的在于如何确定旋转后的长方形第四个顶点的位置,关键在于把握长方体的特征。】

五、图案设计,开拓视野

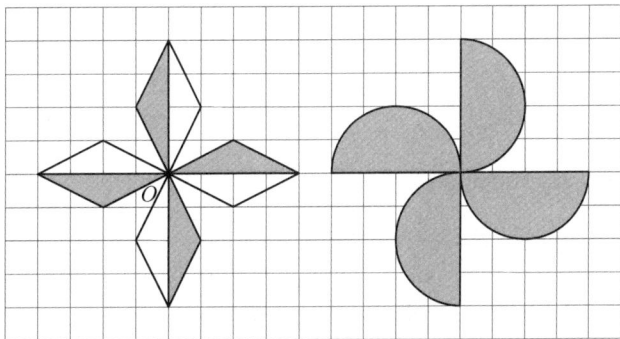

思考:上图图案是怎样设计出来的? 你能不能用类似的方法设计?

【设计总评：图形的旋转教学设计如下：初步感知生活中常见的旋转现象→抽取出平面图形→操作活动中体会平面图形旋转的规律→在方格纸上画出特殊图形绕一点(图形上的一点)旋转90°后的图形→利用旋转(可以结合平移)进行图案设计。

对于本课的设计，一是体现了小步子的思想，在例2前面添加了例1，它是由实物到图形的一个过渡，又为三角形的旋转打下了基础。二是凸显整体和局部的理念，在学生操作感知三角形旋转后的位置时，通过动手操作，合作完成，学生有了表象后，再细化处理，能较好地培养空间观念。对于长方形的旋转，可以根据掌握的不同层次设计。如果能借助几何画板软件，则课堂的教学效果会更胜一筹，如可以添加旋转中心在图形的外部或里面，旋转的角度不是90°，等等。事实上，(高中后)旋转的要素可以归结为两个：旋转中心和旋转角度(带正负号，正号表示逆时针，负号表示顺时针)。】

【问题与讨论】新版苏教版小学数学教材为什么舍弃了小旗的旋转？旋转的美丽和神奇远不止于90°，还有120°、180°等。

要点提炼

1. "图形的运动"的教学设计要点

（1）突出图形运动的本质是点的运动。

通过熟悉的现实背景，小学生能够较好地理解图形的平移、旋转、轴对称和放缩等概念的含义，但对图形进行运动操作是一大学习难点。由于图形通常由若干条线、若干个面、若干个顶点等多个要素构成，因此，小学生往往难以确定图形运动前后各部分的对应关系，从而导致操作错误。事实上，图形运动本质上是点的运动，因此，在进行教学设计时，可以引导小学生紧紧抓住图形上的几个关键点(或关键线)，通过研究这些关键点(或关键线)的运动，来实现对整个图形的运动操作。

（2）注重信息技术的恰当运用。

在进行"图形的运动"相关内容教学设计时，适当借助信息技术，实现用传统手段无法实现的效果，可以做到事半功倍。运用变化的观点，创设一个动态的情境，通过想象或计算机演示等手段，使静止的图形动起来，并在运动变化的过程中，揭示图形本身的特征或者图形与图形之间的本质联系。通过动态化处理，即在呈现教学内容时，用运动变化的观点，创设一个(或一系列)由静止的"定态"到按某种规律运动的"动态情景"，让学生通过观察、想象、分析、归纳、推理，能够由静想动，从动中窥静，在变中求不变，在"动与静""变与不变"的探求过程中，认识和把握图形的本质属性、明确图形与图形之间的内在联系[①]。当小学生的思维经历由实物的具体操作到计算机演示的过程感知，再到抽象的运动感悟后，对图形运动的理解便会抵达其本质。

2. "图形与位置"的教学设计要点

（1）注意选好参照物(或参照点)。

确定图形的位置，选好参照物(或参照点)至关重要。如在教学左、右方位时，要注意老师和学生的站位保持方向一致，即以谁为参照；在寻找表示教室内某学生座位的数对时，要

---

① 朱乐平. 谈小学空间与图形教学内容的动态处理[J]. 江苏教育研究，2009(32)：6—10.

注意站在讲台位置观察,即以何为视点。这样,就可避免许多不必要的错误。再如在描述路线时(如图8-7),一定要指明哪个建筑物在指定建筑物的哪个方向,距离是多少? 如果两者的地位互换,则结果就会发生改变。

(1) 少年宫在学校的北偏东方向(　　　)米处。

(2) 科技馆在学校的北偏(　　　)方向(　　　)米处。

(3) 新华书店在学校的南偏(　　　)方向(　　　)米处。

(4) 邮局在学校的南偏(　　　)方向(　　　)米处。

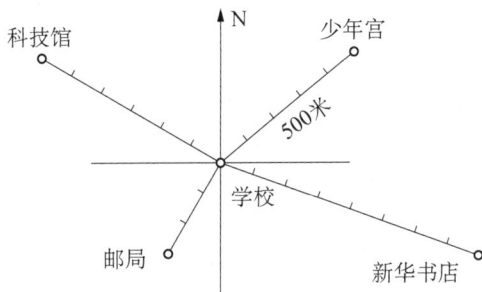

图8-7　路线描述

(2) 注意突出对应关系。

确定图形的位置,实际上就是建立坐标(直角坐标或极坐标)与点的对应关系。这种对应关系具有双向性,即平面内的每个点都有唯一确定的坐标,反之,每个确定的坐标都对应于平面内唯一的点。因此,在教学设计时,不管对用数对表示点的位置,还是对用方向和距离表示点的位置,都要突出点与坐标的对应关系,以此实现对图形与位置相关知识的正确理解。

实践操作

1. 对图形的位置作一次研究,比较苏教版和人教版处理的异同点。

2. 请结合苏教版义务教育教科书《数学》(六年级下册)第50～51页内容完成一篇教学设计。

五 确 定 位 置

1 一艘轮船向正北方向航行，你能说出灯塔1和灯塔2分别在轮
船的什么方向吗？

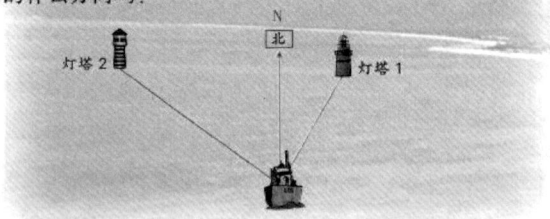

灯塔2大约在轮
船的西北方向。

灯塔1大约在轮
船的东北方向。

东北方向也叫作北偏东，西北方向也叫作北偏西。

以轮船所在位置为观测点，灯塔1在轮船的北偏东多少度
方向多少千米处？在下图中看一看、算一算，再填一填。

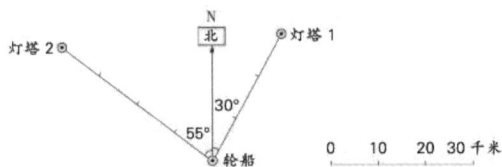

灯塔1在轮船的(   )偏(   )(   )°方向(   )千米处。

以前学过哪些确定位置的方法？
现在又有了哪些新的认识？

确 定 位 置

练一练

例 1 中，灯塔 2 在轮船（   ）偏（   ）（   ）°方向（   ）千米处。

2 某海域有一群岛屿，在黎明岛北偏东 40°方向 20 千米处是清凉岛。你能在图中表示出清凉岛的位置吗？

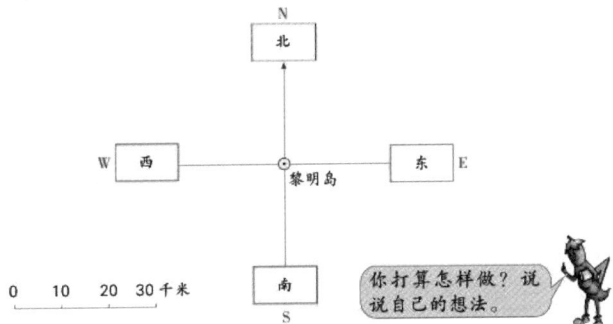

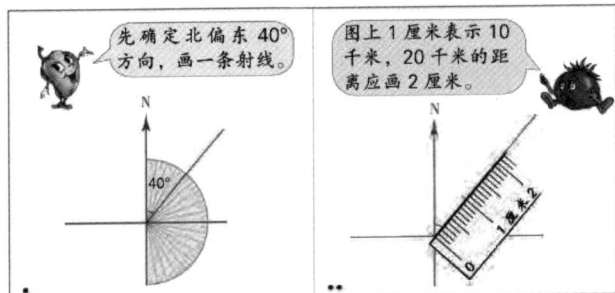

你打算怎样做？说说自己的想法。

先确定北偏东 40°方向，画一条射线。

图上 1 厘米表示 10 千米，20 千米的距离应画 2 厘米。

在图中画出清凉岛的位置，并与同学交流。

练一练

红枫岛在黎明岛南偏西 30°方向 30 千米处，在上图中表示出红枫岛的位置。

第九章　统 计 与 概 率

小学数学中的统计与概率包括简单数据统计过程和随机现象发生的可能性两个部分，属于统计学与概率论的启蒙。随着科学技术的进步，统计学方法和概率论思想已被广泛运用于各行各业。在小学数学课程中，学习统计与概率的初步知识，对于培养小学生的随机意识和数据分析观念、促进他们从确定性数学的思维层次向随机性数学的思维层次提升、提高他们主动适应现代社会生活的能力，具有特别的意义。

内容透析

◆ 学科维度

统计与概率，早期主要用于赌博和人口统计。后来随着人类实践经验的丰富，一些自然现象和社会现象与机会游戏之间存在的相似性被逐渐发现，人们需要了解自然界和社会生活中各种不确定现象背后隐含的规律性，于是，统计学和概率论就应运而生。随着统计学和概率论的发展成熟，它的思想和方法逐渐得到广泛运用，并已成为人们分析和处理科学研究和社会生活中各种问题的重要工具。

1. 统计

在小学数学课程中，涉及的统计知识主要包括4个方面。

（1）数据。

数据是指记录客观事件并可以鉴别的符号，是记载客观事物的性质、状态以及相互关系等的物理符号或物理符号的组合。它不仅指狭义上的数字，还可以是具有一定意义的文字、字母、数字符号的组合、图形、图像、视频、音频等，是客观事物的属性、数量、位置及其相互关系的抽象表示。例如，"0、1、2……""阴雨、下雪、气温""学生的档案记录、货物的运输情况"等都是数据。数据与信息既有区别又有联系。数据是信息的载体，信息是数据的内涵，对数据内含的丰富意义进行解释就得到了信息。[①]

统计的意义就在于将数据转化为信息。

（2）数据的收集。

数据的收集是数据统计过程的开端。收集或获取数据一般有两种途径。

第一种是直接收集数据，即通过有计划、有目的、有步骤的观察、实验或调查等手段直接获取原始数据。例如，通过抛硬币和骰子获取出现正反面和点数的数据，通过调查获取班级

---

① https://baike.baidu.com/item/%E6%95%B0%E6%8D%AE/5947370? fr＝aladdin.

同学各门学科的偏好情况、课外阅读量、身高、考试成绩等数据。用调查法获取数据时,如果被调查对象数目较小且调查又不具有破坏性,适宜采用普查方式,例如,通过举手表决获取全班同学的相关数据;如果被调查对象数目较大或者调查本身具有破坏性,适宜采用抽样调查方式,例如通过抽样调查了解电灯泡和汽车轮胎的使用寿命、检测一批产品的合格率等。

第二种是间接收集数据,即通过查阅报纸、文献或在互联网上获得现成的间接数据。采用间接方式收集数据,不仅数据收集过程轻松快捷,而且获得的数据丰富多样,甚至有些数据是通过直接收集方法无法得到的。因此,间接收集是人们获取数据时最为常见的方法。因为一些间接数据的背景和真实性无法考证,所以研究工作所需的数据都要求用直接方法获取。

(3)数据的整理。

数据的整理是数据统计过程的中间环节,具有承前启后的重要作用。通常情况下,收集的大量数据并不能直接用来分析,因为这些千差万别的数据体现为一种原始的无序状态,只有经过整理才能发现其中的规律性。数据整理的好坏,直接影响到数据统计工作的质量。如果这个环节出现问题,极有可能使获取的丰富、完备的资料失去价值。数据的整理一般经过以下3个步骤。

第一步,根据研究目的分类整理,即按照种类、等级或性质将收集的数据分别归类。分类的关键是标准的选择,按照不同的标准分类,其结果是不同的。由于各人的认知角度与已有经验不同,对于同样的数据,不同的人会产生不同的理解,因此,选择的分类标准可能也不相同。

第二步,计算相关统计量。统计量是从不同角度反映样本数据特征的度量,常用的统计量有平均数、中位数、众数、极差、方差等。平均数是表示一组数据集中趋势的统计量,它等于一组数据中所有数据之和除以这组数据个数所得的商;中位数是将数据按大小排序后处在正中间的数据,偶数个数据的中位数有两个;众数是一组数据中出现次数最多的数值,在一组数据中有时有好几个众数;极差是指一组数据中最大值与最小值之差;方差是表示一组数据离散程度的统计量,它等于一组数据中各个数据与该组数据平均数之差的平方值的平均数。《课标(2011年版)》在小学阶段只要求掌握"平均数"这个统计量,在高年级某些数据分析实例中,也有求一组数据最大值与最小值之差的题目,但是始终没有出现"极差"这个词语。

第三,运用统计图表,呈现整理结果。统计图表包括统计表和统计图:统计表是将相互关联的统计数据按照一定标准归类整理,并且按照一定顺序排列制成的表格;统计图是根据统计数据用几何图形以及其他具象符号绘制的图形,它可以使抽象的统计数据直观化、形象化,便于感知和比较。运用统计图表科学直观地呈现数据的整理结果,是数据整理工作的终端环节,对于提高数据分析的质量和效率是至关重要的。

小学数学中的统计表主要包括单式统计表和复式统计表:单式统计表是根据某一个项目统计数据制成的表格;复式统计表是把两个以上统计项目数据加以合并制成的表格。单式统计表制作简单、易于阅读,但只能表示一组数据,信息量较小;复式统计表制作相对复杂,但它能反映多组数据之间的关系,便于分析和比较。

小学数学中的统计图主要包括条形统计图、折线统计图和扇形统计图:条形统计图是用一个单位长度表示一定数量,根据数量多少按比例画成相应长短的直条,并按一定顺序排列起来的统计图;折线统计图是以折线的上升或下降来表示统计数量的增减变化的统计图;扇形统计图是以一个圆的面积表示事物的总体数量,以扇形面积表示各部分数量占总体数量百分比的统计图。条形统计图可以直观地表明各种数量的多少,是最常用的图形统计图;折线统计图不仅可以表示数量的多少,而且可以反映同一事物在不同时间里的发展变化情况,常被用来预测事物数量的变化趋势;扇形统计图可以比较清楚地反映出部分与部分、部分与整体之间的数量关系,常被用来进行各种数量的相对比较。

（4）数据的分析。

数据分析是为了从收集的大量数据中提取有用信息、做出推断和预测而对数据加以详细研究和概括总结的过程。在统计学领域,经常采用的数据分析方法有描述性数据分析、探索性数据分析以及验证性数据分析等。其中,描述性数据分析侧重于解释和发现数据中蕴含的信息,探索性数据分析侧重于在数据之中发现新的特征,而验证性数据分析则侧重于已有假设的证实或证伪。[①] 在进行数据分析时,可以根据研究目的科学选择。

2. 概率

概率是概率论中的基本概念,它表示某种事件发生的可能性的大小。在随机试验中,可能发生也可能不发生的事件称为随机事件;必然会发生的事件称为必然事件,一定不可能发生的事件称为不可能事件。显然,必然事件的概率为1,不可能事件的概率为0,随机事件的概率介于0与1之间。

仅凭以上解释,我们难以把握概率的内在本质。事实上,对概率的研究起源于十六十七世纪的"赌金分配问题",随着研究范围的扩展及程度的加深,概率逐步有了明确定义。

小学阶段的概率知识涉及得很少,而且并未以"概率"字眼呈现,是以"可能性"这个更容易理解的词汇、用可能性的大小来帮助学生初步感受概率的思想。体验的就是"古典定义"与"统计定义"的思想。

小学阶段的"可能性"问题都属于古典概型,古典概型应满足两个条件:一是有限性,即一次试验中只有有限个基本结果;二是等可能性,即试验的每个基本结果出现的可能性是一样的。如抛硬币、抛骰子等试验中的概率问题。这里的可能性包含两层含义:一是可能发生,但不确定发生哪一种情况;二是不同的事件发生的可能性有大有小。用古典概型解释,学生还是比较容易理解的,但若是想通过让学生亲自动手做试验,用学生的个别试验或班级学生的少量试验中事件发生的频率来定义概率,反而会使学生的理解发生混乱。做试验主要是为了体验"可能性"事件发生的过程与方法,体会"可能性"大小存在一定的规律性,其中的关键是要启发学生的间接思维,引导学生用概率的统计定义思想去体会事件发生的概率大小。

◆ 课标维度

《课标(2011年版)》关于"统计与概率"在小学阶段的课程内容如下:

第一学段(1～3年级):

1. 能根据给定的标准或者自己选定的标准,对事物或数据进行分类,感受分类与分类标准的关系。

2. 经历简单的数据收集和整理过程,了解调查、测量等收集数据的简单方法,并能用自

[①] https://baike. baidu. com/item/%E6%95%B0%E6%8D%AE%E5%88%86%E6%9E%90/6577123.

己的方式(文字、图画、表格等)呈现整理数据的结果。

3. 通过对数据的简单分析,体会运用数据进行表达与交流的作用,感受数据蕴涵的信息。

第二学段(4～6年级):

(一)简单数据统计过程

1. 经历简单的收集、整理、描述和分析数据的过程(可使用计算器)。

2. 会根据实际问题设计简单的调查表,能选择适当的方法(如调查、试验、测量)收集数据。

3. 认识条形统计图、扇形统计图、折线统计图;能用条形统计图、折线统计图直观且有效地表示数据。

4. 体会平均数的作用,能计算平均数,能用自己的语言解释其实际意义。

5. 能从报纸杂志、电视等媒体中,有意识地获得一些数据信息,并能读懂简单的统计图表。

6. 能解释统计结果,根据结果作出简单的判断和预测,并能交流。

(二)随机现象发生的可能性

1. 在具体情境中,通过实例感受简单的随机现象;能列出简单的随机现象中所有可能发生的结果。

2. 通过试验、游戏等活动,感受随机现象结果发生的可能性是有大小的,能对一些简单的随机现象发生的可能性大小作出定性描述,并能交流。

可以将以上课程内容概括为 4 条主线。①

1. 数据统计过程

《课标(2011年版)》尤其注重发展学生的数据分析观念,而发展数据分析观念最有效的方法莫过于使他们投入到数据统计的全过程。为此,"统计与概率"在 3 个学段都提出了经历统计过程的要求:第一学段要求"经历简单的数据收集和整理过程";第二学段要求"经历简单的收集、整理、描述和分析数据的过程(可使用计算器)";第三阶段则提出"经历收集、整理、描述和分析数据的活动,了解数据处理的过程,能用计算器处理较为复杂的数据"。

从中不难看出,经历统计过程的要求随着学段升高而增加。仅以全班同学身高的统计为例:在第一学段,《课标(2011年版)》例 19 中,要求对全班同学的身高进行调查分析,让学生感悟可以从数据中得到一些信息。

课标给出的参考教学设计如下:

(1)指导学生将全班同学的身高进行汇总。

(2)从汇总后的数据中发现信息。比如,最高(最大值)、最矮(最小值)、相差多少(极差)、大部分同学的身高是多少(众数)等。在讨论过程中,括号中的有些名词并不需要出现,但是希望学生体会数据所代表的意义。

(3)在整理中,可以让学生尝试创造灵活的方法。例如寻找最高,可以直接比较寻找,当学生人数比较多时,也可以分组寻找组内最高,然后在每组的最高中寻找最高。②

---

① http://blog.sina.com.cn/s/blog_60e6bbcc0102ux15.html.

② 中华人民共和国教育部. 义务教育数学课程标准(2011年版)[S].北京:北京师范大学出版社,2012:83.

在第二学段,《课标(2011 年版)》例 38 中,要求在第一学段初步分析的基础上,结合以前积累的身高数据,对全班同学身高的数据进行进一步的整理,然后分析。

课标提出了教学设计时重点关注的要点:

(1)组织学生讨论并明确画统计图的基本标准。如果学生意见不一致,可以根据意见的不同把学生分组,各自画出统计图后进行比较。

(2)可以根据几年来全班同学平均身高的数据画出折线统计图,让学生与自己身高数据的折线图进行分析比较。还可以对男女生的身高数据进行比较和分析。

(3)组织学生讨论用什么数据来代表全班同学的身高,自己的身高在全班的什么位置。学生可以用平均身高作为代表,用自己的身高与平均身高进行比较;可以用出现次数最多的身高作为代表("众数"的意义),用自己的身高与其相比;也可以用班级中等水平学生的身高作为代表("中位数"的意义),用自己的身高与其相比。学生只要能说出自己的理由就可以,不需要出现"众数""中位数"等名词(只要求教师理解,不要求给学生讲解)。

(4)虽然数据整理和分析的方法可以有所不同,但要求分析的结论清晰,能够更好地反映实际背景。①

2. 数据统计方法

掌握必要的收集数据、整理数据、描述数据和分析数据的方法,无疑是统计课程内容的第二条主线。

(1)收集数据的方法。

在收集数据方面,所涉及的数据可能是全体的数据(总体数据),也可能是通过抽样获得的数据(抽样数据)。第一学段、第二学段学生收集的基本都是总体数据;而在第三学段中,学生将开始学习抽样,体会抽样的必要性,通过实例了解简单随机抽样。如前所述,收集数据有直接收集和间接收集两种方法,《课标(2011 年版)》在第一学段、第二学段对这两种方法都有要求,包括调查法、试验法、测量法、文献法等。

(2)整理、描述、分析数据的方法。

第一学段,学习分类的方法,并用自己的方式(文字、图画、表格等)呈现分类整理结果;通过对数据的简单分析,体会运用数据进行表达与交流的作用,感受数据蕴涵的信息。分类是整理和描述数据的初始阶段,它可以帮助儿童积累个性化处理数据的早期经验。有研究表明,早期经验的多样化,有助于儿童建立进一步学习的经验和兴趣。

第二学段,学习条形统计图、扇形统计图、折线统计图等常见统计图以及一个刻画数据集中趋势的重要统计量——平均数。它们都是呈现数据整理结果的重要工具。教学中应着重引导学生根据问题背景和研究目的选择合适的统计工具,并尽可能多地从中提取有用信息,而不是单纯地记住专业名词、掌握计算方法。"统计学对结果的判断标准是'好坏'",而不是"对错"。

3. 数据的随机性

统计与概率是从不同的角度研究如何刻画随机现象的,统计侧重于通过数据来刻画随机现象,概率侧重于通过建立理论模型来刻画随机现象。《课标(2011 年版)》将通过数据分析体验随机性作为数据分析观念的重要内涵:一方面,对于同样的事情每次收集到的数据

---

① 中华人民共和国教育部. 义务教育数学课程标准(2011 年版)[S]. 北京:北京师范大学出版社,2012.

可能不同;另一方面,只要有足够的数据就可能从中发现规律。[1] 运用数据来体验随机性,更容易理解随机现象的规律性。例如,学生记录自己在一个星期内每天上学途中所需要的时间,如果把记录时间精确到分,可能学生每天上学途中需要的时间是不一样的,学生可以从中感悟数据的随机性;但是,通过一个星期的调查,可以知道每天上学"大概"需要多少时间,学生可以从中进一步感悟到在数据足够多时,上学时间具有某种稳定性。

统计是通过数据来获取信息并帮助人们做出判断的。例如,投掷硬币的问题,在统计上就会这样设计实验:先让学生多次投掷硬币,计算出现正面的比例(频率),然后用频率来估计一下出现正面的可能性是多大。如果这个可能性接近 $\frac{1}{2}$ 的话,就推断这个硬币大概是均匀的。

教师往往习惯于先给出假设再获取数据来验证,而对于"逆过来"通过数据来推断往往比较陌生。例如,一个袋子里有 5 个球,4 个白球、1 个红球,教师往往习惯于先让学生通过猜测得到"摸到白球的可能性是 $\frac{4}{5}$、摸到红球的可能性是 $\frac{1}{5}$"的假设,然后通过摸球活动来验证,但这不是统计。统计应该这样设计:先告诉学生袋子里有很多球,有白颜色的和红颜色的;然后让孩子们去摸球,当摸到一定次数时,学生发现摸出白球的次数比红球的次数多,由此推断袋子里白球可能比红球多,甚至据此推断出白球和红球的比例大概是多少;最后再告诉袋子里球的总数,能够推断出袋子里可能有几个白球和几个红球。虽然不能保证估计结果绝对可靠,但只要实验次数足够多,就能够保证估计值与实际情况相差不大的可能性很大。

4. 简单随机事件发生的可能性

《课标(2011 年版)》第一学段不再安排概率,第二学段开始涉及概率知识,并以"随机现象发生的可能性"冠名,第三学段正式称为"事件的概率"。这样安排的主要理由是在基础教育阶段发展学生的"数据分析观念"(这是统计与概率领域的核心目标),即使对于随机思想的学习,课标也提出通过数据分析来体验。

在概率学习中,帮助学生了解随机现象是重要的。在义务教育阶段,所涉及的随机现象都是简单情形,即所有可能发生的结果是有限的、每个结果发生的可能性是相同的。在学习要求方面,第二学段要求"了解简单的随机现象的实例,能列出简单的随机现象中所有可能发生的结果",并"能对一些简单的随机现象发生的可能性大小作出定性描述";第三学段则要求"能通过列表、画树状图等方法列出简单随机事件所有可能的结果,以及指定事件发生的所有可能结果,从而了解并获得事件的概率";同时,知道"通过大量地重复试验,可以用频率来估计概率"。

◆ **教材维度**

现行各种版本的小学数学教材都依据《课标(2011 年版)》的基本精神编写,设计思路大同小异。下面以苏教版(2013 年)和人教版(2012 年)义务教育教科书小学《数学》为例,列举出概率与统计课程内容的编排。

---

[1] 中华人民共和国教育部. 义务教育数学课程标准(2011 年版)[S]. 北京:北京师范大学出版社,2012.

年级分册	苏 教 版	人 教 版
一年级下册		第3单元,分类与整理
二年级上册		
二年级下册	第8单元,数据的收集和整理(一)	第1单元,数据收集整理
三年级上册		
三年级下册	第9单元,数据的收集和整理(二)	第3单元,复式统计表
四年级上册	第4单元,统计表和条形统计图(一) 第6单元,可能性	第7单元,条形统计图
四年级下册		第8单元,平均数与条形统计图
五年级上册	第6单元,统计表和条形统计图(二)	第4单元,可能性
五年级下册	第2单元,折线统计图	第7单元,折线统计图
六年级上册		第7单元,扇形统计图
六年级下册	第1单元,扇形统计图	

两种版本教材在"统计与概率"内容的编排上存在着明显的相似性:第一学段安排了初步接触统计中的分类、数据的收集和简单整理,形成简单统计表;第二学段安排了统计图和概率中的"可能性"知识的学习,统计图包括条形统计图、折线统计图、扇形统计图。对于"平均数",两种版本都安排在四年级;对于扇形统计图,两种版本都安排在六年级,并把条形统计图、折线统计图、扇形统计图放在一起比较分析,以便学生灵活选用恰当形式来表达统计结果。

两种版本教材在"统计与概率"内容的编排上也呈现出各自的特点。在同一学段内,教材内容的编排顺序有所不同,侧重点也略有差异,学习情境及学习材料的选择也各具特色。例如,复式统计表,人教版安排在三年级下册,并且作为一个单独的学习单元,体现了对复式统计表学习的重视;苏教版将复式统计表与复式条形统计图合并在五年级上册的一个单元里,先学习复式统计表,紧接着就学习复式条形统计图,以凸显两者的内在联系。再如,关于"可能性"的学习,苏教版安排在四年级上册,而人教版安排在五年级上册。内容编排的差异,反映了两种版本不同的教学理解和教学风格。

案例研讨

◀◀ 案例9-1:"数据的收集与整理"教学设计 ▶▶

教学内容

苏教版义务教育教科书《数学》(二年级下册)第90~92页。

【第一种教学设计思路】让学生经历丰富的统计过程——"数据的收集与整理(一)"教学设计与说明①

扫码查看
教学内容

---

① 王京.让学生经历丰富的统计过程——"数据的收集与整理(一)"教学设计与说明[J].小学数学教育,2015(5):55—56.

教学目标

1. 联系生活实际,经历简单的收集和整理数据的过程,初步学会按不同标准对一组数据进行分类,能用自己的方法记录、呈现数据,能对数据进行简单的分析。

2. 经历按不同标准对同一组数据进行分类的过程,初步体会分类对于收集数据、解决问题的作用,积累一些收集和整理数据的经验,发展初步的数据分析观念。

3. 在参与收集和整理数据的过程中获得一些成功的体验,培养乐于与同学合作的态度,激发对统计活动的兴趣。

教学重点

经历按不同标准对同一组数据进行分类的过程;感受分类标准不同,得到的结果也可能不同。

教学难点

感悟统计价值,培养数据分析观念。

教学过程

一、提出问题

谈话:同学们,"快乐周三"大家都要参加学校社团活动,现在我们就一起到"童心园"看一看。(出示教材中例1主题图)请仔细观察这幅图,从图中你看到了什么?有哪些人?他们在干什么?

引导学生注意:图中有老师和学生;有的在做老鹰捉小鸡的游戏,有的在读书,有的在下棋。

提问:根据图中信息,你还想知道些什么?

根据学生回答,相机板书问题:(1)学生比老师多多少人?(2)男的多还是女的多?(3)参加哪种活动的人最多,哪种活动的人最少?

【设计说明:"童心园"是学生熟悉的场景,让学生带着问题观察和思考,可以激发学生发现和提出问题的愿望,进而产生收集和整理数据的心理需求,使分类整理数据成为解决问题的应然选择。而由于提出问题的角度不同,又能自然引发按不同标准分类整理的需要,这就为下一环节学生自主进行分类整理做好了方法和心理上的准备。】

二、明确标准

谈话:同学们真了不起,提出了这么多问题,今天这节课我们就来解决大家提出的问题。我们先来看第(1)个问题,要知道图中学生比老师多多少人,可以怎样办?先自己想一想,再和同学交流。

明确:可以将图中的人物按老师和学生分成两类。

贴出卡片:老师、学生。

说明:为了看得更清楚,我们可以像下表用线把"老师"和"学生"隔开。

老师	
学生	

指出:就是说,把图中的所有人物按老师和学生分成两类,再想办法数出老师和学生各有多少人,就能解决这个问题了。

提问：如果要解决刚才提出的第（2）个问题，还能将图中人物按老师和学生分成两类吗？为什么？

明确：按老师和学生分类，不能解决这个问题。

再问：那应该按怎样的标准将图中人物分类？

明确：要把人物按性别分成男和女两类。（出示卡片"男"和"女"，并画出两行两列的表格）你能把卡片贴在表格中吗？

指名贴上卡片，形成下面的记录表：

男	
女	

引导：要解决第（3）个问题，需要把图中人物怎样分类？为什么？

明确：可以把图中人物按活动项目分成看书、下棋、做游戏3类。

出示相应的卡片，指名上讲台贴出卡片，画线，形成下面的记录表：

看书	
下棋	
做游戏	

比较：请同学们仔细观察这里的3种分类方法，它们的分类标准一样吗？

小结：根据不同的问题，我们要选择合适的标准进行分类。

【设计说明：以问题驱动学生思考，明确要解决这些问题应该将数据分类。第（1）个问题通过教师的引导明确分类的方法，第（2）个问题让学生根据要解决的问题思考分类的标准和方法，第（3）个问题则由学生自主思考解决问题的方法。这样，由扶到放地组织学生活动，有利于学生深刻体会分类标准与要解决的问题之间的关联性，积累分类整理数据的经验，感受分类的思想方法。此外，在确定分类标准的同时，适时呈现相应的数据记录表，也为下一环节收集和整理数据做好必要的准备。】

三、尝试整理

1. 收集数据。

谈话：要解决刚才提出的问题，确定了分类方法后，还要想办法知道每一类各有多少人，这就需要我们去收集数据。

引导：要想知道老师和学生各有多少人，你打算怎么办？

得出：可以用数一数的办法。

追问：怎样才能既不重复又不遗漏地数出图中老师和学生各有多少人呢？

明确：要按一定的顺序，数过一个就在图上画一个"√"。

提问：你能像这样数一数吗？

完成后，组织反馈，得出：老师有3人，学生有12人，学生比老师多9人。

在表中填上老师和学生的人数。

谈话：我们用分一分、数一数的方法解决了第（1）个问题，你能用这样的方法解决第（2）

个问题吗？如果像这样,这里数一个男生,那里数一个女生,能数清楚吗？

引导:如果人数特别多、特别乱(用课件把画面扩大且人数增加),怎样能知道哪些人已经记录过了呢？

谈话:(边示范边讲解)要做到不重复不遗漏,我们可以按一定的顺序记录,记录的是谁就在这个人上画一个"√",并在记录表里做上记号。如果记录的是男的,就在"男"的这一栏里做一个记号;如果是女的,就在"女"的这一栏里做一个记号。

2. 记录数据。

谈话:会像这样记录了吗？我们先一起来找一个,(指图中左上方的男生)他是男的,怎样在记录表中记录呢？(可以画一个"√",也可以画其他记号。)

在记录表的相应位置画一个"√",提问:这里的一个"√"表示什么？(表示数过的这个男生)

谈话:你会像这样记录主题图中男、女的数据吗？哪个同学愿意到黑板上来记录？(指名板演)其他同学拿出作业纸,找到这个表格,等会儿老师在屏幕上指一个,大家就在表中记一个,好吗？

师生合作完成数据的收集并记录。

讲评:我们一起来看×××同学记录的结果,跟你得到的结果一样吗？

组织讲评时注意两点:一是让学生明确,无论用什么方法记录,只要得到的结果是男的有8人,女的有7人,都是正确的;二是如果学生的板演有明显错误或缺点,要通过讲评及时指出,并提出改正和改进意见。

提问:还有不同的记录方法吗？(充分展示学生提出的不同方法。例如,学生可能用不同的符号记录,也可能用两种符号分别记录男的和女的,还可能用文字记录,等等。)

提问:比较这些不同的记录方法,你认为哪种方法更方便一些？(用记录表记录,一个记号表示一个人。)

再问:记录数据时需要注意些什么？(一个记号只能表示一个人,不能重复,也不能遗漏;表示男的人数的"√"与表示女的人数的"√"要尽量对齐,这样可以更清楚地看出男的和女的各有多少人。)

提问:从这张记录表中,你知道了什么？

小结:根据记录的数据,我们不仅知道男的和女的各有多少人,还能比出多少,甚至能算出总人数,真方便!

3. 尝试体验。

谈话:刚才我们解决了第(2)个问题,还有第(3)个问题等着我们去解决。想用刚刚学到的方法试一试吗？

要求:同桌合作,一人按顺序边报边在人物上做记号,另一个人负责在记录表中记录。整理好的同学可以互相说一说,从你们的记录表中能知道些什么？

让一组的两个学生演示记录数据的过程,其他同学讲评。如果学生中有不同的记录方法,也让他们适当介绍。

提问:通过收集和整理,你知道了什么？还能想到哪些问题？

【设计说明:数据的收集和整理是统计活动的重要环节。从学生已有的分一分、数一数的经验入手,引导学生在收集和整理数据的过程中学会一些有效的记录数据的方法,并把这些方法应用到解决问题的过程中去,有利于学生获得一些整理数据的经验,感受统计活动的价值。对于记录数据的方法,没有作具体的规定,而是让学生用自己的方式表示记录的结果。这样设计,有利于学生更好地领悟分类整理数据的实质意义,激发对统计活动的兴趣。】

四、反思提升

提问:同学们通过自己的努力,解决了上课一开始提出的3个问题,让我们回想一下上面解决问题的过程。我们都是怎样解决所提出的问题的?(都是用分类整理的方法解决问题的:先根据不同的问题确定不同的分类标准,再按确定的标准进行分类整理。)

再问:记录数据时,要注意些什么?(按一定的顺序数一个做一个记号,记录一个。)

小结:这样对数据进行分类、记录的过程,也说成数据的收集和整理。(板书课题)提问:请大家比较按不同标准分类整理的结果,想一想,它们有什么相同和不同的地方?

再问:为什么每次分类整理的结果都不同?

谈话:我们做个小游戏,好吗? 老师提出问题,你们来抢答,看看谁的反应快。开始——图中男的多还是女的多? 老师比学生少几人? 参加哪种活动的人数最少?

提问:你们怎样能很快回答老师提出的问题? 有什么秘诀吗?

再问:如果只看这幅图,你们能很快地回答刚才的问题吗?

再问:你们能说说分类整理有什么好处吗?(能更清楚地知道图中信息,更便于我们解决问题)

【设计说明:回顾解决问题的过程时,不仅关注问题是怎样解决的,记录数据时要注意什么,更关注这样做的好处在哪里。这样做有利于学生对获得的经验加以梳理,加深对收集和整理数据过程的认识与体验。】

五、实际应用

1. 完成"想想做做"第1题。

出示题中的图,让学生说说可以怎样分类,并在明确不同分类标准后,让学生独立完成,再交流整理过程和结果。

2. 完成"想想做做"第2题。

让学生自己确定标准,完成分类,教师再组织反馈和交流。

3. 提问:你们组有多少同学? 如果把本小组同学分一分,你认为可以怎样分?

让学生按不同标准把本小组同学进行分类,然后组织反馈。

再问:如果把我们班的同学分一分? 你会怎么分呢? 和小组里的同学说一说可以怎样分,再利用课余时间去分一分。

【设计说明:练习的设计,从按规定的标准分类到自选标准分类,再到把本小组、本班同学按不同标准分类,重点突出,层次分明,有利于学生进一步体验按不同标准分类的过程和方法,感受收集和整理数据对于解决问题的价值,积累收集和整理数据的经验,培养数据分析意识。】

六、课堂总结

【第二种教学设计思路】好"问题"开启统计之门——"数据的收集与整理(一)"教学设计与说明[①]

---

① 李勤. 好"问题"开启统计之门——"数据的收集与整理(一)"教学设计与说明[J]. 小学数学教育,2015(5):57—58.

教学目标

1. 经历从现实情境中提出问题并用统计方法解决问题的过程,会按不同标准对简单数据进行分类整理,知道分类标准不同,得到的结果也可能不同。

2. 经历收集和整理数据的过程,能用自己的方式表示分类整理的结果,初步体验整理数据的方法,能对数据进行简单分析,培养初步的数据分析观念。

3. 在参与统计活动的过程中初步感受收集和整理数据的应用价值,获得学习成功的愉悦体验,增强学好数学的信心。

教学重点

能按不同标准对简单数据进行分类整理;感受收集和整理数据的过程与方法。

教学难点

感悟统计价值,培养数据分析观念。

教学过程

一、情境导入,提出问题

出示教材中例1的情境图,谈话:春天到了,很多同学和老师都喜欢到"童心园"去活动,请大家仔细观察这幅图,从图中你想知道些什么? 能提出什么问题?

学生自由提问,教师有选择地板书所提出的问题。

学生可能提出的问题有:"童心园"里老师有几人,学生有几人? 开展了哪些活动? 参加每种活动的各有多少人? 男的有几人? 女的有几人? 等等。

【设计意图:统计是解决问题的有效手段之一。统计教学唯有从问题出发,以问题激活学生的已有经验和策略,驱动数学思考,才能彰显统计活动的价值,引发学生学习和探索的需要。新课伊始,呈现学生熟悉的"童心园"的情境,让学生有话要说,有问题要问,并在提出问题的同时,产生按不同标准分类整理信息、解决问题的心理需求。这样设计,既可以有效地激发学生参与统计活动的兴趣,也有利于培养学生的问题意识。】

二、分类整理,解决问题

1. 确定分类标准。

隐去例1图上的人物,提问:还记得刚才图上的情景吗?

学生一般容易记得有的在下棋、有的在看书、有的在做游戏,或者记得有老师和学生,或者记得有男的和女的等。

引导：刚才同学们说到图中有下棋的、看书的、做游戏的，其实这是按参加的活动分的；还有的同学记得图中有老师和学生，这是按老师和学生分的；还有的记得图中有男的和女的，这是按性别分的。看来同一幅图，我们可以按照不同的标准对图中人物进行分类（板书：按不同标准分类）

提问：你还记得图中下棋的有几人、看书的有几人、做游戏的有几人吗？（学生一般都记不住了。）

谈话：如果再让你们看到刚才这幅图，你能用"画一画"或其他的方法记录吗？你可以选择一种分类标准，自己在下面试一试。

逐一出示情境图中的人物，让学生尝试数据的收集和整理。

【设计意图：从有图到没图，学生在记忆中留下的往往是图中的人在做什么，有哪些人。所以自然会提到有老师、学生；有下棋的、看书的、做游戏的；有男的、女的等。这时教师顺势引出按不同标准分类的话题，使学生感受到同一幅图可以有不同的分类方法，进而引发学生思考解决问题的方法，激发学生想进一步探究和寻求答案的愿望，产生收集和整理图中数据的需求，促使他们以极大的热情投入到下一环节的学习中去。】

2. 展开统计活动。

学生尝试选择一种标准对图中数据分类，并用自己的方法表示分类的结果，教师参与学生的活动。

组织全班交流。呈现出一种标准下的表示分类结果的不同方法，师生共同讲评。例如，按"参加的活动"分类，学生中大致会出现以下情况：

（1）没有写出具体的类别，只是用一种符号表示分类整理的结果。如画"√"、画"／"等。要通过师生共评，使学生感受到没有写明分出的每一类表示什么，记录的结果不够一目了然。

（2）用不同的符号表示类别，如画"√"表示看书的，画"○"表示下棋的，画"□"表示做游戏的。要通过师生共评，使学生感受到用不同的符号表示不同的类别，需要具体的解释才能让别人看懂分类整理的结果。

（3）用文字表示类别，并用符号（如画"√"或用其他符号）表示分类整理的结果。要通过师生共评，使学生明确：这样整理，能够清楚地看出分类的标准以及整理的结果（如果出现记录的符号上下没有对齐的情况，则提醒学生注意把记录的符号上下对齐，这样更便于比较）。

谈话：请同学们在小组里讨论，如果按你选定的标准对图中的人物进行分类整理，用什么方法去收集数据可以做到既不重复又不遗漏？怎样记录数据能让大家清楚看出每一类各有多少人呢？

在师生、生生的交流过程中，逐渐清晰分类的过程和方法。

3. 再次体验和学习。

谈话：在刚才的学习和交流中，我们知道了收集和记录数据的方法，请大家回过头来看看自己刚才整理的结果，如果有问题或有不完善的地方，请修改和调整；如果没有需要修改的，可以再选择一个标准对图中的人物进行分类整理。

学生对自己整理的结果进行修改、完善，教师巡视。

学生完成后,教师按不同的分类标准,分别指名学生到讲台前展示和介绍各自分类整理的过程与结果,师生共同讲评。同时呈现不同的分类结果。

以下是对学生中可能出现的整理数据不同方式的预设:

按参加的活动分:

看书	□□□□□
下棋	□□□□
做游戏	□□□□□□

按老师和学生分:

老师	√√√
学生	√√√√√√√√√√

按性别分:

男	○○○○○○○○
女	○○○○○○

【设计说明:给予学生自主选择分类标准,自主收集和记录数据,自主确定描述数据方法的机会,使每一个学生都能亲历收集和整理数据的过程,初步学会记录数据的方法,并在展示、交流、评价的过程中体验分类标准对分类结果的决定作用,感受记录和整理数据方法的多样性,积累一些用数据表达信息的经验,感受分类整理数据的价值。】

三、数据分析,回顾反思

谈话:同学们通过自主的活动,对"童心园"里的人物进行了分类整理。请大家看这里分类整理的结果,想一想,我们一升始提出的问题都解决了吗?

出示课始提出的问题,让学生看着分类整理的结果逐一回答。

提问:回答这些问题,要分别根据什么标准分类整理?

再问:你还能从这些分类结果中知道些什么? 先在小组里互相说说,再与全班同学分享。

提问:请大家回顾上面分类整理的过程,你有什么收获和体会?

小结:应根据要解决的问题确定分类标准,再按确定的标准分类整理,并用文字、符号等自己喜欢的方式记录数据。要解决的问题不同,分类的标准也不同,得到的结果也可能不同。

【设计说明:数据分析是统计活动的核心。引导学生根据分类整理的结果回答课始提出的问题,体会不同分类标准与所解决的问题之间的对应关系,感受统计方法对于解决问题的价值。在此基础上,引导学生进一步思考"还能从这些分类结果中知道些什么",经历对简单数据分析和解释的过程,感受数据所蕴含的信息。最后,引导学生回顾分类整理数据的过程,说说自己的收获和体会,帮助学生进一步梳理活动中获得的经验,加深对收集、整理、分析数据的过程和方法的认识与体验。】

四、巩固练习,拓展提升

1. 积木中的统计。

出示"想想做做"第 1 题的积木图。

谈话:请大家观察图中的物体,你觉得可以按怎样的标准分类整理?

根据学生的回答,出示下面的表格:

按颜色分:

红	黄	蓝

按形状分:

长方体	正方体	圆柱	球

谈话:请大家分别按照颜色和形状将图中的物体进行分类整理,并用自己喜欢的方法表示出来。

学生独立完成后,教师组织反馈和交流。

提问:通过分类整理,你获得了哪些信息?

2. 邮票中的统计。

谈话:同学们都很了不起! 能分别按颜色和形状将一些熟悉的物体分类整理。在美丽的邮票中,也藏着很多数学的秘密呢! 我们一起来看——出示"想想做做"第 2 题的邮票图。

谈话:请大家在小组里说说怎样按不同的标准将这些邮票分类整理,再自己确定不同的标准,在学习单上分一分、理一理,然后把整理的结果与同学交流。

学生自己选择标准分类,然后指名介绍分类整理的过程和结果。

3. 班级中的统计。

谈话:分类整理还能帮助我们从不同角度了解本组同学的情况呢! 你想了解本组同学哪些方面的情况?

学生可能提出的问题有:我们小组男生有几人,女生有几人? 9 岁的有几人,8 岁的有几人? 喜欢吃西瓜、香蕉或其他水果的各有多少人? 等等。

师:根据你想要解决的问题,先确定分类标准,再进行数据的收集和整理。

学生小组活动后,组织交流。

谈话:数据的收集和整理还可以帮助我们解决生活中的许多问题。你可以从家里或者社区里选择自己感兴趣的问题,先确定分类标准,再收集并整理数据;然后根据整理的结果进行一些简单分析,并把你得到的信息与爸爸妈妈分享。

【设计说明:练习的设计,从按规定的标准分类整理,到自选标准分类整理,再到按不同标准对本小组同学进行整理,最后把学习活动从课内延伸到课外,从家里或者社区里选择自己感兴趣的问题进行数据的收集和整理。整个过程,紧扣按不同标准分类的重点,由易到难、由简单到复杂地引导学生不断经历收集和整理数据的过程,逐步掌握按不同标准分类的过程和方法,积累较为丰富的统计活动经验,感受分类整理数据对解决问题的价值与作用,培养数据分析观念,激发对统计活动的兴趣。】

五、课堂总结

提问:今天这节课我们学习了什么?怎样按不同标准对一组数据进行分类整理?你还有哪些收获和体会?

◀◀ 案例 9－2:"扇形统计图①"教学设计 ▶▶

教学内容

人教版义务教育教科书《数学》(六年级上册)第 96～97 页。

教学目标

1. 初步认识扇形统计图的特点和作用,知道扇形统计图可以清楚地表示出各部分数量和总量之间的关系。

2. 能看懂扇形统计图,能从图中获取所需要的信息,并进行简单的分析。

3. 进一步增强统计意识,感受统计的价值。

教学重点

看懂扇形统计图,知道扇形统计图的特征,并能从统计图中读出必要的信息。

教学难点

根据统计图进行简单的数据分析。

教学准备

统计本班学生喜欢的体育项目;学生自行统计自己一天的作息时间安排;课件。

教学过程

一、创设情境,谈话激趣

1. 教师出示情境图,请学生说说同学们正在干什么?

2. 出示统计表,学生各自进行统计。

在这些体育项目中,你喜欢什么活动?(可在课前进行调查统计,利用 Excel 自动生成扇形统计图。)

喜欢的项目	人数
乒乓球	
足球	
跳绳	
踢毽	
其他	

---

① https://wenku.baidu.com/view/48f4ed19a45177232e60a255.html.

【设计说明:联系学生生活实际,统计自己喜欢的体育项目,为引出有关统计数据提供了现实背景。同时,采用真实的数据进行教学,可以引发学生学习的兴趣,也可以让他们经历数据收集、整理的全过程,进一步体会到统计的意义和价值。】

二、整理数据,引入新课

1. 通过这张统计表,我们可以得到什么信息?

(预设)数量的多少对比——如喜欢乒乓球人数最多,喜欢足球的比喜欢踢毽的多2人等;数量求和——如喜欢乒乓球的和喜欢足球的一共有20人等。

2. 如果要比较喜欢每种运动的人数占全班人数的多少,可以怎样比较?

3. 如何计算喜欢各种运动的人数占全班人数的百分比呢?

4. 学生进行口算或笔算,完成统计表,并进行校对。

喜欢的项目	人数	百分比
乒乓球	12	30%
足球	8	20%
跳绳	5	12.5%
踢毽	6	15%
其他	9	22.5%

【设计说明:先让学生根据统计表得到数量之间的关系,再让学生计算出百分比并补充表格,可以让学生体会到百分比不仅可以表示喜欢各项运动人数的多少,还可以表示喜欢各项运动的人数与全班总人数之间的关系,加深百分比与绝对人数之间的联系和区别。】

三、合作交流,探究新知

1. 认识扇形统计图。

(1) 如果我用这个扇形(用手指着扇形统计图)表示喜欢乒乓球项目的人数,你觉得这整个圆表示的是什么?

(2) 这里的30%(用手指表示乒乓球人数的扇形)又表示什么?(喜欢乒乓球项目的人数占全班人数的百分比。)

(3) 你能根据我们刚才的计算结果,把这张图补充完整吗?(教师逐个出示其他扇形,让学生根据扇形大小判断它可能表示的是哪个运动项目。)

(4) 根据学生回答完成扇形统计图。

(5) 揭题:像这样的统计图,我们把它称为扇形统计图(板书课题)。

(6) 想想各个扇形的大小与什么有关系?

(7) 小结:扇形的大小和项目所占总人数的百分比有关,我们可以根据扇形的大小来判断数量的大小。

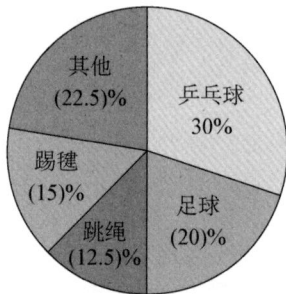

2. 理解扇形统计图的特征。

(1) 看图说一说,在这幅统计图中你还可以知道哪些信息?

(预设)量的多少——如谁多谁少;部分和总量的关系——如喜欢乒乓球和足球的人数占了总人数的一半,喜欢踢毽和跳绳以及其他项目的人数占了总人数的一半。

(2) 说说这样的统计图有什么优势?

(预设)可以根据扇形的大小清楚直观地看到各部分量的相对大小,可以看到各部分和整体之间的关系。

(3) 小结:在这样的统计图上,我们不仅可以直观地比较各部分量的相对大小,还能清楚地看出各部分与整体之间的关系。

【设计说明:通过计算、选择、补充,让学生经历扇形统计图制作的过程,使学生对扇形统计图有一个较为完整、全面的认识,同时通过对信息的整理和对扇形统计图的优势分析,明确扇形统计图的特点。】

3. 尝试练习。

出示教材第97页"做一做"的内容。

做一做

牛奶里含有丰富的营养成分,各种营养成分所占百分比如下。

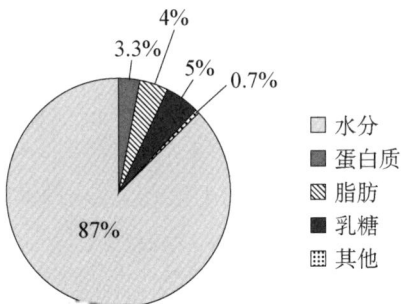

每天喝一袋250克的牛奶,能补充每种营养成分各多少克?

(1) 你能看懂这张扇形统计图吗? 统计的是什么? 你是怎么知道的? (可以根据旁边的图例来知道各个扇形代表的项目。)

(2) 说说从图上你得到了哪些信息?

(3) 如果每天喝一袋250克的牛奶,能补充每种营养成分各多少克? 引导学生用百分数的意义理解各百分数和250克的关系,进而算出各种营养成分多少克。

【设计意图:通过让学生看图获取信息并计算的尝试练习,检查学生的学习状况,使学生进一步认识到扇形统计图的特点,并体会到数学来源于生活,又可以更好地为生活服务。】

四、课堂练习,巩固应用

1. 练习二十一第1题。

引导学生看图,并解决以下问题:

(1) 李明每天花多少小时做作业? 你还能得到哪些信息?

(2) 你认为李明的作息时间安排得合理吗? 你能提出哪些合理化的建议?

(3) 拿出课前收集的自己一天的作息时间安排,说说自己的作息时间和李明的有什么不同？想想怎么样安排时间才是合理的？

1. 李明每天的作息时间安排如下图。

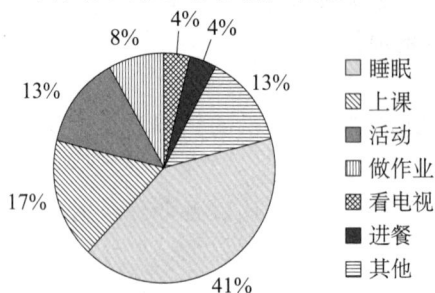

空气的主要成分按照体积含量
各占总体积百分比情况如下图。

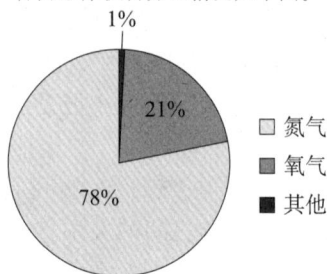

2. 练习二十一第 3 题。

(1) 看图读图,同桌互相说说能得到哪些信息？

(2) 想想在 100 升空气中含有多少升氧气？

(3) 估计一下,教室内大约有多少升氧气？（同时进行环保宣传。）

3. 练习二十一第 2 题（在教材基础上拓展改编）。

3. 陈东家每月各项支出计划如下图。

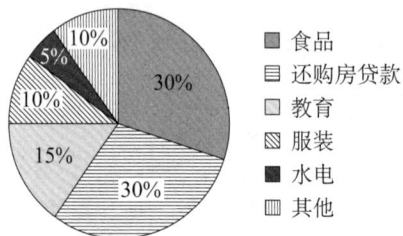

李丽家每月各项支出计划如下图。

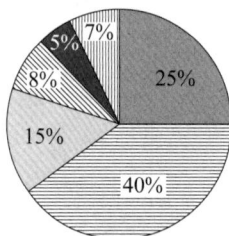

(1) 你能得到哪些信息？

(2) 如果陈东家每月总计支出 2 000 元,你能提出并解决哪些问题？

(3) 这是李丽家每月各种支出计划图,你能得到哪些信息？

(4) 从图上看,陈东家和李丽家每月的教育支出金额是一样多的,对吗？

(5) 如果李丽家每月总计支出 3 000 元,现在你能比较他们两家的教育支出情况了吗？你还可以提出并解决哪些问题？

【设计说明：通过练习,进一步巩固学生对扇形统计图的认识,提高学生的读图能力和数据分析能力。】

五、回顾总结,布置作业

1. 扇形统计图有什么特点和作用？你对它产生了哪些了解？

2. 选择自己感兴趣的内容进行统计并进行数据分析,提出合理化的建议。

【设计说明：一方面让学生在生活中进一步感受统计的现实意义,另一方面也为下节课选择合适的统计图进行素材准备。】

案例 9－3："可能性"教学设计①

教学内容

苏教版义务教育教科书《数学》(四年级上册)第64～66页。

教学目标

1. 初步了解事件发生的确定性和不确定性,感受简单的随机现象;能列举出简单随机现象中所有可能性发生的结果。

2. 感受随机事件发生的可能性的大小,发展随机意识,增强数据分析的观念。

3. 感受游戏、操作等活动的乐趣,获得学习成功的体验。

教学重点

1. 感受简单的随机现象的特点,能列举出简单随机现象中所有可能发生的结果,能对简单随机事件发生的可能性大小做出定性描述。

2. 判断简单事件发生的可能性大小。

教学难点

初步感知简单随机事件发生的可能性是有大小的,而且是存在规律性的。

教学准备

教师每组准备红、黄、绿这3种颜色的球各3个(形状、大小、材质完全相同),不透明袋子一个,透明袋子一个,活动单一张。

教学过程

一、体会"一定"和"不可能"

1. 导入。

将大小、材质、形状一样但颜色不同的球放入3个口袋中,引导学生观察。同时,用课件出示:①2个红球;②1个红球1个黄球;③1个黄球1个绿球。

2. 体会"一定"。

师:让你从其中一只口袋中摸球,如果要求一次就能摸到红球,你想从哪几个口袋中去摸? 为什么?

(相机板书:一定)

3. 体会"不可能"。

师:为什么不选择3号袋? 为什么?

(相机板书:不可能)

二、体会"可能"

1. 师:为什么都不选2号口袋? 难道从2号口袋中摸球就摸不到红球吗?(板书:可能)

2. 让我们就通过"活动一"来感受感受这个"可能"。

---

① 此案例由如皋市外国语学校马天鹏老师设计,收入本书时有所改动。

活动一：摸球游戏,体会可能性

将一红一黄两个球放入蓝色的袋子中,任意摸出一个球,然后放回,搅乱后再摸,一共摸出10次,并需记录每次所摸球的颜色。

次数	1	2	3	4	5	6	7	8	9	10
颜色										

小组交流在摸球活动中的体会。

> 每组1号同学拿袋子,2号记录，3到6号同学轮流摸球。

3. 展示摸球结果。

师：看样子,的确是可能摸到红球,也有可能摸到黄球。

4. 师小结(板书：可能性)。

三、体会可能性的大小

1. 往2号袋中添加两个红球(课件出示4号袋),假如我现在还要从中摸到一个红球,你会选择哪个呢? 为什么?

2. 师：假如从4号袋中任意摸一个球,可能摸到哪个呢? 完整地说一说。

追问：红球有几种可能,黄球有几种可能? 那你觉得摸到什么颜色的可能性大一些呢?

3. 小组合作完成"活动二"。

师：这是老师刚刚在下面时收集到几个小组的实验数据,我们一起来看一下。

4. 展示、交流摸球结果：摸到红球的次数明显多一些,说明摸出红球的可能性大。

活动二：摸球游戏,感受可能性大小

将三红一黄4个球放到袋子中,从中任意摸出一个,摸后放回,再打乱后继续摸,一共摸30次。将每次摸到球的颜色用画正字的方法记录在下表。

红色		共(　)次
黄色		共(　)次

> 每组6号同学拿袋子,5号同学记录,4号同学数摸的次数,1号、2号、3号同学轮流摸球。

师：将3组放在一起展示,我们发现,摸到红球的可能性大一些,但具体摸到的次数相同吗?(体会随机性)

5. 师：假如我们就用这个袋子来做游戏,摸到红球女生赢,摸到黄球男生赢,你们同意吗? 为什么不同意? 那你们有办法使它变得公平吗?

四、综合运用

1. 进入"活动三"。

活动三：根据要求设计游戏

红球：3个　黄球：3个　绿球：3个

从中选择一些球放入透明的袋子中，设计一个摸球游戏。

（1）一定摸到红球。

（2）可能摸到红球、黄球。

（3）你能自己提出要求并设计游戏吗？

小组分别展示（1）（2），并说说为什么。

2. 将装有球的6只袋子编号，用课件出示：①6个黄球，②1红2黄3绿，③5红1绿，④3红2黄1绿，⑤4绿1黄1蓝，⑥4红2黄。

（1）现在老师从中拿出了一个袋子，猜猜看，这可能是几号袋？（拿出一个黄球，课件中去掉③号袋）。

追问：能用黑板上的这些词语把你的想法再说一说吗？（课件中去掉3、4号袋）

（2）再拿出一个绿球。师：几号袋的？能确定吗？用今天学到的词语说说你的理由（课件中去掉①⑥号袋）。

（3）最后拿出一个蓝球（课件中去掉②④号袋）。

师：现在能确定了吗？（能）几号袋？（⑤号袋）

五、全课总结

师：同学们，今天这节课，我们利用摸球游戏感受了一些事情发生的各种可能性。其实，在我们的日常生活和周围世界中可能性现象还很多，课后让我们用数学的眼光去观察和思考，你一定会有更多的收获。

要点提炼

对小学统计与概率领域知识的学习，要注重对统计意识、数据分析观念及概率思想的体验与领会，设计教学时要注意以下3点。

1. 精选学习材料，促使学生亲自经历

课标指出，学生应用知识并逐步形成技能，离不开自己的实践；学生在获得知识技能的过程中，只有亲身参与教师精心设计的教学活动，才能在数学思考、问题解决和情感态度方面得到发展。[1] 统计是一门应用性很强的学科，但入门起点却可以很低，学习材料完全可以取材于生活，而且应该取材于学生自己熟悉的现实生活。例如，统计一下小组内各同学去年的压岁钱是多少，并统计把这些压岁钱都用在哪些方面；统计小组内各人最喜欢的两种零食，统计每个人龋齿的颗数；统计各人课外阅读的书籍的类别及数量；等等。这些例子在生活中俯拾皆是，但在选择学习材料、设计学习活动的时候还是必须要遵循4个原则：第一，

---

① 中华人民共和国教育部. 义务教育数学课程标准（2011年版）[S]. 北京：北京师范大学出版社，2012.

必须贴近学生生活实际,是学生在日常生活可见、可闻、可感知的事物;第二,必须建立在学生的认知基础之上,是学生易于理解、易于操作的内容;第三,最好是与学生本人密切相关的事例,是学生感兴趣的点,与学生本人表现或利益相关的事情;第四,学习材料都只是学习的载体,更重要的是蕴含于其中的统计意识、数据分析观念等思想方法和情感态度价值观的渗透,形式要服从于思想方法与情感态度的统筹安排。围绕这类问题设计的学习活动,无需教师刻意组织课堂教学,学生就能够迅速进入学习状态,切实经历真实的学习研究过程。让小学生亲自经历统计活动的过程并获得成功或发现,能够充分满足学生的成就动机、养成良好的生活习惯、培养正确的价值观,积累学习统计与概率问题的技能与方法。

2. 创造思考空间,让学生在做中体验

从缄默知识观的角度看,一个人的显性知识与缄默知识的体量之比相当于一块冰山的水面之上与水下部分之比,它们之间的关系好比果树的果实与根、茎、叶的关系。小学数学统计与概率这个领域,充分显示出知识的显性与缄默的两面性,教材呈现的只是一些例子和简单结果,大量的相关统计与概率的思想方法隐藏在结果之中,更多的是隐藏在自主生成结果的过程之中。若教师照本宣科式地组织教学,学生也能够迅速掌握教材呈现的内容,甚至学生还会觉得很简单,但对统计意识、数据分析观念、概率(可能性)的内涵可能几乎没有什么体验。例如,"统计的必要性与价值""分类与分类标准的关系""如何恰当选用统计图""不同的视角和分析方法可以获得数据中不同的信息"等,这些知识不适宜以理论的形式冰冷地呈现出来,更不能通过灌输传递给学生,只能通过学生亲自做出来,通过体验而认知。因此,教学不能让学生依葫芦画瓢,而必须创造出空间引发学生的数学思考,引导学生在任务驱动下体验思想方法的自主生成。例如,对于分类整理教学的处理,可以设计这样的思路:给定数据给定分类标准—给定数据自定分类标准—自主选择数据自定分类标准,而且目标是最后一个环节,通过学生的观察、思考与统计操作获取所需信息,从而达到统计观念的真正发展。再如,统计图的教学,可以事先在方格纸上建立好需要的坐标系、把圆面适当地等分,从而突出把"由数据变成图像"核心的过程留给学生去体验,在做的过程中去思考发现该统计图的特点,从而能够更好地体会统计图中蕴含的信息。

3. 引领探索尝试,思辨之中启迪感悟

"统计与概率"研究的是如何收集、整理和分析数据,并根据分析数据作出推断或预测以及研究随机现象数量规律的科学。虽然小学阶段的统计与概率都是起步阶段最简单的知识,但是统计的思想和概率的本质却无法简化,特别是"不确定性"蕴含着大量的辩证思想,对小学生来说很难把握。对这部分内容的教学,既不能通过理论灌输而让学生明了,也不能通过机械的活动操作使学生明白,只有引导学生在积极参与教学活动的过程中,通过独立思考、合作交流,逐步感悟数学思想。[①] 例如,对"可能性"的理解要做好充分铺垫,将其辩证思想的各个方面分层次让学生在操作中有序体会和感悟:体会事件的"可能""一定"或"不可能"发生;感悟事件发生的可能性大小与总体中某种个体的多少相关;感悟可能性大的事件不是必然事件,概率大的事件在某次试验中未发生是一种正常现象;感悟可能性极小的事件也不是不可能事件,概率很小的事件在某次试验中发生了也是一种正常现象。进而感悟每次试验结果的随机性与大量试验结果的规律性是辩证依存的,使学生真正能够体会并感悟

---

① 中华人民共和国教育部. 义务教育数学课程标准(2011年版)[S]. 北京:北京师范大学出版社,2012:46.

这种朴素的理论概率与统计概率之间的辩证关系,建立对可能性(概率论的基本知识)的初步理解和准确把握。

实践操作

1. 数据分析观念的含义有哪些? 谈谈如何培养小学生的数据分析观念?
2. 以下是苏教版《数学》(五年级下册)"折线统计图"的教材内容,请完成一篇本课的教学设计。

折 线 统 计 图

1 张小楠把自己 6～12 岁每年生日测得的身高数据制成了统计表和折线统计图。

张小楠 6～12 岁身高情况统计表

2012 年 6 月

年　龄	6 岁	7 岁	8 岁	9 岁	10 岁	11 岁	12 岁
身高/cm	116	118	121	126	132	141	144

张小楠 6～12 岁身高情况统计图

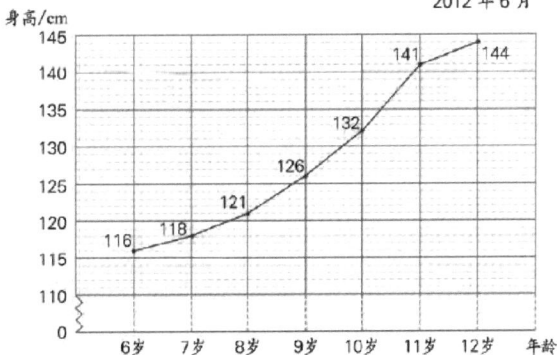

看图讨论下面的问题:

(1) 随着年龄的增长,张小楠的身高是怎样变化的? 从 6 岁到 12 岁,她一共长高了多少厘米?

(2) 你能从折线统计图上看出哪一年张小楠的身高增长得最快吗? 你是怎样看出来的?

(3) 估计一下,张小楠 13 岁生日时的身高大约是多少厘米?

_____折线统计图

想一想：折线统计图和统计表相比，哪个能更清楚地看出身高的变化情况？

练一练

你上小学后身高是怎样变化的？收集自己从一年级开始每年体检的身高数据，先填写统计表，再完成折线统计图。

_____一～五年级身高情况统计表

年　月

年　级	一	二	三	四	五
身高/cm					

_____一～五年级身高情况统计图

身高/cm　　　　　　　　　　　　年　月

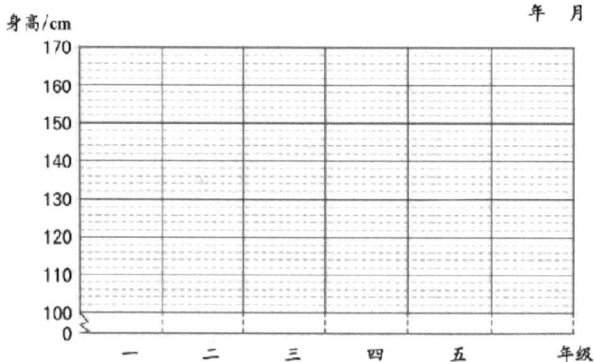

讨论下面的问题：

（1）从一年级到五年级，你一共长高了多少厘米？从哪个年级到哪个年级，你的身高增长最快？

（2）全班同学中，谁的身高增长得最快？身高增长最快的时间大多集中在哪个年级到哪个年级？

根据统计结果，你还能想到什么？

第十章　综合与实践

内容透析

◆ 学科维度

"综合与实践"是一类以问题为载体,以学生自主参与为主的学习活动。这部分内容的学习不是以相对独立的知识点为主线,而是学生在教师引导下,综合运用"数与代数""图形与几何""统计与概率"等知识和方法解决实际问题。"综合与实践"兼具综合性和实践性,第一学段以实践活动为主,第二学段以综合应用为主,是落实渗透数学思想方法、积累数学活动经验、提高问题解决能力、培养学生应用意识和创新意识等数学课程目标的重要而有效的载体。

◆ 课标维度

《课标(2011 年版)》关于"综合与实践"的课程内容如下:

第一学段(1～3 年级):

1. 通过实践活动,感受数学在日常生活中的作用,体验运用所学的知识和方法解决简单问题的过程,获得初步的数学活动经验。

2. 在实践活动中,了解要解决的问题和解决问题的办法。

3. 经历实践操作的过程,进一步理解所学的内容。

第二学段(4～6 年级):

1. 经历有目的、有设计、有步骤、有合作的实践活动。

2. 结合实际情境,体验发现和提出问题、分析和解决问题的过程。

3. 在给定目标下,感受针对具体问题提出设计思路、制定简单的方案解决问题的过程。

4. 通过应用和反思,进一步理解所用的知识和方法,了解所学知识之间的联系,获得数学活动经验。

从两个学段的课程内容来看,课标不仅提出了学习"综合与实践"这一部分的学习目标,而且提出了该部分教学的原则与要求。一方面强调实践性,即让学生充分参与、经历实践,让学生有更多的机会应用数学知识、自主探索,并通过这些活动获得学习成功、能力增强的良好体验,从而增强学好数学的信心;另一方面强调综合性,即让学生经历提出问题、分析问题、设计方案、解决问题的过程,体会数学知识之间、数学与其他学科之间、数学与生活之间的联系,不断提高学生发现和提出问题的能力、分析和解决问题的能力,积累数学实践活动经验和数学思维活动经验。

◆ **教材维度**

"综合与实践"的教学重在实践、重在综合,《课标(2011 年版)》提倡把这种教学形式体现在日常教学活动中,并明确要求"综合与实践"的教学活动应当保证每学期至少一次,可以在课堂上完成,也可以课内外相结合。

根据上述要求,各种版本教材在编排"综合与实践"课程内容时,总体处理方式相似,但也有些微不同。如人教版教材除把综合与实践教学形式体现于日常教学活动外,每册教材单独编排 1～2 次"综合与实践"活动,内容列举见表 10 - 1。

表 10 - 1　人教版"综合与实践"活动内容列举

年级	"综合与实践"内容	年级	"综合与实践"内容
一年级上册	数学乐园	一年级下册	摆一摆,想一想
二年级上册	量一量,比一比	二年级下册	小小设计师
三年级上册	数字编码	三年级下册	制作活动日历、我们的校园
四年级上册	一亿有多大	四年级下册	营养午餐
五年级上册	掷一掷	五年级下册	探索图形、打电话
六年级上册	确定起跑线、节约用水	六年级下册	自行车里的数学

苏教版教材除了在日常教学活动中予以体现外,设置"动手做"栏目增加学生综合实践的机会,每册教材单独安排 2～3 次"综合与实践"活动,内容列举如表 10 - 2。

表 10 - 2　苏教版"综合与实践"活动内容列举

年级	"综合与实践"内容	年级	"综合与实践"内容
一年级上册	有趣的拼搭、丰收的果园	一年级下册	我们认识的数、小小商店
二年级上册	有趣的七巧板 我们身体上的"尺"	二年级下册	测定方向 了解你的好朋友
三年级上册	周长是多少、多彩的"分数条"	三年级下册	算"24 点""上学时间"
四年级上册	运动与身体变化、怎样滚得远	四年级下册	一亿有多大、数字与信息
五年级上册	校园绿地面积、班级联欢会	五年级下册	蒜叶的生长、球的反弹高度
六年级上册	树叶中的比、互联网的普及	六年级下册	大树有多高、制订旅游计划、绘制平面图

"综合与实践"有别于具体数学知识的学习活动,教师在设计活动时,既要从问题解决的角度充分提供学生动脑、动手、动口的实践机会,吸引学生主动参与、全程参与;又要从知识整合的角度,深度挖掘数学与生活实际、数学与其他学科、数学内部知识之间的联系,培养学生知识的综合运用能力。

以苏教版教材三年级下册《算"24 点"》为例。教材给出的问题是:根据给出的几张扑克牌上的点数,选择加减乘除进行运算,算出得数是 24(规定每个点数只能算一次)。对小学四年级学生来说,这样的游戏活动既具有较强的趣味性,也具有一定的挑战性。不仅可以激发学生主动参与四则运算的兴趣,培养合作精神和创新能力,提高运用数学知识解决实际问题的意识,而且可以帮助学生加深对四则混合运算的理解,训练灵活选择运算方法和运算顺序进行计算的能力,提高数学思考水平。教师在设计活动时既要注重活动过程的设计,关注对活动前的组织设计和活动后的反思环节设计,又要注意让学生主动去选择和设计运算过程,及时总结成功的经验,体验算法的多样化与挑战性,发展思维。具体来说,组织前,教师要注意让学生分小组准备好活动的材料;组织活动中,要注意有层次地组织学生开展活动,给他们充分的探索空间与活动时间。第一层次,根据 3 张牌的点数计算,以教师指导为主,帮助掌握游戏的基本规则和方法。第二层次,根据 4 张牌的点数计算。把教师指导和学生自主探索结合,启发学生积极主动尝试解决问题的不同策略,积累活动的经验。第三层次,分小组开展游戏,进行比赛。组织活动后,及时回顾活动过程,交流活动收获与体会,帮助学生从不同角度总结经验,提升认识。

案例研讨

◀◀ 案例 10－1:"测量物体的体积"教学设计 ▶▶

教学内容

苏教版义务教育教科书《数学》(六年级下册)第 37 页。

教学目标

1. 通过实践活动探索测量一些无法直接计算的物体体积的方法,体会测量物体体积方法的多样性,提高综合应用数学知识和方法解决实际问题的能力。

2. 培养动手实践能力,积累数学活动经验,感受数学知识与方法的内在联系,感悟转化的数学思想,体会数学魅力。

扫码查看
教学内容

教学重点与难点

培养学生的动手实践能力,提高学生综合应用数学知识和方法解决实际问题的水平,积累数学活动经验。

教学过程

一、与生活"对接",测量规则形状物体的体积

1. 谈话交流:在研究过立体图形的体积后,你想了解生活中哪些物体的体积?

屏幕展示:这些物体中(出示橘子、苹果、石块、鸡蛋、铁块、铁钉等事物的照片),哪几个你很快就能测量出它的体积?

2. 动手测量:请组长从 1 号信封里拿出铁块,在小组里测算出它的体积(为各组提供的材料形状和大小各不相同)。

3. 学生汇报测量过程、数据和计算结果。

学生汇报后,教师提问:还有哪一组测不一样形状的?请你们来汇报。

4. 刚才,同学们测量后,应用公式直接计算出这些物体的体积。

【设计说明:上课一开始引导学生关注周围的生活世界,激发起学生测量身边各种形状物体体积的好奇心和探究欲。学生自己从橘子、苹果、石块、鸡蛋、铁块、铁钉等熟悉的事物

中首先选择长方体、正方体和圆柱体的铁块进行测量,既是学以致用的直接体现,复习了长方体、正方体、圆柱体的体积计算方法,同时在相对简单的动手测量中积累一定的活动经验,为后面更深层次的探究活动打下基础。由规则物体到不规则物体体积的测量,还考虑到数学问题的探究需要由浅入深,遵循了学生解决问题从易到难、循序渐进的心理规律。】

二、设疑激思,探究如何测量不规则物体的体积

1. 探究活动一:测量不规则铁螺丝的体积。

(1) 设疑导入:这个铁螺丝,你还能用刚才的方法直接计算出它的体积吗?

师:今天这节课,我们就继续来研究如何测量物体的体积(出示课题:巧测体积)。怎么解决这个问题呢? 谁来说一说,你想怎么测?(指名交流并比较学生提出的不同方法。)

介绍:阿基米德的故事(第一段)。

传说两千多年前一位国王让金匠制造了一顶纯金的皇冠。皇冠制好后,他怀疑里面掺有银子,便请阿基米德鉴定一下。解决这个问题需要测量出皇冠的体积,可是皇冠是一个不规则的物体,阿基米德一直解决不了这个难题。有一天,阿基米德跨进浴盆洗澡时,看见水溢到盆外,看着溢出来的水,阿基米德恍然大悟:可以通过排出去的水的体积确定皇冠的体积! 他立刻跳出浴盆,边跑边欢呼:我知道了! 我知道了! 完全沉浸在新发现之中的阿基米德,竟然忘记了自己没穿衣服!

(2) 讨论,明确活动方案。

① 动手之前,小组里先讨论一下测量中你们需要哪些工具? 怎么测?

② 交流:哪一组简单介绍一下,你们准备选用什么容器? 怎样测?

A. 用量筒测量,上升的水的体积就是铁螺丝的体积。

B. 用长方体或正方体容器测量,测量出上升的水的体积。

C. 结合量筒和长方体容器测量,用溢出法。

③ 为了保证数据尽可能准确,实际操作时你还有什么要提醒大家的吗?(各小组学生提出自己的建议。)

活动小贴士:①理清步骤,明确分工,再动手实验;②观测数据时要注意科学准确;③及时将实验的结果记录在实验报告上;④保持桌面的卫生。

(3) 合作测量。

师:现在,就请组长打开器材箱,拿出铁螺丝和测量工具,开始实验吧(学生动手实验,教师巡视)。

(4) 小组汇报。

根据学生选择的不同测量工具,教师相机利用课件演示利用量筒、长方体容器测量的方法。

【设计说明:独立思考后,引入著名数学家阿基米德的故事,激发学生学习探究的兴趣,也让暂时还没有想到方法的学生从故事中得到启发,寻找解决问题的灵感。动手之前,在小组中先讨论如何设计解决问题的方案、如何合理分工,再动手实验,保证了合作学习、实验操作的有效。】

(5) 深化:同学们真是太棒了,用不同的方法测出了不规则的铁螺丝的体积。尽管方法不一样,有一点却是相同的,都是把铁螺丝的体积转化为上升或溢出的水的体积(板书:转化)。

（6）回顾反思实验过程。

刚才的实验中，我发现有些组好像慢了一些，你们当时遇到什么困难？后来怎么解决的？

通过刚才的操作，你觉得我们在以后的实验中要注意改进哪些问题？

教师相机介绍溢流杯的使用：其实，到了中学，我们在实验室会见到这样的器材——溢流杯。

【设计说明：因为数学活动经验的内隐性和个体性，在动手实验前，让学生通过"你还有什么要提醒大家的吗"这一环节分享自己的"原始经验"；在动手实验后，让学生思考"通过刚才的操作，你觉得我们在以后的实验中要注意改进哪些问题"，引导学生经历数学活动的反思过程，通过反思及时提升刚才活动中通过观察、操作、思考形成的数学活动经验，在交流中不断积累、丰富数学活动经验。】

2. 探究活动二：根据物体的密度和质量求体积。

（1）引入：刚才我们借助水，巧妙地测量出螺丝的体积。

有一位同学在健身房锻炼时，想测一测这块铁的哑铃的体积，可是身边又没有我们刚才用的这些工具，他灵机一动，竟然用秤作工具来求出体积，你相信吗？

的确有些奇怪，秤测量的是铁哑铃的质量，要求的是铁哑铃的体积，铁的质量和体积之间会有什么关系呢？想一想，我们可以怎么来研究这个问题？（学生讨论和交流后呈现活动要求。）

（2）测量。

	质量/g	体积/cm³	质量与体积的比值
铁块一			
铁块二			

（3）汇报。

观察这一组数据，你有什么发现？

科学家们经过严格的测算发现，同一种材料，质量与体积比的比值是一定的。这就是我们以后在中学里要学到的密度。

出示几种常见物质的密度：铁的密度是 7.8 g/cm³，金的密度是 22.5 g/cm³，水的密度是 1.0 g/cm³，油的密度是 0.9 g/cm³。

（4）知道了铁的密度、铁哑铃的质量，你也能很快算出它的体积吗？

学生计算并汇报，教师讲解：对一种材料，当我们不方便测体积时，也可以把求体积的问题转化成测质量，再根据这种物质的密度算出它的体积。

（5）听阿基米德故事的第二段（课件播放）。

阿基米德兴冲冲地跑进王宫，当着国王大臣们的面，把皇冠和一块与它重量相同的纯金分别浸没在盛满水的容器中，通过溢出水的多少，分别测出皇冠和纯金的体积，从而顺利地辨别出皇冠是否掺假。

师：皇冠和金块放下去，比较他们的体积可能会有几种情况出现？（一种是体积相等，说明皇冠没有掺假；一种体积不相等，说明皇冠掺假了。）

根据画面比较现在它们的体积,学生说明结果(说明掺了假)。

【设计说明:根据物体的密度和质量来求体积的方法是小学生比较难理解的,这里通过生活中一个熟悉却让人费解的"用称得出哑铃体积"的问题引发学生探究的兴趣。学生在猜想、验证中解开心中的疑团,发现了一种新的测量物体体积的方法。此时继续听阿基米德的故事,使学生站在一个新的高度,从体积、质量、密度的角度去重新解读,读出了故事背后的深意。】

三、回顾提升,体悟测量物体体积中的策略

同学们,刚才我们测量了 3 块铁块的体积,回顾一下,这样的铁块(出示:长方体、正方体、圆柱体)我们怎样得到它们的体积的? 直接应用公式计算出体积。(应用公式)对于铁螺丝的体积,我们又是怎样知道的? 以水为媒质,巧妙地把螺丝的体积转化为水的体积(利用媒质)。而这个铁哑铃的体积我们又是怎样得出的? 利用铁的密度,测体积的问题通过测质量解决了(巧用密度)。

【设计说明:本节课以"如何测量物体的体积"这一问题为载体,以学生自主参与活动为主。此处组织学生回头看,反思自己是怎样发现、解决问题的,既是对活动经验的及时提炼、分类整理,让学生体验测量物体体积方法的多样性,也促使学生进一步领悟转化的数学思想。】

四、巩固应用,积累测量物体体积的经验

转化是一种重要的数学思想,也是解决问题的好方法。

1. 如何测心脏的体积?

心脏是我们人体最为重要的器官之一,怎样才能知道自己心脏的大小呢?

提供一条信息:生物学研究表明,人体的心脏大约和自己的右拳差不多大。现在你会测量心脏的大小了吗?(把心脏的体积转化为可以测量的拳头的体积。)

2. 测量生活中一些常见物体的体积。

(1) 了解生活中一些物体的体积。

实验袋里有这样一些物体:鹅卵石、铁钉、橘子、鸡蛋、U 形铁(出示图片)。下面,请组长带领组员选择你们感兴趣的物体开始测量。注意先讨论好,再实验。

(2) 学生测量、汇报。

物体名称	测算方法	测算结果

3. 面对具体的问题灵活选择测量方法。

讨论上浮物体体积的测量:刚才,他们一组用水测苹果的体积时,发现这时橘子怎样了? 没有完全沉下去)怎么办呢?

【设计说明:这一环节呼应上课一开始学生想要了解生活中自己感兴趣的物体的体积,活动中学生自主选择测量对象,灵活选择测量方法,综合应用本课的活动经验解决实际问题。数学走向生活,让学生充分感受到数学学习的价值以及数学探究、数学实践的乐趣。】

五、总结拓展,向课外延伸

今天这节课,我们动脑动手探寻如何巧测物体的体积。在今天的探究实践中,你一定有许多感受吧,谁先来说一说?

课后请你再选择一个你感兴趣的物体,测算出它的体积。

【设计说明:课堂通过课外作业有效地向课外延伸,引导学生继续实践,发现新的问题、解决新的问题。】

【问题与讨论】思考一下,如果请你指导学生去比较准确地测量出较小物体的体积应如何做呢?如测量一粒黄豆的体积你准备如何组织这一实践活动?此外,如何测算超大物体,如地球的体积呢?

◀◀ 案例 10 - 2:"我们身体上的'尺'"教学设计① ▶▶

教学内容

苏教版义务教育教科书《数学》(二年级上册)第68~69页。

教学目标

1. 学生经历测量、比较和交流等实践活动,了解自己身体上的"尺",会测量并知道各"身体尺"的长度,能灵活选用合适的"身体尺"测量出生活中常见物体的长度。

2. 感受"身体尺"方便、快捷的特点,同时感受"身体尺"不够准确、不够统一的局限性。

3. 学生了解"身体尺"在生活中的应用,感受数学知识的应用价值,进一步感受数学与生活的密切联系,积累数学活动的初步经验,养成主动思考、与他人合作的态度与习惯。

教学重点

了解"身体尺",用"身体尺"测量长度。

教学难点

结合具体情境,合理选择、运用身上的尺。

教学过程

一、问题导入,复习旧知

谈话:圣诞节快到了,浩浩的妈妈准备去商店帮他买条新裤子,但他第二天要上学不能去商场试穿,该怎么办呢?你有没有什么好办法?

学生交流后,观看视频演示并思考:能干的妈妈是怎么办的?

交流后明确,"拃"是我们身体上的一把"尺",有时候可以使用这些永远随身携带的身体"尺"来测量物体的长度。

提问:那么除了一拃,我们的身上还有这样的尺子吗?(一庹、手指宽。)

揭示课题:今天这节课,我们就一起来研究隐藏在我们身体上的"尺",重点研究这4个身体"尺"。(板书:一拃、一庹、一脚、一步。)

【设计说明:结合教学内容,联系学生生活,创设如何测量裤子长度的问题情境,让学生知道在生活中,当身边没有尺、测量也不需要太精确时,通常可借助"身体尺"去测量长度是比较方便的,渗透用身体尺测量长度的必要性。】

扫码查看
教学内容

---

① 本课由南通崇川学校李静怡老师执教,柳小梅老师指导。

二、活动一：认识"身体尺"

1. 复习一拃。

一拃是从哪儿到哪儿的距离？（从大拇指到中指的距离。）

出示图片：张开大拇指和中指，两端的距离就是一拃。

2. 复习一庹。

一庹又是指从哪儿到哪儿的距离？（手臂张开，两手中指间的距离。）

出示图片：两臂伸直，两个中指指尖的距离就是一庹。

学生介绍自己的一庹有多长，教师板书数据。

明确：小朋友的一庹都比一米要长，但我们的身体"尺"是每个人特有的，不同的人身体"尺"的长也可能是不一样的。

3. 认识、测量一脚、一步。

谈话：认识一脚、一步。

小朋友的一脚和一步又该怎样测量呢？出示测量方法的图片：一脚穿上鞋后。

提示测量中的注意点：测量脚后跟到脚尖的距离（指着图片），注意测量时脚后跟对准 0 刻度线。

学生活动，同桌两人合作测量，将数据记录在表格里。然后，教师指名汇报，并板书数据。

【设计说明：这部分活动分 3 步展开：认认—量量—比比。目的是让每个学生都在操作活动中积累经验，获得感悟。通过观看图片，介绍一步、一脚科学的测量方法，指导学生分组认真进行测量活动，使学生获得各自准确的数据，也为后续的比较、归纳提供了科学依据。通过两个极端数据的比较，使学生认识到不同人的"身体尺"是不同的，不同人的同一个"身体尺"也是不同的。通过数据的比较，归纳出同一年龄段学生的每一个"身体尺"的大约长度，认识到我们的"身体尺"随年龄增长会发生变化，进一步认识"身体尺"。】

4. 身体"尺"和米尺之间的关系。

问题：现在想要量一量这条皮带的长，你觉得选择哪一种"身体尺"比较合适？

教师指名让一个孩子上台测量，并且也来量一量。

引导：每个人的"身体尺"只有自己明白。看来，只有把"身体尺"转化成国际通用的长度单位，比如"厘米"或"米"，才能方便告诉别人。

学到这儿，小朋友们有没有还想研究的问题？

提出问题：身体"尺"和米尺之间有什么关系呢？接下来我们一起来研究。

展示测量方法：（1 米大约有几拃）学生边量边数。

展示测量方法的视频：1 米大约有几脚长、展示测量方法的视频：1 米大约有几步。

同桌合作，边测量，边记录。

1 米大约有 （　　）拃	1 米大约有 （　　）脚	1 米大约有 （　　）步

小组交流，指名汇报（依次板书数据）。

【设计说明：通过明晰测量规则、展开测量、交流等活动，建立 1 米和不同"身体尺"之间的联系,一方面使学生获得并记忆1米大约有几个我的"身体尺",为教学用"身体尺"测量解决实际问题打基础;另一方面也突出了体会1米这个标准的重要性。】

三、活动二:用"身体尺"量

1. 选择合适的身体"尺"。

我们可以用身体"尺"来大致测量一些物体的长度。来看看周围,你想用身体"尺"量什么?

生:量操场有多长。

生:量黑板有多长。

······

提问:如果想量这本数学书的长,该选哪个身体"尺"比较合适?黑板的长呢?操场的长呢?还有什么是可以用我们的身体"尺"来量的呢?(小组讨论后交流。)

小结:在测量时,要根据物体的长短和位置来选择合适的身体"尺"。比较短的物体可以用拃来量,比较长的物体可以用庹来量,比较短的地面可以用脚来量,比较长的地面可以用步来量。

2. 实际测量。

明晰活动要求,学生分小组活动、测量、记录。

交流:你们小组用的哪种"身体尺",测量的结果是什么?

生:我们组用拃来测量,测量了_____,大约( )拃。

生:我们组用庹来测量,测量了_____,大约( )庹。

生:我们组用脚来测量,测量了_____,大约( )脚。

生:我们组用步来测量,测量了_____,大约( )步。

······

提问:有没有小朋友测量的两个红点间的距离?你的测量结果是什么?

生:我们用的一步来测量,大约是( )步。

追问:我们知道,一米大约有2步,那10步就是几米呢?(5米)

谈话:小朋友们真会学习,那我们估得到底对不对呢?还得用尺子来量一量。

指出:看来,我们用身体"尺"量得还是很接近的,但有时要得到精确的结果,还是要用尺量。

【设计说明:在与学生的互动交流中,让学生感受"身体尺"的选择是多元的。选择时要考虑两个因素,一是根据测量物体的长短来选择,比如教室的长,选择"步"或"脚"来量比较方便;二是根据场地的特点来选择,还是教室的长,因为量的是地面,所以选择"步"和"脚",但如果量墙面上的长,就可以用"庹"来量了。通过测量地面上两点间的距离等操作活动,让学生经历解决问题的过程,认识到认真测量后有时还要进行计算,如果需要精确的数据还要用米尺测量。在推算、估算过程中,渗透函数思想,培养推算能力和估算意识。】

四、回顾过程

总结、交流收获与体会。

生:我学会了用身体"尺"量各种物体。

生:我学会了几拃、几步、几脚就是1米。

生:我知道了我的一拃、一步、一庹、一脚有多长。

......

小结：在没有尺的情况下，用身体"尺"来量物体还是很方便的，但也有一些误差，如果我们想知道准确的结果时，还是得用尺量。

五、故事中应用

宝盒的故事：可利亚一家因为战争准备搬到别的地方去，那时小可利亚把自己的宝贝全部装在了一个盒子里，从家门口走了 10 步将盒子埋在地下，希望以后回来能把宝盒挖出来。4 年后，战争结束，可利亚回来了，他还像以前一样从家门口走了 10 步，可怎么挖都找不到宝盒了，为什么可利亚找不到他的宝盒了呢？

【设计说明：学生回顾学习过程，说说收获和体会，就是在帮助他们积累数学活动经验。学生交流的收获和体会有的是大多数人的共识，有的是个性化的，这些经验都是十分宝贵的，我们都应该尊重和保护。最后的小故事与本课教学内容紧密联系，大大激发了学生对数学的学习兴趣，体会到数学的价值。】

六、课外实践，延伸拓展

1. 回家用你的"身体尺"量一量你家的地砖或书桌的长大约是多少。

2. 学校的操场你走一圈走了多少步？一圈的长大约有多少米？

我选择的物体			
我测量所得到的结果			

【设计说明：要培养学生的估测能力，需要学生不断去实践。将课内学到的知识"带着走"，延伸到课外，应用于生活，去感受生活中的数学。】

【设计总评："我们身体上的尺"这节课的学习基础是学生认识了厘米和米，建立了厘米和米的表象，能用厘米和米为单位测量和估测物体的长度。在测量或比较物体长度的精确度要求不高时，用身体上的"尺"能快捷地解决问题。

本节课教学层次清晰，全课设计了 4 个层次：认识"身体尺"、选择合适的"身体尺"测量、回顾反思、课堂的延展与应用。在认识"身体尺"中，又分为量四把"身体尺"和"身体尺"与米尺之间的关系这两个层次。让学生在量的过程中，认识到每个人都有"身体尺"，正因为每个人"身体尺"是不同的，才需要统一标准，去探究 1 米与"身体尺"之间的关系。在用"身体尺"测量这一环节中，先选择、再测量、最后交流。可以说每个环节层次分明，环环紧扣。

本节课活动组织"细"而"实"。综合实践课应注重实践活动的设计和组织，力求每个学生在操作活动中积累经验，获得感悟。本课中很多环节都需要学生小组合作，动手测量。为了提高课堂效率，教师在每次测量活动前都要有明确的要求，对活动的分工和步骤都交代清楚。为了测量准确，还通过演示进行示范讲解，让学生在活动前知道怎么做，确保活动有序、正确地开展。只有正确的示范、明确的要求、合理的小组分工、及时的指导，才能使课堂中的活动行之有效，活动的"细"成就活动的"实"。

本节课特别注重活动后的"思"。课堂上，教师并不止于活动的结果，特别注重引导学生观察后进行交流，让思考走向深入。如在获取学生和老师、学生和学生的"身体尺"数据后，引导学生进行横向和纵向比较，渗透数据分析的意识。再如测量两个红点之间的距离时，老师进一步追问："一米大约有 2 步，那 10 步就是几米呢？"在学生估算出结果后，用尺子去量，这里渗透了估算的意识……在活动后引导学生发现一些现象,总结一些规律,进行一些分析,才能有效地发展学生的思维,让课堂变得有"数学味"。】

【问题与讨论】综合与实践课有时需要在室外上课,在室外上课怎样组织更有效呢?

◀◀ 案例 10-3:"运动与身体变化"教学设计① ▶▶

教学内容

苏教版义务教育教科书《数学》(四年级上册)第 54~55 页。

教学目标

1. 引领学生经历运动前后脉搏跳动变化规律的过程,感受通过实验收集数据的一般方法,进一步理解平均数的意义,增强用平均数分析数据的意识和能力。

2. 使学生经历收集、整理、分析数据的过程,体会平均数在数据分析过程中的作用,培养初步的数据分析观念。

3. 使学生在参与实践活动的过程中,培养独立思考与合作交流的意识,体验参与数学活动的乐趣,增强学好数学的信心。

教学重点

使学生在经历收集、整理、分析数据的过程中体会平均数在数据分析过程中的作用,培养初步的数据分析观念,积累一定的活动经验。

教学难点

使学生掌握正确的测量方法,收集有效的数据;在分析数据时,能准确科学地分析数据蕴含的信息。

教学过程

一.创设情境,提出问题

提问:同学们喜欢上体育课吗,课上会有哪些运动? 在运动后身体会发生哪些变化?(身上出汗、脉搏加快、呼吸加快……)

谈话:运动对脉搏会有怎样的影响呢? 这节课我们就一起来研究运动与身体变化。

【设计说明:从学生喜爱的体育课入手,激发兴趣。以"运动后身体会发生哪些变化"激活学生已有的生活经验,产生进一步了解和研究运动对人体的哪些方面会产生影响、会产生怎样的影响等问题的心理需求。在此基础上,顺势提出问题"运动对脉搏会有怎样的影响呢?"以明确进一步研究和探索的目标。让学生结合已有生活经验,经历发现和提出问题以及选择研究问题的过程,培养发现问题的能力。】

二、小组合作,制定方案

1. 讨论方法。

引导:要研究运动前后脉搏的变化,我们需要知道哪些数据呢?

学生讨论出:①测出运动前 1 分钟脉搏的次数;②运动后立即测出 1 分钟脉搏的次数;③休息几分钟后再测出 1 分钟的脉搏次数。

---

① 本课由南通崇川学校马吴艳老师执教,柳小梅老师指导。

师：这样就能测出自己的变化情况,如果想要知道整个小组变化的总体情况,还需要什么数据?（平均数）

说明：根据大家的讨论,我们已经初步确定好统计表。

提问：哪些运动比较适合在教室里完成?（原地跑步、原地高抬腿）

2. 开展实验。

提出实验要求,开展并记录数据、计算。

教师组织学生休息时观看动物在运动后脉搏的变化。

3. 研究变化。

小组讨论：运动前、后你的脉搏是怎样变化的?

（比如,不同的人每分钟脉搏次数会不同;每个人运动后脉搏都会加快;高抬腿跑30秒脉搏大概加快多少次;休息2分钟后脉搏一般恢复了多少。）

【设计说明：实验是科学探究的一种重要途径,通过实验实现手脑结合,学生边操作边思考。有效的实验离不开合理的方案设计,先小组讨论,弄清应如何做比较合理。在明确活动步骤和方法的过程中体会数据收集与分析的能力。选择教室场地允许的"原地高抬腿"运动,一是全员参与到收集与整理数据的过程中来,感受统计知识、方法在解决问题中的作用,积累数学活动经验,发展数据分析观念;二是实现了不同学科知识的有机融合以及课堂教学的动静结合,使"综合与实践"活动在不失"数学味"的同时,体现综合性、实践性的特点。】

三、多维探究,积累经验

1. 提出新问题。

引导：通过刚才的实验,我们发现运动可以使脉搏次数加快,那么用相同的时间进行不同的运动,脉搏变化的情况会有不同吗?哪些同学愿意来说说你的想法?（指名交流）

2. 实验研究。

谈话：真如大家所想的吗?现在请每个小组的同学先小声商量一下,确定一项比高抬腿强度小一点的运动,组长填在标题处。

交流：你们组确定的什么运动项目?（演示一下）

按小组选择的运动,用前面实验同样的方法测量,注意运动时要规范。

运动前还需要测量吗?（不需要）

组长记录好全组数据,小组合作计算出平均数。

3. 学生交流。

小组交流：比较两项运动,有什么相同点? 有什么不同点? 为什么会不同?

指出：从实验可以看出,运动会使身体发生一些变化。这两次实验证明运动会使脉搏加快,休息一段时间脉搏又慢慢恢复正常。但不同的运动项目,如果运动强度不同,那带来的脉搏变化情况也有所不同：运动强度大些,脉搏次数增加快一些,恢复时间会长一些;运动强度小些,脉搏次数增加会慢些,恢复时间就会短些。

介绍：那为什么运动后脉搏会加快呢? 请看一段介绍。（出示资料：人的心脏不停地跳动,引起血管的扩张和收缩,这就形成脉搏的跳动。心脏跳动促使血液在全身的血管里流动,给人身体的各部分提供氧分和营养。人在运动时,需要更多的氧分和营养,因此心脏就需要跳得更快,脉搏就加快了。）

【设计说明：为了使学生深刻认识运动前后身体的变化规律,再次组织学生选择不同强度的运动方式进行实验,依然根据前一次的实验步骤设计活动方案,引导学生通过计算、观察、展示、交流等活动,自主探索并发现不同运动强度与脉搏之间的相关性。在应用中巩固提升学生实验能力,让学生在有理有据地思考以及有条理地表达过程中,积累收集和整理数据的经验,初步体会平均数在描述和分析数据过程中的作用,培养数据分析观念。在学生探索之后,出示资料库,结合自己的实验分析与生物学知识,多个维度了解运动对身体的影响。】

四、引申反思,科学运用

1. 了解体育课强度。

谈话:看来运动对人体是有好处的,但是运动强度过大、心脏跳动过快,也会给身体带来伤害,所以要选择合适的运动项目和运动强度。下面我们一起来听听体育老师是如何安排体育课的活动的。(出示视频)

听完体育老师的介绍,你了解了吗?

2. 回顾实验,反思交流。

提问:通过刚才的两次实验,现在你对运动与身体的变化有了哪些新的认识?

反思:回顾一下实验过程,我们是怎样研究问题的?

3. 教师总结。

(1) 小结:通过今天的实践活动,大家明白了运动会使人的身体发生变化。同时,我们还体会到在研究问题时,可以通过小组活动、记录、分析数据,从而得出结论。

(2) 课外拓展。

引导:运动除了带来脉搏跳动的变化,对身体还会带来哪些不同方面的变化呢? 可以课后选择一种或者几种和你的组员一起测试一下。

【设计说明:引导学生回顾参与活动的过程,说一说研究了什么问题,是怎样研究的,有哪些收获和体会,帮助学生梳理活动过程中获得的认识与经验。研究过后再了解体育课运动强度的安排,使学生认识数学的价值,培养用数学眼光观察生活的意识。安排学生利用课余时间继续研究不同运动会带来身体的哪些变化,把研究从课堂延伸到课外,同时也提供了再次经历用统计知识和方法解决问题的机会。】

【设计总评:"运动与身体变化"是一堂综合实践课,着重研究体育运动对脉搏跳动的影响。本节课从"提出问题—制定方案—实验讨论—反思引申"这4个环节展开,每一次活动人人都能参与其中,设计活动时注重动静结合。

1. 活动中动静结合

运动前静数脉搏1分钟跳动次数,高强度运动30秒,休息后再次静数1分钟脉搏次数。为了确保数据的真实与准确,这前后两次1分钟里每一个人凝神计数,在活动中培养了学生严谨求实的科学态度。

2. 思考中动静结合

课堂不仅仅是身体的活动,更需要思维的活动,合理安排时间,在运动后需要休息2分钟的时长里,播放具有代表性的动物,如猎豹、灵缇犬的运动视屏,并介绍他们运动后的脉搏变化以及与人类的差别。虽然在静静地休息,但这小小的视屏却能带动学生思考动物与人类的脉搏有着怎样的差别,进一步调动了学生探索的广度与深度。尽情地活动后,学生体会到两次运动前后脉搏的变化情况,在比较交流中,不同的学生有不同的收获,对运动有了新的认识。脉搏为什么会加快呢? 是不是跳得越快越好呢? 一段小资料解决孩子心中疑惑的同时引发孩子思考：我们体育课上的活动量是否达标？既然运动后对脉搏会有影响，对身体还会带来哪些不同方面的变化呢？

纵观本课，学生在"动"与"静"中独立思考、主动探索、合作交流，不仅理解和掌握了数学知识与技能，还感悟和运用了数学思想与方法，积累了数学活动经验。】

【问题与讨论】运动与身体的变化重在让学生在探究中积累数学活动经验，在教学中应如何激发学生主动探究的意识？

要点提炼

在现行各种版本的小学数学教材中，"综合与实践"活动的呈现形式灵活、类型多样，与之相对应，也就有不同的教学设计思路和特色。下面仅就苏教版教材比较常见的场景型、操作型、实验型、应用型四种课型提出教学设计要点。

1. 场景型实践活动

（1）基本特点。

一般通过一组生活场景引领学生仔细观察，从中收集数学信息，发现问题、提出问题，利用已经掌握的数学知识和方法，合作解决相关问题。

（2）基本设计思路。

在进行教学设计时，基本教学过程为：观察场景—提出问题—自主合作—解决问题—建构应用。具体含义是：引导学生仔细观察生活场景，收集与数学有关的信息，发现和提出问题，在自主探索、合作交流中利用学到的数学知识和思想方法，解决实际问题，并在解决问题中主动建构解决问题的数学模型，体会数学与生活的联系，获得数学活动经验和积极的数学学习情感。

（3）设计示例："秋天的果园"（苏教版教材一年级上册）。

教材创设了生动的果园场景，小动物们在果园里收获水果、玩耍休息。设计中首先要引导学生仔细观察场景，对于复杂场景要按从整体到部分的观察线索，先粗放后细致，在看看、数数中整理和收集有用的数据。在此基础上，围绕提出和解决问题开展场景型实践活动。教材在场景画面里已经提出了一些问题，这些问题大致是两类，一类问题能引领学生继续观察场景，获取信息。如运苹果的车有几辆，哪几辆？谁在梨树上，谁在梨树下？另一类问题要到场景里收集有关的数据，通过计算才有答案。如苹果树和梨树一共有几棵？苹果一共有几筐，梨一共有几筐？回答这些问题不是这次实践活动的全部内容，要让学生感受这些问题是怎样提出来的，解决这些问题应该怎样到画面中去选择有关的信息，有了这样的建模后，再让学生试着提出一些问题并自己解决，培养善于思考和解决问题的能力。

2. 操作型实践活动

（1）基本特点。

主要通过动手做一做、拼一拼、量一量、称一称、画一画等操作活动来实施。

（2）基本设计思路。

在进行教学设计时，基本教学过程为：提出问题—设计方案—实施操作—汇总分析—回顾反思。具体含义是：在一个现实情境中引出疑问，以问题为导向，引导学生讨论如何解决问题，形成方案。根据方案，在小组中明确分工和操作的要求，合作探索，在各组的展示中汇总分析,最后对整个实践活动进行回顾和反思,积累活动的经验。

(3)设计示例:"校园绿地面积"(苏教版教科书五年级上册)。

这是一次典型的操作型实践活动,活动内容是测量土地的长度、计算面积,认识土地的形状、设计并实施测量方案是活动的重点。设计时首先提出问题,可以提"你们学校的绿地面积是多少""人均绿地面积是多少"等问题,大多数学生知道自己学校有哪些绿地,但一般不会知道这些绿地的面积有多大,也不会知道人均绿地面积的数量。这些已知和未知构成的认识冲突,会激发学生产生进一步了解学校绿地情况的愿望。接着要组织学生在广泛讨论和交流中,把"制定一个测量和统计校园绿地面积的方案"作为活动重点。在实施操作前,要指导小组明确职责。实地测量中,分工合作,进行测量、计算、记录。汇总分析环节:一是交流各块绿地的面积,汇总各个小组的计量结果;二是按"绿地总面积÷全校师生人数"计算人均绿地面积。在初步完成数据汇总以后,还要进行数据分析。说说"通过测量和统计,知道了什么",用得到的数据分析校园绿化情况。例如,各种类型绿地中,面积最大的是哪一类、最小的是哪一类,各块绿地是怎样设计的,说说"还能想到哪些问题",评价校园绿地建设,并且提出一些建议。最后的"回顾反思"环节,要通过回顾这一借助统计来解决问题的活动过程,帮助学生积累数学活动经验和数学学习情感,接受爱护环境的教育。如,生活中经常会利用统计的方法解决问题,开展统计活动需要收集、整理数据,分析、利用数据等。

3. 实验型实践活动

(1)基本特点。

围绕一个明确的主题开展数学实验,通过实验发现或得出一个结论或规律。

(2)基本设计思路。

在进行教学设计时,基本教学过程为:明确主题—拟定方案—实施研究—得出结论—引申反思。

(3)设计示例:"怎样滚得远"(苏教版教科书四年级上册)。

设计时,可以通过生活中利用斜坡滚动物体的经验,引导学生提出问题:怎样使物体滚得远些? 物体滚动的远近可能与哪些因素有关? 然后聚焦本次研究的课题:"斜坡与地面成什么角度时,物体滚得远一些?"可以先组织学生猜一猜,斜面与地面之间的夹角是多少度时,物体会滚得最远,在猜想的基础上形成实验方案。实验前,要注意通过示范、讨论明确做实验的方法与要领。然后让学生按要求开展实验活动,最后交流、讨论实验的结果。得出结论时要注意,斜坡与地面成多少度夹角,物体滚得最远。这次实践活动只能给出大致的描述。只要说出斜坡与地面的夹角大约多少度时物体滚得比较远就可以了。"回顾反思"环节,引导学生相互交流这次活动的收获。从研究的课题与初步结论来说,斜坡与地面所夹的角会影响物体在地面上滚动的距离,实验的数据表明,夹角大致为45°时,物体滚得比较远。从研究的方法来说,选择了一些度数特殊的角,也选择了度数非特殊的角;每组实验都做3次,3次滚动距离的平均数比较可信,根据平均数得出的结论比较可靠。从数学与生活的角度来说,物体滚动这种生活中常见的现象,可以用数学方法来研究,用数学知识来解释。

4. 应用型实践活动

(1)基本特点。

联系生活实际、运用所学内容开展的实践活动,培养学生应用数学的意识。

（2）基本设计思路。

在进行教学设计时，基本教学过程为：了解任务—活动准备—参与实践—展示成果—回顾交流。

（3）设计示例："绘制平面图"（苏教版教科书六年级下册）。

活动内容是综合应用"几何与图形"方面的知识技能，绘制简单的平面图。首先在"了解任务"环节要向学生简单介绍平面图的作用以及平面图里的主要内容，并通过"看图"和"议论"两项学习活动，一是看东港小学校园平面图，二是讨论"绘制学校校园某个场所或建筑物的平面图，需要考虑哪些问题？"在"活动准备"环节，引导学生讨论怎样绘制平面图，按小组商量"绘制哪个活动场所或建筑物的平面图？""需要做哪些准备工作？"为绘制平面图做好思想和物质准备。参与实践即"分组绘制"，要求学生开展绘制平面图的各项活动，画出并交流完成的平面图，说说测绘过程中的收获和体会。在展示环节，展示各小组完成的平面图，说说绘制了哪个场地、哪个建筑物的平面图，图的比例尺是多少，周围有哪些建筑物，分别在什么方向……最后通过回顾交流，说说测绘过程中的收获与体会，可以围绕平面图有什么作用，怎样绘制，遇到哪些困难，是如何克服的，如何选择工具，对画成的平面图还能作哪些改进，下次绘制平面图会怎样……让学生畅所欲言，积累数学活动经验和数学学习情感。

以上四种课型是比较常见的实践活动类型，除此以外，还有游戏型、拓展型等实践活动类型，也有一些是几种样态融合的实践活动。

最后需要特别强调"综合与实践"教学设计中的几个注意几点：一是要选择恰当的问题，创设基于"需要"的活动情境；二是要注意留有充分的时间和空间，让学生充分参与；三是要重视活动中的组织与活动后的评价。

实践操作

下面是苏教版义务教育教科书《数学》（六年级下册）第 67 页综合与实践"大树有多高"的教材内容，请以此为例完成一篇教学设计。

大树有多高

提 出 问 题

这棵大树有多高呢?

要想知道一棵大树的高度,可以怎样做?与同学交流。

先了解附近建筑物的高度,再通过比较,估计大树有多高。

在阳光下,不同高度的物体,影长是不一样的。物体高度和影长之间有什么关系呢?

实 验 操 作

在阳光下,把几根同样长的竹竿直立在平坦的地面上,同时量出每根竹竿的影长。(结果取整厘米数)

比较每根竹竿的影长,你发现了什么?

再把几根不同长度的竹竿直立在地面上，同时量出每根竹竿的
影长，记录在表里，并计算比值。（得数保留两位小数）

	①	②	③	④	…
竹竿长/cm					
影长/cm					
竹竿长与影长的比值					

比较每次求得的比值，你有什么发现？

解 决 问 题

你能应用上面发现的规律，通过测量和计算求出大树的高度吗？

在阳光下，同时量出一根直立竹竿和一棵大树的影长，再量出竹竿的长度，把结果填入下表。

	影长/cm	实际高度/cm
竹 竿		
大 树		

根据表中数据，可以怎样推算大树的高度？与同学交流你的想法。

延 伸 思 考

同一棵大树，在不同时间测量它的影长，结果相同吗？通过上面的活动，你还能想到什么？

同样高度的物体在不同时间、不同地点测出的影长是会变化的。

比较物体的高度和影长时，要在同一时间、同一地点进行。

在同一时间、同一地点，物体的高度和影长成正比例。

67